**战争事典**
WAR STORY /060

影响战争方式的战略经典

# 海战论

［英］约翰·基根（John Keegan）◎著　　　刘萌◎译

江苏凤凰文艺出版社
JIANGSU PHOENIX LITERATURE AND
ART PUBLISHING

图书在版编目（CIP）数据

　　海战论：影响战争方式的战略经典 /（英）约翰·基根 (John Keegan) 著；刘萌译 . —— 南京：江苏凤凰文艺出版社，2020.10
　　书名原文：Battle At Sea: From Man-Of-War To Submarine
　　ISBN 978-7-5594-4952-8

　　Ⅰ . ①海… Ⅱ . ①约… ②刘… Ⅲ . ①海军战术学 – 研究 Ⅳ . ① E843

中国版本图书馆 CIP 数据核字 (2020) 第 104661 号

版贸核渝字（2019）第 122 号

# 海战论：影响战争方式的战略经典

［英］约翰·基根（John Keegan） 著　　刘萌 译

责任编辑　　孙金荣
策划制作　　指文图书
特约编辑　　王　菁
装帧设计　　周　杰
出版发行　　江苏凤凰文艺出版社
　　　　　　南京市中央路 165 号，邮编：210009
网　　址　　http://www.jswenyi.com
印　　刷　　重庆共创印务有限公司
开　　本　　787毫米 ×1092 毫米 1/16
印　　张　　24
字　　数　　366千
版　　次　　2020 年 10 月第 1 版
印　　次　　2020 年 10 月第 1 次印刷
书　　号　　ISBN 978-7-5594-4952-8
定　　价　　99.80元

# 致谢名单

首先，我要感谢那些帮助我了解船只、航海技术和航海生活的人，包括：牛津三一学院的约翰·沃森（John Watson）——1953 年，在我还是一名大一新生的时候，他在弗利特伍德（Fleetwind）的梅多港（Port Meadow）教我们如何划小艇航行；德赫斯特皇家军官学校帆船俱乐部的军官们，特别是约翰·卡弗（John Carver）中校——1960 年至 1970 年，我在桑德赫斯特英国皇家军官学校担任讲师期间，与他一起乘坐桑德赫斯特游艇"怀斯溪"号（Wishstream）和"怀斯溪二号"（Wishsteam Ⅱ）游览了索伦特海峡和英吉利海峡；我在（牛津大学的）贝列尔学院时候的导师，已故的海军历史学家 A.B. 罗杰；我的祖父约翰·布里奇曼（John Bridgman）——他培养了我对海洋的毕生兴趣，正是他在我童年的时候向我推介了关于海军和航海的经典文学著作，还与我共同制作船模，并给我讲述了不少关于海洋的故事，使我常常沉浸在对海洋的畅想中——他是一位可爱可敬的祖父。

我还要感谢几个专业图书馆的工作人员，包括：桑德赫斯特皇家军事学院中央图书馆的安德鲁·奥吉尔（Andrew Orgill）先生以及其他工作人员，英国国防部图书馆的约翰·安德鲁斯（John Andrews）先生和梅维斯·辛普森（Mavis Simpson）先生，以及国家海事博物馆图书馆和伦敦图书馆的工作人员。

我要特别感谢桑德赫斯特皇家军事学院和《每日电讯报》的朋友们和同事们，包括：詹姆斯·艾伦（James Allan）先生、康拉德·布莱克（Conrad Black）先生、安东尼·克莱顿（Anthony Clayton）博士、迪德斯（Deedes）勋爵、杰里米·迪德斯（Jeremy Deedes）先生、特雷弗·格罗夫（Trevor Grove）先生、奈杰尔·霍恩（Nigel Horne）先生、安德鲁·哈钦森（Andrew Hutchinson）先生、克莱尔·乔丹（Claire Jordan）小姐、安德鲁·奈特（Andrew Knight）先生、迈克尔·奥尔（Michael Orr）先生、奈杰尔·韦德（Nigel Wade）先生和内德·威尔默特（Ned Willmott）先生。尤其是内德·威尔默特先生，他能够在不依赖印刷资料的情况下，回答很多关于 20 世纪海军历史的最深奥的问题，这让我深感惊讶。此外，我还要对马克斯·黑斯廷（Max Hastings）先生表示最热烈的感谢，他给了我充分的时间去写这本书。

本书的手稿由莫妮卡·亚历克斯（Monica Alex）小姐负责校对并打字，在这里我再次对拥有精湛打字技艺的她表示感谢。另外，本书是由林登·斯塔福德（Linden Stafford）小姐精心编辑的，她独自完成了本书的审阅工作，而维京出版社的丹·弗兰克（Dan Frank）先生和世纪哈钦森出版社的理查德·科恩（Richard Cohen）先生也提出了宝贵的建议。其中，理查德·科恩先生还不断为我提供帮助和鼓励。

我还要感谢维京出版社的彼得·梅尔（Peter Mayer）先生、克莉丝汀·佩维特（Christine Pevitt）小姐和格温达·戴维（Gwenda David）小姐，以及我的老朋友保罗·墨菲（Paul Murphy）先生的支持。一如既往地，我要对我的美国出版经纪人洛伊斯·华莱士（Lois Wallace）和英国出版经纪人安东尼·歇尔（Anthony Shell）表达由衷的感激之情。此外，还有我的航海教练、我在艾姆培尔福斯学院的同学，以及我在牛津大学的同期校友——约翰·沃森，在他的不断建议和鼓励下，我才能一直保持着写作的动力。在基尔明顿（Kilmington）的朋友当中，我还要特别感谢尊敬的梅德拉姆（Medlam）夫人，以及迈克尔·格雷（Michael Gray）先生和彼得·斯坦科姆（Peter Stancombe）先生，他们辛勤的审阅工作，让我不至于成为一名"除草的园丁"。

最后，我还要感谢托马斯（Thomas）、罗斯（Rose）、马修（Matthew）、我的女儿露西和她的丈夫布鲁克·斯纽马克（现在他俩还是我的孙子本杰明·布里奇曼的父母），以及我的亲爱的妻子苏珊娜（Susanne），我非常爱他们。

约翰·基根
作于基尔明顿庄园

# 前言

## 海上战争

本书的主题是——从风帆战列舰时代到潜艇的时代，人们究竟是怎么在海上作战的？这个主题我已酝酿多时——因为直到在我偶然成为了一名军事史学家之前，我其实一直想成为一名纯粹的海军史学家。不难解释这是为什么：我是一个英国人。没有一个英国人，或者说没有一个英伦三岛的人居住在距离海岸超过 80 英里（1 英里约合 1.6 千米）的地方，而且我们这一代英国人都遭受过德军 U 艇艇群的严重威胁。事实上，在经历了艰苦卓绝的大西洋战役后，我们才勉强获得了赖以生存的补给。作为一个岛国的国民，我们距离大饥荒往往只有一步之遥，因此永远不要忽视海权的重要性。关于海上力量的手工制品和纪念物与英国人的生活息息相关。在朴次茅斯（Portsmouth）的干船坞内停泊至今的英国皇家海军"胜利"号战列舰（HMS Victory），是英国小学生争相参观的对象，跟美国的第一份宪法和法国的拿破仑墓具有相同的地位。在英国，纳尔逊纪念柱是首都伦敦交通要道旁的重要标志物，海军上将纳尔逊（Nelson）、胡德（Hood）、罗德尼（Rodney）、阿尔伯马尔（Albemarle）、杰维斯（Jervis）、科德林顿（Codrington）、安森（Anson）、布莱克（Blake）和科林伍德（Collingwood）的名字在城市、城镇甚至乡村的酒馆中随处可见，并得以与英国君主一样，成为一些名舰的舰名——甚至在英国国王中也有被称为"水手国王"的，比如乔治四世和威廉四世。

大多数英国人对于海军力量以及其保护下的海洋贸易都具有客观或主观的认识。例如，我的家庭相册里满是贸易用的双桅帆船和小帆船的照片。我的祖父是一个小地主的儿子，住在湍急的香农河岸边。19 世纪 90 年代，他在学校放假的时候曾经搭乘来自北威尔士港口的板岩运输船航行于爱尔兰西海岸（这些船只是由苏格兰西海岸和赫布里底群岛之间的岛屿贸易商制造的）。在当时，从约克郡（Yorkshire）和诺森伯兰（Northumberland）的港口，或者从东盎格鲁（East Anglian）的回水地带出发，满载谷物和干草的斯皮蒂斯泰尔（Spirtisail）

驳船定期往返于梅德韦河（Medway）、泰晤士河（Thames）和伦敦河（London River）河口之间。

即使是普通英国人也对海上贸易非常熟悉，年复一年，他们的生活都与各条狭窄运河的航运紧密联系在一起。此外，每年大量奔赴全世界的英国移民，以及英国通过无数次海战在世界范围内取得的很多战略要地，都需要强大的海军来保护。很多英国人的儿子、丈夫、叔叔和侄子都是戴着圆帽、穿着喇叭裤的水手——这是英国的世界遗产之一。事实上，在英国大多数家庭的家谱中，海员都占有一席之地。熟悉船只和航海的水手是英国的一笔宝贵财富。我本人曾两次亲身体验过"海上战争"。第一次是在 1944 年，我登上了一艘停泊在多塞特港口的鱼雷艇，这艘鱼雷艇是驻英吉利海峡舰艇分队（Channel flotillas）的一员，它们都在准备与德军鱼雷艇（E-boat）作战——当时正好是诺曼底登陆行动前几周的一个海军"开放日"。第二次我登上了一艘舰队扫雷舰（又称大型扫雷舰）——这艘船上的一位副舰长（First Lieutenant）与我家的关系很好，当时是 1945 年，即大西洋战役的最后阶段。这艘扫雷舰在一次清剿德国 U 艇的行动中遭到损坏后，正在伦敦的船坞内进行修理。在我的记忆中，我曾登上的这两艘军舰的船员都非常沉着和乐观。

我对海战的印象在其他方面也得到了加强——那就是海战中所使用的各种机械，包括战舰的船壳、桅杆、帆桁、武器和其他仪器，我被它们的非凡、优雅和美丽所打动。比如，英国皇家海军"胜利"号的建造艺术就堪称世界风帆战舰的典范，足以打动每一个去造访它的人，这不仅是因为它的结构非常匀称，还因为它精致且富有古典美的细节——它的炮口上的半圆形炮口罩、支撑着它的二层甲板的多立克式圆柱、船头上的洛可可式雕刻、船尾走廊上的希腊复兴式柱廊，以及复杂且严谨的船帆索具（包括固定式和可移动式的）。"胜利"号是一件外形炫酷且足够致命的战争工具，但它同时也是一件美丽的器物，我们今天那些用木头或者钢铁建造的战舰从某种程度上来说都是它的后代。

在了解到战舰都是美丽外表与致命威力相结合的产物之后，我们就可以开始探讨第二个，也是最重要的一个问题了，这就是：为什么人类要在海上作战呢？首先，人类不断造出如此精美复杂的战舰，不断提高航海技术，这看上去都是由水手与自然之间永恒斗争的本质所决定的。然而，从诸如船舶的缆绳、桅杆和索具的角度这类细微的地方来看，战舰却并非完全是造船者为对抗风和水的力量而心血来潮的产物。船舶是一种交通工具，其首要作用是把水手和乘客从一个地方安全带到另一个地方。而即使是在狭窄的水域里，航海的危险也足以引起人类内心深处的恐惧。那么，为什么还要进行海战，而使人们面临被其他水手俘虏、沉船或战死的命运呢？

的确，有一套深刻而有力的价值观念一直在阻碍海上战争的进行，其大致可以用"海上的伙伴关系"一词来概括。这意味着一种互惠互利的准则，即今天船上最好的水手可能明天就会被命运所抛弃，到时候，他的生命将完全依赖于一个路过的陌生人的帮助。这是每个水手都能一目了然的逻辑，所以大多数人在大部分时间内都遵循着这个准则。但不幸的是，海上漂泊的船只之间"同舟共济"的准则却面临着一个巨大的挑战：那就是人类一夜暴富的欲望。从本质上讲，船只是一个聚集财富的地方，它们本身是有价值的，而它们所携带的货物的价值可能还会更高。因此，只要有机会，攻击和夺取一艘船的诱惑就很容易让水手们抛弃因为面临共同风险而产生的惺惺相惜。当水手们克制不住自己的贪欲时，所谓的"海上作战"就诞生了。

当"海上作战"这一概念出现之后，水手们的技战术很快就得到了加强（在陆地上的、成熟的战争制度的影响下）。正如威廉·麦克尼尔教授所指出的那样，复杂的军事行动——包括指挥机制、战略估算和战术演练——肯定都起源于远距离贸易所带来的回报和机遇。在西方，"农耕社会"最早创造了大量剩余农产品，为组建常备军创造了条件，也最先开始派遣长途远征队进行大宗商品贸易——特别是金属和马匹——而这些商品都是他们在本国境内难以生产的。但是这样的探险总是需要在途中得到保护的——与他们进行贸易往来的较原始的民族，很容易受到这些远道而来的陌生人所带来的货物的诱惑，而对其进行掠夺。此外，"农耕社会"自身也更倾向于去生产这些货物的地方抢劫，而不是老老实实地以物易物，这些突袭和远征就可以被视为一种陆地上的海盗行为。

正是从海上的海盗活动中，我们认识到了海战的起源。商人和海盗之间的战斗是一个小小的插曲，事实上，有组织的海战的规模越来越大。对海盗来说，商人的船只为他们提供了一个快速致富的机会。在当时，利用船舶进行运输，仍然是远距离运送散装货物的最有效的手段。水路运输可能是长途散货运输的第一种形式，然而，无论河流位于友好地区的上游或下游，都有可能被海盗抢劫。而且，一旦航海家离开内河，离开有遮蔽的水域进入公海，遭遇劫掠更会成为家常便饭。对早期出海航行的水手来说，航海都是在大海沿岸进行的，其情况将更加凶险。因为靠近贸易通道的近海和沿海地区，包括岛屿、半岛和三角洲常常有很多不易通航的小港湾，它们为选择从事海盗事业的海员们提供了避难所。值得一提的是，海盗们也经常将抢劫活动与商业贸易结合起来，将抢来的所谓的"盗版商品（Pirated Good）"作为其正常货源的一部分来出售。因此，许多海盗行为具有所谓的"模糊性"，所有从事该方向研究的学生都认为这是其显著特征之一。

自古以来，海盗、海盗商人，甚至海盗王国在所有内海和沿海经济贸易圈中都充当了固定而重要的组成部分，他们在地中海、波罗的海、北海、西印度洋、孟加拉湾、南海和日本海等早期海洋贸易繁盛的地方兴风作浪。只有当强大的政治集团召集海军来镇压海盗时，海盗活动才会被有效遏制。地中海上的和平来得更早一些。雅典曾经建立了一支强大的海上力量，足以确保粮食从黑海沿岸安全地通过地中海抵达本土，并消灭任何敢于进犯的海盗（从奥德修斯的时代起，希腊人就很热衷于从事"海盗工作"）。波斯帝国海军虽然没有雅典海军的实力，但在东地中海仍是一支强大的海上力量。从罗马共和国晚期直到罗马帝国早期，罗马人终于将自己的权力从地中海的一端延伸到了另一端，完成了波斯人未竟的事业。公元前1世纪，在庞培的领导下，罗马海军横扫了地中海的大部分地区，令地中海鲜少再有海盗出现。屋大维，即后来的奥古斯都（罗马帝国的第一位皇帝）则利用海军取得了辉煌的胜利，开创了一个真正的海上帝国，他不仅保证了地中海内部的海上贸易的安全，也保证了罗马帝国在大西洋、英吉利海峡和北海沿岸的海上贸易路线的安全。

然而，在罗马帝国末期，随着野蛮人的逐渐入侵，海盗活动再次如星星之火一般开始燎原。这种入侵在公元5世纪达到高潮，并最终使罗马帝国崩溃。不久后，所有海盗团伙中最具破坏性的群体——维京人——崛起了，欧洲海上的和平在随后的一千多年里都没得到恢复。虽然，在维京人的海外基地——英格兰、诺曼底和西西里——相继转变为王国后，他们的掠夺行为就自动受到了抑制。但直到 16 世纪，随着葡萄牙、西班牙、英格兰和荷兰等老牌海洋贸易国家经济的发展，以及远洋贸易的盛行，航行自由的原则才重新在国际上确立。然而，为打击对手，英格兰和荷兰的海军政策在纵容海盗和镇压海盗之间摇摆不定。不管怎么样，到了 17 世纪，人们已经普遍认为：海盗——不管他们是听命于某个政府，还是与所有海上船只为敌——都已不再是海军舰艇的主要打击目标。相反，这些由国家财政供养的舰艇将主要与其他国家的舰艇作战。在击败敌国海军之后，本国将取得所谓"制海权"——虽然当时这个词语还没有被创造出来，但已经隐含在各国海军的实际行动中了。制海权将会决定国家是贫困还是富有，也将欧洲的部分国家和世界其他大洲的沿海地区紧紧联系在了一起。

海军与海盗（包括半官方和民间组织的海盗）之间的激烈战斗逐渐在地中海消失了。当时，东地中海由穆斯林控制，西地中海由基督徒控制（主要代表国是西班牙），两大集团之间经常爆发海战。但是，16 世纪时，在地中海进行的海战与在北欧海域进行的海战存在明显不同，因为前者有一种独特的地区性武器——桨帆船。与此相反，大西洋最常见的战船是风帆船，其不太适合自希腊和罗马时代以来一直沿用的那种冲撞和接舷战术（ramming and handto-hand tactics）。不过，由于风帆船载重能力更强，所以，当火炮变得更紧凑、更容易搭载后，它们很快成了搭载这种武器的最理想平台。

火炮在 15 世纪末发生了革命性的进化。经过 200 年的试验，它们突然获得了一套特别的附属装备——与炮身铸造成一个整体的"耳轴"，再与一部轮式炮架相结合——这使它们很容易适应陆地上的通行条件，而在船只甲板上发射时所产生的反冲力也得到了极大缓解。到了 16 世纪 30 年代，使用轮式炮架的火炮已经淘汰了在欧洲大陆上建造了一千年的城堡，而在海上，将轮式火炮整齐地排列在舷侧，则把重型货船变成了漂浮的城堡，并令其拥有了强大的战斗力。"舷侧排炮"（Broadside）为各国舰队提供了在远海发起战斗，并且赢得战役乃至战略胜利的潜力，因此各国战舰很快就采用了这种布置方式。

桨帆船也装上了新型火炮，这大大增强了它们的威力。在一艘桨帆战舰的船头安装一门重炮之后，其对另一艘战舰所造成的损害，可能会超过任何短兵相接，甚至比在任何情况下，使用通常最具威力的海战战术——撞击战术所能造成的伤害还要大。但是，由于桨帆船的船体太窄（这是个无法解决的问题），它们不能将火炮部署在舷侧，并以宽阔的甲板来缓解轮式火炮发射时的反冲力，因此它们不能与新型风帆战舰平起平坐。而且，由于桨帆船的结构脆弱，所以它们不适合在开阔水域和恶劣天气中航行。至于北欧的帆船强国，此时它们还没有挺进地中海的计划。因此，在过去的200年里，英国、荷兰、法国和西班牙的舰队专心在大西洋展开竞争，争夺对海洋和陆地的控制权。

最初，在组织海战的时候，这些舰队通常会以一次战斗来决出胜负。但是，在海上航行中，舰队之间很难遇见对方（即便提前进行安排），而决出一方胜利、另一方败北的结果则更难。要想击败对手，他们首先要在没有地标的环境中找到对方。然后，必须选择一个能够承受敌方火力的队形。最后，他们必须把敌人牵制住，使己方火力发挥作用。不过，以上这三点都不容易做到。

如何与敌方舰队取得接触？它只是众多问题中的一小部分。虽然16世纪的风帆船只已经可以在巨大的地理范围内航行（1519—1522年，麦哲伦进行了首次全球航行），但实际上于海上收集情报、测定方位，并且在天气适宜和舰队装载的粮食也足够的情况下对敌军发动进攻，仍然是一项非常困难的活动。其中，直到首次出现用机械和电子手段来处理航行数据或传送"实时"信息①之前，定位和收集情报都是相当困难的。事实上，只有位于舰队附近的岸上基地才能以相对有意义的方式实行"海上指挥控制"。然而，大洋深处却没有可供人居住的陆地，因此舰队几乎不可能在彼此看不到的情况下，彻底击败对方。在风帆时代，没有一场伟大的海上战役是在远离陆地的地方进行的。豪勋爵指挥英军舰队在1794年6月1日取得的"光荣的六月一日"海战的胜利，虽然被称为第一次真正意义上的"远海之战"，但却发生在距离西班牙海

---

① "实时"是一个情报术语，意指一方的意图或行动计划在被己方知晓的同时，也会被拦截方立即获取。能否做到"实时"，取决于拦截方的拦截、破译或解析密码信息的能力。一旦做到"实时"，那么拦截方获取信息的速度甚至能与敌方自己的接收单位的速度相匹敌。二战期间，位于布莱切利公园的英国密码破译中心的成功之处就在于"实时"读取了大量德国的"恩尼格玛"密码。

岸只有约 643 千米远的地方，而且直到蒸汽战舰出现之前，都没有再发生任何类似的战斗。

在发现敌人舰队时，如何立即与之战斗？这也是一个非常困难的问题，从一开始，海军将领们就很难确定使用何种队形来迎击敌人才是最合适的。几个世纪以来，交战双方的指挥官都相信，将船头对准敌军的战术是正确的。因此，虽然船只的真正火力位于两舷，但无论敌我双方是排成横阵（Line Abreast）还是纵阵（Line Ahead），指挥官都坚持要让船头对准敌方。1545 年，亨利八世与法国人在莱德海岸附近进行的海战，以及 1588 年英军与西班牙"无敌舰队"在英吉利海峡的一些零星战斗，都是这种战术思想下的产物。

然而，到了 17 世纪，北欧的海军将领们，尤其是荷兰和英国的海军将领们，已经意识到了舷侧火力才是取胜的关键，他们以所谓"T 形"阵位，即以侧舷迎击敌军船头的方式来解决战斗。此时，海战的结果往往是非常血腥的，很少有船只在这样的遭遇战中沉没，因为木船除非着火，否则几乎不会被实心炮弹击沉。但是实心炮弹的射击会造成船员的严重伤亡，只要船只之间的距离靠得够近。自然，在 17 世纪英荷两军舰队的激烈炮战中，感到伤亡人数不断攀升的海军将领会主动撤离战场。而风帆战舰所处的特殊环境为他们提供了一个现成的逃跑机会。因为攻击舰队顺风航行是为了接敌，并会因此蒙受损失，但另一方面，对于防御舰队，一旦战况趋于不利，他们也可以顺风航行、逃离战场——而且他们通常都是这么做的。

这就造成了在木制帆船时代，几乎所有伟大的海上战役都是没有最终结果的。与敌人战斗并取胜的风帆战舰的指挥官们——其中大多数是英国人——实际上是局部的，而不是全面的胜利者。直到铁甲蒸汽战舰的到来，毁灭的幽灵才会降临到一位犯下严重错误的海军将领所指挥的舰队身上。而在铁甲战舰的时代即将结束的时候——二战时美日之间爆发的中途岛海战，以及之后的太平洋战争——这样的毁灭曾一再发生。一战期间，英德之间的日德兰海战既是太平洋战争爆发以前规模最大的舰队决战，也是一场具有巨大的不确定性的战争。因为双方指挥官头脑中对于如何指挥这样庞大的舰队来取得最终胜利还是没有确切的想法，而且他们也从未对此进行过演练。此外，对潜艇的恐惧，使这两个国家的指挥官都放弃了"毕其功于一役"的想法。潜艇是一种革命性的战争工具,在日德兰海战爆发25年后的大西洋战役中,德军U艇对英国的海权构成了严重威胁。因此,从16世纪舰炮出现直到20世纪舰载机和潜射鱼雷取代舰炮,大多数海上战斗都会出现"战术僵局",并决定它们的结果。

考虑到大自然的强大力量,还有水手们在海面上航行时不得不与之斗争的、不可逾越的超远距离,或许我们就更能理解海战的不确定性了。在海上战争的初期,令人担心的并非是一艘船能不能打败另一艘船,而是这两艘船该如何完好无损地抵达目的地,并在冲突的地点投入战斗。然而,到了风帆战舰时代的末期,海军将领们终于开始以某种类似于常态的方式发现、攻击并打败敌人了。三位英国海军上将——1782年"圣徒岛之战"中的罗德尼、1794年"光荣的六月一日"海战中的豪勋爵、1797年英荷海战中的亚当·邓肯——向我们展现了帆船之间该如何进行决战。而第四位英国海军上将——霍雷肖·纳尔逊(Horatio Nelson)则将在1805年的特拉法尔加海战中证明只有勇敢无畏的指挥官才能取得压倒性的胜利。

# 目 录

第一章

★

# 特拉法尔加海战

## 木制战舰的世界

1805 年 10 月 21 日，特拉法尔加的清晨，在英国皇家海军指挥官纳尔逊麾下的"胜利"号风帆战列舰上，有一位名为布朗的一级水手看到了法国和西班牙舰队的桅杆，"就像一根巨大的木头横亘在我们的船头之前……"他后来回忆道。海军专家们将 200 年前称为"木制战舰时代"。现代的游客如果去看看从那个时代存留至今的战舰，比如朴次茅斯的"胜利"号，或者波士顿海军造船厂的"宪法"号——他们马上就会明白"木质战舰的世界"指的是什么。一旦进入这些战舰，你将会完全被木头所包围：脚下是每块宽达 20.32 厘米的松树或柚木地板（与今天公园栈道或老板办公室的地板相似），头顶上是由橡木制成的、宽 45.72 厘米的横向木板。此外，你还可以看到一根耸立着的、巨大的主桅——它由一整棵冷杉树的树干制成，非常粗壮，一位成年男士也难以合抱——这根桅杆穿透了甲板，与木制的龙骨甚至船底相连。如果你再登上露天甲板，便会发现位于这艘船最顶部的桅顶横桁（Crosstrees），以及船尾、船身，甚至是艉楼也都是由木材制成的。

此外，在船内，你还会闻到各种木料及其附属物的气味：建造的时候，滚烫的松脂和柏油从木头的缝隙中冒出来，浸透了压在缝隙里的植物纤维，因此，两者的气味十分浓郁。此外，还有蓖麻纤维的气味。在木制的固定装置上，蔬菜汁液制成的油彩和清漆散发出甜甜的味道，弥漫四周。这些固定装置包括各种系缆索的木墩和配套设施，它们直接从甲板的地板上穿出来。如果战舰还能移动的话，你的周围还会响起木头相互摩擦发出的声音：这些木头之间有正接的，也有斜接的，有用鸠尾榫槽连接的、用木钉连接的、用榫头连接的，甚至木料的接合处和槽口的接缝处也塞着木头——它们一起移动，互相挤压，组成了一首"协奏曲"，发出刺耳的嘎吱声、呻吟声、尖叫声、哀号声、嗡嗡声和低频震动声。从埃及法老的尼罗河到维京人的挪威峡湾，木制战舰的造船工艺一直发展延续了将近六千年，譬如铺设船体所用的木板的公差，木质的软硬程度，木料的柔顺和僵化，木材的采伐和运输，以及通过精确计算来确定船只下水的方式等各方面，古人都积累了丰富的经验，并将这些技艺口口相传。

随后，这些凝聚着造船工匠心血的、伟大的木制战舰就航行到了特拉法尔加以及其他海上战场——这是一种文化的"总结"和"封装"，几乎每个地域的人类文明都具有这种冲动：将木材从深山中开采出来，再驾驭着由它们制造的船只远离陆地，投入大海的怀抱。

存留至今的大型木制战舰，比如"胜利"号和"宪法"号，本身就是当时的造船技术乃至海洋文化的巨大载体。而且，它们均是木制战舰发展到高峰时期的绝佳明证。对于游客来说，相比于在陆地上观看战舰的照片，当然是在海上直接登船参观更能激发他们对激烈海战的想象力——这与参观陆地上的战场遗迹是相似的。然而，海上战场却并不存在发生战斗的物理痕迹。狂风和巨浪在几天，甚至几个小时内就把海面上的残骸给刮走了，海水还会淹没船只以及战斗中遇难者的遗体。相比之下，陆地战场上的遗迹能保存的时间则长得多。士兵们的铁锹在地面上留下的"伤疤"可能会存在很多年，例如美国南北战争的战壕遗迹。现代战争的猛烈炮火会把土壤打得坑坑洼洼，把森林撕成碎片，把肥沃的土地变得贫瘠不堪，把村庄甚至整个城镇夷为平地。在战士们躺在自己的坟墓中多年之后，第一次世界大战战壕地带的景观却仍留有那场可怕悲剧的痕迹。通过记忆，人们将过去的战斗经历与永远屹立不倒的地标联系在一起，比如葛底斯堡的"小圆顶"高地、滑铁卢的山脊、温泉关的隘口、奥马哈海滩的悬崖，等等。只要人类关于这场战争的集体记忆还存在，人们就会永远记住这些荣耀和苦难之地。

然而，即使是亲身到过葛底斯堡或滑铁卢的军事专家，也无法轻而易举地重现战争的具体状况，更不用说掌握这些陆上战争的节奏和动态了。无论他对黑火药武器战术的理解多么精深，无论他对李或惠灵顿军团的部署了解得多么详细，他永远也不可能把过去的人按照准确的时间和地点重现在他脚下的这片土地上。如果他硬要这么做的话，就应该扪心自问：当惠灵顿看到乌古蒙的屋顶着火时，他是站在哪儿呢？靠左还是靠右一点？皮克特师冲到公墓岭山脊花了5分钟？7分钟？还是12分钟？这些问题仅靠专家在现场推演并不会得到答案，因为，即便是严格按照当时的士兵的标准进行模拟，也会缺少大量能够抑制或加速士兵步伐的要素——例如发自内心的恐惧、敌方所带来的压力、倒下的尸体以及其他障碍物等。在和平时期，访问者可以很容易地在战场上拓展自己的视线，但在战争中，这是不可能做到的，不仅因为战场上硝烟弥漫，还因为周遭的战友尸体——比如你一位"邻居"的头和肩膀，就血淋淋地摆在眼前，这些都会令你神情恍惚，难以集中注意力。因此，无论游客多么强烈地想要将战场的真实景象强加在遗迹之上，它都将以一种短暂的、斑驳的、透明的、单色的、二维的且最终毫无血色的形式呈现出来。

相比之下，"胜利"号的火炮甲板——或者任何其他海上战场的遗迹——都可以让游客们直接进入到当年战斗行动的核心区域。走上露天甲板，游客们可以在当年纳尔逊曾站过的地方驻足，当时法军神枪手的子弹就把他击倒于此。从战舰的吃水线向下走到最底层的船舱，游客们能看到一个灯光昏暗的角落——这盏灯并不比当年那盏帮助外科医生斯科特（Scott）截肢和探查碎片伤口的灯亮多少——纳尔逊就曾躺在那里，静候着死亡的到来。在火炮甲板上，"胜利"号战列舰装备的 60 门主炮（32 磅和 24 磅炮）严格地以 3.66 米的间距排列，形成炮组。走到这里的游客们会发现自己被迫采用和 200 年前的炮手们完全相同的姿势，遵循相同的动作，甚至还以相同的倾斜视角从大炮的后面注视着海面。如果赶上一个游客爆满的日子，登舰参观的人们互相挤来挤去，你还能亲身感受到——而不仅仅是看到，在 3000 吨重的木壳里塞进去 1000 人是有多么拥挤。诚然，对游客而言，战时舰上的噪音消失了：没有将炮车推到炮口的隆隆车轮声，没有喋喋不休的命令声，没有轰然炸响的炮声。游客们也不用被迫保持自己身体的平衡，因为没有海浪在他们脚下奔涌使船体倾斜或侧翻，也没有狂风吹过他头顶约 30 米高处的风帆所造成的剧烈晃动。于是，恐惧将不复存在，而因战时高强度活动带来的身体疲惫，以及战场环境带来的压迫感与紧张情绪也将不复存在。但是，比起地球上其他任何地方的战争遗迹，风帆战舰的火炮甲板都更能将血淋淋的战争场面展现在游客们的眼前——法国人的炮弹将英军炮手们斩首或腰斩，甚至肢解。致命的弹片纷飞着，将活人剐成碎肉。那些汗流浃背的炮手们万分紧张地利用手杆每隔半分钟就挪动一次 3 吨重的钢制大炮。为了给炮手补充能量，这些炮位上都悬挂着盛满豌豆汤的容器，发射药产生的浓烟不断从炮管中涌出，弥漫了一个接一个的炮位。最后，好消息终于传到了这里，敌军被彻底击败，这场大屠杀终于得到了暂时的缓解，那些身处战场的、耳聋的，以及似乎进入一种麻醉状态的幸存者们才得以停下手头的杀戮工作，开始为他们自己的好运气，以及那些侥幸生还下来的亲朋好友的好运气而感到庆幸。

任何人只要登上"胜利"号的甲板，都会听到特拉法尔加海战的一些"回声"，这些人会将"回声"带走，散布四方。但是，究竟是什么把"胜利"号和它搭载的水兵带到那个地方的？还有，他们为什么要在那里做那些事情？这些事并不是那么容易弄清楚的。毕竟，特拉法尔加只是大西洋的一小块区域，其位于直布罗陀海峡西北40英里处，至多2平方英里大。只有配备了航海图和罗盘的航海家，才能把它和其他任何冲刷着西班牙那条长达50英里海岸的海域区分开来。甚至在纳尔逊和维尔纳夫的时代，这里每天也都被为数众多的沿海渡轮、渔船和商船所填满，而且这些船上的船员都对他们即将进入或离开这一历史上著名的"战略十字路口"毫不在意。在我们这个时代，进出此地的船只吨位往往超过纳尔逊和维尔纳夫麾下全部战舰吨位的总和。有一个问题是，这两个对手麾下的舰员们在如此广阔的海域内作战，是什么力量驱使他们在那天将"巨大的战舰森林"带到这片位于地中海以西的海域？[①] 事实上，直到20世纪末，许多水手或陆上居民也不知道这个问题的确切答案，即：究竟是什么促使英国、法国和西班牙的舰队于1805年10月21日聚集在特拉法尔加角附近海域进行海上大决战的？

## 战略背景

公元前334年的春天，马其顿入侵波斯，亚历山大大帝对他的将军帕尔梅尼奥说，马其顿大军的策略应该是"从陆地上击败敌人的海军舰队"。自那以后，许多军事统帅都试图复刻这一计划，但像亚历山大大帝那样取得成功的却屈指可数。亚历山大大帝曾经设法在波斯海军行动区域的陆地一侧取得了一个立足点，并通过直接向其海军基地发动进攻，而使波斯船长们感到焦虑不安，以致

①译注：指特拉法尔加。

他们相继放弃了对波斯皇帝的忠诚，与入侵者握手言和。在进入小亚细亚的一年内，亚历山大确实做到了"从陆地上"击败波斯舰队，并因此而得以进攻波斯帝国的心脏。

没有哪位统帅比拿破仑·波拿巴更钦佩亚历山大大帝了。在被流放到圣赫勒拿岛时，他曾告诉自己的文书拉斯·凯斯："在未来，一名军人能接受的最好教育，就是对亚历山大生平的研究。"在所谓的"亚眠和平"瓦解（1803年5月16日）之后，在他的每一项旨在统治整个欧洲的计划都在某一时刻因周边的英国掌握制海权而失败之后，拿破仑对亚历山大大帝的那种钦佩与嫉妒交织在一起的感情就更加浓烈了。打破这一困境的方法其实很简单：如果他能够像亚历山大大帝在小亚细亚登陆那样，让他的大军在英国海岸登陆，他就能在很短的时间内"从陆地上"击败皇家海军。然而，和亚历山大大帝不同，他面对的不是狭窄而无潮的博斯普鲁斯海峡，而是把加来和多佛隔开的、宽达30千米的惊涛骇浪。拿破仑的计划与140年后，德国最高统帅部的将军们在"海狮"计划草案中建议希特勒采纳的所谓"大规模跨海作战"（Grosses Flussubergang）有点类似。拿破仑——尽管像希特勒一样，他也曾为入侵英国，把北欧河口搜刮一空，集结了一支庞大的平底运输船队——却从未有过"毕其功于一役"的幻想。早在1798年，也就是拿破仑远征埃及的那一年，他就已经预见到，法国要想取得胜利，就必须成功地将英军舰队调离他们所掌控的海域。于是，拿破仑曾认为，"入侵英国"可以通过同时对埃及或印度展开远征而取得成功，因为这可以迫使英国皇家海军将舰队部署在远离本土的狭窄水域内（比如地中海）。在没有英军舰队的情况下，法国人就可以在英国海岸登陆，在他们的本土击败其微不足道的陆军了。这个战略成功的诀窍是：需要将英军舰队吸引至地中海或者其他远离不列颠的海域。但是，这要怎么做到呢？

19世纪初，英国和法国之间形成了一种显而易见的战略错位。拥有3000万人口的法国不仅是欧洲人口最多的国家，还是欧洲最繁荣的国家。此外，通过在大革命以及在拿破仑统治下不断取得的军事胜利，法兰西第一帝国取得了欧洲陆上的绝对霸权，其主权领土由于不断征服而大大拓展，曾在奥地利统治下的比利时、尼斯和萨沃伊在1793年被法国所吞并。邻近的荷兰、瑞士和意大利北方大部分地区，也在 1795 年至 1798 年间作为法国的附庸国重新建立起来，并且在未来注定要被法国直接吞并——就像那些亚得里亚海沿岸的奥地利省份一样。与此同时，德意志西部的 350 个诸侯国，在 1801 年至 1803 年间迅速缩减为 39 个，并在法国的监护下合并为"莱茵联邦"（"莱茵联邦"组建最初有 16 个诸侯国，规模最大时拥有三个王国、13 个公国、17 个侯国，以及汉堡、吕贝克和不来梅三个汉萨同盟城市）。1801 年的《亚眠和约》迫使法国从意大利南部和希腊的爱奥尼亚群岛撤军，但法国仍然征服了意大利的大部分地区。最后，西班牙也因为被法国的强大力量所吓倒，又由于其对野心勃勃的大英帝国心存疑虑，从而成为了法国的潜在盟友，并在 1804 年正式成为法国的同盟国——这无疑又是另一次令人不快的占领行动的前奏。

欧洲大陆濒临大西洋的一侧，一个世纪以来，几乎完全由法国所统治，只有遥远的葡萄牙，由于被它境内的山脉所保护着，才处于法国军队的直接打击范围之外，而其他欧洲国家则都会面临威胁。尽管普鲁士在腓特烈大帝的统治下享有崇高的军事声誉，而且在波罗的海腹地似乎很安全——但事实将会证明，在 1806 年，它仍然顶不住法军的攻击。奥地利，这个法国的宿敌，其扑灭欧洲革命火种的努力已经失败了，就连俄国也开始认识到法国军队有多么可怕了（俄国曾在 1799 年派远征军前往欧洲西部）。

不管怎么说，相比于英国，欧洲大陆强国的军队规模都十分庞大。奥地利和俄罗斯的军队各有 25 万人，但两国都必须在与奥斯曼帝国接壤的边境地区驻扎大量士兵，这分散了他们的兵力。法国也不例外——1802 年以后，法国整合了自己和仆从国的大军；1805 年，法军总兵力达到了惊人的 35 万人，所有这些都是拿破仑尽情发挥自己战略特长的依托；1808 年，法军共拥有达 70 万士兵，其中 52 万人可以直接部署在战场上。不仅如此，奥地利和俄罗斯人的军队杂乱无章，其中既有训练有素的步兵和骑兵，也有大量半野蛮状态的非正规军，而拿破仑的"大军团"则整齐划一。事实上，拿破仑的"大军团"是人类第一支近代化的战役部队（Modern Operational Army），其中每支部队都编制相近，其装备和训练标准也实现了统一，以便这些部队在战场上进行及时、有效的合作。"大军团"的组成部分是军（Corps D'armie），它们可以看做是一支微缩版的军队，它们沿着特定的行军路线开进，并随时准备向各个方向机动，以便支援友邻单位。他们的炮兵是全欧洲最好的，他们的后勤补给是最完善的，他们官兵的士气是最饱满的。而且，他们的行动也是最积极果敢的——这些都是拿破仑不断赢得胜利的资本。从1789年起，直到很多年以后，欧洲各国相继从拿破仑那里发现了一种"新型"的士兵——他们在战斗中冲锋陷阵似乎是完全自愿，而不是被迫的。结果是，从1792年的瓦尔密直到1800年的马伦哥，法国在陆地上几乎从未间断地战胜了所有对手。

在同一时期，英国几乎没有取得什么值得夸耀的胜利。这是因为它的力量虽然强大，却只能以一种间接的，不稳定的方式去打击敌人。英国只有1300万人口，几乎不足以支持一支8万人的正规军，但其蓬勃发展的工商业却产生了大量现金盈余，使其得以大规模补贴外国盟友。例如，1799年，英国内阁投票决定每月支付181000英镑，以支持9万名俄罗斯和2万名瑞士士兵驻扎在中欧，并额外支付44000英镑，以支持17500名俄罗斯士兵驻扎在荷兰。1800年，英国国民收入近2亿英镑，按现在①的汇率计算，这一年度的国民收入总额约为180亿英镑，大致相当于英国在1987年的国防预算。但是花钱买来的军队在作战意愿和效果上永远比不上主权国家控制下的军队。俄国人虽然是好士兵，但事实证明，就像是后来的奥地利人和西班牙人一样，他们也缺乏严明的纪律——这远算不上一笔好交易。

这些雇佣的士兵——由于偿付金币上的图案，他们也被称为"圣乔治的骑兵"②——并不能真正撼动隔海相望的、法国掌控下的欧洲大陆。英国所带来的实质性威胁其实源自一些更为古老和根深蒂固的因素，这些因素决定了自16世纪甚至更早的时候，即从英国崛起为海上强国以来英法关系的性质。英国和日本一样，是国际秩序中最古怪的国家之一——它人口稀少，传统自然资源匮乏，但其优越的地理位置和独特的地形，使之成为欧洲大陆上那些富裕得多的，天生就更强大的王国的竞争对手。此外，英国有许多天然港口，它的西部、南部

---

①译注：指原作者写作时期。
②译注：当时英国的金币上有圣乔治屠龙的图案。

和东部海岸有一系列优良的避风港，从威尔士的米福德港，经布里斯托尔、普利茅斯、达特茅斯、波特兰、南安普敦、朴次茅斯、唐斯、梅德韦和泰晤士河到东盎格鲁里亚的哈威奇，拥有一系列港湾、河口和锚地。英国在低地的海岸线上每隔约 96 千米，就有能为商船或军队提供庇护的锚地。此外，这条海岸线还跨越了每一条通往欧洲大陆腹地入口的航线，而欧洲大陆的入口要少得多。法国国土面积是英国的两倍多，但在长达数千千米的大西洋和英吉利海峡沿岸，却只有 5 个良港——罗什福尔港、南特港、洛里昂港、布雷斯特港和勒阿弗尔港。接下来的近 500 千米长的海岸线上——分属于佛兰德斯、荷兰和德意志——只有安特卫普、鹿特丹、阿姆斯特丹和汉堡能为舰船遮风挡雨。波罗的海港口需要途经丹麦附近的海峡，挪威港口则被群山包围，而且所有这些通往大海的出口与英国领土之间的距离都在 650 千米以内，其中最具战略意义的港口——布雷斯特、鲁昂、安特卫普——则距英国领土不到 80 千米。

因此，从战略上讲，英国是当时世界上两三个最重要的权力中心之一。如果命运剥夺了英国统一的机会，后者就会像地中海上的西西里和印度洋上的锡兰那样，频繁地爆发内部冲突并在多个国家之间易手。然而，英国——更具体点说，是英格兰——早在欧洲掌握远洋航海的技术和方法之前便形成了国家。在把战略势力推向全世界之前，他们还成功击退了所有外来入侵（只有诺曼人例外，但他们的占领并没有给英国的上层建筑带来破坏）。一旦新时代来临（也就是架炮的船只在全世界海域游弋的时代），英国不仅将证明自己是邻国所无法征服的，还将成长为一个拥有强权的国度，并将在远离海岸的地方推行自己的政策。

最初，英国的这种海外征服行动相比于它的欧洲事务而言是次要的。当时，英国只在北美（纽芬兰，1497 年）和加勒比地区（尼维斯，1628 年）建立了小小的立足点，其范围和开发程度都远远不能与葡萄牙在巴西，西班牙在墨西哥和秘鲁，荷兰在东印度和亚洲，甚至法国在加拿大、西印度群岛和非洲的扩张相比。因此，几乎直到 17 世纪末，英国都不算是所谓的"海洋帝国"。尽管随后英国位于北美的殖民地在经济上取得了较大发展，但基本都用于新移民的生存需要上面了，对母国的繁荣帮助有限，而且这些英国殖民地的海岸线远离当时的"黄金航线"——就是往返于美洲的西班牙运宝船队，以及往返于东印度群岛的荷兰香料船队（这两者加剧了欧洲大陆的货币危机）所经过的航线。

然而，从 18 世纪初起，英国突然开始获得大片更好的海外领土，并将其正迅速发展的，拥有巨大潜力的海军转化为了一支实实在在的打击力量。凭借这股力量，英国曾在 1670 年相继占领了加勒比群岛、巴哈马群岛和牙买加群岛，使英国人在这些正在成为殖民地世界主要财富生产地的地方获得了实质性的立足点。此外，英国人还从他们在印度取得的飞地，比如孟买、马德拉斯和加尔各答进行扩张，并为最终控制已经日趋衰落的莫卧儿帝国而与其他列强展开争夺。最重要的是，英军在传统的战略重心——地中海也有进展。1704 年在直布罗陀，1708 年在米诺卡岛，英军都进行了不懈的奋战，这使其成了地中海上一支不可忽视的力量。

地中海，欧洲的“内海”，在欧洲的力量开始渗透到更广阔的大西洋水域很久之后，其仍然是经济、战略和文化生活的焦点之一。这是西班牙、法国、奥地利哈布斯堡王朝、意大利的威尼斯和热那亚共和国等欧洲大陆传统强国相互交流、碰撞的海洋。它为以奥斯曼帝国为代表的伊斯兰教徒，和欧洲南部边缘的基督教徒争夺统治地位提供了战场。它是亚洲、非洲和西方的主要商品和奢侈品的运输要道，也是内陆国俄罗斯希望进入的，更广阔世界的通道口。最重要的是，它为欧洲北部的人，尤其是英国人，提供了另一种战略策略，使他们能够凭借自己的海上力量挑战甚至击败欧洲大陆上的老牌强国。

直布罗陀、米诺卡岛（1782 年被英国占领）和马耳他（1800 年被英国占领）是实施这一战略的杠杆。舰队，即使是高度自给自足的前工业时代的帆船舰队，如果想要霸占一片海洋，也需要有补给、休息和整修的基地。法国和西班牙在沿着地中海北部海岸的港口链上都有这样的基地，尤其是卡塔赫纳和土伦港。自从奥斯曼土耳其对地中海的统治于 16 世纪终结以后，法国和西班牙（法国从 1700 年开始）就成为了地中海上名副其实的霸主，由于少有敌手，他们几乎没有理由在这片海域布置重兵。然而，后来英国皇家海军打破了这种现状——先是在直布罗陀，后来是在米诺卡岛、撒丁岛、厄尔巴岛和科西嘉岛，最后是在马耳他。在整个 18 世纪，如果法国和西班牙将自己的全部战舰集结在大西洋港口，他们就会大大限制英国皇家海军在远海的活动能力，甚至威胁皇家海军的本土基地以及英国政府及其人民的安全。然而，英国舰队在地中海的存在，使得法国和西班牙不得不分兵于此，向地中海的卡塔赫纳和土伦各派遣一支海军力量。

历史会证明，英国海军迫使敌人舰队分兵的战略是多么地明智。当时，只有法国人和西班牙人（在荷兰人的帮助下）才能给英国人造成威胁。在美国独立战争期间，英国人发现他们被迫将舰队部署在四个地方，分别是本土、地中海、大西洋和亚洲——这造成了灾难性的后果。1778年，在切萨皮克湾海战中，法国人成功地在美国周边海域集结起优势兵力，打败了英国人。法国人取得的最大战果是保持了美国海岸的开放，此后可以为反抗英国殖民者的美国军队提供增援，从而决定性地扭转了英军在陆地上的优势。最终，英国通过在本土水域的顽强防守，特别是1781年针对荷兰的那场战役，以及由于法国和西班牙在作战目标上的分歧，才得以逃脱三国的包围。法国一次又一次地试图在英吉利海峡集结更强大的海军力量——一旦成功，就能使英国大败一场。不过，西班牙对收复直布罗陀和米诺卡岛实在是太过在意了，因此法国和西班牙经常未能进行有效合作，这使英国避免了陷入一个彻底的军事困境（这是任何战略计算都无法摆脱的）的后果。

尽管如此，美国独立战争的结果之一，就是强化了英国早已吸取但却被暂时遗忘的教训：没有陆地盟友，就不要在欧洲作战。不幸的是，在1796年，英国就失去了盟友，其战略态势急转直下，陷入到一个几乎没有比美国独立战争时期的最低点好多少的状态之中。在1796年，西班牙与法国签订了《圣伊德方索条约》（Treaty of San Ildefonso）之后，被迫从地中海撤退，并将其海外舰队驻扎在直布罗陀。法国人从这次撤退中获益良多，发动了对爱尔兰的入侵——只是这次入侵被冬季的恶劣天气所打断了——不甘心的法国于1797年春天把西班牙舰队调到布雷斯特，准备再次穿越英吉利海峡。后来，在圣文森特角海战中，几乎就要寡不敌众的英国海军指挥官约翰·杰维斯海军上将采用了极其大胆的进攻策略，阻止了法国和西班牙人的推进，从而挽救了皇家海军，使他们得以稍事整顿以期改日再战。

圣文森特角的胜利再次让英国海军打开了通向地中海的大门。在未来，英国将绝不允许这个欧洲的内海对其关闭。然而，1798年年初，在年轻的拿破仑·波拿巴将军的指挥下，法国人准备从土伦向埃及发动一场海上入侵行动。为应对这场危机，英国海军部将一支舰队派往地中海，并把这支舰队委托给了纳尔逊。纳尔逊率领舰队向南航行，他决心攻破法国海军在此地营造的壁垒。

　　这一积极的行动起到了决定性的作用，英国不仅在与拿破仑（从 1800 年起成为法国的实际统治者）对决的剩余时间内，还在整个 19 世纪和 20 世纪的上半叶，都牢牢地掌控着地中海。1798 年 8 月 1 日，纳尔逊在尼罗河口的阿布基尔湾发现并摧毁了拿破仑的舰队。这不仅是因为后者把法兰西共和国最好的军队之一放逐到了地中海的另一边，并最终将其拱手送给了英国、奥斯曼帝国联军，还因为在拿破仑远征埃及时，英国趁机获得了地中海中部的马耳他岛。在诸多条件的共同影响下，胜利的天平毫无疑问地开始向英国倾斜。

　　自 1530 年以来，耶路撒冷医院骑士团（Knights of St John of Jerusalem）就一直驻扎在马耳他。马耳他之于地中海中部，就像直布罗陀之于其西部入海口一样，是一座几乎坚不可摧的堡垒。然而，马耳他与直布罗陀在一个关键方面有所不同：它不仅是一个海域的关键位置，更是多达三个海域的锁匙之地——这三个海域都是相互连通的，具有不同的战略和经济意义。因此，马耳他作为沟通欧洲和非洲的桥梁得到了人们的普遍认同。这三个海域分别是西地中海、亚得里亚海和东地中海（包含附属的爱琴海）。只要用一支强大的海军控制马耳他，就可以阻断欧洲与非洲之间的交流，从而挫败位于这两个大洲的，领土面积最大的三个国家集团的战略计划。这三个国家集团中的第一个是拉丁集团，包括西班牙、法国和意大利；第二个是中欧集团，他们的出海口是亚得里亚海；第三个是黎凡特集团，其以埃及和土耳其安纳托利亚为中心。尽管控制这些地区的政治实体在不断发生变化，但在 19 世纪初，即马耳他落入英国手中时，这些地区的政治版图几乎正好与上述地理划分相吻合。当时，法国、西班牙组成了同盟，意大利的大部分地区也分属于这两大势力，并与之共同组成了拉丁集团；奥地利哈布斯堡王朝是中欧的主要强国，为了统治亚得里亚海，它奋力在巴尔干半岛北部打开了一条通道。奥斯曼帝国是希腊和安纳托利亚的统治者，埃及的宗主国（名义上也是阿尔及尔和突尼斯的海盗城邦的宗主国），是东地中海地区的最高统治者。

然而，这三个国家集团战略行动的自由都取决于马耳他——特别是取决于谁拥有它，以及拥有者的权力能达到什么程度。1565 年，当伊斯兰世界掀起的巨浪向西汹涌而去时，奥斯曼土耳其军队就是率先在马耳他登陆的，他们在瓦莱塔要塞将医院骑士团包围，几乎将之彻底消灭。早在这次战役发生的 40 多年前，在医院骑士团的据点罗德岛（Rhodes）和叙利亚的的黎波里（Tripoli）失守后，哈布斯堡王朝就把他们安置在了这座岛上。此后，医院骑士团主要由哈布斯堡王朝保护，直到 1798 年，在法国大革命的早期战役中，奥地利的势力被削弱为止。此后，拿破仑的舰队从奥地利人的手中夺取了马耳他这个至关重要的小岛。在这场壮观但却不乏缺陷的战役中，法国有许多疏漏之处，其中之一就是在后来忽视了马耳他的防御问题，这导致乔治三世派遣的英国远征军于 1800 年 9 月登岛并夺取了它。

占领马耳他，加上对直布罗陀的占有，决定了从那时起，一个地中海地区的"域外"国家——英国，将会凭借手中的海军力量主导这片海域。实际上，马耳他和直布罗陀这两个要冲可以使英国人能够在一个不连续的海岸线上获得更多的立足点——米诺卡岛（于 1798—1802 年落入英国手中）、撒丁岛（其统治方当时正在与法国交战）、西西里岛（状况与撒丁岛相同）和亚历山大港（于1801 年被英国占领）——这进一步拓展了英国的战略空间。值得一提的是，除了直布罗陀和马耳他之外，占领其他任何地方都不能赋予英国这样的优势，因为其他地方不仅因面积较大而更难防御，还需要派遣大量驻军——此时的英国根本没有足够的兵力来实现这一点。总之，没有一个地方像马耳他一样居于如此关键的位置，没有一个地方像马耳他一样易守难攻，没有一个地方像马耳他那样在大自然的赋予之下，能够容纳或庇护任何一支舰队。尽管撒丁岛甚至还有米诺卡岛，对英国在地中海的战略扩张都提供了不错的助力，但正是直布罗陀的岩石和马耳他的要塞，使英国成为了地中海的霸主。

在纳尔逊率领皇家海军舰队与法国和西班牙的联合舰队在特拉法尔加决战之前，在与法国和西班牙重新开战的三年时间里，英国的海上霸主地位是如何发挥作用的？如上文所述，英国战略的核心在于让法国和西班牙舰队被迫分兵，再逐个击破。法国、西班牙在大西洋和地中海海岸一共有 8 个主要的海军基地。在地中海之外，分别是法国位于大西洋沿岸的布雷斯特、洛里昂和罗什福尔，位于西班牙的费罗尔、比戈和加的斯；在地中海之内，分别是西班牙的卡塔赫纳和法国的土伦。每个基地的船只数量都随着季节和战争进程而时有变化。在总共约35 艘法国主力战舰和 25 艘西班牙主力战舰中，通常大约有三分之一被部署在地中海之内，其余则被部署在地中海之外。

英国人同样按照一定的比例对自己的战舰进行了部署。在 1792 年皇家海军对法国开战时，他们保持着舰船数量上的优势。尽管法国掀起了一场民众捐款以资助海军参与军备竞赛的狂潮，但局面没有根本性的改变。为了避免被法国赶超，英国人自己也做出了反应——实施了一项紧急造舰计划，并借此保持住了领先地位。然而，由于英国人需要用海上力量而不是陆上驻军来保卫他们的海外财产，所以不得不将他们的舰队分散在几个不同的方向上。因此，当 1803 年 5 月《亚眠和约》（Peace of Amiens）被撕毁时，根据英国海军部的记载，当时的三大舰队中，只有大约 60 艘战舰被部署在本土海域和地中海，其余战舰都分布在西印度群岛、北美、印度和东印度群岛。而且，尽管法国和西班牙联合舰队的海军基地都距离英国较近，但为了封锁和监视他们，英国海军部同样需要将舰队分散部署。比如在 1805 年，英军各封锁分舰队的部署情况如下：布雷斯特 12 艘；费罗尔 6 艘；土伦 11 艘；特塞尔 5 艘（用于监视已被严重削弱的荷兰海军）；英国本土只剩下 6 艘战舰部署在唐斯（肯特锚地）；还有 5 艘在斯皮特海德（朴次茅斯港）。英国仅凭军舰数量上的优势，还不足以将实力相当的对手限制在港口内，甚至无法确保能在港口取胜。更糟糕的是，法国和西班牙的舰队中都有比英国舰队更强大的战舰，特别是法国海军，几乎每一艘战舰都比英国的同类船只更快、更坚固，甚至大炮的口径也更大。但幸运的是，他们的船员缺乏航海经验，编队机动也不够娴熟，而且许多战舰本身也不适合航海。

面对所有这些不利条件，拿破仑还是下定了与英国开战的决心，他觉得自己的将领们应该智胜对手，用计谋令英国人的战舰分散，以便集中足够的兵力来掩护他的入侵船队横渡英吉利海峡。实现这一目标的方法不外乎三个方面：在地中海之外继续维持海军力量，迫使英军与之抗衡，从而分散英国皇家海军的力量；在地中海采用多种手段威胁英国的利益——包括威胁那不勒斯王国的独立性及其附属国（西西里王国）的独立性，威胁马耳他以及重要性稍次一点的撒丁岛的安全；占领希腊爱奥尼亚群岛，破坏英国对奥斯曼帝国和埃及的保护等——以迫使皇家海军改变现行战略，将自己的封锁舰队从土伦和西班牙的卡塔赫纳撤走。拿破仑在地中海以外的战略纯粹是一个"海上"的战略，但在地中海内部，拿破仑却准备了陆上和海上相结合的战略——为了扰乱纳尔逊，拿破仑从土伦和卡塔赫纳派出了自己的舰队，但这些舰队的指挥官通常都是无能之辈。此外，法军还在圣西尔将军的指挥下，于意大利南部的阿普利亚省登陆，这似乎预示着法军即将对西西里、希腊、爱奥尼亚群岛、埃及，甚至是奥斯曼帝国的首都君士坦丁堡发动入侵。1804 年年初，拿破仑写信给他在君士坦丁堡的特使布吕内将军说："你的使命是最重要的。无论我（最终）选择继续进军伦敦，还是寻求和平……我的整个战略的重点都是反对英国。"

## 纳尔逊对决拿破仑

没有人比纳尔逊更了解拿破仑战略的复杂性了。纳尔逊作为一个久经考验的海上战术大师，曾在尼罗河和哥本哈根（对手是丹麦）赢得胜利。在海上战略领域，他对时间和空间有着敏锐的触觉。尼罗河战役的过程对他来说仍然是一个鉴戒：对敌人意图的正确的空间感知可能会因为时间上的误判而变得毫无意义。1798 年，纳尔逊准确地预测到拿破仑的入侵舰队将从土伦出发前往埃及。然而，在恶劣的天气导致他的封锁失败之后，他匆忙地对自己的计划进行了变更，实际上他成功地提前到达了目的地。这时，纳尔逊却感觉自己的判断有误，并率领舰队开赴地中海东部各地，甚至一度远航至西西里岛和土耳其。但情报很快证明，他的最初判断才是正确的，这让他返回了亚历山大港，并在附近的阿布基尔发现并摧毁了拿破仑的舰队——但此时，拿破仑的陆军已经登陆，并发动了一场意在控制黎凡特地区、打开通往印度道路的战役。

当纳尔逊于 1803 年 6 月再次抵达地中海时，这些记忆主导了他的战略分析过程。他写道，"我决心保卫马耳他，因为此地将永远赋予我们对黎凡特地区的影响力，甚至赋予我们对意大利南部的所有地区的影响力……我希望我们永远不会放弃这座岛屿。"除此之外，纳尔逊还想让军队进驻那不勒斯王国的卡拉布里亚省，保卫该省不会受到法国将军圣西尔的侵犯，"但在拯救那不勒斯的同时，我们也不能让西西里面临太大威胁。"无论如何，在驻扎在布洛涅（法国海港）和土伦的法国舰队仍然存在重大威胁的情况下，没有一支英军部队能放开手脚进行这样的战斗。因此，纳尔逊的"首要目标"必须放在法国舰队身上，他表示，"要永远遏制法国人的海军。一旦他们出海，我们就要有足够的力量来消灭他们。"

"遏制法国海军"存在特殊的困难。实际上，英国人在大西洋执行封锁任务（1803 年，由英军将领康沃利斯率领少量新战舰维持着大西洋封锁线）比在地中海更简单。因为，就大西洋沿岸的风向来说，其水域盛行的西风把法国舰队束缚在了锚地，使其无法迅速出航。还有一股离岸风，一般是东风或南风，可以自动把英国的掩护部队带到英吉利海峡的入海口——假使风向随后对法军有利，英国人便可以用这支舰队阻止其向布洛涅集结。到那时，如果法国人向其他方向逃跑，英国人也不用特别担心，因为法国的其他港口距离太远了，可以留给英国人充足的补救时间，而且法国人可能到达的目的地只能是大西洋沿岸或西班牙的某些港口，英国人可以再次对这些港口进行封锁。事实上，法国舰队如果想要迷惑英国人，只能朝着大西洋的另一边逃走，也就是西印度群岛的方向。正如我们将会看到的那样，法国人在大西洋的行动总是在英国的控制范围之内。

然而，在地中海，法国人逃跑要容易得多，而且法国利用一支四处游荡的舰队来捣乱的机会也更大。在地中海这个不可预知的、暴力的且北风频繁的内海，利用一支位于土伦港的舰队展开封锁，不仅要等港口的天气有所好转，还要严防好几个能使法国舰队给己方带来巨大威胁的方向——一旦法国舰队逃脱封锁，那么往西南通过直布罗陀可以到达开阔海域；往正南可以到撒丁岛，一路占领没有防御的岛屿；朝东南则可驶向那不勒斯、西西里、马耳他、爱奥尼亚群岛、土耳其和埃及。法国军队突入地中海所产生的战略复杂性，纳尔逊是心知肚明的，他在 1798 年的尼罗河战役中就经历了一场意想不到的南风。

纳尔逊下定决心，不会让法军再次进入地中海。1798 年 5 月，当法国人在为埃及远征做准备时，他选择了抵近封锁土伦。当恶劣的天气来袭时，纳尔逊正在港口入口处的岬角——锡谢角（Cape Sicie）附近，纳尔逊座舰的桅杆折断了，更糟的是，他的侦察巡航舰被狂风吹散了。这相当于失去了"眼睛"，他猜测，自己将不得不在接下来的行动中尾随拿破仑的舰队——那样就很麻烦了。纳尔逊决定不再犯"抵近封锁"的错误。康沃利斯将军经常将自己的舰队部署在距离陆地很近的地方，这种做法在大西洋中是正确的。但在地中海，有许多被陆地遮蔽的海域，在天气恶劣时，大舰队可以利用它的掩护出发，且不会影响任务实现和自身安全。因此，在较为狭窄的地中海里，采用严密封锁的策略是不恰当的。在 1803 年返回基地后，纳尔逊建立了一个远程封锁"监视系统"，其中巡航舰将在近处监视，战斗舰队将驻扎在远海充当"双保险"。

因为巡航舰可以从各个方向监控大约 30 千米长的地平线，所以英军可以监控法军舰队在这个范围内的活动，并及时发布警告。从 17 世纪初开始，有很多人都研发过海军信号手册，但最近（1800 年）和最富有成效的信号手册还是由海军将领波普汉姆爵士研发的，这种新的信号体系可以使一艘巡航舰的舰长发送任何具有军事意义的信息。通常，一艘巡航舰发出信号之后，下一艘巡航舰将重复一遍——当然，这是在有足够能见度的时候——信息将以最快的速度抵达这些护卫舰所隶属的各大舰队。由于重复信号只是机械式的，所以在天气良好的情况下，通过 5 艘巡航舰所组成的"链条"，从发出信号的地方到距离 300 千米以外的舰队指挥官那里，传递一条信息只需要不到 5 分钟的时间。

信号系统的革新，使得纳尔逊能更轻松地执行 5 年前曾制定的计划，即在 1803 年实施的土伦港封锁行动。然而，从某种意义上来说，信号系统的革新也让行动的节奏更紧促。在抵达目的地之前，纳尔逊其实还在摸索着前进，他让舰队主力距离海岸大约 60 千米。在这个距离，在土伦港的高地上，法国的瞭望台是看不见英军的，但如果是抵近封锁，按照皮尔斯·麦克西的说法，"一旦狂暴的北风把纳尔逊吹离阵位，法国舰队就会察觉。待到纳尔逊发现对手已经出海时，恐怕法国人离亚历山大港只会剩下一半航程。从这里到最近的船坞，英国人需要航行 2 周以上，这里没有补给和淡水——要想在炎炎夏日补充后一种物资，他们至少得去撒丁岛南部的普拉湾。"在暴风雨中，纳尔逊舰队偶尔会躲在马赛附近的耶尔群岛的天然隐蔽所里。后来，随着对监视法军动向的把握越来越大，纳尔逊更加大胆地将舰队撤回到更远的南部，有时甚至撤回到距离西班牙北部的圣塞巴斯蒂安角 240 多千米的某个位置上。他把舰队的一部分从那个位置派驻到撒丁岛北部的马达莱纳群岛——距离法国海岸更近，既可以买到给养，又可以在恶劣天气下找到安全的锚地。

简而言之，纳尔逊的策略，预示着一个新时代的来临。一百年后，在北海，为了防止德国公海舰队打破封锁进入大西洋，英军大舰队一直在苏格兰东南部和奥克尼群岛的锚地待命，至于近距离监视德国沿岸的任务则被交给了驻扎在哈里奇（位于东安格利亚）的巡洋舰。与后继者相比，纳尔逊的解决方案面临着更大的风险。因为北海是一片只有一个出口的长长的水域（不包括海峡狭窄的"死亡陷阱"），它的长度，保证了英军具有较充裕的预警时间，而它的构造则限制了敌人的活动。然而，在 1803 年至 1805 年的地中海，这种简单的做法并不适用。在那里，纳尔逊必须同时提防法军几个潜在的进攻方向——法军可以向埃及、希腊、撒丁岛、西西里、那不勒斯以及马耳他发起进攻，或者从直布罗陀驶向大西洋——纳尔逊并不确定，一旦遭遇了恶劣的天气，一旦敌人逃跑，他是否能彻底打败他们。

1803 年 7 月，回到地中海后不久，纳尔逊写道，"我下定决心，不取得战斗胜利绝不回港，哪怕法国人让我再等一年。"但是到了 1804 年春天，他的船只已经破旧不堪了，而他仍然不知道何时才能把敌人引来决战。1804 年春，他写道，"布尔①（马耳他的民事专员）确信他们（法国人）要去埃及；土耳其人确信他们要去（希腊）；埃利奥特先生（驻那不勒斯公使）认为是西西里；至于萨丁王国的国王则说是他这里……但我却坚定地相信，他们是要去斯皮特海德。"纳尔逊的战略观念因为这些战术上的问题而变得复杂。拉图什－特雷维尔是土伦的指挥官，也是法国最优秀的海军将领，他生性好斗，不断寻求与纳尔逊决战，虽然这也是纳尔逊期望的，但问题在于，法国人寻求的决战未必会在英军志在必得的时间和地点展开。1804 年 4 月 5 日，拉图什－特雷维尔将他的舰队从土伦带到海上进行训练，但纳尔逊认为他们是真的要发动进攻了。6 月 13 日，法国人再次出现，用故意进入英国人在水平线设置的陷阱的方式

---

① 译注：此处人名（Bull）有误，应为"波尔"（Ball），即亚历山大·波尔爵士，他是纳尔逊的好友，1802—1809 年期间担任英国驻马耳他民事专员。

逗弄了纳尔逊，然后"就像跳完一段舞……就又回到港内了"。这令纳尔逊沮丧极了。1804 年 8 月 20 日 [①]，拉图什 – 特雷维尔的意外死亡，使这种情况变得更加严重了（因为新任指挥官的脾气秉性还是个谜）。"手下把纸条给了我，"纳尔逊写道，"上面写着，法国报纸说，拉图什 – 特雷维尔的去世与积劳成疾有关，他经常巡视信号哨所……以监视我军。"特雷维尔的继任者是维尔纳夫，他是为数不多的从尼罗河逃走的法国船长之一，14 个月后，他就成为了英国在特拉法尔加的头号敌人。

　　接下来的 14 个月将在英法两位海军指挥官的智力比拼中度过，但在这场较量中，将出现第三位幕后参与者，他就是——拿破仑皇帝（他已经于 1804 年 5 月 18 日登基了）。拿破仑不仅拥有比他的任何部下所能设想的更宏大的战略愿景，还受到了一颗更强大的野心的驱使，因为他对大海的无知化解了其他人——其中就包括了维尔纳夫——所知道的，介于幻想和现实之间的种种困难，这也使他更加坚定了决心。拿破仑真正的想法是在全球范围内进行一场战争，他设计了一个宏大的战略，所有的前线——无论是现有的，还是潜在的，都被纳入了一个统一且相互联系的计划中。陆地和海洋、欧洲和美洲、地中海和大西洋、英国和奥地利都被他插上了标签，每一个国家都在他未来发动战争的时间表上占有一席之地，每一个国家都被预设了一种结果，这种结果将推动他的战略走向既定的结局。1804 年 9 月 29 日，拿破仑在给他的海军部部长德克雷斯的信中写道，"我们必须派出三支远征队：从罗什福尔出发，保卫马提尼克岛和瓜德罗普岛，抵御敌人的进攻，夺取（西印度群岛上的）多米尼加和圣卢西亚；从土伦出发，占领苏里南和其他荷兰的（美洲）殖民地；从布雷斯特出发，夺取圣赫勒拿岛……登陆爱尔兰（一项附属计划）只是第一步。舰队必须进入英吉利海峡，并前往瑟堡，以便从布洛涅获得（大军团）的最新消息，但如果舰队在离开布洛涅的时候遇到了持续好几天的逆风，它就必须继续向特塞尔驶去，它们将在那里与 7 艘荷兰军舰汇合，一起搭上 25000 人。舰队将把这些人运往爱尔兰。这两个行

---

① 译注：原文如此，拉图什–特雷维尔实际死于8月19日。

动中只要有一个成功，我们就将赢得战争。"

　　为了实现这个庞大的计划，拿破仑为每支舰队的行动都制定了详细的计划。来自土伦的维尔纳夫舰队要离开地中海，分散船只去扫荡英国在西非的基地，然后前往西印度群岛。在那里，他们的行动应当与罗什福尔分舰队（由米塞司将军指挥）呼应——此时，后者应当已经发起对不列颠群岛的作战了。当他们分别收复了法国和荷兰之前被英军侵占的殖民地，并占领了拿破仑想要的英国岛屿后，这些舰队将重新穿越大西洋，并在法国西海岸与甘托姆舰队会合。此时，他们的船只数量将远远超过英国，并随时准备护送大军团在英国本土登陆。

　　实际上，拿破仑麾下海军力量的增长速度很快，甚至即将超过在他的计划中所需要的海军力量。长期合作的邻国西班牙在 12 月 12 日正式成为他的盟友，西班牙国王同意将自己的海军置于法军的指挥之下，并同意"在 1805 年 3 月 30 日前……一共出动 25—29 艘风帆战列舰"。这一日期超出了他为各舰队的航行所定的日期——1804 年 10 月 21 日，维尔纳夫应该率舰队出击；1804 年 11 月 1 日，米塞司分舰队应该出击；1804 年 11 月 23 日，甘托姆分舰队应该出击。不论如何，法国与西班牙的盟约加强了法国的军事力量，扩大了英国海军维持封锁的范围，带来了势力的此消彼长。因此，按照任何纸面计算的结果，拿破仑的胜利都是不可避免的。

　　但是，海上战争，并不能完全按照纸面计划进行。事实上，海上战争的不确定性比陆上战争更大。维尔纳夫、米塞司和甘托姆都没能在约定的日期从港口起航，天气、纳尔逊和康沃利斯封锁的力量都对他们不利。看上去，天气因素是次要的——但如果前两支舰队真的能到达风力温和的西印度群岛（每年 10 月之后就没有飓风了），那对法国而言就不再是一个不利因素了——如果法军能按时抵达大西洋东岸的话，这对英国人来说很可能是一场灾难。晚秋时节，任何在欧洲海域进行的作战都会面临不利的状况。冬天则会令任何计划泡汤。到时候，英国封锁舰队的船只将在风暴中颠簸，可能要付出巨大的代价，消耗掉他们的装备和水手的耐力，才能成功地守住海洋。不过，法国人的船只不太适应这样的远途航行，船员也没有受过巡航训练，因此他们几乎不可能按照指挥官为他们制定的精确时间表来完成任务。拿破仑或许已经找到了在陆上克服冬季不利条件的方法：

1800 年 12 月，法军曾在霍亨林登获胜，1805 年，他又在奥斯特里茨取得胜利。尽管如此，拿破仑也不可能完全掌控海上战争，恶劣的天气会打乱他的计划，而事实也是如此。

然而，最恶劣的天气并没有出现在大西洋，而是出现在了地中海。1805 年 1 月 11 日，米塞司分舰队带领 5 艘战列舰从罗什福尔出发，避开了封锁，成功驶向西印度群岛。不过，当年 1 月，当维尔纳夫从土伦出击，途经纳尔逊驻守的马德拉群岛（Maddalena）时，遭遇了暴风雨，因此只能转身回航。对此，维尔纳夫写道，"第一个晚上，我们发现自己观察到了两艘英国巡航舰，它们必然会招来全部敌军，由于各舰状态恶劣，已很难继续航行，我们都同意返回。"而拿破仑则因此勃然大怒："我的海军将领们想干什么？——他们受了一点伤就调头回港了！"不过事实上，法国人的出航还歪打正着地引发了纳尔逊为数不多的，在战略上的神经错乱，即对东地中海安全的过度焦虑。也许是因为纳尔逊与那不勒斯宫廷的密切联系（在那里，他曾经孕育了对埃玛·汉密尔顿的激情）；也许是因为纳尔逊于 1798 年向尼罗河的追击差点演变为一场灾难，他把从土伦向东的路线保护得比其他任何一条路线都要严密。尽管维尔纳夫是在向西进发，但纳尔逊还是觉得他最终的航线是向东。当他听到法军舰队逃跑的消息时，还以为法国人正在向撒丁岛、西西里或亚历山大进发，并自以为是地发动了追击。正如我们看到的那样，在法军出击的情况下，这些地区所面临的直接风险超过了其他任何地方。从这个意义上来说，纳尔逊的焦虑反应是可以理解的。但他的反应是错误的，只是因恶劣天气的影响，他的失误才没有带来严重后果。

当年 3 月，纳尔逊再次误判了形势。他坚持采取了一个从土伦附近的封锁线撤离，巡航到足以引诱法国人离开港口的地方去的所谓"策略"。结果，就在英国人在撒丁岛附近补充食物的时候，有消息传来，说维尔纳夫抓住机会，扬帆起航了。纳尔逊立即向南转向，堵住了地中海与北非海岸的缺口，并一直待在那里，直到 4 月 16 日他才得到了关于维尔纳夫行动方向的消息。虽然纳尔逊这次下定决心不去"西西里岛东部"，但他还是去了错误的位置（关于这个错误，后来他只肯负担一半责任）。纳尔逊在 4 月 18 日的一份写给休·埃利奥特——英国驻那不勒斯公使的信中写道，"我要驶出'地中海'……也许我之前太在意撒丁岛、那不勒斯、西西里岛、（希腊）和埃及了，想避免它们遭到法国的入侵。"

纳尔逊将在三个月后，率领舰队最后一次进入地中海，7月16日，他将在直布罗陀登陆，这是他两年来第一次踏上陆地。到那时，他就充分了解到为什么法国海军将领们能抵御驶入东地中海的诱惑了。于是，历史上对于纳尔逊在那个时候为什么会突然回到大西洋的这个疑问，答案就不言自明了。在西班牙人加入战争之前的1804年，法国人曾将自己约三分之一的力量部署在地中海，三分之一的力量部署在大西洋。然而，到了1805年，只有6艘法舰，以及部分驻扎在卡塔赫纳港的西班牙战舰还留在地中海内了。有近50艘战舰分布在西班牙和法国的大西洋沿岸各港口之间。拿破仑"从陆地上击败英国舰队"计划的前期准备工作已经成功完成了。

法军之所以能集中兵力，完全是由于西班牙加入了拿破仑的事业；西班牙海军有12艘战舰停泊在费罗尔，7艘战舰停泊在加的斯，它们都直接划给法军指挥。法军将领甘托姆麾下的战舰，则继续待在布雷斯特—罗什福尔—洛里昂一线。然而，拿破仑期待的是一场决定性的大胜，因为维尔纳夫率领的土伦分舰队在经过了特拉法尔加战役戏剧性的前奏之后，终于抵达了大西洋海域。原先，在地中海，他试图发现缺口，纳尔逊则试图封堵，但经过这次航行，双方的较量变成了一场远洋上的捉迷藏游戏。在这段时间，双方有时每天可以航行100英里，有时达不到这个数字——虽然这些里程能被精确地记录下来，但就像其他海上战役一样，期间的形势却变化多端。

3月30日，维尔纳夫率领10艘战舰避开了纳尔逊的封锁，径直驶向直布罗陀海峡。直到三天之后，一艘英国护卫舰才得到了法军出动的消息。但是维尔纳夫早在一天前就知道了纳尔逊所处的位置，并且为避开他而改变了航线。4月，他带着5艘西班牙船只从加的斯出发，穿越大西洋，驶向了西印度群岛。纳尔逊那天仍然在保护撒丁岛和北非海岸之间的水域，他要再过10天才能离开地中海。对于维尔纳夫的目的地，他只能依靠"谣言和猜测"判断。起初，纳尔逊认为敌人一定是要进入英吉利海峡了。后来，从葡萄牙拉各斯湾（位于葡萄牙南部）收集到的，更为有力的传言使纳尔逊确信——加勒比海才是法军的目的地。于是，他开始率军追赶。"虽然我迟到了，"他在5月10日给马耳他总督的信中写道，"但命运也许会给他们送去一段糟糕的旅程，给我带来一段美好的旅程——我必须怀着最美好的期待。"

如纳尔逊所愿的是，机会很快就出现了。维尔纳夫将用 34 天抵达目的地，但纳尔逊只用了 24 天。对法国人而言，更糟糕的是，拿破仑原本要求米塞司分舰队延长在西印度群岛的逗留时间，但因为意外，他的命令未能按时抵达，米塞司按原定的时间返回了。在维尔纳夫和纳尔逊玩着猫捉老鼠的游戏时，一个看不见的机会已经从法国人的指缝中溜走了——本来法国人可以趁机集中优势力量，对英国在加勒比海域的防御圈进行重点打击，从而取得决定性的战果的。

事实是，维尔纳夫在加勒比地区没有取得任何决定性的成果。他期待着能找到早已经离开的米塞司，并同样期待着甘托姆会从布雷斯特—罗什福尔—洛里昂一线赶来帮助他，但这些希望都落空了——因为甘托姆仍被康沃利斯困在港里。维尔纳夫接到命令，无论有没有援军，都要等上 40 天，同时他要尽可能地对英属西印度群岛造成破坏。维尔纳夫于 5 月 14 日抵达法属加勒比地区的主要属地马提尼克。之后的命令把他的等待时间缩短到了 35 天。5 月 29 日，两艘安然溜出罗什福尔的船只也加入了他的行列。维尔纳夫率领一支拥有 18 艘战舰的舰队在马提尼克岛附近巡航了一周，并与一支英国商船队遭遇，并俘虏了其中 15 艘商船。当时有消息称，纳尔逊此时也在加勒比海，而不是像维尔纳夫以前认为的那样"在前往埃及的路上"，这让后者感到了恐慌。此外，虚假的报告还夸大了纳尔逊所拥有的船只数量，使维尔纳夫被"一旦两军在远离法国本土的地方对战就会遭遇失败"的阴影所再次包围。因此，他又一次选择了返航。维尔纳夫遵照拿破仑的精神（而非书面指示），达到了预期的效果，他成功地把皇家海军最好的海军将领和主力部队吸引到大西洋作战区的外围。

与此同时，纳尔逊一直在加勒比群岛之间追踪维尔纳夫，追踪了一个又一个假目标。6 月 4 日，当英军舰队抵达圣卢西亚时，当地卫戍部队指挥官告诉他，法国人不在马提尼克岛——虽然他们确实在加勒比海，但此时已经去了特立尼达。6 月 6 日，当纳尔逊终于抵达那里时，他得知自己又被误导了。于是，他向北航行，在 6 月 9 日抵达了格林纳达。在那里，他发现维尔纳夫一开始就在马提尼克岛，但他猜测，自那以后维尔纳夫一定又去了别的什么地方。

　　法国人到底在哪里？应该到另一个岛去看看，还是继续在加勒比海巡航，抑或是回到欧洲？纳尔逊面临着诸多选择。6月16日，他在给英国海军大臣的一封自白信中写道："我绝不像教皇那样是绝对正确的，我相信我的观点是非常容易出错的，因此我可能会误认为敌人的舰队去了欧洲。但我不能让自己不这么想。事实上，他们（法军）是在6月3日返回的，因此我让快速帆船'好奇'号（Brig Curieux）先将消息送到了伦敦。"而在6月15日致驻里斯本公使的信中，纳尔逊这样概括了自己的意图："目前我们还不至于绝望，在他们到达加的斯或土伦之前，我们仍然有机会进行拦截，我总认为他们会驶向特定的港口，我们有时间，可以避免他们拥有哪怕片刻的优势。"

　　然而，纳尔逊对地中海的痴迷再一次把他带到了错误的地方——这次是直布罗陀——但是他的舰队所拥有的卓越的航行能力使他比维尔纳夫更早横渡了大西洋，这给了他时间来弥补自己的错误。8月1日，纳尔逊从直布罗陀起航，与一艘美国商船相遇，这艘商船上的人告诉他，他们在早些时候与向北航行的法国人擦身而过。8月15日，纳尔逊率队转身追赶，并向承担布雷斯特—罗什福尔—洛里昂封锁任务的科林伍德将军表示忏悔，他在那里听到了维尔纳夫回来的确切消息，但也听到了英军失败的消息。对纳尔逊来说，这个消息既苦涩又甜蜜。它强调了纳尔逊所进行的徒劳无果的追逐——在他的日记中，他轻描淡写地说，自己去的时候追了5200千米，回来的时候又追了5500千米——但也为他留下了成为"生前身后，都是英格兰历史上最敬业、最伟大的人"的机会。

　　所发生的一切使纳尔逊有了先见之明——他早已派遣一艘战舰，专门负责侦察与联络。从加勒比海到法国海岸，这艘船不仅向英国海军部第一大臣巴勒姆勋爵（Lord Barham）通报了纳尔逊即将回航的消息，还带来了关于维尔纳夫舰队行动的可靠情报。因为在6月，它看到法国舰队出现在了大西洋中部，并且也在返航途中。巴勒姆于7月9日看到这份报告后立即做出了勇敢的决定。对英国人来说，当务之急是在公海上抓住维尔纳夫，阻止他在布雷斯特—罗什福尔—洛里昂一线与甘托姆会合，挫败拿破仑长期计划中集中兵力的目标。由于甘托姆不太可能会率军出击，所以巴勒姆命令康沃利斯解除封锁，派遣他的一部分舰队（在考尔德将军的指挥下）在西班牙西北方向的菲尼斯特雷角巡逻，康沃利斯本人则应在比斯开湾巡航。这些战舰在变更部署时，通常会有巡航舰进行掩护，这保证了维尔纳夫会毫无差错地驶入英国的网中。而且，即使他得到了来自法国港口的战舰支援，英军也照样会开战，因为他们具有很大的优势。

正如纳尔逊在 8 月 15 日登上康沃利斯的旗舰"巴黎城"号时所了解到的那样，事实与他的猜想基本相符。7 月 22 日，考尔德带着 15 艘战舰驶离菲尼斯特雷角，看见维尔纳夫带着 6 艘西班牙战舰与 14 艘法国战舰，正在南面准备向费罗尔港行驶。考尔德已经准备好行动了，他的战舰排成了战列线，随后法国和西班牙的舰队也这样做了。但是，风太小了，直到下午晚些时候，双方才进入了射程。这时，考尔德选择的战术是依次迎风调转航向——而不是一齐转向——这使他的军舰失去了最佳的攻击机会。个别的英军船长曾大胆地向敌人逼近（这是在木制战舰时代寻求决战的唯一方法），但没有一艘船能获得成功。此战中，英国炮手的能力一如既往地优于敌人，他们击毁了敌舰的桅杆，给敌人造成的伤亡也远远超过己方：法军共计 641 人死亡，203 人受伤。然而，敌人船只和人员的巨大损失不足以证明考尔德取得了胜利。最后，由于维尔纳夫主动撤退，以及因反复无常的风带来的恶劣环境，两支舰队的作战行动中止了，并且在不久后脱离了接触。这场战斗的结果是如此的不明朗，以至于没有人关心它的命名——这场战斗通常被简单地称为"考尔德 7 月 22 日的行动"。

结束战斗后，维尔纳夫经由比戈潜入附近的西班牙港口拉科鲁尼亚和费罗尔，考尔德则向北航行，去与康沃利斯汇合。纳尔逊的主要任务是保卫英国在地中海的利益，而如今，除了少数法军舰艇之外，其他所有的敌军舰队都离开了地中海。在离开大西洋时，纳尔逊曾写信给他的战友托马斯·弗里曼特尔舰长，反思考尔德的失误：

事实上，罗伯特·考尔德爵士的胜利使我感到困惑……再加上听说英国上下（John Bull）不满足于此，我感到很抱歉。亲爱的弗里曼特尔，我们的国家期望胜利，但这世上又有谁是常胜之人？我们曾经在一起战斗（纳尔逊和弗里曼特尔曾一起参加过特内里费和哥本哈根战役），因此很清楚其中的缘由。我有一支最好的舰队，但谁能说得清在一场战斗中会发生什么事呢？最令我痛心的是，任何报道都暗示，如果换做纳尔逊，肯定会比考尔德做得更好。应该与法军战斗的人是我，但最终是考尔德，我又怎能妄言自己必然会胜过他呢？

尽管纳尔逊并未事后苛责考尔德7月22日的行动，但事实是考尔德没能取得胜利，由此导致的后果会让纳尔逊用生命来弥补。考尔德固然没有拆散巴勒姆把法国人套在英国人的网里的策略，但他也没有把这些网"拉起来"。拿破仑的战略是把他的海军力量集中在一个战场上，向英国发动进攻，这一战略和纳尔逊离开地中海之前的战略没有什么不同。英国和法国的所谓"相关部队"在1805年8月做出了以下部署：皇家海军部署了大约55艘战列舰，分散在英吉利海峡和西班牙北部海岸之间；法国和西班牙部署的战舰的数量与英国相差无几，其中一部分由甘托姆指挥，位于布雷斯特－罗什福尔－洛里昂；另一部分由维尔纳夫指挥，暂时停泊在西班牙西北部的港口中。如果维尔纳夫能加入甘托姆的队伍，拿破仑就可以集结起舰队，那么向英国进军的准备工作也就完成了。

现在，两个偶然事件叠加在一起，阻碍了这一宏伟计划的实施。拿破仑得到消息说，敌人的力量就集中在陆地上，就集中在他的背后。在7月22日的行动之后，维尔纳夫在西班牙西北部的港口中避难。当他离开此地后，他选择了向南航行——远离甘托姆——而不是向北航行。

拿破仑后来把入侵英国的失败完全归咎于维尔纳夫个人："我的海军将领们居然认为打仗可以不承担风险——是谁这么教他们的？"这当然是完全不公平的。当时，拿破仑决定从布洛涅的营地转移，并将大军转向内陆，向莱茵河进发，最终到达多瑙河——奥地利和俄罗斯的军队正在多瑙河集结，准备对他发起新的（第三次）联合进攻。在任何情况下，拿破仑都必须迅速分清主次关系：一个俄奥联盟正在威胁到他的权力，而英国作为一个海上帝国很难做到这一点。然而，后来维尔纳夫的行为却反常到了不可理喻的地步，这是由什么引起的呢？

拿破仑最著名的军事格言之一是："在战争中，精神对物质的比例是三比一。"他的战略就算没有在大西洋上对英国取得决定性的物质优势，至少也实现了物质上的平等。但是，从物质平等中获得胜利的"精神目标"已经不复存在了——自3月份离开土伦，7月份抵达西班牙之后，不知在什么地方，不知在什么时候，维尔纳夫的神经崩溃了。8月3日，他从拉科鲁尼亚给海军部部长丹尼斯·德克雷斯（Denis Decrès）写信说："我即将起航，但我不知道该怎么办。8艘战列舰在距海岸8里格的距离上保持着监视。他们会跟着我，我却无法和他们接战，直到他们在布雷斯特（甘托姆仍在那里）或加的斯（实际上是空的）港外加入当地的封锁舰队——具体情况将取决于我要前往哪里……我可以毫不犹豫地对你说，如果遇到20艘敌军战列舰，我们的情况将极端不利。我们的海军战术过时了。我们什么也不知道，只会简单地排成队列，然而这正是敌人想要的。"

离开拉科鲁尼亚后的两天里，维尔纳夫沿着正西的航线进入大西洋，他本可以从那里转向布雷斯特——在拿破仑的紧急命令下，甘托姆不久就会出海与康沃利斯的封锁舰队交锋——或者开到加的斯。然而，维尔纳夫坚持认为，他从自己的护卫舰和被拦截的中立国船只那里收集到的情报，可以作为证明"英国在北方拥有非常强大的兵力，以至于'他们在与布雷斯特和费罗尔的联合部队相遇时仍然具有优势'"的证据。因此，8月15日傍晚，维尔纳夫改变航向，向南行驶，并于四天后进入加的斯。除了第二天（8月20日），法国人短暂出航，并受到由科林伍德将军率领的一支小型封锁舰队的阻击之外，他和西班牙的联合舰队便一直驻扎在那里，直到特拉法尔加之战的前夜。

至此，拿破仑进攻英国的计划已经破灭了，他用来"在陆地上"击败皇家海军的大军团，被拉到了欧洲大陆的中心地带。那支想要穿过英吉利海峡的舰队如今仍分散在各处，离它必须要集结的地方十分遥远。但法军舰队的分散并不是英军造就的——无论考尔德在菲尼斯特雷角的行动，还是康沃利斯与甘托姆的小规模冲突，其影响都微乎其微——而更多是因为维尔纳夫在五个月的海上漫游中充满了恐惧。此外，拿破仑的律法、威胁和严厉的命令助长了这些恐惧；对船只和船员状况的担忧也削弱了他抵抗英国人的意志；由于受到英国的封锁，维尔纳夫麾下的海军将领们都被限制在港口之中，似乎不情愿被派出去冒险，这更加深了他的忧虑；最后，一个无情的纳尔逊的形象——一个不断跟踪他的脚步，躲在哪里等待着他，期待着他出现纰漏的纳尔逊——使这场角逐超出了维尔纳夫的神经可以忍受的范围。"真的，陛下，"维尔纳夫大舰队陆军搭载部队的指挥官劳瑞斯顿将军在给拿破仑的信中写道，"在他心中，对纳尔逊的恐惧占据了上风。"这样的自卑情绪，再加上长达 5 个月和 7000 英里的航程，又怎能让他在决战中表现出英勇无畏？

## 纳尔逊与维尔纳夫的交锋

维尔纳夫（Villeneuve）并非天生的失败者，他 15 岁就以军官候补生的身份加入了原王家海军，在叙弗朗将军麾下效力，追随其征战南北，于北美独立战争末期（1782—1783 年）在马德拉斯和锡兰击败了英军。他所属的德·维尔纳夫家族（de Villeneuves）居住在普罗旺斯地区的巴尔日蒙市镇，他们世代从戎，与马耳他医院骑士团关系密切，有一名家族成员还曾担任过骑士团团长，皮埃尔·查尔斯·让·巴普蒂斯特·西尔韦斯特（即本文中的维尔纳夫）本人亦是第 91 位效忠该骑士团的家族成员。

法国大革命的到来打乱了维尔纳夫原本按部就班的人生轨迹——就像所有王家军官一样。与任何其他古老的僵化制度相同，法国下层社会积聚着不满，而且对于贵族而言，几乎没有什么办法能保护他们免受接下来的厄运，因为他们的下属要想取而代之的欲望是难以遏制的。维尔纳夫所属的旧军官团于 1791 年解散，并根据法令组建了一个新的机构。在这个新机构中，一些被任命为委员会成员的人并非是新面孔——王家军队和国民自卫军的一部分成员摇身一变成为了革命者——他们曾经是旧军官，而其他人则是商船船员、低准尉或普通水兵。1793 年 10 月，公共安全委员会的海军委员让－邦·圣－安德尔进行了全面清洗，使在过去两年中让军官们备受折磨的随意恐吓、任意解职和偶尔使用断头台的行为变成了常态。海军军官的名单就张贴在他们母港里，那些被怀疑在法国大革命初期犯有罪行的军官（主要罪名是对共和国缺乏忠诚）要接受公社和革命海员的谴责，他们的前途将由全民投票来决定。这项措施加快了 1789 年以来法国海军军官和专业人员的流失频率——参加革命的海军将领路易斯－托马斯·维拉雷特·德·约耶斯（Louis–Thomas Villaret de Joyeuse）于 1794 年出海时，其舰队指挥部的构成就是一个充分的证据。虽然他本人曾经在旧王家海军中服役过，但三年前他只是一名尉官，而指挥部中另外两名主要指挥官之前分别是尉官和下级尉官（Sub–Lieutenant）。另外，在他手下的 26 名舰长中也有 9 人是商船船长，1 人是商船水手长，1 人是普通水兵。

维尔纳夫是这个动荡时期的"幸存者"，他虽然以贵族身份加入过"舰旗护卫队"〔Gardes du Pavillon，该军事组织为旧王家海军提供见习军官，其成员既有贵族也有平民，并因此被分为"红"（Rouge）和"蓝"（Bleus）两类〕，但没有像同僚们那样流亡或退役，而是在 1793 年宣誓效忠革命，并从自己的名字中去掉了"de"①这个词。维尔纳夫参加了对土伦的围攻，并且在那里遇见了年轻的拿破仑。不久后，他就担任了一艘战舰的后备舰长，并于 1794 年被提拔为海军少将——这证明了当时法国海军高级军官的短缺。1796 年，维尔纳夫率领了一支分舰队参与了对爱尔兰的那次失败的远征。而在之后的尼罗河战役中，由于他位于布鲁伊斯舰队的后方，距离纳尔逊的攻击点太远，所以并没有能在最关键的时刻参与战斗——他最终救出了一些己方战列舰和 2 艘巡航舰，并成功驶出了阿布基尔湾。虽然维尔纳夫的同僚们并不完全赞同他的所作所为（认为他是临阵脱逃），但拿破仑却用"幸运"二字来形容他——这在当时是一种相当大的赞赏了，因为拿破仑认为"幸运"也是一种军事才能。

在此后的逃亡中，维尔纳夫带领自己舰队的剩余成员前往马耳他，并在保卫瓦莱塔，抵御马耳他叛乱者期间发挥了重要作用。1800 年，维尔纳夫继续在岛上加固要塞并抵抗英国人。但后来他又与沃布瓦将军签署了投降书，使该岛于 9 月 5 日成为英国领土。此后，法国海军一直在战争中保持平静，直到 1804 年，维尔纳夫才开始行动，这在很大程度上是由于他与海军部部长德克雷斯在美国独立战争期间结下的友谊。他被晋升为海军中将，并于 8 月被任命为土伦的指挥官，这个空缺是因拉图什 – 特雷维尔意外死亡而留下的——如果不是因为布鲁瓦和甘托姆分别指挥着入侵舰队和布雷斯特分舰队，他们两人就会填补这个空缺。很显然，维尔纳夫并不适合担任如此重要的职务，至于这次升职也不过只是一次递补。

在特拉法尔加战役之后，拿破仑对维尔纳夫进行了一次著名的点评（甚至

---

① 译注：德国、法国、西班牙等国的贵族标志名，相当于德国的"冯"，荷兰的"范"，一般加在姓氏之前，以表明贵族的身份。

可以说是一次羞辱）："即使他不是一位道德上的懦夫，也是一位心理上的懦夫（Pohron de Tete）。"拿破仑认为维尔纳夫的意志已经开始逐渐崩溃，这一点是有证据的，而这些证据则来源于在特拉法尔加战役中，由维尔纳夫的舰队司令或他的亲密同僚们撰写的一系列报告和公文——这些最终都传到了拿破仑那里。然而，对于一个最终鼓起勇气在战斗中面对当时最伟大的海军将领，然后选择自杀，或者"被自杀"的人来说，这或许是同僚们的一种卑鄙的嫁祸行为——他们试图以此来让自己逃避责任。1805 年 8 月，当西印度群岛之旅结束时，维尔纳夫写信给海军部部长德克雷斯，字里行间的描述似乎都暗示着他的精神即将崩溃：

　　大人，阁下对目前的情况有何看法？陛下的宏伟计划，我看不出有任何实现的可能。我请求您相信，没有什么能比得上我所遭受的绝望和我所处的可怕境地的了。陛下把这一项伟大的任务托付给了我，我却不可避免地成为了风的玩物，在这片未知的水域里，用六分之五的水手们驾驶着这些船。而且，这些船只的装备状况也不佳，我们自身也缺乏合作和情报共享。哪怕仅仅遭受最轻微的损害，我们也有可能会犯下无法弥补的罪孽，并导致舰队分散或被破坏，从而使我们沦为欧洲的笑柄。对我们威胁最大的其实并非敌人……因此，这个计划……并不能给我们在布雷斯特的舰队带来成功、荣耀和有利的机会。最后，那位英勇可敬的盟国舰队司令［西班牙人格拉维那（Gravina）］也不知所措，只有绝望地跟着我，这是我的责任，我将尽可能保持与盟友之间的团结——否则很可能会影响陛下的计划。总之，还是停止吧！除了灾难、混乱和无用的表演之外，我们什么都得不到，而且还有可能会永远破坏我们与盟友之间的关系。

　　对"灾难、混乱和无用的表演"的恐惧，并不是激发维尔纳夫的先辈在十字军东征中为狮心王理查（Richard the Lionheart）而战的那种情绪，也不是传说中的罗兰（Roland）在隆斯沃利斯（Roncewalles）山口作战时所怀有的那种情绪。然而，这种恐惧从战役一开始就出现了。当时的舰队指挥官之一，劳瑞斯顿将军（舰队中陆军部队的司令官）于 8 月 22 日向拿破仑明确表示：

自从我第一次来到土伦，（就渴望）与舰队司令（维尔纳夫）和睦相处。鉴于目前的形势，我给海军部部长写了封信，为的就是让他知道这一点，并对他产生影响……陛下知道，当我们第一次出海的时候，我对他的态度是怎样的。在部长回信之前，他似乎很感激，这或许是他担心会受到责备。但在那之后，他又恢复了那种傲慢、冷淡和冷嘲热讽的态度，既不愿接受劝告，也听不进去任何建议……这支舰队需要一个真正的男人，最重要的是需要一个指挥若定，备受部下信任和依恋的海军上将……船长们已无心做事了，人们甚至不再注意那些已经发出了两三个小时的命令了。纪律已经完全松懈了……此刻需要做出决断了……这次令人感到羞耻的巡航并没有让我感到灰心丧气，我准备重新开始一次更大胆的航行——不过这次航行需要一个真正的男子汉，只有这样我才不会亲眼看见海军的名誉扫地。

维尔纳夫不适合担任高级指挥官，无论是从能力上还是从心理上来看都不合适——西印度群岛追逐战显然对他的心理造成了重大打击，而另外两份文件也证实了这一点。第一份文件是在维尔纳夫的旗舰"布森陶尔（Bucentaure）"号上举行的战争会议的会议记录，他的西班牙参谋长——埃斯卡诺（Escano）在同一天，也就是 10 月 8 日做了记录。虽然在军事界有一句箴言，叫"运筹帷幄者不会可亲战"，但维尔纳夫却"反其道而行之"——向盟友们投去了唇枪舌剑。埃斯卡诺记录道："法国人用他们民族所特有的'热情'表达了各种意见。"马贡（维尔纳夫的舰队指挥官之一）记录道："参谋长（埃斯卡诺）用还算克制的口气反驳了刚才发言的法国人；敏感而一丝不苟的加利亚诺（Galiano，舰队中西班牙陆军部队的指挥官）在试图让法国人收回这几句话的同时，脾气也变得越来越暴躁了，而在场的军衔最高的西班牙将军——格拉维那则站了起来，要求对要不要作进一步讨论进行投票。" 关键时刻的内讧与表决（结果是赞成留在港内），以及维尔纳夫的威信扫地，它们谁是因，谁是果？——我们恐怕已很难查清。然而，正如维尔纳夫半心半意地向他的舰长们发出的行动宣言所展现的那样，他显然欠缺足够的领导力：

　　我们的舰长将从这个港口出击，鉴于敌人的所处的位置和所拥有的兵力，我们必须要有足够的认识——舰队出海的那一天，就意味着战斗的开始……我们将满意地看到，这支舰队有机会展现自己的决心和勇气，而这些决心和勇气将确保我们获得成功。我们要报复敌人对我们的旗帜的侮辱，并且在海上击溃英国人的残暴统治。我们的盟友将在我们的身边战斗，在加的斯的城墙下，在他们的同胞面前。皇帝在注视着我们。我们所进行的伟大战争的初衷也保证了这一天的到来，对我们各自的君主的军队来说，这一天都是光荣的，在此，我保证所有勇敢的人都能在这一天获得荣耀。

　　维尔纳夫的行动宣言中的每一句话都流露出了悲观主义和失败主义的情绪——它所表达的希望是半心半意的，它试图唤起的情感是不温不火的，它发出的行动呼吁（而且很像是在回应拿破仑的不满）是暗讽，而非鼓舞人心的。难怪劳瑞斯顿渴望有"一个真正的男人"来领导这支舰队，也难怪他认为，纳尔逊的存在，给维尔纳夫带来了巨大的心理阴影——这是维尔纳夫失控的根本原因。维尔纳夫看到的是困难，而纳尔逊看到的则是机会；维尔纳夫会以恶劣的天气和船只受损为借口，而纳尔逊却只看到每天要克服的挑战；在维尔纳夫畏缩不前的地方，纳尔逊想尽一切办法继续作战；在维尔纳夫认为将要失败时，纳尔逊却坚信自己会获得胜利。纳尔逊的那一分著名的备忘录揭示了他和维尔纳夫的不同之处（这份备忘录是纳尔逊于 10 月 8 日 [①] 书写的，与维尔纳夫 9 月 28 日的通告相对应）——这就是著名的"纳尔逊宣言"。

　　"纳尔逊宣言"是一个非常直接的意图陈述。"我已经下定决心，"纳尔逊从实质性段落开始写道，"以航行阵型作为战斗阵型。"接着，纳尔逊详细分析了战争该如何进行，并对结果做出了非常有信心的预测："如果敌军前卫

---

　　① 译注：该备忘录实际撰写于10月9日

朝上风转向，已俘获的敌舰应逃到英国舰队的下风处。如果敌军朝下风转向，英军必须挡在敌舰与战利舰和受损舰之间。如果敌军驶近，我们将必胜无疑。"这份备忘录取代了他早些时候在西印度群岛航行时写的另一份备忘录，其中有一句话让他麾下的船长们毫不怀疑他的意图："英国总司令的职责，首先是率领舰队与敌人作战——以对自己最有利的条件作战（我的意思是尽快让他的船靠近敌人）；其次，要继续集中兵力，不要分散，直到战斗取胜为止。"9月29日（也就是维尔纳夫写完他那软弱无力的通告的第二天），纳尔逊麾下的船长们登上了位于加的斯附近的"胜利"号——纳尔逊在吃饭时向他们简明扼要地说明了那些表达自己精神和意图的文字。"当我向他们解释'纳尔逊式接敌（Nelson Touch）'时，"后来，当纳尔逊写信给埃玛·汉密尔顿时，在信中说，"这就像一声惊雷，让有些人流下了眼泪。所有人都表示赞同，从将官以下，他们异口同声、一遍遍地说：'它是如此新颖、如此独特、如此简明扼要。只要我们靠近敌人，就会必胜无疑！天啊，你让我们这些共处一室的朋友充满了信心！'"

激发纳尔逊灵感的地方更多地来自他激昂的个性和非凡的性格，及他的外表和他的服役记录。这让纳尔逊（以及他的大部分军官）凌驾于法、西两国的同行。维尔纳夫让水兵——当然可能还有下属军官们——感到鄙夷，因为他缺乏航海和战斗经验，但这在皇家海军中是不存在的，正如纳尔逊对自己人生经历的描述所表明的那样。

纳尔逊的自述写于1799年，也就是尼罗河战役之后，这本书既是生平的精彩摘要，也是皇家海军在他有生之年的简要行动记录——同时还有力地驳斥了那些说他性格"自私"和"喜欢自吹自擂"的指控。简单地说，纳尔逊在与叔叔萨克林船长一起出海后不久，在12岁的年纪，他就参加过北极探险，还到过印度。之后，纳尔逊又作为一名尉官参加了美国独立战争。1794年，他参加了科西嘉岛的战斗（导致一只眼睛失明）。此后，他在1795年参与了三次征战地中海的行动，以及1796年对意大利北部和1797年对加的斯的封锁。后来，他又在圣文森特角战役中参加了战斗，同年在特内里费登陆行动中失去了右臂。1798年，他指挥并赢得了尼罗河战役，随后又率领分舰队前往那不勒斯，保护当地免遭法国进攻（就是在那里，他遇见了爱人艾玛·汉密尔顿）。

"从我的生活经历中总结的一条教训是，"纳尔逊写道，"在任何职业中，毅力和专业精神都可能得到回报。"他最著名、最杰出的功绩之一是取得了尼罗河战役的胜利，但在自述中，他只是轻描淡写地告诉读者，"其情况可以参见出版物"，但同时，纳尔逊提出"困难和危险只会更增加我取得目标的欲望"，这是亚历山大大大帝（Alexander the Great）的名言在盎格鲁－撒克逊语境中的简洁表达。

纳尔逊在这份文件中的谦虚——当然，惠灵顿曾回忆起他和纳尔逊的唯一一次会面，并证明后者有时也会表现出令人尴尬的傲慢——事出有因：纳尔逊曾获得了一个"海盗"的坏名声，尤其是在他领导的舰队于圣文森特角袭击了"圣何塞"号和"圣尼古拉斯"号之后。然而，纳尔逊最合适的头衔其实是一个船舶和舰队的管理大师，正如他在尼罗河战役期间的狮子湾大风暴后对自己的旗舰和其他军舰进行的卓越改装所证明的那样。纳尔逊有演员的天赋，既能吸引人们的注意，又能赢得下属军官和士兵的敬爱（这是一个更困难的任务）。纳尔逊还是一位革命性的战术家，不仅因为他曾经决定冒险进入尼罗河阿布基尔湾浅滩，还由于在三年后的哥本哈根战役中，他再次做出了一个类似的关键性决定——这些都标志着他是一位杰出的创新者，不凭借这些优秀的品质，纳尔逊是无法取得特拉法尔加海战的胜利的。

尽管纳尔逊的一生非同寻常，但在即将到来的战斗中，他手下有许多军官在意志品质和战斗经验上其实和他并没有什么不同。例如，在与他军龄相同的人物中，科林伍德曾在陆上参加过邦克山战役，在"光荣的六月一日"和圣文森特角海战中指挥过军舰，并在1800—1802年以及1803—1805年间不断封锁着大西洋。哈迪曾于1793—1806年在地中海服役，在圣文森特角作战，还参加过尼罗河战役和哥本哈根战役，并且因为捕获法国巡航舰①"反叛"（Mutine）号而在皇家海军中扬名——他后来被赋予了分舰队的指挥权。弗里曼特尔自1793

---

① 译注：原文为"Frigate"，但该舰实际只是一艘拥有12门炮的双桅炮艇（Brig-Sloop）。

年起就担任船长，曾在科西嘉岛和特内里费战斗过，他在 1795 年缴获了敌方炮艇，在 1796 年缴获了一艘敌方巡航舰，并在哥本哈根战役中指挥一艘战舰作战。

当然，这些人都是纳尔逊的左膀右臂，哈迪和弗里曼特尔几乎是纳尔逊"手足袍泽"中最亲密的成员。但是，在参加特拉法尔加战役的英军舰队中，很多地位较低的人也有类似的出色服役记录。比如安德鲁·格林——"海神尼普顿"号上的一位海军尉官，他参加了纳尔逊 1793 年围攻土伦的行动，1794 年的科西嘉岛战役，以及 1795 年霍瑟姆上将对抗法国人的行动——就在那一年，他因船只遇难不幸被俘，然后去了西印度群岛，在那里他侥幸逃脱，之后又在一场围城战和一场海战中苦苦支撑并幸存了下来。后来，格林参与了哥本哈根战役，并在 1805 年年初指挥船只袭击了西班牙护航舰队。塞缪尔·伯吉斯，一名"王子"号战舰上的尉官，他在"光荣的六月一日"是随舰队出征的海军军官候补生，在 1794 年和 1795 年抓获了私掠船，还参加了 1799 年对荷兰的远征，并在 1801年与一艘法国船只进行了夜间对战。托马斯·科尔比，"雷霆"号战舰的尉官，参加过 1797 年与荷兰人的坎珀当战役，于 1796 年在爱尔兰附近与法国人作战，1804 年又在印度水域与法国人作战。约翰·欣德马什，"月亮女神"号巡航舰的尉官，参加过"光荣的六月一日"和尼罗河之战，并在后一次战斗中失去了一只眼，1799 年，他曾率军占领那不勒斯的堡垒和加埃塔，在 1801 年，他曾在阿尔赫西拉斯（Algeciras）和直布罗陀行动，同年又因俘获一艘私掠船而受伤，并在 1801 的亚历山大战役中再次"挂彩"。

这些人比特拉法尔加海战时敌方舰队中的绝大多数军官都更有经验，而且都不是特别突出的例子。纳尔逊麾下的军官们大多至少有一部分服役记录与他们相同。例如，在"胜利"号战舰上的 17 名尉官（或同衔级军官）中，有 10 人至少参加过一次作战行动，包括一位参加过尼罗河和哥本哈根之战的人。特别是在"斯巴达人"号（一艘 74 炮战舰）上，6 个尉官中的 4 个曾参与过作战行动；在"战神玛尔斯"号（同样是一艘 74 炮战舰）上，6 个尉官中也有 4 个曾参与过作战行动；在"敏捷"号（也是一艘 74 炮战舰）上，5 个尉官全部参与过作战行动；在"雷霆"号（还是一艘 74 炮战舰）上，4 个尉官也全部参与过作战行动。

再看看对手，无论是法国人还是西班牙人都没有可以与英军相媲美的，拥有大量作战记录和长期海上服役记录的军官团。不过，法国海军的高级军官，在革命和封锁时代之前的很长一段时间里，是知道如何在海上航行和作战的。杜马罗尔（Dumanoir），维尔纳夫的副手，曾作为巡航舰舰长，参与过远征埃及的行动，并在 1801 年于阿尔赫西拉斯（Algeciras）展开的作战行动中担任二把手。马贡，舰队第三指挥官，曾在美国独立战争中，于欧洲和西印度群岛水域作战。科斯莫 – 克里乌列林（Cosmao-Keriulien），"冥王"号的船长，曾在西印度群岛服役，并参加过与考尔德的战斗。还有"勇猛"号的军官安费尔内，曾于 1782 年在西印度群岛参加过"圣徒岛之战"。在西班牙的指挥官中，格拉维那的战斗经历可以追溯到 1782 年的直布罗陀大围城，当时他负责指挥一艘炮艇。他的副手阿拉瓦也是如此。还有西内罗，第三指挥官，曾在圣文森特角之战中当过舰长。

但是更多的西班牙和法国军官——其中更多是法国军官，正如我们所看到的那样，他们是从商船队招募的或从下层甲板中提拔的——与他们的英国对手简直不能相提并论，严重缺乏战斗经验和海军航海时间，他们中的许多人甚至没怎么长期在海上待过。而英国的普通海员和联合舰队的海员之间，也几乎没有可比性。在法国，圣 – 安德尔解散了海军炮手部队（Corps Of Seamen Gunners，多达 5400 人），理由是他们构成了所谓"海上贵族"，这对共和海军的作战能力造成了灾难性的影响，且这一点并没有因为重新组建舰队的努力而得到纠正。法国海军培养有才能的海员的方式与英国不一样，其中民船海员的比例太高了，皇家海军对他们的评价不会比"新手"和"旱鸭子"高多少。为了弥补这一弱点，法西联合舰队的法国组成部分拥有大量陆军士兵。他们由劳瑞斯顿将军指挥，其中有 1800 人来自第 2 步兵团，1800 人来自第 16 步兵团，1150 人来自第 67 步兵团，还有 120 名陆军炮兵也上了船。尽管这些军人会在战斗中尽职尽责，但他们毕竟不是水手，甚至也不是海军陆战队员，他们无法像纳尔逊的船上那些纪律严明的海军士兵那样有效地战斗。西班牙水手的素质更低，"牧民和乞丐"是维尔纳夫对他们的描述——这是西班牙落后兵役制的产物。根据维尔纳夫的计算，西班牙船员中的六分之五都是通过兵役制强征过来的。炮手，是西班牙船上最优秀的人，但他们也缺乏经验，而且受陆军炮兵指挥。

相比之下，英军海员则是他们所属行业的大师。其中有些人是被迫学会了这些手艺的。事实上，从18世纪中叶起，英国便一直在强征舰员。在1805年，强征者的数量至少达到了每艘战舰舰员的一半。然而，人们对"强征入伍"有一种普遍的误解，记者所描述的关于皇家海军的骇人画面，以及所谓的绑架行为，比如一部分沿海居民和村民从家里和工作场所被皇家海军绑架的行为，都为大众提供了想象空间。其实，皇家海军并不是这样运作的。一直以来，皇家海军的征兵部门都严格限制强征入伍的海员数量。1805年，如果把商船船员、渔民和码头工人都算在内，英国大约拥有300000名海员。其中，有120000人在海军中服役（大约有一半是志愿者），虽然绝大多数是英国公民，但也有少量外国人。比如"胜利"号上就有8%的船员是外国人，其他战舰上的比例还要更大一些。如何提供足数的人员，让征兵部门感受到了压力。然而，他们通过一个新的方式——"配额"海员解决了这个问题。这些人由内陆各地负责提供，通常是通过让未成年罪犯在海上服役来代替监禁。"配额"海员不熟悉大海，但可能愿意学习如何在海上航行。至于强征者则大多是熟练的海员，由于服役伴随着危险，他们往往心怀怨念。N. A. M. 罗杰——一位研究18世纪海军的学者——最近的研究表明，虽然大部分受害者都会选择逆来顺受，但征兵队还是更青睐志愿者。拿破仑战争的需要所带来的压力的增加引起了海员们的不满，这种不满在1797年的4月和5月达到了顶点，甚至还引发了一场"起义"。然而，这场"起义"其实是一场罢工（为了更高的薪水和更好的工作条件），而不是一场叛乱，那些人明确表示，如果法国人出动，他们就会起航。后来，尽管敌人进行了更多的煽动，但由于暴动带头者所表达的不满已得到了满足，所以没有出现进一步的反抗。

因此，纳尔逊的船员都是同时期素质最高的海员。而且与同样大小的商船相比，军舰的海员数量是非常多的（平均来说，军舰每2吨的排水量就需要1名海员，而商船每10吨的排水量才需要1名海员），这有两个原因：首先是工作的需要，其次是商船常常不需要对航速进行控制，而是随波逐流。实际上，战舰上的人虽然多，但却各司其职，并不相互影响。例如，当船长下令张帆和收帆的时候，一些人就要爬上桅杆，在高空执行任务，但当战斗进入白热化的时候，他们就会到甲板下面去。因为在那时候，船舶的操作就简化到了极其简单的程度。海战不能在恶劣的天气下进行，因为那时候大炮无法瞄准，船只也无法排兵布阵。相反，如若天气允许进行炮击和跳帮登船，就不再需要人员操作横桁或索具了。

因此，正如一个拿破仑时代的海军老兵塞缪尔·里奇所告诉我们的那样，"每个任务都有去完成它的人，每个人都有他的位置。一艘船其实就是一套'由人构成的机器'，每个人都是一个轮子、一条带子或一根曲柄，一切都按照机械师的意愿，以惊人的规律性和精确性移动着——这个"机械师"就是船长，他无所不能。"不过，虽然有些人只承担一个任务，但有些人却至少要承担两个任务：为火炮、船帆或索具服务，船头和船尾的人大都需要负责这些工作。还有所谓的船上力工，他们干着最不需要熟练度的工作，有时要在船上打扫卫生，有时还要兼职做弹药手——一份只需要展示肌肉力量的工作。船上其余的人都是高级或低级的专家，他们包括军官、技师、海军陆战队、枪炮专家、工匠和"免除繁重工作的人"，之所以这么称呼，是因为他们不用参加值更工作。

当时，在一艘一级战列舰上，"免除繁重工作的人"通常包括纠察军士长（Master-At-Arm）和下士（负责纪律），军械师和他的三个助手，缝帆长（Sailmaker）和他的四个助手，四个"货主"（负责存放货物），两个箍桶匠，一名水手长的文书，若干炮手和木匠，一个海军军官候补生的管事，若干船长的清洁工，三个外科医生的助手，五个舰队司令的仆人，两个舰长的仆人，两个其他军官的仆人，两名屠夫，三名理发师，一个油漆匠，一名家禽饲养员，两名裁缝，三名司务长（Purser）助理，两名厕所清洁员（Sanitary Man，又被戏称为"厕所总管"），三名为舰员服务的厨子，一名吹横笛的乐手，一名堵缝工，以及一名书记员。

一级战列舰的军官团，除了船长之外，还有不少各种军衔的军官，通常包括八名尉官、三名陆战队军官，以及十八名海军军官候补生（未来的军官），还有准尉（包括航海长和他的六个助手，其中后者可能被晋升为军官），以及外科医师、牧师和管事各一个；在不属于军官的甲板底层海员中，炮手、木匠和水手长的地位较高——后者还要负责维护该舰的风帆和索具。

从古代开始，炮手、水手长和木匠就是一艘船的"常备"船员，他们无论在什么情况下都得留在船上——不论是在海上，还是在港口中。船上的织物和基本装备——大炮、桅杆、索具和风帆——都在他们的掌握之中，他们充分利用了自己的权力来获取好处，其中许多人有中饱私囊之嫌。据说，来自荷兰坎珀当的胜利者——邓肯海军上将在"埃德加"号上对他的水手长约翰·伯恩说："不管你做什么，伯恩先生，我希望并相信你不会从船头取下锚去卖掉。"对于一个"常备"船员在船上所能获得的地位，以及他可能取得的权力，这段打趣可见一斑。

"常备"船员通常都是从下层甲板的精英中选拔出来的。尽管他们常常遭受种种涉嫌贪污的指控，但都是忠诚的水手，我们将看到，在特拉法尔加，水手长的阵亡人数高得不成比例。那些委任军官，包括上尉、海军军官候补生，以及越来越多的航海长助手，都来自上流社会，他们通常具有在海军中服役的传统。纳尔逊是一位舰长的侄子；安德鲁·金和布莱——"胜利"号战舰上的尉官，分别是海军将领的兄弟和儿子；乔治·达夫船长，在指挥战舰"战神玛尔斯"号的时候阵亡，他的儿子当时就在船上担任海军军官候补生，他的另外两位兄弟也分别在"战神玛尔斯"号上面担任航海长助手和一级志愿兵，后者也受了致命伤；在"贝里岛"（Belleisle）号战舰上有四名军官是海军军官的儿子，另一名军官有三位兄弟在海军服役；在战舰"复仇"号上面，有两个军官也分别有三个海军军官兄弟；"斯巴达人"号和"阿喀琉斯"号战舰都是由海军将领的儿子们指挥的；"非洲"号由一名舰长的儿子所指挥，"快刀"号则由一名尉官的儿子所指挥。

1805 年的法国和西班牙的海军，对于所有在船上服役的军官来说，在奉献精神和"航海传统"方面，他们是根本无法与英国对手相匹敌的。许多英国军官，单看他们的家庭背景，似乎与航海没有什么明显的联系。他们大部分是医生、牧师和律师的儿子，有土地的绅士的儿子所占的比例很小，而只有极少数是贵族家庭的儿子。但是，无论他们个人与航海之间的联系有多么微弱，英国海军军官的身体还是被他们国家的航海传统所"浸染"。从这个意义上来说，在 1793 年和 1815 年之间进入皇家海军服役的军官之中，有四分之一实际上是海军军官的儿子，另有八分之一是陆军军官的儿子，但这都是无关紧要的，因为海军从本质上来看就是两栖部队。剩下的八分之五，无论其背景如何与海洋无关，他们也是英国社会的成员，他们在日常生活的脉搏中感受着大海的律动，他们知道自己的国家靠商业为生，并且相信一旦失去海洋，他们的自由也将随之消亡，除非他们履行自己的责任以捍卫自己的国家。那么，他们是如何履行自己的责任的？

## 风帆时代的海战

　　直到 1805 年秋，为遏制法国自大革命之后推行的霸权主义，英国皇家海军已经打了多次大规模的海战，包括：1794 年比斯开湾的"光荣的六月一日"海战；1795 年同样在比斯开湾的格鲁瓦岛（Ile de Groix）海战，以及在地中海的耶尔海战；1797 年在大西洋对抗西班牙的圣文森特角海战和在荷兰近海对抗该国的坎珀当海战；1798 年的尼罗河战役，哥本哈根之战和阿尔赫西拉斯战役；1801 年在直布罗陀附近的作战，以及 1805 年 7 月 22 日的考尔德在比斯开湾的战斗。此外，在皇家海军的支援和帮助下，英军还进行了十数次两栖登陆作战，其目的都是为了对大陆帝国法兰西展开进攻，夺取它的领土及其在海外的殖民地。登陆作战的名单包括：1793 年对土伦的围攻，以及同年在印度，针对本地治里（Pondicherry）和金德讷格尔（Chandernagore）的行动；1794 年的塞舌尔战役；1795 年对荷兰领地开普敦、亭可马里（位于锡兰）以及东印度地区马六甲和钦苏拉的行动 ①；1799 年，攻占黎凡特的阿卡的战役；1800 年在马耳他的战斗；1801 年的埃及战役。英国皇家海军还进行了几次对西印度群岛的远征——在这里，英国、法国、西班牙和荷兰的属地犬牙交错；还有 1793 年的佛兰德斯登陆，1794 年的科西嘉登陆；1795 年的基伯龙登陆（几乎是"猪湾登陆"在百余年前的翻版）和 1799 年在荷兰的登陆。

　　以上种种既证明了英国在大航海时代所取得的非凡的战略拓展，也证明了这种拓展在多大程度上已经被纳入了皇家海军（在纳尔逊的率领之下）的日常工作之中。在这个时代，战舰的航行几乎没有什么物理上的限制，和后来采用化石燃料、受到载煤和载油量影响的舰队完全不同。英国的木制战舰，

---

　　① 译注：钦苏拉位于今天孟加拉国境内。虽然"东印度"一般指东印度群岛，即今天的马来西亚和印度尼西亚，但在广义层面上，它也包含了印度等地。

可以一直"吱吱"作响地向南行驶，或者以每天五六十英里的速度向西和向东行驶，可以一直保持在大洋上，而不需要接触陆地——这是前所未有的壮举。由于18世纪水文学和航海技术的巨大进步，人类终于从航海的危险中解放出来，英国政府和皇家海军对这些进步做出了决定性的贡献。按照罗杰博士的研究，皇家海军并不像以往普遍认为的那样，是靠烂牛肉和爬满蛆虫的硬面包喂饱舰员的——相反，相较于水兵们贫困的童年，海上的待遇要相对优越。正是凭借这些，在法国革命和拿破仑战争期间，皇家海军游刃有余地控制和干预着地表一半以上（囊括海洋和沿海地区）的区域。从地理上看，西方国家距离太平洋可谓十分遥远，例如，从普利茅斯到东印度群岛之间有长达12000海里的距离，航行一次所耗费的时间长达200多天，但英国海军部还是可以将自己的力量延伸到那里，还包括加勒比海附近地区，南美洲海岸和奥斯曼帝国原先控制的地中海沿岸。在英国本土，聚集在白厅北端海军部大楼的风向标下的人就操控着这种力量，他们的任何决定都有可能使得一支由双层炮甲板战舰组成的分队离开唐斯或斯皮特海德锚地，笨拙地向海上进发，这些分队或许会阻截一些荷兰商船，切断波罗的海的木材贸易，拦截西班牙人的金条运输船（它们通常将金条从秘鲁运到加的斯），或是阻止法军入侵肯特平原。

尽管英国海军部精心编织的战略网覆盖了法国舰队通往大洋的各个出口，但要剥夺敌人的行动自由，一场硬仗仍将在所难免。然而，英国皇家海军在美国独立战争和拿破仑战争期间的9次全面作战，只是暂时成功地限制了这种自由而已。诚然，英国皇家海军并没有遭受失败。事实上，自上个世纪（18世纪）的第三次英荷战争以来，皇家海军从来没在硬碰硬的战斗中被击败过。在这9场战役中，有4场是与法国人进行的，但没有取得决定性胜利——分别是格鲁瓦岛海战、耶尔战役、阿尔赫西拉斯战役和考尔德的行动——剩余的5场胜利中有3场是针对法国的盟友的，而不是对法国本身的。只有"光荣的六月一日"和尼罗河战役被认为是明显削弱了法国的实力，其他的胜利——圣文森特角、坎珀当和哥本哈根战役——分别战胜了西班牙、荷兰和丹麦，它们的作用是：在第一个战役中严重削弱了西班牙的海军实力，在第二个和第三个战役中有效地消除了荷兰和丹麦海军的威胁。英国皇家海军从中获益匪浅——坎珀当和哥本哈根战役使得皇家海军日后减少了北欧方向的海军兵力——令17世纪荷兰海军崛起以来的紧张局面得到了显著缓解。西班牙人在圣文森特角遭受重创之后，这根反英联盟在欧洲最南端的支柱虽然没有被完全斩断，但他们的实力已经被大大削弱了。尽管在"光荣的六月一日"和尼罗河战役中，英国人都做出了明智的决定，但延续了整整12年的成功之后，在1805年的年末，皇家海军却无法在海战中游刃有余了。难道，支配海战的力量发生了什么改变？为什么皇家海军的船员和船长无法驾驭大海了？

一个虽然老生常谈、但可能直击核心的答案是：英国皇家海军一直在努力赢得战斗，但这种努力也注定回报甚微。当时的海战仍然受线性战术的支配，甚至最精妙的战略也要受其拖累。事实上，线性战术也确实将战斗简化到了极点，在它的指导下，海战演变为一场阵列对阵列，侧舷对侧舷，船对船的战斗。自拿破仑战争开始以来，采用线性战术而被迫束手束脚的皇家海军才刚刚开始摆脱它的限制。线性战术产生的根本原因是：由于有被"包抄"的危险——也就是队列末尾遭到敌军迂回夹击——导致指挥官不得不把所有的战舰排成连续的一列，如果成功地聚集了相等的数量，就可以至少在几何外形上与敌人相匹配。与此同时，反观陆地战争的战术则正在变得日益多样化。远程武器的发展，比如移动野战炮的技术和战术的改进，使得富有创造力和智慧的将军们可以从远处攻击对方军队的一部分，以火力削弱他们的阵形，然后对其薄弱的部分以优势兵力发动打击。18世纪中叶，腓特烈大帝就是这一技术的倡导者，而拿破仑在最近把它做得非常完美。

但是，陆地战争与海上战争在作战上的关键点是不同的：陆地上有各种各样的地形地貌，海面上则没有高地、屏障和障碍物。学会利用地势一直是聪明的陆地指挥官取得胜利的法宝——将它与远程射击的新战术和大批后备部队相结合之后，可以极大地增强自己取得胜利的能力——如果把这种思路用到防御中，则可以化解敌军以类似方式发动的进攻，并让守军在精心选择阵地上获得优势——惠灵顿在半岛战争中的做法就是证明。

尽管海洋不能为战士们提供地形优势，它却提供了另外一些元素：风、潮和海流。特别是风，对帆船的水手来说是至关重要的。在黑火药战争的年代，在陆地上，只要行动一开始，就有一股令人头晕目眩的白色火药烟雾笼罩着战场，如果哪支军队能够占据上风处，就能获得微弱的优势（因为风会吹散他们面前的烟雾，而位于下风处的军队眼前则都将被烟雾笼罩）。在海上，顺风的一方也能取得类似的优势，并让逆风行驶（即所谓"迎风行驶"）的一方陷入更大的不利。由于帆船迎风航行很困难，所以位于下风处的一方就等于将交战的主动权让给了位于上风处（顺风）的一方。而一旦丧失主动权，就意味着位于下风处的舰队要等待敌人率先发动进攻，也就是说，他们要完全听凭对手的摆布了。此外，如果战事过于激烈，且对位于上风处的舰队不利的话，他们还可以选择撤离，而位于下风处的舰队恐怕就只能坐视敌人溜走了。因此，有一些国家的海军很喜欢在战斗中占领上风处，这些国家的海军并不愿意把所有的鸡蛋都放在一个篮子里（指一味想要获得海上决战的胜利）。

也就是说，法国和西班牙的海军，在与英国海军的对战中，都遵循传统放弃了下风处。但这种战术并不适合英国皇家海军，因为皇家海军存在的理由就是取得胜利。事实上，英军舰队一直在迎风前进，而且，英国的指挥官通常也会致力于将战火燃烧到敌人防线内。但是，他们并非总能果断地打败敌人。这是为什么呢？

答案是，英国人试图违反海战的混乱本质，而为其强加秩序——尽管这种行为的动机是完全正确的，但这也导致了所谓"过度组织"，也就是导致了将秩序本身当成了目的。这种现象被称为"形式主义"，迈克尔·刘易斯教授（英国海军历史上战术分析的先驱）对此进行了细致的分析。他一开始发现，在战斗舰队中，如果没有简明易懂的信号系统，各个舰长们的自然倾向是全力攻击最近的敌舰，否则几个发起攻击的船长很可能会选择同一个目标，这样，或许能对受害者造成灾难性的后果，但却无法摧毁整支敌人舰队。在 17 世纪，特别是在与荷兰的战争中，皇家海军尝试了各种各样的方法来避免这种趋势，并增加单一船只的战斗力。第一种战术叫作"包夹"（Doubling）的战术，是利用一群船只迂回夹击敌人战线的前部（前锋）或尾部，试图包围并歼灭这些敌军阵营中的弱者。第二种战术被称为"聚集"，在这种情况下，只要集中攻击敌人战线迎风一侧的部分即可，也能达到同样的效果。第三种战术被称为"突破"，一群战舰从迎风面穿过敌人防线上的一个缺口，然后发动进攻。"突破"战术，从长远来看，是解决帆船作战战术难题的正确途径，但它必须等待信号技术的革命才能运用。随之而来的还有海军旧思维方式的瓦解，根据这些旧思维，除了最"正规的"线性战术之外，其他任何东西都是旁门左道。

线性战术能大行其道的原因，主要是它可以预先安排，然后凭借海军纪律严格执行。早在 1691 年，英国就颁布了一套作战指令，将"一线对一线"作为海上作战的首选方法。当 1703 年，西班牙王位继承战争爆发时，这条指令得到了重申，随后 80 年都没有改变。到了 1744 年奥地利王位继承战争期间，它成了战斗中的一条"铁律"，如果有军官胆敢违反，就将被处以极刑。一位皇家海军军官——宾格（Byng）因此遭到了"杀鸡儆猴"（Pour Encourager Les Autres），他被处死并不是因为他输掉了米诺卡战役（1756 年），而是因为他违反了上述铁律，因此，军队别无选择，只能把他送上军事法庭，进而送到了行刑队。

然而，事实经验已经充分证明，长期战斗指令所规定的"一线对一线"这种作战方式在现实当中不仅没有，而且即使有也达不到发明这种战术的人想要达到的效果。这种战术，简而言之，一支进攻舰队要逆风排列成三条队列：前锋、中队和后队，以便与敌人的下风线相重合。舰队司令一发出信号，领头的那艘船就要掉头向敌人冲过去，后面的战舰也相继跟随它行动。然而，由于能见度方面的差异——船长们沿着一条线分布，不容易看到中间升起的信号旗——因此，他们是先后接受命令的，而非同时接受命令。排在第二队的船只有在看到领头的船转弯开始之后才开始跟着转弯，以此类推，整条战线都是如此。其结果是，早在最后一艘己方战舰到达预定位置之前，第一艘战舰就已经在敌人的炮口之下了，这会导致指令的目标落空。现实中，三个队列的指挥官通常都是在各自为战的……战斗会变得支离破碎，这给了敌军指挥官逃跑的机会，如果他发现自己的前锋或中队遭受过大的压力时，他就会停止行动，顺风逃走了。

这不仅仅是一个理论结果，英国人与法国人、西班牙人和荷兰人之间的海战就是如此。从 17 世纪末到 18 世纪末，皇家海军都是按照海军部的作战指示行动的。包括巴弗勒战役（1692 年），马拉加战役（1704 年），亨利角战役（1778 年）和切萨皮克湾战役（1781 年），都是严格按照线性战术进行的，它们让英国人在名义上控制了当地水域，但结果却是只取得了毫无意义的战术胜利。特别是切萨皮克湾海战，甚至成为了一场战略灾难。其结果是，康沃利斯的军队在约克城陷入了孤立无援的境地，最终只能投降，从而使得英军在与美国殖民地的战争中落败。

审视历史，我们看到了为给卓越的战士和海员们带来胜利，海军部和皇家海军付出了何等的努力。审视历史，我们还能看到，在 18 世纪，海军究竟发展到了怎样的水平——直到 200 年后，陆军才会在战术管理上面临类似的、既没有先例可以遵循，又没有同期经验可以效仿的困境；在马拉加战役爆发 210 年后（第一次世界大战时期），西线的欧洲军队会发现，他们所发出的炽热火力会令自己在战场上的旧战术失效。也许正是由于英国人对海上作战的认真态度，他们很快就认识到：打破僵局的办法在于制造一种能把机动性和火力结合起来的机器。他们将这一概念描述为"陆地战舰"，直到后来，当一辆原型车真正制成后，才将其命名为"坦克"。

诚然，"陆地战舰"——坦克彻底改变了陆地作战的性质，但直到第二次世界大战之前，它们并没有成为一种决定性的武器——要发挥其作战效能，尤其实现其强大的火力，就需要辅以大量后勤补给品，比如弹药和燃料等，还需要进行"实时"联络。其中，前者是通过机械化运输队提供的，而后者是通过无线电来实现的。与此同时，这些能力将个别的"陆地战舰"转变成了真正的"陆地舰队"，以实现在有利的地形上进行攻击和防御，从而获得了海军自 17 世纪以来享有的力量和自由。

历史还告诉我们，尽管外表古色古香，"风帆战舰"实际上是一种惊人高效，高度发达，甚至是一种颇为"现代化"的武器，它的设计者赋予它们持久作战的能力——这是最广义上的"持久"，风帆战舰时代结束后，造船工程师们就再难将自己的作品赋予这种特性了。例如，"风帆战舰"依靠风力行驶，这种风是恒定的，或者说几乎是恒定的，没有成本，不受外界干扰。它可以携带几乎所有船员和船只本身所需的补给——易于保存的食物、水、木材和绳索——航行数月。例如"胜利"号战舰，可以储存足够的饼干、牛肉和清淡啤酒——水手的主食，可以为 850 名士兵提供四个月的给养和足够的弹药，从而满足军舰在三年服役期中的需求。当然，在海上，每天都要进行大量必要的维护工作——例如修理船帆和"安装"索具才能达到这种持久性。另外，1760年发明了一种天文钟，它精确可靠，直到无线电定位技术发明后才被取代，除非发生罕见的特大火灾，否则发生小火灾时的损失控制通常都在船员的能力范围之内。最重要的是，一艘风帆战舰的进攻潜力是巨大的：如果瞄准得好、时机把握得好，一艘一等、二等或三等战列舰的舷炮齐射，就可能会彻底击溃对手，使其无法抵御登船或展开进一步的炮击。

为展现风帆战舰所搭载火炮的强大力量，我们最好将其与近代陆军的炮兵进行一番对比。1815年，由拿破仑率领的法国军队要在滑铁卢开战，当时他们携带着366门6磅（1磅约0.45千克）重的大炮进入了战场。炮兵部队需要在一个"火炮放列场（即炮兵阵地）"里开炮，需要拖曳大炮的马9000匹（每门6匹），运送弹药的马车5000辆；每天每匹马需要饲料20磅，共计45吨——这些供应品也必须以额外的人力和畜力来收集和运输，这是一笔沉重的开销。相比之下，纳尔逊的特拉法尔加舰队共有27艘船，共计安装了2232门大炮，其中最轻的也是12磅炮，最重的则是68磅炮。在海上，仍然需要人的力量来搭建"炮兵阵地"，每2门大炮至少需要12个人，因此整支舰队大约需要14000名炮手（通常风帆战舰不需要两个侧舷同时开火，因此将炮手集中到一侧即可），他们的日常生活用品每人约3磅——由于陆地作战不需要运输淡水，而淡水又是海上必备的物资，因此这里还需要加上8磅淡水。至于上述火炮和人员的机动成本（不含军饷）则为零[①]。总之，纳尔逊在特拉法尔加的火力是拿破仑在滑铁卢的6倍有余；如果这些火炮在岸上，其行动速度将只有海上的五分之一，并需要50000名炮手和30000匹马——这些人畜每天将消耗300短吨的草料和75吨食品；而纳尔逊的舰队每天的固体和液体的消耗只有70吨。简而言之，纳尔逊的舰队每天移动的火炮数量是拿破仑大军的6倍，而且火炮的口径要大得多，但只需要后者五分之一的后勤成本，并达到了5倍于后者的速度。

---

① 译注：因为帆船完全依靠风力航行，所以说其"成本为零"。

　　然而，风帆战舰这种"高度先进"的战争武器的威力会受两个相互关联的外部因素的制约：贯穿整个18世纪的海军信号系统的僵化，以及由此带来的当时海军指挥官的头脑僵化。军舰赋予他们的物质条件，直到20世纪中叶都让陆军望尘莫及；在战略上，他们能够脱离固定的供应点；在战术上，他们向敌方弱点投去压倒性的火力。但正如我们所见，他却无法在接触敌人的时候充分发扬上述优势，因为他们无法查明敌人的弱点，然后倾全力攻击，而是只能把兵力平铺在整条战线上——就像20世纪初的陆军将领们一样。18世纪的海战，不夸张地说，就像第一次世界大战中陆地上的战斗。它们的特点是：同样预先对战术进行限制和安排；同样的"侧翼对侧翼"交战规则；一旦行动开始，同样缺乏"实际控制"；同样未能产生决定性的结果——只不过幸运的是，英国人没有付出同样的惨痛代价。N.A.M. 罗杰曾对18世纪英军的10次单舰交锋进行了研究，发现其总伤亡仅为64人，即每次平均6.4人，这可以作为一个具有代表性的伤亡人数。进入19世纪之后，"光荣的六月一日"，以及在圣文森特角、坎珀当、尼罗河、哥本哈根和特拉法尔加等地进行的重大战役，总共只夺去了1403条英国人的生命，这在当时的船员总数中只占很小的比例。

　　虽然在英军没有全胜的战斗中，舰队的伤亡都不大，但对于一个志在胜利的海军将领来说，这几乎不能带给他什么安慰。为了寻找取得决定性胜利的新战术，在18世纪，包括宾格在内的数名英国海军将领进行了试验，并为此承受了职业生涯终结甚至身死名裂的危险。但是，关键的战术技巧直到18世纪末才因一次偶然的交战而被发现。1782年4月12日，罗德尼在西印度群岛马提尼克附近对抗德格拉斯指挥的法军舰队，但却在相反的方向遭遇了敌人。也就是说，双方航行的目的是要经过对方的舰队，而不是拦截对方。这时，风向突然发生了变化，英国人处于上风位，被迫向法国人不断逼近，罗德尼没有像以往一样靠岸，而是让自己的舰队一队队地穿过法国人的防线，从后面包抄了他们，并击溃了其中几艘战舰。这场"圣徒岛之战"是自17世纪以来，皇家海军取得的第一次显著胜利。然而，它没有在一夜之间改变皇家海军的作战程序。线性战术的思想早已根深蒂固，何况这一战更像是一个特例：英国人第一次从法国的下风处靠近，而且两支舰队都没有按照传统的队形进行交战。导致这次相遇的是天气的变化，而不是上级的命令。不过，在欢庆胜利之后，这场战斗并没有被遗忘。甚至在 16 年后，当亚当·邓肯海军上将于 1797 年 10 月 11 日在离荷兰不远的坎珀当击败荷兰舰队时，也曾以类似的形式重新组织过战线。在那里，是环境而不是深思熟虑的选择导致邓肯放弃了正统战术。由于担心吃水较浅的荷兰舰队（追击目标）即将逃入自己无法进入的沿海水域，他向船长们发出信号，让他们按照舰队已经采用的追击队形进攻。这一临时战术达到了它的目的。英国人确实成功地以"双纵队"的形式突破了荷兰人的防线，把他们从安全地带骗了出来。然而，随之而来的激烈战斗却使战胜的一方和战败的一方付出了同等沉重的伤亡，而且毫无疑问，对一位急于维护自己职业声誉的海军上将来说，这样的教训不会在以后重演了。

"圣徒岛之战"和坎珀当战役清楚地表明，只有在公海上进行机动作战，一支舰队才能彻底打败另一支舰队。这是一种充满危险的战术：当进攻舰队不是以舷侧，而是以脆弱的船头暴露在敌人的炮口之下时，这种长时间的逼近，可能会让己方在采取任何反击手段之前就被敌人猛烈的炮火摧毁。而且，穿越敌人的防线需要最熟练的船只操作。一旦舰队穿越敌人的防线并占领下风处后，舰队的重新"集结"还要求海军上将拥有更大的权力和更有效的信号系统。

尽管如此，纳尔逊的脑海中一定还是存留着一些对"圣徒岛之战"的发自内心的欣赏。再加上他对英国海军信号系统的最新进展所带来的潜力的把握，由此产生的智慧结晶催生了特拉法尔加真正的原创战术。其中，信号系统的贡献是决定性的。从 17 世纪末到 18 世纪末，英国皇家海军的信号系统，就像依赖于它的战术编队一样，几乎没有发生过什么变化。海军上将们在自己座舰的前桅、主桅和后桅位置上依次升旗，以此来传达他们的意图；这些"旗语"，就像中文汉字一样，都是表意文字。除非其他船只的信号员把旗帜的升降顺序熟记于心，否则他们无法破译。要记住少量的旗语是很简单的，但真正的难题在于随机应变，并用有限的机会打出言简意赅的旗语。因此，尽管海军将领们一直希望用复杂的指示改变航线和行动，但最后还是要沿用简单的命令。

人们做出了努力，试图研发一种从表意文字系统转向字母信号的方法，其中的佼佼者是 18 世纪 80 年代的海军上将肯彭菲特。但直到 1800 年，这些努力才变成了制度。1803 年，英国最伟大的海军将领之一——霍姆·波普汉姆（Home

Popham）设计了一本真正按照字母顺序排列的信号书。1805 年 9 月初，英军舰队收到了 50 本新出版的《词汇信号手册》，其中指定了 10 面彩旗，它们可以分别代表数字 1 到 0 或字母 A 到 K（其中，字母 I 和 J 与数字 9 同用一面彩旗表示）。至于剩下的 15 个字母则会用两面彩旗组合的形式打出，最终以此拼出单词。根据索引，还可以发送和接收 3000 个预先编好的句子（从 0 到 999、从 1000 到 1999 和从 2000 到 2999，这三个系列由一个单独的指示旗进行区分）。因此，任何向海军上将发出的建议，甚至是想法，都可以利用如下步骤迅速传送和接收：在桅杆上升起信号旗，信号员用望远镜观测信号旗，再把《词汇信号手册》上的适当页数翻出来以进行破译。举个例子，著名的特拉法尔加信号——"英格兰要求每人恪尽职守"，句子的前 8 个单词分别用 3 面旗子进行 8 次托举，"责任"用 7 面旗子进行 4 次托举。还比如，在战斗中"胜利"号曾 4 次发出"让所有船只安全驶向预定阵位"的命令，根据信号手册的第 307 页，这条命令可以利用升降一面彩旗来进行发送。

望远镜发明于 1608 年，并在 18 世纪中期得到了广泛应用，从而将旗帜的精确识别距离扩展到了至少 1 英里的范围（天气晴朗时）。在当时，进行舰队内部通信所无法克服的主要困难之一，就是如何领导前队和后队，因为旗舰通常位于舰队的正中心，在很多位置上很难对其进行观测。然而，这一困难可以通过以下办法来解决：

1. 按照《信号手册》中所规定的做法来进行操作，即通过队内的舰只进行中继传递，同时标明信号来源的不同。

2. 旗舰由巡航舰护航，在队列之外重复使用旗语，尽量使全舰队都能看得到——就像特拉法尔加海战期间的"欧里亚鲁斯"号一样。

3. 采用平行纵队。使第二列纵队的船只可以清楚地看到舰队指挥官的旗语，从而有机会重复这些命令，以使位于纵队后方的船只也能接到命令。

正如迈克尔·霍华德爵士于 1986 年在著名的罗斯基尔纪念演讲中所说的那样，"心理变化"总是滞后于技术变革。他观察到，对重大技术变革的心理接受程度通常取决于受到触动的一个人或几个人在精神上的飞跃。在 20 世纪初，"受到触动"的人是海军上将约翰·费希尔爵士与意大利海军工程师库尼贝蒂，他们注意到了光学、发射药化学和火炮冶金学领域的进步——这些进步结合在一起，催生了长射程火炮，这些火炮可以把穿甲弹精确地射向遥远的目标，从而创造出了使用统一口径主炮的"全重型火炮型"（All-Big-Gun）战列舰。同样，在 19 世纪初，纳尔逊也抓住了信号技术发展的机遇，通过对下级船长的适当再培训，令帆船舰队拥有了在海上取得决定性胜利的力量——其成果就是特拉法尔加海战的胜利。

纳尔逊的特拉法尔加舰队中有 10 名舰长是他的老部下，这些人曾参加过不少战斗，尤其是弗里曼特尔——他先后担任"海神尼普顿"号和"轰鸣"号的信号官——尤其是"海神尼普顿"号的弗里曼特尔和"轰鸣"号的泰勒，他们都参加过哥本哈根战役；至于"阿迦门农"号战列舰的舰长贝里和"菲比"号巡航舰的舰长布莱登则分别在尼罗河之战中担任纳尔逊的副官（Flag-Lieutenant）和信号官。这些人在作战行动中都充分感受到了纳尔逊的个人魅力。若说舰队里的其他人没有亲自接触过这位海军将领的话，就算舰队中的其他人没有接触过纳尔逊，但也受了十年的耳濡目染，都迫不及待想为他作战。9 月 28 日，纳尔逊在给英国海军部大臣的信中写道："船上的军官们忘记了我作为总司令的身份,他们热情地欢迎我……这些情绪一过去，我就把先前制订好的进攻计划摆在他们面前。我高兴地发现它不仅得到了普遍的认可，还被清楚地理解和贯彻了。"纳尔逊在给汉密尔顿夫人写的信中，也以一种不同寻常的含蓄态度写道："有些人可能怀有不同的心思，但大多数人都心悦诚服地接受了我的指挥。"

事实证明，这支舰队里并没有所谓的"各怀心思的人"。事实上，甚至没有一个人对纳尔逊的命令产生过些许怀疑——船长们，甚至是他的同僚——脾气暴躁的科林伍德将军，都对纳尔逊佩服得五体投地。9 月 29 日，纳尔逊在"胜利"号上宴请了舰队中一半的船长，第二天晚上又宴请了另一半船长，以便向他们展示自己的计划。在动身去地中海之前，纳尔逊已经在位于英国莫顿的宅邸向老战友济慈船长描述了这一计划。在那里，他在花园里散步时解释说，"按照旧体制安排几支舰队作战，一天的时间是远远不够的。"当然，"旧体制"的意思是让舰队在上风向排成纵列，用舷炮对轰决定胜负。因此，纳尔逊打算把他的舰队分成两列纵队，让这些船并肩作战。"如果可以的话，我会立刻攻击他们，攻击敌军队列的前三分之一处。你觉得怎么样？我会告诉你我的想法。我认为这将使敌人感到惊讶和困惑。他们不会知道我想做什么。这将带来一场混战，而这正是我想要的。"

纳尔逊也向舰长们说明了这种意图，并得到了一致欢迎。当纳尔逊于10月9日将该计划作为正式命令分发给他们时，没有人表示异议，也没有人要求澄清或解释：

> 我假设敌军总旗舰位于中部，把它之前第二或第三艘战舰往后的战列统统摧垮，这就是我们英军舰队的思路。我假设敌军战列上还有20艘战舰安然无恙，无论它们妄图攻击接战的部分英国舰队，还是想援护友舰，都必然要开展机动，而这种机动又必然耗时甚久——因为他们将卷入舰船间的交战……有些东西必须由运气来决定，在这方面，没有什么比得上海战，炮弹可能打断敌方的横桁，也可能打断我们的桅杆，但我有信心在敌军前队赶来支援后队之前赢得胜利。然后，大多数英军将从容地迎击剩下的20艘战舰。如果敌人逃跑，我们就会追赶。

这是一种全新的战术，自17世纪英国皇家海军与荷兰人展开史诗般的战斗以来，英国皇家海军从未有意尝试过这样作战。胆小的人会警告说，如果计划失败，这也将成为一个反面教材。新的战斗指令可能会降低获胜的机会，但它们确实庄严地记录着海上作战中那些不容忽视的宝贵经验。纳尔逊不能向舰长们保证自己的计划会奏效，是因为他从来没有在远海与敌军交手的经验。在尼罗河和哥本哈根，他虽然取得了伟大的胜利，但这些都是在狭窄水域与停泊的船只作战的结果。因此，纳尔逊是在"赌博"，是在黑暗中策划一条道路。是他的自信支撑他度过了行动开始前的等待时间，是他以一名战士的声誉让他的船长们相信不确定的未来。

## 特拉法尔加角之战

事实上，直到这时，法国人是否会参战还没有定论。然而，1803年8月24

日，拿破仑终于还是采取了行动——他就在三周前，他才赶到布洛涅加入了入侵大军，但现在又下令拆毁营地，并挥师向欧洲腹地前进。这是因为英国首相皮特取得了外交上的成功，他成功说服了俄罗斯和奥地利，使三国因共同的目标再次结成了新的联盟（即第三次反法同盟）。新联盟迫使拿破仑的战略重点发生了逆转。如果说，在8月初，打败英国是他的首要任务，那么三周后，为避免被反法同盟所击败，拿破仑必须采取行动了。一旦俄罗斯和奥地利的大军抵达多瑙河附近，他就必须应战。与此同时，法国海军只能追求一个次要目标了。法国海军的任务将从掩护法国陆军的主力部队前往肯特海岸，转为再次进入地中海，以"援护"（纳尔逊最喜欢用的一个词）法军位于意大利的远征军——尤其是防止英国和俄罗斯的军队在地中海会合，从法军后方发动进攻。9月14日，拿破仑命令维尔纳夫通过直布罗陀海峡，与留在卡塔赫纳的西班牙舰队会合，然后一起向那不勒斯进发。在那里，法军舰队将截断驻马耳他英军与俄军（从黑海赶来帮忙）的联系。从长远来看，这一行动是为了保护从海峡沿岸前往维也纳的、法国大军的侧翼。

　　然而，即便维尔纳夫和帝国总部之间的距离十分遥远，即便拿破仑的威严也因此而减弱了许多，维尔纳夫还是前怕狼后怕虎。他的西班牙盟友在10月8日举行的作战会议上争辩说，如果出海，法国人将面临无法克服的危险。当时有消息传来，英国海军部在9月2日知晓维尔纳夫出现在加的斯后，已经于9月13日召回了正在休假的纳尔逊——现在，他正率领舰队航行在英国近海——法国人和西班牙人的自卑感，再加上破旧的船只和靠不住的船员，已经令他们失去了斗志。尽管法西双方都言辞激烈，并相互指责对方怯懦，但双方仍无法就战争该如何进行达成共识。西班牙海军将领埃斯卡诺（Escano）在给马德里方面的信中说道："所有船只的指挥官都报告说，他们已经准备好扬帆起航了。除了优秀的船员之外，我们什么都不缺，但这恰恰是我们永远无法补救的……最终投票的结果是，我们不会出航。"

　　最终，将法西联合舰队开到海上的决定，并非是由集体意志做出的，而只取决于一个人——法国皇帝拿破仑。拿破仑已经预料到维尔纳夫的胆怯，便于10月9日召见了维尔纳夫的竞争对手弗朗索瓦·罗西利海军中将，想派后者去接替他。罗西利于10月12日抵达马德里后不久，维尔纳夫就得知了这个不利消息。随后作战委员会做出决议，法西联合舰队应该在敌人"为了保护其在地中海的贸易而不得不将舰队分散开"的情况下出海。10月18日，维尔纳夫得到了消息，纳尔逊麾下的4艘战舰组成了一支分舰队——由舰队指挥官路易斯率领，目前它们正在英吉利海峡，准备护送一支前往马耳他的船队——也就是说他们已经离开了主力舰队，这就提供了战争委员会同意采取行动的所谓"有利机会"。10月19日早晨6时，在加的斯港外侦察的英军"天狼星"号巡航舰向隐藏于海平线以外的英军舰队发信号说："敌人已经升起了上桅帆。"一小时后，这艘巡航舰在自己升起的信号旗中称："敌舰正在驶出港口。"随后，这条消息被英军通讯链条上的下一艘巡航舰"欧里亚鲁斯"号得知了，这艘巡航舰随即发出了"代号370"的信号。当时，这个信号被转交给了"菲比"号巡航舰，并附以强调（虽然在这种训练有素的舰队中是多余的）："向西方的侦察船重复信号。"因此，"代号370"信号沿着这一链条，从"菲比"号上传到了"奈阿德"号上，又从"奈阿德"号上传到了"防御"号（一艘战列舰）上，再从"防御"号上传到了"巨人"号，接着从"巨人"号传送到"战神玛尔斯"号上，后者就位于纳尔逊的战列线之中，距离加的斯港约77千米。30分钟后，纳尔逊听到了这个消息。他立即下令"转向东南，追击敌军"，并将舰队调头驶向加的斯和直布罗陀海峡之间，特拉法尔加战役就此拉开了帷幕！

　　纳尔逊清楚地知道自己在做什么。相比之下，对于维尔纳夫来说，决定出海航行更像是一次探索未知的冒险。"天狼星"号护卫舰就像一只不祥的鸟，盘旋在联合舰队视野半径的外弧线上，代表着"附近有英国人出没"。然而，对于纳尔逊的下落，甚至是他的船只数量，法西联合舰队的海军指挥官们仍然一无所知。他们认为自己的兵力可能会超过英国人，最差也就是数量相当。实际情况也确实是这样的，联合舰队拥有33艘战舰，而英军只有27艘战舰——联合舰队占据优势。可令人始料未及的是，维尔纳夫坚持要全军启航，这一行动浪费了一上午的时间——当他麾下8艘领头的战舰出海之后，风就停了。受这一不利情况的影响，再加上船员们糟糕的航海技术，让其他战舰一直耽搁到了中午才行动。下午1点钟，在经历了又一次犹豫不决之后，维尔纳夫的舰队终于离开港口。而且，直到第二天中午，他的 33 艘战舰才全部驶出加的斯湾，排成向西航行的队形。在维尔纳夫的指挥下，联合舰队被分成三个纵队，并在西班牙海军上将格拉维那的指挥下成立了一个单独的"侦察中队"，负责侦察是否有敌方战列舰迎风驶来。

10 月 3 日的天气很好，空气也很清新，联合舰队快速驶入了大西洋，但维尔纳夫知道，隐藏起来的纳尔逊始终威胁着他。当时，纳尔逊正在旗舰之上，并且利用布莱克伍德船长指挥的巡航舰链条跟踪着敌人的动向，他有一种双重的焦虑：法国人可能会折回加的斯，或者会是更糟的情况——在他赶到之前成功抵达地中海入口。"下午，"纳尔逊在日记中透露道，"布莱克伍德船长进行了旗语信号联络（海军部的陆地旗语链和海军新旗语信号的工作原理相似），敌人似乎决心向西航行。布莱克伍德船长认为，'布龙泰公爵纳尔逊（这是他从那不勒斯王国获得的头衔）会去阻止他们，在他的掌控下，敌人将不会得逞。'"

为了阻止联合舰队突进地中海，纳尔逊做了一件自然而然的事——这也是他十分期待的事，那就是寻求双方主力决战，一战定胜负。如果联合舰队获胜，他们不仅会破坏英国精心设计的所谓"能够带来和平的"的战略计划，还会对反法同盟造成实质上的伤害。在尼罗河战役之前，在向西印度群岛追击的过程中，纳尔逊都在敌人出现之前，判明了对方可能集结的关键地点。不过，暗夜虽然没有令英军巡航舰彻底"失明"——布莱克伍德在黑夜里监视着敌人战舰的灯光——但确实限制了他们的通讯能力，后来，他们只能利用最原始的炮声和燃烧的火把来远距离传递消息。但是，在经过一番思考之后，纳尔逊逐渐相信，由于风是从南方吹来的，所以天气限制了维尔纳夫的选择——他只能返回加的斯或继续向大西洋深处驶去（继续向英军迎面扑来）。纳尔逊很快就确信，后者才是维尔纳夫的最终选择。10 月 20 日到 21 日午夜时分，布莱克伍德看到了两支舰队的灯光（虽然他们彼此看不见对方），知道肯定会爆发一场战斗，他随即安心地上床睡觉了。他在"欧里亚鲁斯"号战舰上的一位同僚，一名海军军官候补生赫拉克勒斯·罗宾森后来给父亲写信说，自己的船只"就像摄政街（Regent Street，位于伦敦）上的一辆马车一样，在两排灯光之间行驶"。纳尔逊随后在日记中记录了他自己看到的情景："10 月 21 日，星期一。天亮时，敌人的联合舰队在东方至东南偏东方位之间，正在驶向下风；我下令张开风帆，准备战斗，敌人正在向南前进。"

再过几个小时，战舰上的大炮就要开始轰鸣了。

大炮是帆船战争中决定胜负的工具，而航海技术则是决定炮击是否有效的关键因素。20 世纪的海员，已经习惯于只把天气看作是航行中所要面临的困难之一，因此很难理解海况在纳尔逊迫使联合舰队与自己交战，以及联合舰队在试图利用海况使自己占据优势的过程中，给他们造成了多大的困难。

首先，相对于机械动力的船只，风帆战舰的移动速度是非常缓慢的。前一年夏天，在前往西印度群岛的大追击中，尽管有持久和强劲的赤道信风，每艘船的前进速度仍然不超过每小时 8 千米。在纳尔逊舰队和维尔纳夫舰队的跨大西洋航行中，船只的行驶速度还要更慢。虽然英军巡航舰是为快速航行而设计和建造的，有时在舰队主力附近冲刺时，速度可达每小时 10 海里（1 海里约合 1.9 千米），但舰队本身是无法达到这样的速度的。而且，这次英国人也没能像四个月前往返于欧美两大洲之间时那样保持稳定的航线。不稳定的沿海风况让船身上下颠簸严重，让每一个值班的人都手忙脚乱地操帆，不断地扬帆和降帆，以应付顺风和逆风的情况。纳尔逊的舰队经过了多年的航海训练，在与维尔纳夫和他的舰队对峙的过程中，能成功地保持队形。而维尔纳夫则面临着不一样的状况，他的舰队先向西航行，然后又向南航行，在海上乱作一团。为了响应他保持阵位的命令，舰队中的个别船只要么彼此偏离，要么就靠得太近。战斗临近的紧迫性对联合舰队的航海技术提出了更高的要求，但这种能力在许多西班牙船员身上根本不存在。

10 月 21 日上午，风停了。在帆船时代，海上作战是不可能在恶劣的天气下进行的，所以如果恶劣天气持续下去，联合舰队或许可以免受即将降临的痛苦。不幸的是，肆虐了一整夜的狂风骤雨正逐渐退去，6 点差 10 分时，纳尔逊麾下一艘 74 炮战舰"阿喀琉斯"号升起信号旗称："发现不明舰队。"在冉冉升起的太阳的照耀下，联合舰队就位于英军舰队和陆地之间。"敌舰离我们有 14.5 千米远。不久后，特拉法尔加角（Trafalgar Cape）的悬崖峭壁也在晨曦中出现了。在晨光中，我们能看到远处的白色悬崖，它距我们 32 千米。""不列颠尼亚"号战舰上的尉官巴克利记录道，"法国和西班牙的舰旗，点缀着绚丽的东方地平线。"

纳尔逊根据风向调整了部署，使己方舰队位于下风处，这是传统的、侧翼对侧翼作战的正确方式。当然，纳尔逊并不想要这样的结果。他希望"以航行阵型作为战斗阵型"，他需要的不是一个平行的编队，而是一个瞄准联合舰队战线缺口的矛头。这样的缺口是存在的：当时的船只通常以 1 链（200 码，1 码约合 0.9 米）为间距来航行，而纳尔逊正打算突入这一间隙。他还实事求是地认为，敌人拙劣的航海技术会让船只间的间距变得更大。

与此同时，以一种无法解释的先见之明，维尔纳夫也察觉了纳尔逊的意图。他对"圣徒岛之战"和在坎珀当所发生的事情还有一些记忆，再加上他对纳尔逊有多么渴望胜利的了解，让他相信，当他的对手（纳尔逊）第一次在公海上指挥冒险行动时，肯定会避开那些繁文缛节的战术条令，放手一搏。无论如何，早在前一年 12 月，维尔纳夫就预言纳尔逊会选择何种攻击方式。在特拉法尔加之战的早晨，维尔纳夫与手下船长会面之时，他重申了自己最后的预测："在敌人与我们进行的战斗中，是不会有任何战术限制的，在吸引我们进行炮战的时候，他们会尽力包围我们的后方，突破我们的防线。因此，各位船长一定要集结起来攻击那些妄图突破我们的防线的敌人，从而让我们可以包围并击败他们。"

此外，维尔纳夫还警告说，船长们在指挥时不能片面依赖旗舰信号。维尔纳夫以近乎纳尔逊式的豪言壮语（"如果舰长不想犯错，就该向敌舰并拢过去！"）激励道："如果哪个舰长不去面对炮火，他就是擅离岗位。"而且，在预料到纳尔逊想要进行一场"混战"时，维尔纳夫指示道："如果我军编队被敌军打乱，那么我军必须尽一切努力去帮助那些正在遭到攻击的船只，并尽量靠近旗舰，以便遵循后者的示范。"

然而，此时这场"混乱"的战斗尚未爆发。事实上，距离黎明时分双方第一次看清彼此还有约六个小时的时间。在战斗之前，双方还有许多事情要做。首先，船只必须进行战斗准备。其次，指挥官们必须布置最后的战斗队形。而且英国人还不得不长途接敌，驶过那片将他们与法国人和西班牙人分开的水域。

就在这时，出现了戏剧性的一幕——维尔纳夫突然改变了主意，更改了行动计划。早上 7 点半，他意识到自己已不可能突入地中海了，如果战斗不利，他要尽量安全地抵达港口——至少让部分船只完好无损地抵达港口。于是，维尔纳夫发布了新的命令，让整支舰队向北驶往加的斯。

维尔纳夫那些未经训练的船员，并不比一个新手强多少。迎风转向对他们实在太难了，因为如果把握不好操纵风帆和帆桁的时机，舰队就会失去队形，甚至发生碰撞；相较之下，维尔纳夫选择的顺风转向要更为容易，虽然整个过程时间更长，但舰队可以渐渐改变航向，避免"错失时机"，让队形更好地保持下来。

早在一小时前，纳尔逊就已命令他的舰队排成平行纵队了——他没有改变航向的必要。他现在担心的是如何维持现有速度前进。如若事与愿违，维尔纳夫就会逃进加的斯，英军最多只能截断敌人的队尾，其摧毁法西舰队的意图更将化为泡影。但对纳尔逊来说幸运的是，甚至连顺风转向这种机动，敌军都做得笨拙不堪。特拉法尔加角外海遍布着危险的浅滩，就在距离当地不到 12 海里处，法西联合舰队的船只横冲直撞了一个半小时——有些偏离了航线，有些脱离了阵列位置——这让维尔纳夫惴惴不安。直到上午 10 点，联合舰队才重新调整好了战列，其后队变成了前队，并由杜马罗尔（Dumanoir）将军指挥。

这种混乱的机动让英国人感到迷惑不解。纳尔逊认为这是联合舰队计划有变，而不是为战斗所做的准备。他比以往任何时候都更确信敌人正在向港口撤退。事实上，心情沮丧的维尔纳夫确实想要战斗，但问题在于，他的舰队职能迎风行驶，无法扬起所有船帆，速度比敌人更慢。至于英国人则升起了所有的帆，包括辅助帆——它们伸出帆桁，最大限度地提高了船只的航行速度。

纳尔逊下令悬挂第 13 号信号旗，这代表"准备战斗"。他下达命令的时间比维尔纳夫向联合舰队发出战斗信号的时间早了整整一个半小时，这让 27 艘战舰上的官兵都疯狂行动了起来。在当时，备战是一项极其复杂的工作——在那个"原始工业时代"，木制战舰是人类所知的最复杂的机器之一。虽然它采用了"非机械式"的推进装置——因为它利用的是自然能源，而非储备能源——但是船上几乎所有的东西都和"机械"沾边。索具和固定索具的"支柱"共同支撑着桅杆，并以各种方式分散着风对横桁和风帆施加的压力。每艘船上的水手长——一个关键的"常备船员"，都带领着他的船员将额外的帆固定在了风帆上，并支撑到帆桁中，系在支柱和桅杆的护桅索上。他们将船帆系在这些缆绳上，并对位于中部、舷侧或船尾的帆桁作了适当的调整。此时，桅杆——不论是下部、顶部，还是上部，都在风的压力下绷紧了。如果船的桅杆或桅杆支柱被打断，就会影响船只的操纵；而失去支撑或护桅索则可能会导致桅杆——由多根挪威或纽芬兰冷杉树的巨大树干制成——倒塌。而帆桁（一艘战舰的主帆桁有约31米长）则可能会造成更大的破坏。如果一颗炮弹穿过支撑帆桁的支架，就会让帆桁直接掉到甲板上——所以这些支架都是用铁链加固过的。接下来，水手长和他的同伴们还装了很多网来防止炮弹碎片的飞溅（在海战中，炮弹碎片往往是最致命的）。此外，他们还要将救生小船放到船尾。

木匠和他们的助手则负责被后世称之为"损管"的设备——他们利用木塞来修复炮弹造成的漏洞，特别是那些位于水线以下的漏洞（会造成船只向一侧倾覆），床单、铅块、皮革、废旧甲板和箍筒用的钉子都可以作为修补漏洞的材料。船员中的木匠们还可以拿出备用的舵柄和"备用滑车"，以防止主舵柄或舵轮被砸坏——这两种情况经常发生。此外，舵板也可能被打碎——如果发生这样的事，就会造成无法挽回的灾难。

炮手也是一名"常备船员"，他们在战斗开始前就进入了自己的地盘。对于一名炮兵军官来说，需要监督执行十几个任务。装火药的弹药库必须打开，密封箱内的防燃灯笼必须点亮；弹药库门上盖着浸过水的毛毡罩子，火炮甲板上则挂着其他防火窗帘；插着火绳（长度与引线相同）的水桶也必须分配到每门大炮前，以防火炮的点火装置失灵（这是英国的一项预防措施，而法国和西班牙的大炮，就像野战炮一样，本身就是用引线来发射的，没有点火装置）；备妥的弹药——即用绒布覆盖的火药管（开炮时，选择"远"则装11磅火药，选择"满"则装8磅火药，选择"减"则装6磅火药，分别用黑色、蓝色和红色来进行区分）——必须取出，以准备发射；一些"较长"的引线会被立即插到炮门上，其余的被保存在弹药库里以保安全；额外的炮弹——除了那些定期储存在大炮附近炮弹的之外，其他的都必须从货舱中取出来（这些炮弹通常由海军陆战队队员或不当值的海员——所谓的"免除繁重工作者"，他们不需要在炮位工作——负责搬运）。此外，英军炮手还要负责移动"水炮"，水炮可以被装在轮子上并被移动到任何着火的地方——水炮通过直接扔到海里的水龙带取水。火灾是至今为止木制战船上最危险的事故，不论是在战争时期还是在和平时期。

炮手虽然是武器的负责人，但在行动中却并不直接负责发号施令——这是尉官和个别炮长关心的问题。另外，每一层炮甲板都设有两名尉官，一人在前，一人在后。当时，有三层炮甲板的战舰，可以容纳 98 门、100 门或 104 门大炮［在西班牙的舰队中甚至还有安装 140 门大炮的四层炮甲板巨型战列舰"圣三一"（Santissima Trinidad）号、以及搭载 112 门大炮的"阿斯图里亚斯王子"（Principe de Asturias）号和"圣安娜"（Santa Ana）号］，在这些战舰上，下层甲板的 32 磅炮、中层甲板的 24 磅炮和上层甲板的 12 磅炮位各由 2 名尉官负责。这些尉官的职责是保持炮台处于战斗状态，在人员伤亡、连续向敌人射击或炮台瘫痪时，负责弹药供应和换班。至于让每门大炮都能正常使用的责任则落在了炮长们的肩上，他们是高级水手，负责训练每门大炮的炮组成员。此外，当大炮装填（或者重新装填）完毕并对准敌人之后，他们还要负责开炮。一门 32 磅炮，连同它的炮架，重达 3 吨，需要 12 个人来操作和安放它——这其中还不包括火药手。炮手会用一根粗大的扭绳把大炮固定在船舷的坚固位置上，以防止它被后坐力推离炮位。通常每发一炮，大炮的精确位置就会随之改变。这时炮手就要利用炮架下的杠杆进行手动调节，将大炮向左或向右移动。此外，炮手还可以通过抬高或降低炮尾处隆起的楔状物来调节炮口的俯仰角度，以调整射程。作战时，炮长还要制订合适的计划，并监督装运大炮所需的各项物资。一次发射结束后，他们就要利用专门的设备（清洁杆）去除燃烧筒（药包）的残渣，然后插入新的药包，并塞入球形炮弹。接下来，炮长会用一根棍棒将炮弹塞实，并清除大炮火门（接触孔）上的污物，再用锋利的棒子戳破药包，把火药的药块放入火门，让它与从药包中取出的火药混合，最后在火门中插入一根装有细火药粉的导火线。这时，一名炮手会站在大炮后面，手里拿着点火绳（备用），而另一名炮手则会把火石点火装置重新扣好。

　　每门 32 磅炮需要 15 名这样的炮手，他们站在下层甲板上，每个炮位之间相距约 3.05 米——在"胜利"号这样的一等战列舰上，他们总共有 225 人。值得一提的是，通常只有一排面对敌人的大炮有人把守。如果这艘船在近距离战斗中同时"偶遇"两个敌人——这在特拉法尔加海战中就出现过——船员们会尽最大努力让两排大炮都能投入战斗。在黑火药时代的军事世界里，再没有其他地方能集中如此强大的火力了，即使是在最强大的陆地要塞里也是如此。

如此密集的火炮齐射所产生的后坐力，能被船只的木结构所承受和吸收，可以说是对当时非凡造船技术的绝佳证明。

当时造船技术的精湛，还体现在军舰抗打击能力上，有时，军舰将不止一次遭遇炮火齐射，但并不会因此解体。有时，战舰要面临一次又一次的冲击，但这并不会导致船只解体。不过，即便战舰没有解体，炮弹也会令桅杆折断。如果运气好，船员还能将炮弹打到敌军战舰的水线之下，令海水大量涌入。炮弹还会杀死船员，有时被炮弹杀死的船员甚至可以在全船死亡人数中占很大比例。但是，除非在极近的距离发射炮弹，由炮口焰引发船上的火灾（更有可能是意外或粗心大意所造成的），否则大炮无法摧毁一艘木制战舰。船员们既可以利用炮弹来摧毁敌舰的桅杆和索具，以影响其行动力，也可以利用炮弹将敌舰的火炮轰离炮架，以限制其战斗力。炮弹有时会刺穿船壳，折断船舵，使船只因进水而无法航行。但是炮弹几乎不可能把战舰弄沉——它所能造成的最大的伤害就是把敌舰从战斗机器变成木制的靶子，使其一直挨揍而无法还手。而且，必须被船员们铭记的是，炮弹所造成的次生杀伤效应——不是爆炸本身——更为可怕。木制战舰的肋骨、构件、甲板……事实上，船上的任何木制物都可以被撕裂成锋利的碎片，有的长几厘米，有的长数十厘米，这些碎片的移动速度与炮弹相同——它们会成为可怕的杀人工具。我们将看到，英军的哈迪船长就是被这样的碎片击中了脚面，幸运的是，他只受了轻伤。有的不幸的人会被当场击晕，甚至被剖腹。

出于这个原因，作战时，战舰上的一个最重要的例行清理程序就是将下列木制品放入货舱中或固定好：桌子和长凳、军官的家具、箱子、小舱室分区所用的胸墙等；梯子也要被存放起来（取而代之的是绳网）；那些容易被替换的物品则要直接扔入大海。特拉法尔加之战时，英军船上的某位木匠看到1个羊圈、8张军官卧铺、4个鸡笼和1只装武器的箱子被抛进了海里。

最后是武器：步枪、手枪、弯刀、长矛都会分发给炮手，并安防在甲板上伸手可及的地方。血和水也是炮甲板上常见的东西，因此炮手们会在炮甲板上面铺一层沙子，以便光脚的他们操作大炮。在海战中，西班牙战舰"圣三一"号的炮甲板就几乎被血给淹没了。

一些英军船只——如"海神尼普顿"号——一看到法国舰队就立即开始行动了，而其他战舰则继续等待纳尔逊的第13号信号。到了上午11点有2艘已完成了全部备战工作，大部分吹响了"全员进餐"的哨音，在"柏勒罗丰"（Bellerophon）号战舰上，军官们吃了些放在舵柄上的冷肉应付一下（扑灭厨房里的火是清理行动中的首要任务）；"轰鸣"（Tonnant）号战舰上的军官们的食物是奶酪和半份掺水烈酒；而"胜利"号战舰上的军官们则享用了咸肉和半品脱葡萄酒。在西班牙战舰"圣胡安·内波穆塞"（San Juan Nepomuceno）号上，丘姆卡准将给牧师们打去了旗语，要求他们为全体船员祈祷。法军的战舰上没有牧师，而英国人则随意地做着私人祷告（那天是星期一）。纳尔逊独自待在船舱里（趁隔板被撤下之前），在这个私人空间，他写下了一段著名的演说词："愿伟大的上帝，保佑我的战舰，赐予我和整个欧洲一个伟大而光荣的胜利……愿胜利成为英国舰队的标志。"在"柏勒罗丰"号上的尉官康比（Cumby）站起来祷告，"我谨向伟大的战神致敬，希望我国的军队能赢得光荣的胜利。我愿将所有的一切都奉献给他，服从他所有明智的安排，并祈求他能仁慈地保护我亲爱的妻子和孩子。"后来，当纳尔逊的祈祷词变得家喻户晓时，康比经常自豪地回忆，"我的祈祷词与我们不朽的领袖的祈祷词是多么相似啊！"

私人祈祷与军乐队的喧闹声此起彼伏，给予人们战斗的勇气。英军舰队和联合舰队里的乐手们用横笛、鼓和喇叭分别演奏了《不列颠人，回家吧！》（Britain Strike Home）和《啊！这就好！》（Ça Ira）。英军战舰"阿贾克斯"（Ajax）号上的皇家海军陆战队少尉塞缪尔·埃利斯（Samuel Ellis）被"蓝夹克们"（Bluejackets，代指海员）的准备工作深深地震撼了，他回忆道："大多数人……都光着上身。他们用一块手帕紧紧地裹着头和耳朵，以减弱大炮的轰鸣声，许多人在炮击后的几天里都一直处于耳聋的状态。陆战队队员们也忙得不可开交，有些人在磨刀，有些人在擦枪［有些人还在枪管上写着口号——柏勒罗丰，死亡或荣耀］，就好像他们将要进行一次例行检查，而不是一场殊死搏斗。还有三四个人，仿佛是在故意逞能一般，跟着横笛的旋律跳起了舞。他们偶尔会从舷窗向外张望，猜测敌人会有哪些船只参战，并猜测其中是否很多我们的老对手。"

在"胜利"号上，纳尔逊带着他那与生俱来的表演天赋，在船员们热火朝天地完成准备工作时参观了甲板。"对英格兰来说，这将是光辉的一天。"他预言道，"无论谁能活着看到这一天。"在开始战斗之前，一种死亡的预感一直在他心头萦绕。"今天，如果我们还是像尼罗河战役那样只击沉12艘敌舰，我是不会满意的。"正如那天早上纳尔逊告诉许多人的那样，他想要击沉20艘敌舰——这个数量比他的任何前任在所有战役中所获得的战果加起来还要多。在"米诺陶"（Minotaur）号上，船长查尔斯·曼斯菲尔德用一种希腊船长在萨拉米斯战役之前可能会使用的、悲壮而简洁的语言告诉全体舰员："我不会对你说任何有关勇气的话，但我们的国家从来没有出过懦夫。就我个人而言，在战斗中，我向军官和船员们保证，在敌人摧毁我舰或者我舰沉没之前，我都既不会离舰逃走，也不会靠岸。我建议你们保持沉默，严格遵守军官们的命令。瞄准时一定要小心，否则就会浪费弹药。上帝保佑国王！"西班牙战舰"圣胡安"号上的丘姆卡虽然已经陷入了绝望之中——维尔纳夫命令全军转向，导致联合舰队出现混乱，这让他感到必败无疑，但即使如此，他还是用一种咄咄逼人的语气做了战前动员。"我的孩子们，"他在后甲板栏杆上喊道，"以上帝的名义，我今天向所有尽忠职守的人保证，你们会永远幸福的。另一方面，如果我看到有人偷懒，我会当场枪毙他。"然后，他呼吁为西班牙国王欢呼三声。丘姆卡把宗教仪式、劝说和威胁混合在一起，并没有什么不妥。他的西班牙海军仍然恪守着传统，承认军官拥有在战场上杀死逃兵的合法权利——或者说，认为这是一种义不容辞的事情。至于西班牙武装力量的内部划分——包括骑兵和步兵，水兵和海军陆战队——在一定程度上都是为了确保一支部队在必要时可以胁迫另一支部队而存在的，这是一个公开的秘密，解释了为什么在这些不同的部队之间，大都互相反感的原因。

在这些演讲和仪式所占用的时间里，维尔纳夫让手下擎着鹰旗在"布森陶尔"号的甲板上游行，人们高喊着"皇帝万岁"和"海军司令万岁"——这些喊声随风飘出去很远。当时，风是如此轻柔，以至于联合舰队在顺风行驶的情况下，向北行驶的速度不超过每小时1英里。而英军船只，即使在有风的情况下，前进的速度也比步行的速度更慢——虽然这些船只此时正处于最适合横帆船航行的路线上。从 8 点到 11 点的近三个小时里，两支舰队彼此都能看清楚对方，但相互间的距离却几乎没有缩短，呈现出一幅最美丽，也最致命的景象。

"我想以前从来没有人见过这样美丽的景色，"英军战舰"猎户座"（Orion）号上的爱德华·科德林顿船长回忆道，"或者更确切地说，我们看到的景象是无与伦比的，我把所有的尉官都叫上来一起观看。"如此壮观的舰阵堪称史无前例：就算"无敌舰队"的数量更多，但却不像这般秩序井然。特拉法尔加之战，不仅是帆船时代的最后一场战斗，也是帆船时代规模最大的一场战斗——至少在它的准备阶段是这样。两支舰队都张满了船帆，许多船只都用油漆装饰一新。西班牙人喜欢红、白、黑的配色方案，而法国人喜欢黑与白的配色方案，因此，纳尔逊坚持要求他的舰队中的所有船只都要重新粉刷成浅黄色和黑色，以避免在密集行动的硝烟中造成误伤。整整 60 多艘战舰的白帆，以及它们上了漆的桅杆和明亮的船舷，在方圆一平方英里的大西洋水域上慢慢地互相靠拢，构成了一幅从来没有人见过，也不会有人能再见到的景象。

两支舰队都悬挂着鲜艳的旗帜——金色和红色的旗帜、三色旗、英国国旗——英军一侧，还挂着纳尔逊下令在整个战斗中保持的"近距离作战"的信号旗。11 点 15 分，纳尔逊又在船上打出了另一个旗语："英格兰希望每个人都恪尽职守！"实际上，这句话最初被拟定为："纳尔逊相信每个人都会尽到自己的责任（Nelson Confides That Every Man Will Do His Duty）！"但一位军官提议用"英格兰"代替"纳尔逊"。接着，信号尉官约翰·帕斯科（John Pasco）指出，"Expects"（希望）是一个被录入了信号手册的旗语信号，而"Confides"（相信）则没有被录入信号手册，所以最终的旗语被确定了下来。这条旗语迅速传遍了整个舰队，但得到的评价却褒贬不一。坐镇"王权"号，率领第二纵队的科林伍德（Collingwood）在别人给他宣读这个旗语之前就抱怨道："纳尔逊应该停止发布信号，我们知道该怎么做。我一向尽职尽责。""防御"号的舰长菲利普·达勒姆将其余传达给了舰上的每一个人，他们欢呼着迎接总司令的指示，然后"一切都准备好了——引信点燃了，火炮甲板上的双葡萄弹、普通炮弹准备完毕，甲板本身都清理干净了——我们遵循哨声吃完了晚餐，还喝了一大杯烈酒"。直到 1824 年以前，每天 0.28 升朗姆酒都是英国海军成员的固定口粮，海员们就是凭着这些朗姆酒挨过了船上的寒冷、潮湿，以及持久的重体力劳动。另外，在战斗中，这也是海员们的一种心理上的需要。水手们需要饮酒作乐，而从临床意义上来看，这样做也是正确的。

在距离中午还有几分钟的时候，战斗爆发了。总体而言，这场战斗将分为五场独立的行动。纳尔逊的计划是把联合舰队截为三段，而在上述五场行动中，有三场在这份计划之内。剩下的两场则是来自一系列机缘巧合——对于这些意外情况，纳尔逊虽然有所预料，但没有给出具体指示（"敌人舰队的其余成员……就像备忘录上写的那样，将由总司令亲自对付"）。

行动一和行动二将由纳尔逊和科林伍德的纵队来完成，他们需要分别突破联合舰队的战线（但纳尔逊不能保证可以成功突破）。纳尔逊所拟定的行动计划的危险之处在于，己方舰队距拥有兵力优势的敌人只有几百米远，当敌人猛烈炮击时，可能会对己方船只造成严重损坏。如果敌人的炮击足够精准的话，可能会打坏己方战舰的桅杆、让大炮移位，或者导致严重的人员伤亡。而另一种可能是，如果联合舰队射出的炮弹弹道较高，则可能会震飞桅杆上的水手，让他们被淹死在水里，并破坏信号旗，让那些排在后面的船只迷失前进的方向。

然而，如果敌人的炮火没有击中目标，那么纳尔逊就将在联合舰队的"心脏"处引发两场单独发动但又联系紧密的"风暴"，英国人将在穿越敌方战线后处于下风阵位，并将选定的目标围困在大风和自己的舷侧之间。

另外两个行动，或许会和前两个行动相互配合。如果英军在冲向敌军战线的过程中出现了明显的延迟，那么后面的船只将在一小时内自动排成两列：其中一列2000码长，另一列4000码长，它们将组成传统的战列线继续与敌人作战。

第五个行动则是纳尔逊从中央和后方，将联合舰队中较弱的船只分割消灭掉。此外，纳尔逊还希望己方参与突击的部队能够折回（"集结兵力进攻"），埋伏在敌军战舰的逃跑路线上，但这花费的时间会比较长。后来，我们看到纳尔逊决定缩短作战时间，以"让战斗更具有决定性"。为此，纳尔逊希望能在当天早些时候发起进攻。不过，当时的风实在是太小了，这让纳尔逊感到有些沮丧。由于事态的发展，用于战斗的时间被压缩到了四个多小时——从中午前到下午晚些时候。

双方射出第一炮的时间，是中午 12 点之前的两分钟——法国战舰"弗高克斯"（Fougueux[①]）号对科林伍德（Collingwood）分舰队的"王权"（Royal Sovereign）号发射了炮弹。

实际上，双方关于到底是谁打响了第一炮仍然存在争议。总之，炮弹从"弗高克斯"号那宽阔的船舷上如雨点一般砸向英军，但大都落在了海面上，激起了巨大的水柱。科林伍德命令船员们躺下，这是出于对下属的体恤。虽然科林伍德脾气暴躁，但绝不是铁石心肠，他不愿意用体罚换来服从，而是更愿意让他们"知耻而上进"。他下达这道命令完全是为了减少伤亡。这在陆地上是不可能的，因为在陆地上，在炮火下挺直腰板是恐吓敌人的一种手段。在海上，由于木墙挡住了船员们的视线，所以这样做是非常明智的——而且在遥远的将来，例如在日德兰半岛和福克兰群岛发生的战斗中，这个战术还会再次被使用。而且，在"王权"号上发布这条命令也是非常有必要的。这艘船刚从船坞里出来，就连船底包的铜皮都是干干净净的。它当时所处的位置远远领先于科林伍德麾下的其他战舰——整整 15 分钟，"王权"号都被敌人的战舰所包围。因此，这位粗暴的老海军上将悔恨地回忆道："我在穿过他们的防线很久之后，周围才出现友军。"

---

①　以下是对双方舰名的一些说明。

"弗高克斯"的含义是"炽烈的"，是法国海军的一个传统舰名；"可畏"号、"勇猛"号、"英雄"号和"海神"号也是如此，这些舰名甚至可以追溯到西班牙王位继承战争时期。然而，在特拉法尔加战役中，大多数法军舰艇的舰名都是新起的，这是因为自1789年以来，随着政治潮流的变化，很多老军舰的舰名都被更换了。例如，"可畏"号之前就叫"絮弗伦"号，是一位前王朝海军将领的名字。

令人困惑的一个传统是，各国海军往往不会更改从敌人手中夺取的船只的名称，有时还会将这些外国舰名传递到自己新造的军舰。这就解释了为什么在特拉法尔加，英军和法军的舰队内各有一艘名为"敏捷"的军舰，还解释了为什么英军舰队的"贝里岛"号、"鲁莽"号、"斯巴达人"号和"轰鸣"号使用的是法语舰名。1801年，曾在尼罗河畔与纳尔逊作战的法国"敏捷"号在巴巴里海岸外被英军俘获。"斯巴达人"号和"轰鸣"号则是纳尔逊在尼罗河战役中俘获的战利品，"贝里岛"号以前也叫做"可畏"号，是英军在格鲁瓦岛战役中俘获的战利品。尽管"鲁莽"号是一艘英国自己建造的战舰，但却是以1759年葡萄牙拉各斯战役中俘获的战利品来命名的。巧合的是，英国和法国的舰队中都有名为"海王"号或"海王尼普顿"号的战舰，但这其实是一种传统舰名，与战利品无关。值得一提的是，人们经常误认为在特拉法尔加海战中，英法舰队内各有一艘名为"阿希尔"号的战舰，然而，正如文中所述的那样，英军的战舰其实叫做"阿喀琉斯"号。

在特拉法尔加海战中，英军战舰的舰名大多为传统舰名，比如"敏捷"号已经是第五艘以此命名的战舰了。然而，一些从七年战争到拿破仑战争时期都一直出现在史料中的军舰，比如"胜利"号、"防御"号和"大不列颠"号，则并非是由于它们的名字被多艘新舰重复沿用，而是因为它们本身的服役期就特别漫长。这三艘战舰属于同一个舰级，分别是在1765年、1763年和1762年下水服役的。在使用充分风干的橡木框架建造并得到良好维护的情况下，这些木制战舰服役几十年是一点问题都没有的。建于1787年的"猎户座"号就曾在"光荣的六月一日"、格鲁瓦岛战役和尼罗河战役中战斗过。西班牙战舰的舰名，通常都按照传统从宗教名词中选择——比如"圣安娜"号，早在"无敌舰队"的年代，西班牙海军就有一艘同名舰；同样的情况也适用于皇家海军的"胜利"号。

科林伍德的船是第一批突破敌人防线的英国船只，纳尔逊不禁惊呼道："看看科林伍德这个家伙是如何战斗的！"科林伍德的确在上演一出"单枪闯敌营"。纳尔逊的反应虽然有点滞后，但见到这个情景之后，他仍然尽可能快地下达了指令，从而开启了第二个作战行动。

"我的舰队，"纳尔逊在记录着"纳尔逊式接敌"的备忘录中写道，"将贯穿他们的中心……这样就可以确保把他们的总司令抓来，我们必须尽一切努力。""胜利"号、"鲁莽"（Temeraire）号、"海神尼普顿"（Neptune）号和"利维坦"（Leviathan）号战舰以密集的队形冲向了联合舰队，它们对准了正确的位置，像纳尔逊期待的那样，向维尔纳夫直扑而去。当科林伍德的"王权"号突入时，敌军的三位主要指挥官——杜马罗尔、格拉维那、维尔纳夫——的战舰纷纷揭开了先前隐藏的旗帜。当"胜利"号正准备从"布森陶尔"号和"圣三一"号之间穿过时，"布森陶尔"号突然升起了维尔纳夫的总司令旗帜。紧接着，"布森陶尔"号在最后关头猛然向前推进，缩小了与英舰间的距离，迫使哈迪——"胜利"号的船长——稍微偏转舰尾，以避开前者的猛烈火力。随着法舰"可畏"号（Redoutable）冲出来护卫己方旗舰，两军之间的阵型就更加犬牙交错了。"我没办法了，"纳尔逊对哈迪命令道，"您愿意上哪儿就上哪儿吧！我尊重您的选择。"12点45分，"胜利"号的船头斜桁越过了"布森陶尔"号的船尾，哈迪把舵板放下，想利用"包夹"战术对付敌军旗舰，却发现自己战舰的右舷擦过了"可畏"号的左舷。此时，英国战舰"海神尼普顿"号也在"胜利"号和"布森陶尔"号之间穿过，向"圣三一"号驶去。"利维坦"号和"鲁莽"号则继续前进，前者与稍稍偏离了航线的法国"海神"（Neptune）号交战，后者则偕同"胜利"号，对"可畏"号火炮甲板无人值守的一侧发动了进攻，并取得了战术胜利。

值得一提的是，在双方战舰进入实质性的对战之前，炮声就已经轰轰作响了。严格来说，纳尔逊和他的前任们都知道，在"交战"之前就出现炮声是再正常不过的事了。事实上，法国和西班牙的主力舰"英雄"（Heros）号、"圣三一"号、"布森陶尔"号和"可畏"号在英国人反应过来之前，就已经进行了四轮齐射。第一次射击由于测距问题没有命中目标，或者跳过目标，只击穿了"胜利"号的船帆。但紧接着，一枚炮弹击中了"胜利"号上层甲板的要害位置，并造成了人员伤亡。纳尔逊的私人秘书约翰·斯科特（John Scott）被一颗炮弹打死，这颗炮弹来自法舰上由海军陆战队操纵的八门火炮中的第三门，第四门火炮的炮弹碎片擦伤了哈迪船长的脚。此时，就站在哈迪身边的纳尔逊说了一句名言（就是这句话在日后启发了惠灵顿："好斗的先生们，让我们看看谁打的时间最长。"），他说道："敌人的火力太猛烈了，哈迪，但他们坚持不了多久的。"没过多久，一颗炮弹打碎了"胜利"号的四个舵轮辐条（虽然没有碰到舵手，却迫使战舰不得不转向下风处），另外两颗炮弹分别击毁了它的后桅和前桅。当"胜利"号终于准备开火还击的时候，船上已有 30 名船员受伤，20 人阵亡了——这是它在整场战斗中的伤亡人数的三分之一。

截至此时，法国和西班牙联合舰队还没有失去一个人。但是，当"胜利"号慢慢地穿过敌人的防线时，它的炮手们先在船尾利用 68 磅炮（这是两支舰队中口径最大的火炮）开了火，然后当双方的距离越来越近时，炮弹如雨点般落到了法军旗舰"布森陶尔"号的身上——它的整个左舷都被炮弹击中了。几千颗滚烫的葡萄弹和 52 颗实心炮弹对"布森陶尔"号的木制船体和人员造成了灾难性的影响。弹片扫荡了这艘战舰上层建筑中敞开的甲板，穿过了脆弱的船尾走廊，横扫了下面的炮位，金属碎片还砸碎了木头，令火炮甲板上的大炮移位，并让数十人死亡或残疾。

"胜利"号战舰的水手约翰·布朗（John Brown）写道："我们向它（"布森陶尔"号）连续进行了五次齐射，打掉了它的舰尾。"这一叙述当然有些夸张。当"胜利"号的追随者们从"布森陶尔"号后面经过时，它们又对其展开了新一轮的攻击。法军船长让–雅克·马让迪（Jean-Jacques Magendie）在战斗结束后，详细记载了"布森陶尔"号的痛苦经历："所有的索具都被打成了碎片，桅杆被好几枚炮弹击中，损坏得不成样子，上层甲板上的大炮都被打得移了位。我也被一根木刺扎伤了。接到司令（维尔纳夫）的命令并留在上层甲板上的只有少数几个人——但他们现在都已经没用了，既没有大炮，也没有绳索——后者全部都被打断了，或者掉到下面的 24 磅炮的甲板上去了。敌舰似乎在向我们的下风处靠拢，而且不止一艘……事实上，两艘 74 炮的敌舰就在我们身边，因此我们尽可能地向它们进行猛烈射击。不久后，我舰的主桅和后桅都倒了下来，船帆被射穿，遮住了右舷，只有海军上将旗还固定在主桅的残柱上；24 磅炮全都因为移位而无法使用了；在装备有 36 磅炮的甲板上，尽管也损失了很多炮手，但剩余人员中所有还能操炮的人都被派到那里去了。此外，我方船员还在努力清除倒塌的桅杆，以便能使用 36 磅炮。我们的船惨不忍睹——只有前桅还勉强竖着，但很快，帆桁折断了，它的碎片掉了下来，甚至撞到了'圣三一'号，因为我们靠得很近……不一会儿，我们的前桅倒下了……自此以后，我们甲板上的建筑物都荡然无存了，桅杆被完全摧毁了，这导致我们失去了所有在它上面工作的人，搭载了 24 磅炮的甲板也因为大炮全部移位而被废弃……我们的右舷被桅杆遮住，无力自卫，伤亡人数高达 450 人。而且，没有任何船只赶来支援我们……甚至没有一艘船可以让（海军上将）转移，它们（友方舰只）现在都被敌人的炮弹打得千疮百孔，就像我们在先前的战斗中所遭受的厄运那样。正当维尔纳夫海军上将被迫投降的时候，我又登上了甲板，以防止敌人在我方没有报复能力的情况下对这些勇敢的人进行进一步的屠杀。这时，鹰徽和所有的信号旗都被扔进了大海。"

马让迪在记述海战的时间和所发生的事件时使用了春秋笔法，这有部分是出于私心：证明己方投降是明智的选择。然而，这段记述清楚地表达了一艘战舰被高度集中的炮火所击毁的经历，这也正是特拉法尔加海战的下午，几艘法国和西班牙战舰战斗经历的缩影。因为法军将领杜马罗尔的 10 艘战舰在无意间与主队分离，所以本来寡不敌众的英国人在总攻中获得了 27∶23 的优势。而且在关键时刻，英军所占的优势甚至比纳尔逊希望的还要大得多。但"布森陶尔"号却特别不幸：它代替自己的邻居（"可畏"号和"圣三一"号），承受了来自英军"王权"号、"柏勒罗丰"号、"巨人"号和"鲁莽"号的火力。在特拉法尔加，"布森陶尔"号可能是与敌舰交火最多的战舰。几乎可以确定的是，"胜利"号、"海神尼普顿"号、"利维坦"号、"征服者"号、"不列颠尼亚"号和"阿伽门农"号都对其发动过进攻。其中，"征服者"号的一次侧舷齐射似乎是决定性的一击，正是这一击导致维尔纳夫将鹰徽抛入了海中。

"布森陶尔"号所遭受的痛苦主要是由于纳尔逊选择它作为了主要目标（在将其击溃后，"胜利"号利用这个缺口突入了联合舰队的战线），可这在一定程度上也是维尔纳夫、马让迪和他们勇敢的船员浴血奋战的结果。在陆地上，炮战是现代战争中最残酷的作战形式之一。但即便是一座伟大的要塞，其火力的密集程度和弹丸重量也比不上一艘一流战列舰的舷侧火力。如果将"布森陶尔"号看作一个步兵营，那它就已经被敌军大炮给"犁平"了整整五次，从来没有任何一群陆军士兵曾经历过如此残酷的杀伤。然而，也正是因为"布森陶尔"号的船员们坚守岗位，而不是像联合舰队的其他成员那样远远地逃遁到地平线以外，所以这艘战舰的最终阵亡人数惊人。

　　法国战舰"可畏"号试图堵住纳尔逊舰队突入己方防线缺口的举动很勇敢，但最后还是徒劳一场，"胜利"号依然抵达了预定阵位。"可畏"号那脾气暴躁的小个子船长让·卢卡斯（Jean Lucas）并不完全赞同现代海战的炮兵理论，他认为"英国人在船舶操纵和枪炮火力方面具有无可比拟的优势"。因此，他决定以近战和跳帮登船作战来对付英军——他的推理不无道理。因为卢卡斯对自己是否有能力用大炮战胜对手产生了怀疑，所以他转而寻求一种全新的作战方式，即利用派往帆桁顶端的精锐士兵，居高临下地对敌人发动"斩首"作战，杀死英军船只上的军官和水手，击溃其上层甲板的防御者，然后利用白刃攻击夺取这艘船。因此，他对自己的船员进行了特训，着重训练步枪射击和投掷手榴弹。卢卡斯曾在报告中写道：

　　我总是想以登船作战来消灭敌军……我们制作了一种帆布袋，可以装两颗手榴弹，并配发给了所有枪炮指挥官……此外，我们的船员们还装备了100支配有长刺刀的卡宾枪。我们的人已经习惯了使用这些武器，所以他们可以爬到桅杆绳索上，然后利用步枪进行狙击。所有手持刀剑的船员每天都要进行剑术训练，手枪也成了他们熟悉的武器。经过训练，我们的船员可以巧妙地抛出一具抓钩，并成功地钩住一艘船，甚至在目标与我舰完全没有触碰的时候。当"各就各位"的鼓声敲响时，每名船员都要携带上了膛的武器，全副武装地回到自己的岗位上。他们就把步枪放在自己身边的网兜中，而这些网兜是用钉子钉在两根横梁之间的。

　　卢卡斯最特别的布置是让一些"狙击手"爬到己方战舰桅杆的最高处——纳

尔逊曾明令禁止这种做法，因为他认为往顶篮里运送弹药是在战斗中发生火灾的重要原因——这样法国人就可以先用抓钩固定敌舰，再扫平其甲板了。

在"胜利"号开始炮轰"布森陶尔"号大约五分钟之后，位于"可畏"号帆桁上的法军狙击手终于锁定了前者，卢卡斯立刻开始实施自己的"步枪和登船"战术。当"胜利"号的炮手们在下方的火炮甲板上装填炮弹，准备开始新一轮齐射时，卢卡斯为了不受干扰，先命令关闭己方战舰侧舷的炮口盖，再命令步枪手们开火。"可畏"号的突然停火令"胜利"号的船员感到很困惑。他们继续射击了一段时间，一些船员利用水桶往炮口和舰身的缝隙处泼水，以扑灭那些威胁敌我两军战舰的炮口焰。这时，"胜利"号的船员们开始相信"可畏"号停止火炮齐射的原因是想投降了。因此，他们停止了射击。与此同时，卢卡斯的神枪手们做出了最致命的一击：大约在下午1点35分的时候，纳尔逊正和哈迪船长一起走在后甲板上，他的胸部突然被一颗子弹击中。哈迪转过身来，看到纳尔逊跪在地上，用一只手的指尖支撑着自己。"我的背脊骨已经被射穿了。"这位海军上将说道——这是一种异常准确的自我诊断。然后，纳尔逊被一名海军中士和另外两名士兵抬到了甲板下的船舱内。

现在，不管是在"胜利"号上，还是在"可畏"号上，都是一片混乱。哈迪对己方战舰的12磅炮炮手的极高伤亡（大部分都是由"可畏"号的火枪手和掷弹手造成的）感到震惊，他赶忙下令疏散了这些炮手，派他们到下面去与24磅炮和32磅炮的炮手共同作战。与此同时，由于担心法国人会强行登船，他要求海军陆战队到甲板上来。英国皇家海军陆战队少尉路易斯·罗蒙尼（Lewis Rotely）接受了这一命令，但他发现这是一个几乎不可能完成的任务："我没想到命令人离开炮位会这么困难！在激烈的战斗中，海军陆战队队员们扔掉了他们的红色外套，穿着格子衬衫出现了……当时，根本没有办法区分海军陆战队队员和海员——所有人都得像战马一样工作……作为一个男人，真应该亲眼看看中层甲板和第三层甲板上的战斗……大炮的齐射使人的视觉和听觉受到了严重影响。火焰从甲板下涌出来……发射瞬间，大炮猛烈地向后退去，炮声比雷声还大，甲板上下起伏，船身绷得紧紧的。我想象自己身处地狱，在那里的每个人都是魔鬼。我们的嘴唇可能会动，但听到命令和互相对话是不可能的，一切都得靠手势来完成。"

罗蒙尼设法召集了大约25个人，并把他们带到"一个空气更清新的地方"（指上层甲板）。他这样做的时候，"胜利"号的炮手们已经停止了射击，因为他们相信"可畏"号已经被自己击中了，所以他们再一次停火了，这给了法国人喘息的机会。与此同时，卢卡斯看到英国船员大批出现在"胜利"号的后甲板上，他相信，他为船员们精心准备的登船时刻就在眼前了。"我命令吹响号角（这是我们在演习中确定的，向登船部队发出的信号）。他们在分队主管军官和军官候补生的带领下，整齐划一地走上前来，就像在进行演习一般……我下了命令，把帆桁上的吊索割断，把它放下来当桥用。海军军官候补生荣（Yon）和四个水手成功地利用锚把这些绳索抛到了'胜利'号上面。"卢卡斯回忆道。在随后的战斗中，共有19人死亡，22人受伤。指挥英国皇家海军陆战队"胜利"号分队的盖尔斯·阿代尔（Gharles Adair）上尉在"舷梯末端鼓励他的士兵"时，颈部中弹身亡。

卢卡斯的登船战术是不可能会成功的——他的战舰只有两层火炮甲板，其船员人数不及拥有三层火炮甲板的"胜利"号，而且这些船员还遭受了不成比例的伤亡。但就在这时，"可畏"号却被"鲁莽"号给追上了。"鲁莽"号曾跟"圣三一"号激烈交火，它的主桅和前桅最下部的帆桁都被法国"海神"号的横舷炮击中，几乎失去了作用。但是，当"鲁莽"号看到"可畏"号在烟雾中若隐若现时，它还是用左舷炮向其射击，随后又靠上前去。卢卡斯起初拒绝了下属放弃登船进攻的要求，他命令"附近的几名士兵用步枪逼迫他们行动"。然而，不久之后，卢卡斯就意识到情况不对了，"船尾已经被完全摧毁了，船舵、舵柄、船尾柱……都被打成了碎片……主甲板上的一门18磅炮和艉楼的一门36磅炮发生爆炸……（并且）所有其他甲板上都堆满了死人，他们被埋在了残骸和碎片下面。自此，船上的643人中已经有522人死亡和受伤。"卢卡斯终于承认他无法再继续抵抗了。"胜利"号的一名海军军官候补生——约翰·波拉德（John Pollard）为纳尔逊报了仇，他接连开枪，打死了两个躲在"可畏"号后桅顶上的法国神枪手。不久后，挂着卢卡斯的旗帜的桅杆就倒在了"鲁莽"号的船尾上。总之，联合舰队战线中心的战斗都在按照英国人的节奏进行。

科林伍德率领六艘战舰于联合舰队的防线后方开始了战斗，这场战斗比纳尔逊分队的战斗爆发得更早、规模更大，但也更为混乱，最终也更具破坏性。这里的战斗几乎势均力敌：一方面，在纳尔逊突破后、杜马罗尔的联合舰队前卫仍在继续前进，直到一个小时之后，维尔纳夫和队列中部的各舰遭受重创时才调头返回；另一方面，纳尔逊队列的后方各舰也被抛下很远，这让科林伍德支队和联合舰队形成了六打六的局面。如果加上后续赶来的友军，科林伍德则是用十四艘战舰对抗联合舰队后方的十五艘——因为风向的原因，它们几乎处在捉对厮杀的状态。

"王权"号刚从船坞里开出来不久（就连船底包裹的铜皮都很干净），此时它冲在最前面——后面紧跟着"战神玛尔斯"号和"轰鸣"（Tonnant）号——并且是英国舰队中第一艘与联军交火的战舰。纳尔逊在备忘录中建议，科林伍德支队应该在联军倒数第 12 艘战舰处选择一个突破口。也许科林伍德最初也是这样打算的，但是在与敌军遭遇的那一刻，他发现自己正朝着联军的第 18 艘战舰"圣安娜"号和第 19 艘战舰"弗高克斯"号之间的空隙驶过去——最后，他就是从这个缺口突破的。科林伍德的军官们一直在用六分仪测量"圣安娜"号主桅的倾斜角，以确定自己的航向。11 点 58 分，这一倾斜角下降了 4 度 10 分，这表明两舰之间的距离是 1000 码，就在这一刻，"弗高克斯"号开了火。不久后，"圣安娜"号也开始向英国人开炮，紧接着是"君主"（Monarca）号、"冥王"（Pluton）号和"不挠"（Indomptable）号，它们正在驶离原航向、前往下风处的途中。一些炮弹击中了科林伍德支队的船只的船体、索具和船帆，但由于距离太远，没有造成什么严重损害。"王权"号冒着炮火向敌人逼近，但并没有开炮还击。

在科林伍德支队突入联军防线前的最后时刻，"弗高克斯"号像纳尔逊支队突入时的"可畏"号一样向前推进，试图对英军舰队发动反攻。即使在这个危机时刻，"弗高克斯"号也义无反顾地奋勇向前。而"圣安娜"号则正好相反，它将一个前桅帆调转，以阻止自己的前进（此举会使帆的前部兜满风）。然而，联军的这些"见机行事"的行动来得有点太晚了。"转向那艘法国船，把它的船头斜桅撞毁。"科林伍德命令道。这一明显的意图吓坏了"弗高克斯"

号的船长，他也选择了后退，留下了足够的空隙让"王权"号通过。就在"王权"号穿越联军防线时，它的左舷炮手向"圣安娜"号的船尾展开了一轮齐射。然后，尽管"弗高克斯"号和更远处的"不挠"号也开火还击，但"王权"号还是成功驶向下风，在"圣安娜"号侧舷占据了阵位。

"我曾告诉汤姆哥哥，""王权"号的一名炮手后来在给父亲的信中写道，"我希望见证一场大战……但说实话，当战斗真正开始的时候，我更宁愿自己正在温伯勒（属于汉普郡）犁地。打来的排炮让我寒毛直竖，我……开始认真地干起活来，就好像我正身处墨雷尔·格林的集市一样，这样我就不会一心只想着会被人打死的事情了。我现在黑得像个煤矿工人。"　科林伍德虽然是位将军，但他却在炮手中间走来走去，鼓励并指挥他们开火。"敌人的还击火力稀疏，看来他们在偷懒。"就在科林伍德暗自庆幸时，他突然被击中了。后来，科林伍德在给妻子的信中写道："我告诉过你，我的腿受伤了。那是因为我被一块碎片击中了——相当严重的一击。接下来我还挨了许多下重击，其中一处在背上，估计是大型炮弹的冲击波导致的，因为我实在想不出其他原因。"不久后，"王权"号的船长受了致命伤。科林伍德回忆道："一颗巨大的炮弹几乎把他的身体炸裂了。他把手放在我的肩上，告诉我他不行了。我扶着他，直到有两个人把他抬走。""圣安娜"号用这记重击证明，它仍然在战斗。

"圣安娜"号不断猛烈开火，把跟着"王权"号突入的一艘英军战舰——"贝里岛"（Belleisle）号战舰打得千疮百孔。"贝里岛"号战舰的船长哈古德（Hargood）对自己的军官们说："先生们，我只有一句话要说——我要从那艘船的尾部穿过去。"就在"贝里岛"号正要从"圣安娜"号的船尾强行通过时，却突然遭受到了来自"弗高克斯"号的猛烈炮击。哈古德被一根木片击中，而在船舷上，站在船长周围的其他船员则大都被肢解和斩首。英国皇家海军陆战队少尉保罗·尼古拉斯（Paul Nicolas）写道："只有那些经历过类似情况的人才能对这样的场景有正确的理解。我因四周鲜血淋漓的尸体而感到惊惶；我的耳朵里回响着伤兵的尖叫声和将死之人的呻吟声。这时，我看到几乎每个人都躺了下来，我有点想学他们的样子，好几次弯下腰来摆姿势，但是——我记得很清楚——仿佛有人在冥冥中对我耳语：'站起来，不要逃避你的职责。'"

哈古德本来是打算先靠近，再以侧舷面对"不挠"号的，但是"弗高克斯"号变幻莫测的走位把两艘船一起带到了烟雾中，并相互厮杀起来。"贝里岛"号火炮甲板上的一名炮手回忆道：

随时都有越来越浓的烟雾在甲板上方积聚起来，有时烟雾很浓，以至于我们连最近处的尸体都看不清了，而且烟雾常常把大炮旁边的人和他们身边的战友都给遮住了。可以说，这些大炮都是通过上级下达的命令机械性地发射的……那些炮手几乎用不着互相看见对方……这些人在黑暗中就像被蒙上了眼睛一样……每个人都与他的同伴隔绝得"如此之远"，以至于当同伴们都倒下时，他们还没有意识到自己所面临的危险。他们知道的只是——能听见炮弹穿过断裂的木头发出的撞击声，接着便立即听到了炮长们嘶哑的吼声，炮长们向幸存者们高喊："快过来！快靠近！"

"贝里岛"号和"弗高克斯"号都因为互相倾泻的炮火而变得残破不堪，它们在一场一对一决斗中逐渐掉队了，航行到了下风处，这令"王权"号在联军战线上打出的缺口变得更大了。下一个突入这一缺口的是"战神玛尔斯"号，它将法舰"冥王"号作为自己的目标。由于两者都是 74 炮战舰，所以第一次火炮对射的规模应该是完全平等的。然而，操纵"冥王"号的船员更聪明，他们成功地找到了一个死角——也就是在一个"战神玛尔斯"号上的大炮够不到的角度与其交战——因此占据了上风。"几分钟后，"海军军官候补生詹姆斯·鲁宾逊（James Robinson）写道，"我们的船尾楼已经完全被敌人一扫而空了，后甲板和前甲板也几乎一样，只有水手长、我和三个水手还活着。""战神玛尔斯"号的指挥官乔治·达夫（George Duff）向他的海军陆战队队长托马斯·诺曼（Thomas Norman）征求意见，要他回答这个问题（"为什么无法打到敌舰？"）。但是，风已经渐渐停了下来（无法吹走浓烟）。诺曼只能回答，"由于烟雾弥漫，我无法判断射击的角度。"于是，达夫从船尾的栏杆上探出身去，仔细观察之后，他对身边的一位海军军官候补生登达斯·阿布特诺（他只有 16 岁）下达命令："当'弗高克斯'号再次开火时，就到船舱下面的火炮甲板上去，将大炮转移到距离船尾更近的地方。"就在这时，达夫的头部突然被一颗炮弹击中了，他身边的两位海员也当场阵亡。"战神玛尔斯"号的主上桅倒了，前桅也开始摇摇欲坠。2 名海军军官候补生、1 名航海长助手、17 名海员和 8 名海军陆战队队员阵亡，44 名海员和 16 名海军陆战队队员受伤——其中，诺曼队长受了致命伤。"战神玛尔斯"号失去了控制，把它的船尾交给了法舰"冥王"号，后者正在利用它的侧舷倾泻着致命的火力。

科林伍德最初找到的"突破口"已成为了双方混战的焦点，英军船只呈一列纵队从缺口处突入，而法国和西班牙战舰则奋起反攻，这些行为是由各种各样的原因所决定的，比如虚张声势、战斗带来的伤害和丧失信心。"轰鸣"号刚刚跟随"战神玛尔斯"号突入联军战线后不久，就发现自己身处西班牙的"君主"号和法国的"阿尔赫西拉斯"（Algésiras）号之间——"我们与敌人之间的距离太近了，"一名叫霍夫曼的尉官回忆道，"近到了可以把饼干扔到他们身上的地步。""轰鸣"号上的炮手对这两艘敌舰开了火。霍夫曼写道："我们两舷的大炮都在开火，因为离得很近，每一发炮弹都深深嵌入了敌人的船壳，法国人的后桅掉了下来。而我们的另一次齐射打断了西班牙人的前、后桅主桅帆桁。"（直到危险过去后，"君主"号才重新升起了它的旗帜。）

由法国海军将领查尔斯·马贡（Admiral Charles Magon）亲自率领的"阿尔赫西拉斯"号复刻了"可畏"号的登船战术。"阿尔赫西拉斯"号先是占据了上风位，再通过快速航行的方式，将自己船头的斜桁卡进了"轰鸣"号的索具里。就在法军神枪手们居高临下，将火力倾泻在"轰鸣"号的上甲板上的时候，马贡命令一支登船队集合起来，让他们顺着己方船首斜桁爬上英军战舰的甲板。然而，正当法军登船队在船首楼外集合时，"轰鸣"号上的炮手用一门大口径短管炮（Carronade）向他们发射了葡萄弹，几乎所有的登船队队员都被炸死或炸伤了——只有一名队员幸存了下来。他奋力爬过了船首斜桁，来到了"轰鸣"号的甲板上，但随即就被英国海军陆战队队员的长矛刺伤了腿。当霍夫曼尉官在他头顶上举起一把弯刀时，这位法国人终于投降了，他活了下来。

"轰鸣"号与"阿尔赫西拉斯"号的战斗又持续了一个小时。在如此近的距离用大炮对轰，让两艘船都着了火，最后还是依靠英军战舰上的喷水消防装置，它们才幸免于难。与此同时，"阿尔赫西拉斯"号的船长劳伦特·勒·图尔纳（Laurent

Le Tourneur）报告说，"马贡到处走动，亲临前线鼓励我们，并表现出了冷静和英勇。"然而，马贡为暴露自己付出了惨重代价（即便在如此短的时间内）。他的胳膊被一颗步枪子弹打伤，大腿被一根碎片刺伤，军官们恳求他回到船舱里去，但马贡拒绝了。不久后，他就因胸部中弹而亡。

此时，"阿尔赫西拉斯"号已经失去了前桅，不久之后，它仅剩的桅杆也倒了下来，把神枪手们都抛进了海里。它的 18 磅炮均已经熄火，现在，英军炮手们"把我们的 36 磅炮也打得残缺不全，迫使我们停火"，指挥官勒·图尔纳是这样回忆的。见对手失去自卫能力，一支英国登船队跳了过去并占领了"阿尔赫西拉斯"号的甲板，他们在船尾舷梯旁边发现了马贡的尸体。"阿尔赫西拉斯"号在甲板下共有 77 人死亡，142 人受伤。

"阿尔赫西拉斯"号失去了控制，逐渐驶离了"轰鸣"号。作为"押解船员"而继续留在这艘法国战舰上的英军登船队可以离开战场了（负责把法舰开回英国港口）。现在，英军将行动的重点转移到了西班牙战舰"巴哈马"（Bahama）号和"蒙塔内斯"（Montanes）号上。"柏勒罗丰"号战舰——绰号"比利·鲁菲安"——在皇家海军中声誉卓著，它是经历过"光荣的六月一日"和尼罗河战役的老兵，并在特拉法尔加海战之后变得更加有名了。它的船长约翰·库克（John Cooke）是个胆大妄为的军官，作为巡航舰的船长，他曾赢得过 6 次单舰对决。像纳尔逊一样，他不屑于因即将到来的行动而伪装自己。有个军官劝他把船长的肩章取下来，他回答说："现在取下来已经太迟了。我明白自己的处境，但我会像个'男人'一样死去。"

在战斗开始后的半小时内，库克船长就阵亡了，当时他正站在后甲板上装填自己的手枪。那时，"柏勒罗丰"号战舰正面临着整场战斗中最严峻的形势——甚至比法国的"可畏"号和英国的"鲁莽"号所处的境地还要糟糕。它穿过了联合舰队的防线，想要与"巴哈马"号和"蒙塔内斯"号交战。但当它从另一边冲出来时，面对的却是已经脱离编队的"敏捷"（Swiftsure）号和"鹰"（Aigle）号。当"柏勒罗丰"号穿越两舰的侧舷时，它被它们凶猛的火力狠狠地蹂躏了一顿。"柏勒罗丰"号只好转向上风处，也就是进行"抢风"（抢到对手的上风一边，让风帆鼓起来），这减慢了它的速度。不久后，"柏勒罗丰"号占据了"鹰"号的上风位，并用船首对准了后者的主帆。然而，它立刻便发现自己已经陷入了一场激烈的轻武器战斗中。在"鹰"号的 750 名船员中，有足足150 名士兵——战舰的桅杆顶端和帆索上都塞满了步枪射手和掷弹兵。

在稍后的战斗中，"鹰"号的军械库（幸运的是，不是一个火药库）被英国人的炮弹点燃了。不过，"鹰"号上的一名法国掷弹兵，也幸运地掷出了一枚燃烧手榴弹（呈球形），这是"柏勒罗丰"号在整场特拉法尔加海战中所面临的最致命的威胁——这枚燃烧手榴弹在"柏勒罗丰"号的甲板上引发了一场火灾。这是一场潜在的大灾难，因为在弹药库中燃起一场大火是唯一能彻底摧毁一艘木制战船的方法。尽管英国人采取了特别的预防措施，包括使用了双重舱门以及给弹药库门罩上浸过水的毡帘，以防止因火药处理不当而引起的火灾（帆船战争中常见的炮弹都是实心的，本身不会引起火灾）。虽然一枚燃烧手榴弹的袭击是意料之外的偶然事件，但却很可能会带来灾难。最终，"柏勒罗丰"号是由于一场稀奇古怪的事故才得以幸免的。"崩开储藏室舱门的那次爆炸，"尉官普赖斯·坎比（Price Cumby，他在库克船长阵亡后，接管了"柏勒罗丰"号）报告说，"正好把弹药库的门给关上了，否则我们这两艘船上的人肯定都会被炸死，这是毫无疑问的。"当"柏勒罗丰"号上的炮手们聚集起来，把水泼进弹药库并紧紧盖住弹药库舱门的时候，眼前的危机终于被解除了。此后，"柏勒罗丰"号上的船员们还将部分甲板材料放入了弹药库中，将弹药库与外界完全隔离开，并且"在除了救火人员外，船上其他人还不知道的情况下将火扑灭了"。

从"鹰"号上抛来的其他手榴弹也给"柏勒罗丰"号的船员带来了严重伤亡：其中一枚炸伤了 25 名船员。在轻武器交火中所取得的成功，鼓舞了"鹰"号的船员。他们试图发起登船作战，有些法国人从船首楼出发，沿着"柏勒罗丰"号的桅帆桁爬了过来——这也是整场战斗中，法国人最后一次试图登船。在这个危急时刻，一个名叫麦克法兰（Macfarlane）的英国水手灵机一闪，瓦解了这次突袭——他解开了帆桁上的纵桁，把那些闯入者都抛进了海里。虽然登船行动失败了，但"鹰"号的炮手们仍然坚守着自己的阵地。而此时，"柏勒罗丰"号还遭到了相距不远的"巴哈马"号的炮击。糟糕的是，另外两艘法国战舰也靠得很近，足以直接向它开火。不久后，第五艘法舰也加入了战斗。

坎比（他在战斗结束后被提拔为真正的船长）是这样形容他到达后甲板时所看到的场景的："现在的时间大概是一点过一刻，当我发现我们仍然在与'鹰'号纠缠时，我们就向其倾泻了一通猛烈的火力。此时，位于我们船头方向（左舷）的老对手——'君主'号，似乎已陷入沉默状态，但它的旗帜仍然在飘扬。与此同时，我们还遭到了另外两艘敌军战舰（'巴哈马'号和法舰'敏捷'号）的炮击，其中一艘敌军战舰几乎就靠在我们右舷的后方。""我必须说，"另一个英军军官写道，"我对我们英勇、鲁莽、经验丰富的船员们在此时所表现出来的冷静和勇气感到惊讶，他们被整整五艘敌人的战舰所包围（第五艘战舰是'圣胡安'号，它是从'柏勒罗丰'号的船尾方向驶来的），而且在很长的一段时间内，我们都没有得到任何一艘己方战舰的帮助。"

"圣胡安"号并没有待多久。在与"柏勒罗丰"号交战后不久，它就被拥有98门大炮的战舰"无畏"（Dreadnought）号攻击了。"无畏"号是科林伍德支队落在最后面的一艘战舰，它距离友军实在是太远了，只能独自奋战。"圣胡安"号的指挥官丘姆卡准将原本是一位非常勇敢的军官，但对维尔纳夫领导能力的不信任削弱了他的战斗意志。他的战舰已经经历过一次和"轰鸣"号的破坏性擦碰。现在，尽管"圣胡安"号的火力远远不及"无畏"号，但它还是勇敢地战斗了几分钟，直到丘姆卡被一颗致命的炮弹击中，右腿差点被炸断为止。据说，丘姆卡在受伤后曾对下属道："没什么，继续开火吧！"然后，他命令把自己的旗帜钉在桅杆上。然而，不久后，船员的伤亡情况传到了他那里——在"圣胡安"号的火炮甲板上，"无畏"号猛烈的火力已经杀死了100个人。而且，由于没有幸存的军官指挥作战，船员们只能降旗投降。

"圣胡安"号是联合舰队落在最后的一艘船，因此它只能单枪匹马地与堵在它前面的"轰鸣"号和"无畏"号对战。在联军战线的后方，主要的战斗是在英军与那些仍然在坚守阵地的联军战舰之间爆发的。联军一方的战舰有"阿耳戈英雄"（Argonaute）号、"阿尔戈努塔"（Argonauta）号、"阿希尔"（Achille）号、"阿斯图里亚斯王子"号，而英军方面则主要是科林伍德支队的其他战舰，包括"巨人"（Colossus）号、"阿喀琉斯"（Achilles）号、"复仇"（Revenge）号、"挑战"（Defiance）号，以及其他一些战舰。双方对战了几分钟之后，"阿尔戈努塔"

号就被"巨人"号的炮弹击中了。随后，"巨人"号把它的侧舷转向了"巴哈马"号，后者曾经在与"柏勒罗丰"号的战斗中遭到重创。在"巴哈马"号的主桅被打断，船长加利亚诺（Galiano）也头部中弹身亡后不久，船上的下级军官们就召开了一次简短的战争会议，决定停止战斗。这时，"巨人"号发现法国战舰"敏捷"号就位于自己附近，正准备和"柏勒罗丰"号决一死战，于是它就迅速地冲了过去，用一阵猛烈的炮击迫使其投降。紧跟在"巨人"号后面的"阿喀琉斯"号先是摧毁了西班牙的"蒙塔内斯"号（它也在与"柏勒罗丰"号交战后幸存了下来），然后继续与"阿尔戈努塔"号交战，战斗持续了整整一个小时。当"阿尔戈努塔"号终于退出战斗之后，"阿喀琉斯"（Achilles）号又继续与它名字相近的"阿希尔"（Achille）号交战，然后又与西班牙的"贝里克"号（这艘战舰是以英王詹姆斯二世之子命名的，在西班牙王位继承战争中，他曾率领部队与英国作战）交战。在经过了半个小时的对射之后，"贝里克"号也退出了战斗。登上"贝里克"号的英国军官发现该舰有 51 人阵亡，200 人受伤，而且幸存的军官寥寥无几——"该舰的后甲板（军官的战斗岗位）至少被炮弹夷平过三次"。

　　"复仇"号是英国皇家海军中最著名的战舰之一，其位置在"阿喀琉斯"号后方，由纳尔逊手下著名的炮术专家罗伯特·莫里森（Robert Morrison）指挥。他对自己的船员们说："当靠近敌人的时候，我们需要打光所有的炮弹……别介意他们开炮还击。"莫里森手下那些训练有素的炮手们先击毁了"阿希尔"号的后桅，然后又同时与西班牙的"圣伊尔德丰索"（San Ildefonso）号和"阿斯图里亚斯王子"号交战，战斗一共持续了 20 分钟，直到科林伍德支队的最后四艘战舰——"反击"号、"波吕斐摩斯"（Polyphemus，希腊神话中的独眼巨人）号、"雷神"（Thunderer）号和"防御"（Defence）号——投入战斗为止。这些生力军的到来，减轻了"复仇"号的负担，令它可以专心对付"阿希尔"号。当"阿希尔"号的两根桅杆被"复仇"号摧毁之后，它就无法继续战斗了。于是，"复仇"号将"鹰"号当成了下一个目标。"鹰"号虽然已经退出了与"柏勒罗丰"号之间的战斗，但仍然可以作战。在"复仇"号的不断进攻下，"鹰"号严重受损，已经无法继续战斗了——它的水线以下中了九枚炮弹，这一数字高得异乎寻常，它的桅杆和索具也严重受损——但英舰"反击"

号已经近在眼前了。"反击"号的船长菲利普·达勒姆（Philip Durham）误以为"鹰"号已经投降了，便派出一支登船队去俘获该舰。由于"反击"号上的所有小船都被打坏了，所以登船队员们只能游过去。英军登船队由航海长助手杰克·斯普拉特（Jack Spratt）率领，他们拉着舵链爬上了"鹰"号，然后在甲板上展开了白刃战。而直到此时，"反击"号的炮弹仍然还在不断地砸在"鹰"号位置较低的甲板上。这些炮弹很快引发了一场大火，法国船长断定，他不能指望在继续抵抗英军登船队的同时把火扑灭了，于是便下令扯下"鹰"号的舰旗。当时，正在"鹰"号的甲板上战斗的英军登船队员之一、"反击"号上的科林·坎贝尔（Colin Campbell）回忆说，"甲板上到处都是死人和伤员，因为他们从来不像我们这样在行动时把死人扔到海里。"法国人对此的解释是，如果一个天主教寡妇要想再婚的话，必须提供她丈夫尸体的埋葬证明。

联合舰队战线后方的战斗以英军取胜而告终。勇猛好斗的"贝里岛"号、"战神玛尔斯"号、"巨人"号和"阿喀琉斯"号，分别与6艘、5艘、3艘和4艘联军战舰进行了战斗，并战胜了其中16艘敌舰。在此处，最后的战斗发生在格拉维那的旗舰"阿斯图里亚斯王子"号和英军战舰"王子"（Prince）号之间，虽然后者的连续攻击让这位西班牙海军上将受了重伤，但却并未能令这艘战舰投降。不久后，"圣胡斯托"号和法国战舰"海神"号赶来援救格拉维那，"王子"号只能选择撤退。

此时，"阿斯图里亚斯王子"号是联军战线后方唯一一艘既没有降下舰旗，也没有退出战斗的战舰。但是，杜马罗尔指挥下的联军前卫支队到目前为止还没有投入战斗。在这两个小时以来，杜马罗尔已经带着他的10艘战舰远离了战场。不顾维尔纳夫的疯狂催促，直到下午2点，后方的激战让他必须采取行动时，他才命令支队调头回驶。"西庇阿"（Scipion）号甚至不得不放下小船来拖着船头前进。

如果杜马罗尔支队从一开始就参与战斗，或许战况将发生明显转变。但是，如果这支舰队直到最后才抵达战场的话，那就收效甚微了。杜马罗尔支队中的部分战舰——"英雄"（Heros）号、"闪电"（Rayo）号和"圣弗朗西斯科·亚西希"（San Francisco de Asis）号，没有丝毫战斗欲望，它们越过了大队战舰，直接向加的斯逃去。而杜马罗尔支队的其他战舰——"敬畏"（Formidable）号、"迪盖·特鲁安"（Duguay-Trouin）号、"西庇阿"号，以及"勃朗峰"（Mont Blanc）号一开始也在杜马罗尔的带领下调头，但不久便上风向处、距离战场半英里时放弃了。在杜马罗尔支队中，只有两艘战舰，即西班牙的"圣奥古斯丁"（San Augustin）号和法国的"勇猛"（Intrepide）号，在安费尔内（Infernet，意为"地狱"，真是一个恰如其分的名字）的率领下返回了战场。

在短暂的折返期间，杜马罗尔的支队曾经冲到过纳尔逊支队的后方，与位于后者队末的两艘战舰——"斯巴达人"号和"米诺陶"号交了火。尽管杜马罗尔支队的兵力雄厚，但在短暂的交火之后，联军舰队的"海神"号还是被英军的"米诺陶"号摧毁了。在这次交战中，"米诺陶"号只损失了三个人，桅杆也只受到了轻微的损坏。这足以证明，西班牙人已经无心战斗了。

"圣奥古斯丁"号的船长和船员们是一群勇敢的人。船长斐利贝·凯加尔（Felipe Cajigal）显然下定决心要拯救"圣三一"号，后者的桅杆已经被全部摧毁，目前正漂在战线的正中间。"圣奥古斯丁"号越过了几艘英军战舰，从大概在第五艘和第六艘英军战舰之间出现的缺口，冲向了它要拯救的目标。然而，它面对的局面相当不利。"圣奥古斯丁"号在越过英国"海神尼普顿"号的船尾时，突然遭到了"利维坦"号的攻击，后者几次利用侧舷炮进行齐射，并不断向"圣奥古斯丁"号靠近，试图进行登船作战。"我击退了敌人两次登船，"凯加尔船长报告说（这其实是一种夸张的说法），"但我没有足够的人手击退第三次登船了，因为只有少数人还在甲板上，他们正在继续向其他处于手枪射程内并不断逼近的敌军船只开火。"最后，凯加尔不得不取消了救援行动。

安费尔内的目标是救援维尔纳夫将军所在的"布森陶尔"号。当时，如果要完成这个任务，安费尔内的座舰"勇猛号"就必须与多达六艘英军战舰交火。正好在这时候，另一艘英军战舰——"非洲"（Africa）号赶到了。"非洲"号是一艘 64 炮战列舰，船员们糟糕的航行技术让它在战斗中迟到了。在火力远远不及对手的情况下，"非洲"号与法军战舰对战了长达 40 分钟的时间，直到同样姗姗来迟的英军战舰"猎户座"号赶来支援为止。尽管安费尔内指挥"勇猛"号同时与两艘英军战舰交火，并被另外四艘正在追击杜马罗尔的英军战舰开炮击中，但他毫无投降的念头，他甚至还挥舞着一把剑威胁说，要用它来对付任何一个前来劝谏他投降的人。他和他的一位副官——吉斯奎尔·德斯·塔奇斯（Gicquel des Touches），被船上的一个法国上校的滑稽动作给逗乐了，这位上校是跟随拿破仑在马伦哥战役中取得过胜利的老兵，他当时正试图躲在这位船长的身体后面。"上校，"安费尔内问道，"你认为我身上穿着金属铠甲吗？"然而，随着时间的流逝，"勇猛"号的处境变得越来越困难了。"到了下午5点钟的时候，"安费尔内报告说，"舵轮、舵柄、舵柄绳和舵板本身都被敌人打碎了……5点15分，后桅倒下了。四五分钟后，主桅倒了……下午5时35分，前桅也倒下了。到了这时，我的船既没有桅杆，也没有风帆了。我舰被敌人包围，无法逃脱，而且没有任何法国船只来帮助我们，敌人继续向我舰猛烈开火，杀死了大约一半的船员……我不得不向攻击我的七艘敌舰投降。"

安费尔内的不情不愿的投降，是整场海战中的最后一个实质性事件。到这时，所有参战的英国船只要么已经停止射击，要么即将停止射击。"复仇"号记录下了它的最后一次炮击——下午6点15分，大概是对"阿斯图里亚斯王子"号发射的炮弹。但这也可能是一个错误的时间记录。半小时以前，整场海战中最壮观的景象发生了——法国战舰"阿希尔"号在一片火光中炸成了碎片。在最后的几次交锋中，英军方面没有人伤亡。在其中一次交锋中，"王子"号不知怎么把"阿希尔"号的船头给点着了，火焰迅速从船头蔓延到甲板上，然后又蔓延到了甲板下面。各舱室的地板都开始燃烧了起来，大炮从船上掉下来，崩成燃烧的碎片。当大火在最低一层甲板上蔓延时，"阿希尔"号的船员们开始弃船——"王子"号已经放下了救援船只——但就在很多人还没来得及下船之前，火焰已经点燃了船内的一个弹药库。"不一会，"一位英国观察人士记录道，"船体突然冒出了浓烟和大火。一根鲜艳的火柱直冲云霄，最后膨胀成一个巨大的火球，这有点像在几秒钟之内就长出了一根巨大的火树，树干上还点缀着很多黑斑——它们是悬浮在云端的木材和人类尸体的碎片。"

## 究竟发生了什么事？

在战斗结束前，一场大风暴就已经开始在这片方圆一英里的海域上肆虐了，战争的幸存者们就漂浮在这片海域上，对许多人而言，这预示着一场比战斗本身更糟糕的考验。特拉法尔加风暴——一种毫无预兆的狂风，经常迫使在大西洋上航行的船只于初秋时节奔向港口。从 10 月 21 日（星期一）晚上开始，至 10 月 27 日（星期日），风暴都在这一区域肆虐。在 10 月 23 日（星期三）晚上，风暴达到了顶峰，许多幸存者认为这是他们所知道的最糟糕的海上经历。在航海日志中，出现了大风（Strong gale）和超级大风（Hard strong）这类术语，后来在波弗特上将制订的风力等级表中，这两种风被确定为 9 级风甚至是 10 级风。然而，趁着风暴顶峰来临之前的间隙，英军仍有时间对战果进行评估，或者至少稍作整理。"大约在下午 5 点钟，"保罗·尼古拉斯（Paul Nicolas，他是"贝里岛"号战舰上的皇家海军陆战队中尉）写道，"军官们聚集在船长的船舱里吃点心。但到处都充满了硝烟的气味……连续四个小时的体力消耗，使我们都感到极度疲乏，无论是在肉体上还是精神上。胜利就在眼前，却不能使我们振作起来。"

不久之后，他们得知纳尔逊去世了，这一消息使整支英军舰队都陷入了极度的悲痛之中。尽管如此，英国人还是赢得了一场伟大的胜利。但是，现在海面的能见度很低，他们的战果究竟有多大，还无法得到证明。哈迪在纳尔逊生命的最后几分钟告诉纳尔逊，他确信有 14 或 15 艘敌舰被歼灭。"我曾经保证歼灭 20 艘。"纳尔逊回答道。海面上到处都是破破烂烂的船，那些载着英国"押解分队"（通常人数不多）的敌舰则驶向了港口。即便如此，还是很难准确计算战果。

很明显，一些联合舰队的船只已经逃走了。比如杜马罗尔麾下的四艘战舰（"敬畏"号、"西庇阿"号、"迪盖·特鲁安"号，以及"勃朗峰"号）差不多是法国舰队仅剩的残余力量——已经逃离了战场。然而，在风暴中备受折磨的它们，于 11 月 22 日在西班牙北部海岸被英军斯特拉坎将军的分舰队盯上了。两者之间爆发了战斗，最终杜马罗尔被迫投降。西班牙将领格拉维那麾下有 10 艘战舰逃脱了，风暴骤起之时，它们正朝加的斯驶去，这些战舰分别是"海神"号、"不挠"号、"冥王"号、"阿耳戈英雄"号、"英雄"号、"阿斯图里亚斯王子"号、"蒙塔内斯"号、"圣弗朗西斯科·亚西希"号、"圣胡安"号，以及"圣莱安德罗"（San Leandro）号。剩下的 19 艘联军战舰要么被摧毁——比如"阿希尔"号，要么向英军投降了——投降的战舰有"布森陶尔"号、"勇猛"号、"鹰"号、"贝里克"号、"阿尔戈努塔"号、"阿尔赫西拉斯"号、"弗高克斯"号、"可畏"号、"君主"号、"圣奥古斯丁"号、"圣三一"号、"圣安娜"号、"闪电"号、"巴哈马"号、"敏捷"号、"圣胡安·内波穆塞"号和"圣伊尔德丰索"号。

杜马罗尔麾下的"逃亡者"们其实在战斗中几乎没有受到任何伤害。在他们当中，伤亡人数最多的要数"敬畏"号，但也只有 22 人阵亡。不论是"敬畏"号，还是杜马罗尔支队的其他战舰，都没有参加过激烈的战斗。在格拉维那带走的西班牙战舰中，有些伤势非常严重。"阿耳戈英雄"号有 55 人阵亡，"冥王"号有 60 人阵亡，这是他们与英舰"巨人"号和"战神玛尔斯"号进行近距离战斗的结果。"阿斯图里亚斯王子"号在与科林伍德支队后卫线的交火中，有 54 人丧生——英舰"王子"号、"挑战"号、"复仇"号、"无畏"号和"雷神"号都记录了向它开炮的情况。然而，在另一方面，在格拉维那麾下的战舰中，有些从战场上逃脱得很轻松。"圣弗朗西斯科"号只有 5 人受伤，"圣莱安德罗"只有 8 人受伤，而"圣胡安"号则毫发无损。

厄运主要降临在那些被英军舰队指挥官选定为主要目标的联军船只上。这些战舰不是在战斗中被包围了，就是以异乎寻常的热情参与了战斗。有些时候，这两种情况是重叠的。

"圣三一"号属于前者。当英军战舰试图冲破防线并与"布森陶尔"号交战时，"圣三一"号先是被"胜利"号的齐射击中，紧接着又被纳尔逊支队的第三和第五艘船击中［分别是"海神尼普顿"号和"征服者"（Conqueror）号］。英舰"非洲"号，一个后来者——因为它的船员航海技术太差而行动迟缓，也加入了进来。四层甲板的"圣三一"号，是当时世界上最大的战舰，足足搭载了 140 门大炮，差不多是英军大多数战舰搭载的火炮数量的两倍，它本来足以成为对手最大的噩梦，但英军用围攻抵消了它的火力优势，而它的巨大体积可能为英军提供了较小船只所无法提供的显眼目标。几颗英军炮弹击中了它桅杆下方的甲板，其他炮弹则破坏了它的固定索具，并打坏了它的船帆—首先是后桅的纵帆，接下来主帆也落入了大海。"它那巨大的主帆让所有暗礁都相形见绌，"一位来自"征服者"号的军官写道，"它的顶帆虽然被帆脚索牢牢扣着，但已经垂落下来。在我们的炮火下，它雄伟的桅杆、船帆和索具纷纷落进了水里。那是我所见过的最壮观的景象之一。""圣三一"号的船长西内罗（Cisneros）在此时仍然拒绝撤退，尽管这艘战舰的甲板上已经阵亡了200多人，而且他本人也受了伤。一位来自"非洲"号的使者被礼貌地送回了自己的船上，根据这位使者的描述，当时的"圣三一"号仍然在战斗，但它已经没有任何桅杆来悬挂自己的舰旗了。事实上，"圣三一"号的真实情况是已经被打得不能动弹了，因此在战斗结束时它毫无悬念地被"王子"号派出的登船队给占领了。"圣三一"号的船体被炮弹打得到处都是窟窿，而此时，它的排水泵远远达不到排出舰内积水的要求。因此，这艘巨舰于10月24日至25日夜间在海上沉没——这在木制帆船战争中是十分少见的情况。

在突入联军战线时，"圣安娜"号被科林伍德麾下的"王权"号当成了目标，这给我们提供了一个绝佳的范例，即一艘战舰在首次遭遇敌舰侧舷火力齐射时会发生什么。坐镇"圣安娜"号的西班牙海军上将阿拉瓦（Alava）在五年后告诉罗宾森（英舰"王权"号上的一名军官），"王权"号的炮火整整打死了350名船员（虽然他给出的数量比真实数据夸大了三倍，但真实数据仍然十分恐怖）。尽管"圣安娜"号后来又继续战斗了几个小时——像一个旧时代的西班牙骑士一样——但最终它还是投降了，就像"一个有荣誉的人，一个骑士，但在一轮侧舷齐射之后，他就完蛋了"。毫无疑问，在海上战斗中抢先进行一次侧舷齐射，就像在陆战中抢先发出第一炮一样，都是非常有效的。因为"王权"号的第一次齐射是在以逸待劳的情况下进行的，所以炮弹、火药和引信都已被尽可能小心地装填好了，而且炮弹也被整齐的排炮发射了出去——这在战斗激烈时是很难做到的。通常，开炮的时间安排要与船的横摇节奏一致，并排除战斗中的噪音和混乱情况的干扰。选对目标、时机恰当的第一轮侧舷齐射，就和陆战中训练有素的士兵的第一轮步枪齐射一样，很容易起到事半功倍的效果。"王权"号就利用这样一次攻击打垮了"圣安娜"号。

"布森陶尔"号和"可畏"号都是英军的主要攻击目标，他们都遭到了英军首轮齐射的重大打击。而且这两艘战舰后来都被英军包围，遭受了数量超过它们的敌舰的攻击。其中，"布森陶尔"号先后被"胜利"号、"海神尼普顿"号、"利维坦"号和"征服者"号围攻，直到它最终放弃战斗为止。被敌舰包围是最糟糕的经历，例如法舰"弗高克斯"号曾遭到过多达七艘英军战舰的围攻，这些战舰有的把它当成了主要目标，有的仅仅是在路过时朝它开了几炮而已。"弗高克斯"号上的伤亡人数高达 546 人（它也许是联合舰队中伤亡人数最多的一艘战舰了），尽管这么高的伤亡率和它在战斗结束后沉没并没有什么必然联系，但这仍然能作为这场战争中英军舰炮强大打击力的一个佐证。

"勇猛"号和"圣奥古斯丁"号上分别有 242 人和 184 人伤亡，他们的英勇行为堪称楷模，但他们也为此付出了沉重代价。还比如"圣胡安·内波穆塞"号，虽然它是联合舰队中最后一艘从港口出发的战舰，但它仍然冲在舰队的最前方。如果他们像杜马罗尔支队一样，大部分时间都游离在战场之外，或者像最初参与战斗，后来又远离激战区域的"圣胡安"号、"圣莱安德罗"号和"海神"号那样做（这与英军的做法迥然不同，在皇家海军中，战舰一旦进入战斗状态，就会战斗到底），或许他们可以避免遭受如此巨大的损失。

在战斗中，"圣奥古斯丁"号拼尽全力为"圣三一"号提供援助。然而，它被英军战舰"利维坦"号所阻截，并遭受了重创。此外，"圣奥古斯丁"号也可能成了其他一些英军战舰的主要目标——当时是下午 4 点 30 分，很多英军战舰都已纷纷赢得了各自的战斗，并都在搜寻新的目标。"勇猛"号的行动更加大胆——可以说是一首纯粹的英雄主义赞歌，无论是在特拉法尔加，还是在英法两国之间的任何一场海上战斗中，都没有发生过同样的事情。"勇猛"号的指挥官安费尔内，是一个有着浓重普罗旺斯口音的人，出身于海军少年兵，一个真正的"革命之子"，他是下定决心（在精神和肉体所能承受的范围内）要拯救维尔纳夫和"布森陶尔"号的。他的副手，吉斯奎尔·德斯·塔奇斯侯爵（Marquis Gicquel des Touches）是一位来自上层阶级的军官，在 1789 年大革命之前，安费尔内甚至不可能有接近他们的机会。塔奇斯后来写道，"安费尔内想救出维尔纳夫上将，并把他带到我们的船上去，然后再把我们周围那些还处于战斗状态的法军船只集合起来。他（安费尔内）不愿意被人指责在'勇猛'号还可以发起攻击或扬帆航行的时候就退出战斗。这是一种高尚却疯狂的行为——虽然我们都知道，但我们还是支持他。"

由于安费尔内"高尚却疯狂的行为"，"勇猛"号被整整七艘英军战舰包围了。这个数字来自战后英军军官的描述，虽然可能有些夸张，但"勇猛"号的英勇却绝非夸张。在特拉法尔加海战中，除了"可畏"号的船长卢卡斯——那个好斗且凶狠的矮子（他的身高还不到1.4米）之外，最英勇的联军将领就当属安费尔内了。用英军尉官汉弗莱·森豪斯（Humphrey Senhouse，隶属于"征服者"号）的话来说就是："（安费尔内）渴望永远留在那些钦佩拥有真正勇气的人的记忆当中。"

如果联军有更多像安费尔内、卢卡斯、凯加尔（"圣奥古斯丁"号的船长）这样的指挥官，那么在特拉法尔加海战中，纳尔逊恐怕就要为他的鲁莽付出代价了。正如我们所看到的那样，纳尔逊在此战中采用了非常规的排兵布阵和战术机动方式。他在一定程度上高估了这些战术的作用：维尔纳夫曾警告过自己的船长们，要提防英军从上风向靠近、突破舰队阵列——因此，纳尔逊的接敌方式并没有达成突然性。其次，纳尔逊曾将希望放在敌军的"炮打不准"上，这样他就不用承担把自己舰队前锋那些无武装的、没有保护的船头暴露在敌军侧舷火力之下的后果了（直到英军更为高超的炮术发挥作用为止）。最终，这次冒险侥幸成功了，不论是"胜利"号还是"王权"号，都没有在这个脆弱的阶段被敌人的火力所摧毁（即使"胜利"号前桅的主帆上留下了90个弹孔），紧跟在它们之后的英军战舰也都安然无恙。

在近距离的战斗中，双方的旗舰都失去了很多桅杆和索具。"王权"号的主桅和后桅被毁，"胜利"号的后桅被毁。此外，还有其他五艘英军战舰也失去了自己的桅杆："轰鸣"号失去了三根中桅；"柏勒罗丰"号失去了主桅和后桅的顶部；"鲁莽"号失去了它的主桅顶部；"战神玛尔斯"号的主桅顶部损毁；"贝里岛"号的桅杆全部损坏了。不少英军舰只的主桅中弹，摇摇欲坠，这在战斗结束之后带来了一定损失。比如，"巨人"号的主桅就在第二天夜间折断了。下面是一份英军战舰"王子"号的战损记录，虽然它并未经历最为激烈的战斗，但我们也可以通过这份记录从一个侧面来了解木制帆船时代海战战损的基本情况："王子"号的船首斜桅、三根低桅、主桅顶部，以及斜桁严重损坏。此外，它还有几根桅侧支索牵条（船的横桅索就固定在上面）被打断，水线以下被命中九弹，这对它的船身木料产生了严重的不良影响——它的几个炮门被摧毁，船尾和船身横梁严重受损，还有三门大炮从炮架上移位。战斗结束后，它不得不返回直布罗陀进行重新整修。

值得注意的是，几乎没有英国船只的船壳严重受损。"复仇"号和"海神尼普顿"号的水线下都中了九弹，"利维坦"号的水线下中弹八枚。当然，友舰之间发生碰撞的情况在战斗中是不可避免的，"鲁莽"号、"巨人"号和"阿耳戈英雄"号就曾撞在了一起——"阿耳戈英雄"号损坏了四个舷窗。不论如何，海军军官候补生理查德·罗伯茨（Richard Roberts）起草了一份详细的，关于"胜利"号战舰的损伤记录，确认了这艘战舰的基本结构完好无损。他提到"该舰的桅杆等垂直设施、绳索，以及内部结构都有多处损伤"，其中，船首和船尾的损伤较重——在行动中这两处位置暴露在敌军炮火中的时间最长。至于内部木质骨架的损坏，他只注意到"几根横梁、梁肘板和扶手被弹片击穿并折断"。在恶劣天气里，这艘船每小时只涌进来 30 厘米深的水，水泵可以很容易地对其进行处理。

事实上，在"胜利"号的下层甲板上只有两人受伤——该甲板上安放着多门 32 磅炮。"胜利"号的大部分伤亡发生在暴露在外的后甲板和主甲板上，在这两处，军官、海军陆战队队员、操帆手，以及操控部分 12 磅炮的炮手们都站在露天的环境之下，没有大块木料的保护。所以，在"胜利"号的上层甲板上，敌人的步枪和葡萄弹造成了惨重的伤亡。在"胜利"号上总共有 57 人阵亡，102 人受伤。大多数的伤亡都是由敌人大炮发射的实心弹丸、敌人发射的步枪子弹，以及弹片所造成的。纳尔逊本人被一枚步枪子弹击中，斯科特（纳尔逊的秘书）被一枚实心炮弹击中，尉官威廉·拉姆（William Ram）被一枚从脚下弹起的炮弹击中，炮弹激起的碎片还打伤了其他五名船员。

相对而言，英军舰队的总伤亡人数较少，共有 449 人战死，1214 人受伤，而英军舰队的总兵力为 18000 人。也就是说，他们的阵亡率为 2.5%。相比之下，在滑铁卢之战中，由惠灵顿率领的英国陆军的总兵力为 67000 人，共有 19000 人伤亡——这证实了纳尔逊的战前判断和作战策略的正确性。他冒了一个很大的风险：在接近敌军战线的过程中，敌军的炮火很可能会让领头的船只瘫痪，并使他的整个支队都陷入混乱当中。但这次冒险是值得的，纳尔逊指望的第二个要素（即联军拙劣的炮术）最终让他的目标得以实现。在英军战舰穿越敌军防线时，它们成功地用一次猛烈的攻击摧毁了敌人。这种火力优势又在很大程度上与英军炮手的高效操作——冷静地瞄准、快速地装弹——有关。

敌人自己的报告，以及那些登上"战利品"的英国军官的报告，都毫不含糊地证实了这一点。"可畏"号的船长卢卡斯曾经说过，"船上没有一处没有中弹，甲板上到处都是死人，他们横七竖八地倒在一片废墟之中。""可畏"号横在"胜利"号和"鲁莽"号之间长达两个小时，从理论上来说，在这段时间里，"可畏"号的的每一侧都承受了多达80轮炮击。这个数量实际上是不可能存在的：在几米近的距离内发射多达7000枚实心炮弹，是足以摧毁任何木制战舰的，不管这艘战舰有多么坚固。但毫无疑问，"可畏"号的损伤是十分严重的。卢卡斯观察到，"我舰有大量的伤员死在最下层甲板（Orlop deck，位于水线以下）上。"这表明"胜利"号和"鲁莽"号曾经调低了舰炮的仰角，对着"可畏"号舰体的底部射出了大量炮弹，这不仅给船上的人带来了灾难，对船体本身也造成了极为恶劣的影响。第二天夜间，由于进水量超过了水泵所能应付的范围，英军只能放弃了到手的战利品——"可畏"号。

英舰"海神尼普顿"号上的海军军官候补生威廉·巴德考克（William Badcock）曾登上过投降后的"圣三一"号，他发现："这艘船的船舱内的横梁上都沾满了血液、脑浆和碎肉，甲板的后半部分堆满了伤兵，伤兵们有的没有了腿，有的没有了胳膊。""圣三一"号曾一度遭受三艘英舰——"海神尼普顿"号、"非洲"号和"征服者"号的围攻。其中，"征服者"号曾经从"圣三一"号的船尾方向对后者发起了猛烈攻击，这也许可以解释为什么巴德考克看到船尾有这么多人受伤。

英国皇家海军陆战队上尉詹姆斯·阿彻利（James Atcherley）曾登上投降后的"可畏"号以确保其弹药库的安全，他回忆道："那些尸体在倒下之后又被扔到了甲板上，就被堆在甲板中间……炮弹穿过堆放尸体的地方，把他们打得血肉模糊。敌舰上共有400余人阵亡，很多尸体都失去了头颅。一颗斜着落下的炮弹钻进了该舰的下层甲板，沿着船梁，从人群最为密集的地方横穿而过。据一位幸存的法国军官说，单单这一枚炮弹就杀死了足足将近40个人。"另一位英军军官登上了法舰"贝里克"号——这艘战舰投入战斗的时间相对较晚，只和"阿喀琉斯"号与"防御"号交过手，他记录道，"我在该舰的甲板、驾驶舱和缆索层上发现了51具尸体，其中包括它的船长。"实际上，"贝里克"号还有200多名伤员。相比之下，尽管"防御"号战舰曾经与联军的"圣伊尔德丰索"号发生过激烈交火（并俘获了该舰），但前者只有7人阵亡，29人受伤。

法国和西班牙船员的战斗伤亡数字难以得到精确计算，在特拉法尔加战役之后的大风浪中，许多人都被淹死了——不论当时他们是健康的还是受了伤的，他们都被困在了船舱里。只有为数不多的英国押解船员在船上工作，无法救助他们。根据记录，联合舰队共有4408人阵亡，其中有很多人是被淹死的。至于伤员人数——2545人——则来自于飓风结束后对18艘幸存联军战舰的统计。而英国27艘战舰中的总受伤人数为1214人，这些数字表明，法西两国的总伤亡人数是英军总伤亡人数的3倍。在英军舰队中，伤亡最惨重的战舰就是旗舰"胜利"号自己（共有57人阵亡），其次是"鲁莽"号（47人阵亡）。值得一提的还有我们前文提到过的"王子"号，这艘战舰上竟然无一人伤亡。相比之下，联军那些在战斗中和飓风中幸存下来的战舰的伤亡率要高得多，例如"圣胡安·内波穆塞"号上有103人阵亡，而"圣安娜"号上也有104人阵亡。

然而，不论是双方的哪支舰队，军官的伤亡都是高得不成比例的。联合舰队有6名船长遇难，还有1位海军准将和3位更高级的海军将领阵亡；英国皇家海军除了舰队司令纳尔逊阵亡外，还有两位船长阵亡——分别是"柏勒罗丰"号的库克船长，以及"战神玛尔斯"号的达夫船长。在那些最棒的法国战舰和西班牙战舰上，军官的伤亡率也是最高的。勒·图尔纳（Le Tourneur，他自己最终也伤重不治了）曾记录："坐镇'阿尔赫西拉斯'号的马贡将军，以及2个海军上尉和1个海军军官候补生阵亡，还有11名军官受伤。"卢卡斯则记录道："'可畏'号几乎失去了全部的'高级军官'，实际上该舰有6名海军上尉阵亡，3名海军上尉受伤；在该舰的11名海军少尉和海军军官候补生中，有5人死亡，4人受伤；在8名海军陆战队军官中也有4人死亡，3人受伤。在'可畏'号的

29 名军官中，只有 7 名毫发无损——包括外科医生和司务长，他们因自身岗位位于船体深处的船舱内，方才幸免于难。根据记录，在联合舰队的 33 名船长当中，有 12 名或死或伤——战斗时，他们大部分都站在甲板上指挥作战。"

在英军舰队中，根据职责不同，战斗和航海人员的伤亡率在六分之一至三分之一之间不等。其中，船长的伤亡率为 22%，海军尉官为 19%，海军陆战队军官为 18%。在这些伤亡的军官之中，大部分人都曾在后甲板上执行任务，而这个地方除了舷墙和吊床网外，什么防护都没有，因此他们在那里特别容易受到来自敌舰的步枪射手（位于敌舰桅顶或帆具上）的威胁。航海人员，特别是船长，他们的职责是操纵和驾驶船只，而这些工作只能在甲板上进行。负责操纵桅杆和索具的船员损失了 33%。可以推测，这些人员在战斗开始时正在进行高空作业，在敌方猛烈的炮火下，他们很有可能被直接打死或者受伤后从桅杆上掉落，甚至因为桅杆折断而发生伤亡。

相比之下，在英军的战舰上只有 1 名木匠遇难：木匠的主要职责是维护船体，他们的岗位都在甲板下方（通常是在水线以下）。外科医生无人伤亡，他们的工作地点也是在水线以下；行政人员——包括秘书和文员，共有 4 人伤亡；海军军官候补生——最初级和最年轻的军官，伤亡率为 12%。此外，在英军舰队中还有 118 名一级志愿者，即少年海军军官候补生，他们仅有 8 人伤亡——这或许是因为船长们在行动开始时就把他们送到了安全的地方。

在特拉法尔加之战中，英军舰队军官的伤亡总体情况为：37 人阵亡，102 人受伤。而英军总共有约 800 名军官，包括船长、海军尉官、航海长、航海长助手、海军军官候补生、志愿者以及海军陆战队队员，因此他们的伤亡率超过了 17%。另一方面，在英军舰队总共约 17000 名船员中，死亡人数为 1524 人，大约只占 9%——因为大多数船员都在甲板下面活动，他们四周都有坚固的木料为其提供保护。两军伤亡率的差异进一步证实了这样一种假设，即"在帆船战争中，暴露在甲板上的船员将会面临更大的危险——他们将暴露在步枪和实心弹的打击范围内，甚至在 19 世纪初，也就是风帆战舰的最后发展阶段都是如此"。

如果真是这样的话，那么当时在帆船战争中占主流趋势的传统思想——认为海战是一种舰炮之间的对决，而不是船员之间的战争——必然会受到质疑。事实上，除了约翰·吉尔马丁（John Guilmartin）教授等少数人之外，大部分研究风帆时代海战的历史学家们都认为，当海军进入争夺制海权的时代之后，战舰的船体结构、舰用仪器、阵型（战列线），以及武器装备——比如重型火炮等，都会变得越来越适用于战斗，己方战舰可以对敌军战舰的船体、风帆和桅杆等设施造成更大的破坏，尤其是可以对船体造成更大的破坏。因此，海上战斗将逐渐从"杀人"，演变为"杀船"（击毁船只）。另外，以西班牙无敌舰队和伊丽莎白一世女王的舰队在英吉利海峡的对抗为起点，海军将领们在海战中的作用已经逐渐凸显了出来。这些战斗经验表明，海军指挥官们一直致力于提高己方舰队的凝聚力，他们力求达到一种"如臂使指"的程度。这一发展与将领们在陆战指挥中所做出的那些努力是一致的，即通过集体行动而非个人之间的单挑来击败对手。

然而，正如我们所看到的那样，在特拉法尔加之战中，舰队的所谓"集体行动"并没有起作用。从17世纪末到18世纪末，在英法两国于海上长期交战的历史中，既没有任何一方取得决定性胜利的先例，也没有多少"船只被完全击毁"的例子。诚然，两军舰队进行了"侧舷对侧舷"的战斗，轮番轰击对方。或许，战舰的桅杆倒了、船壳被击穿了、船员也战死了，但是当黑暗、恶劣天气或其他外部因素介入时，双方舰队就撤退了，而且双方都没有受到什么实质性的伤害。

对于这种情况，传统观点的辩解是：它们都是由指挥问题导致的。如果海军将领们有足够的能力集中整支舰队的火力，去同时攻击敌人的话，是没有哪条战线能抵挡得住这样的"冲击"的。但是，由于没有完善的信号系统来让海军将领们拥有这种指挥全局的能力，所以敌我都无法突破对方的战线，而海上交战最终也会逐渐陷入僵局。特拉法尔加海战之所以能成为一场"革命性"的战役，主要是因为在这场海战中出现了革命性的战术。因此，沿着这一思路进行探讨的话，英军在特拉法尔加的胜利应主要归功于波普汉姆旗语信号系统革新所带来的一场"指挥控制革命"。从理论上来说，凭借这套系统，纳尔逊随时随地、"如臂指使"地指挥他的舰队冒险进行"从上风位攻破敌军防线"的实验，并借此摧毁联合舰队创造了条件。

这些创新都急需得到实战的验证。纳尔逊需要证明：利用新型旗语信号系统，他可以轻松地指挥舰队突破敌人的防线，而"迎风发动攻击"也是一种优于传统的"背风发动攻击"的战术形式。简而言之，纳尔逊需要利用击败联合舰队来证明这一切——不仅是阻止联合舰队在合适的时间点乘风逃遁（传统意义上认为，防守方的这一选择将使攻击方的战术失效），而是要击沉、烧毁联合舰队的战舰或者有效解除他们的武装。

可是，在特拉法尔加海战中，根本没有这些证据出现。"阿希尔"号确实着火了，最后还被炸成了碎片，但那是从船头燃起的大火一直蔓延到船体的结果。这场火灾很可能是由法军火枪手们在前舱储存的大量弹药所引发的——纳尔逊一直认为这是一个危险因素，因此在英国船只上禁止海军陆战队队员或水手们充当步枪手在桅楼里战斗，从而避免了类似灾害的发生。无可否认的是，联合舰队的"圣三一"号、"可畏"号和"阿尔戈努塔"号在战斗结束后纷纷沉没。但是，这些战舰都是在狂风大作的时候沉没的——激烈的战斗已经耗尽了船员们的力气，让他们既无法正常操作水泵，也无法修复水线以下的破损。在英军方面，尽管也有一些战舰的甲板或者舰体下部受损严重，但却没有一艘沉没。即使是受损最严重的英国战舰，也因为其船员相对齐全而成功控制住了海水的涌入，并成功地修复了足够多的桅杆和船帆，使船只能够顺利调转航向，安然面对恶劣的天气。联合舰队中有4艘受损较轻微的战舰被英军作为战利品拖回了直布罗陀。由于狂风和巨浪的肆虐，在17艘投降的法国—西班牙战舰（有2艘被重新夺了回去）中有11艘被烧毁，或者被遗弃了。

因此，无可争议的结论是，英国人仍然靠的是"杀人"，而不是"杀船"，来赢得了特拉法尔加海战的胜利。联合舰队中侥幸生还的各位船长的证词也支持这一说法。可以这样说：从联合舰队参战的总共33艘战舰中减去那些位于战线中央和后方，却没有参加战斗的战舰——"蒙塔内斯"号、"圣胡安"号和"圣莱安德罗"号，几乎没有参加过战斗的战舰——西班牙的"海神"号，杜马罗尔支队（总共有10艘战舰）中那些只顾逃跑，没参加战斗的8艘战舰（"英雄"号、"圣弗朗西斯科·亚西希"号、"闪电"号、"迪盖·特鲁安"号、"勃朗峰"号、"敬畏"号、"西庇阿"号，以及法国战舰"海神"号）之后，英国舰队的27艘战舰所面对的实际敌舰总数下降到了21艘。此外，还有一些联合舰队的战舰，由于远离英军突入的区域，所以进入战斗的时间也比较晚，其中较为著名的有"阿斯图里亚斯王子"号、"阿耳戈英雄"号、"圣伊尔德丰索"号和"冥王"号。在这些战舰中，"圣伊尔德丰索"号只受到过英舰"防御"号（位于科林伍德支队的队末）的攻击，"冥王"号只受到过"战神玛尔斯"号（该舰是科林伍德支队中最后一艘突入敌军中心的舰只）的攻击。

这些数据意味着真正的决战只发生在几个由 3 至 4 艘联军战舰所组成的"集群"之中，这些集群分别是："圣三一"号、"可畏"号、"布森陶尔"号——它们是纳尔逊支队突入联军战线时的主要目标；"不挠"号、"圣安娜"号和"弗高克斯"号——它们是科林伍德支队的主要目标；再往下还有"鹰"号、"阿希尔"号，以及它们的"邻居"——这些战舰因为阻挡了科林伍德支队其他战舰的突入路线而成了众矢之的。以上几艘战舰中有 6 艘曾经降下过自己的舰旗（"阿希尔"号上发生了大爆炸，而"不挠"号虽然突出了重围，但也受创不轻）。英军的任何攻击都使联军战舰遭受到了可怕的人员损失。可从真正意义上来讲，除了"阿希尔"号之外，没有任何一艘船被"杀死"（击沉）。

相反，英军炮手对成群结队的联军船员进行的却是一场大屠杀（不论这些船员是在甲板上，还是在甲板下——尽管在联军战舰的甲板上死的人更多）。"圣安娜"号上有 104 人阵亡，137 人受伤；"弗高克斯"号上，（据它的船长报告）有四分之三的船员阵亡或受伤；"鹰"号上有三分之二的船员伤亡；"可畏"号上有六分之五的船员伤亡；"布森陶尔"号上有 450 人伤亡；"圣三一"号上有 400 人阵亡，200 人受伤。相比之下，英军舰队中人员伤亡最惨重的"胜利"号和"鲁莽"号，也分别只有 57 人和 47 人阵亡。

## 余波

总之，特拉法尔加战役是一场不折不扣的大屠杀。但就大屠杀而言，它根本无法与拿破仑（或惠灵顿）正在或即将在陆地上进行的、最糟糕的屠杀相提并论。在特拉法尔加战役中，双方参战的全部 50000 人中有 8500 人伤亡（总伤亡率为 17%），相比之下，马伦哥战役双方参战的全部 59000 人中有 13500 人伤亡（总伤亡率为 23%）；博罗季诺战役双方参战的全部 226000 人中有

78000 人伤亡（总伤亡率为 35%）；滑铁卢战役双方参战的全部 192000 人中有 55000 人伤亡（总伤亡率为 29%）。然而，即便如此，特拉法尔加战役的总伤亡率在海战中也是史无前例的了，尽管在随后的飓风中有大量船员溺水身亡，令这场战役显得更加惨烈，但这场战役还是与此前 25 年的任何一场木制帆船海战都截然不同。以前，不论是战争的哪一方，都对人员的巨大伤亡感到恐惧。甚至可以说，在纳尔逊之前，全欧洲的海军将领都不得不将他们对胜利的渴望部分地掩藏起来，他们已经预见到，一旦开始"杀船"，海战将变得多么残酷——这会导致大规模杀人的开始——但是，随着舰载武器的发展进步，纳尔逊式的海军战术似乎具备了给敌人致命一击的能力，这是海军将领们难以拒绝的诱惑。

纳尔逊本人成了特拉法尔加战役的主要受害者——因此，这是一个颇具讽刺意味但也合乎逻辑的结果。作为一名指挥官，纳尔逊的伟大之处与惠灵顿的伟大之处颇为相似——尽管他俩在性格上一点也不像，但在智慧上却很类似，他们都理解自己所从事的战争的本质，并把它简化为一种作战程序。其中，惠灵顿所理解的是步兵火力的本质：在将领个人的直接命令下，只要步兵按照防御阵形精确部署，就会挫败任何敌人的攻击。通过不断挫败敌人的攻击，就会给己方创造出反击敌人并取得最终胜利的机会。简而言之，惠灵顿明白了防御才是黑火药时代陆军之间更为持久的战争形式，并设计了一个"系统"（System）——他曾强调过这个词——以利用这种趋势。纳尔逊则发现了一个完全相反的事实：进攻才是黑火药时代海军之间的一种较强的战争形式，他对舰船火力的管理同样严谨、直接和富有个人色彩，而且他选择的管理方式也被称为"系统"。虽然都叫"系统"，但却有一点儿不同：惠灵顿的系统，虽然依赖于他个人而存在，但却并未让他不断地暴露在敌人的近距离炮火之下；纳尔逊却恰恰与惠灵顿相反。结果，尽管也有几次险象环生，但惠灵顿作为一名指挥官在参与多达 16 场战役后幸存了下来。而纳尔逊则在他指挥的第一次海上决战中就被敌人在非常近的距离下打死了。

毫不奇怪，如果采用纳尔逊的系统，敌我双方船员的伤亡都会很惨重，尤其是军官，尤其是己方舰队的前锋，以及他们所选择的最主要的敌方目标（这些船只本身也很有可能会遭受严重的破坏，在某些情况下甚至会完全失去战斗力）。纳尔逊摒弃的"旧系统"实质上是试图用己方的一整支舰队击败敌人的一整支舰队，他的"新系统"则是试图通过摧毁部分敌军战舰来引发整支敌军舰队的崩溃。例如，英军对"布森陶尔"号和"闪电"号所造成的破坏和所造成的船员伤亡之间存在着巨大的差异。最后，"布森陶尔"号被俘获了，而"闪电"号却逃跑了。正是由于英军将"布森陶尔"号选为了主要目标，"闪电"号才得以逃脱的。当联合舰队的完整性遭到破坏时，英国人就可以从容地主宰敌人的命运了。

从人性的角度来看，纳尔逊的"系统"是野蛮的。至于他生命中的最后两个半小时，威廉·贝蒂（William Beatty，特拉法尔加之战时担任"胜利"号的外科医生）后来写了一份细致入微的回忆录（可能比其他任何人的报告都要准确），把这样一个身负重伤的人在战斗过程中被抬到战舰的甲板上时所受的痛苦真实地表现了出来。贝蒂博士说，在受伤之后，纳尔逊最常说的话是"渴啊，渴啊"，以及"热啊，热啊"。而在向贝蒂描述自己肋骨骨折、肺部穿孔、椎骨骨折和动脉受损的感觉时，纳尔逊的描述也是异常准确的。除了口渴和炎热之外，纳尔逊还向医生抱怨，"胜利"号上的噪音实在太大了——32磅大炮就在他的头顶上轰鸣不止，此外，他还忏悔了自己的罪过，为家人感到悲伤，并呼唤着朋友的名字。一开始，贝蒂博士还试图搜寻一下卡在纳尔逊体内的弹丸，但他很快就放弃了——他无法为这位病人做任何事，只能眼睁睁看他慢慢死去。因此，贝蒂开始救治其他伤员——截肢、拔除碎片、伤口清创和用夹板固定肢体。幸运的是，"胜利"号上的102名伤者中，只有25人被归类为"危险"，只有4人随后死亡。贝蒂博士显然是一位高效的外科医生，虽然他只有两名助手，但巨大的伤员数量却没有压垮他们——这也是他们高超医术的一个明证。

遭受最猛烈打击的法国和西班牙舰只，成了名副其实的"停尸房"。这些船只的最下层甲板中满是伤员，其他人则暴露在枪林弹雨中。很快，伤员们的痛苦就因狂风暴雨所带来的剧烈的船体摇晃而加剧了。此外，他们也已经意识到了自己即将被淹死在甲板下，并因此而感到极度恐惧。

有三艘被英军俘获的联军"战利品"——"阿尔戈努塔"号、"可畏"号和"圣三一"号，因为在飓风中根本无法驾驭，而不得不被放弃。其中，"可畏"号一直由英舰"敏捷"号拖曳，但 10 月 22 日，它失去了剩下的所有桅杆，第二天，两舰之间的缆绳也脱开了。尽管天气非常恶劣，"敏捷"号还是派出了小船前往"可畏"号进行营救，它们成功地救出了部分"押解船员"和"大量"法国船员，但许多人，包括大多数伤者，都在黑暗中随船沉没了。一位英国海军军官候补生乔治·巴克（George Barker）写道："我们可以清楚地听到这些不幸的人的哭叫声，但我们再也帮不上忙了。""圣三一"号一直坚持到了 10 月 24 日。有三艘英舰（"海神尼普顿"号、"阿贾克斯"号和"王子"号）负责帮助它继续航行。其中，"王子"号试图对其进行拖曳，但失败了。当时，在"圣三一"号上有 400 具尸体被扔出船外，有 300 至 400 名伤员被安置在下层甲板上，幸存者们轮流站在水泵旁操作，而水泵正在与舱内深达 38 厘米的海水作斗争。最后，科林伍德发出了放弃战利品的信号，"王子"号放出的救生船来到了"圣三一"的船尾，准备救走困在船上的人。"当我们前来转移伤员的时候，这景象是多么惨烈啊！"约翰·爱德华兹（John Edwards）尉官写道，"我们不得不把这些悲惨的、血肉模糊的可怜虫绑在自己的腰上，等海况允许的时候，再把他们放进一只上下颠簸的小船里，有些人没有胳膊，有些人没有腿，还有些人全身都被划破了，样子十分可怕。大约 10 点钟的时候，我们都撤离了，33 至 34 分钟以后，我不相信那艘船上还有活人了。"

英军登船队还遗弃了"勇猛"号和"圣奥古斯丁"号，这些"押解船员"离开的时候，将两舰付之一炬。"鹰"号、"贝里克"（Berwick）号、"弗高克斯"号和"君主"号则分别驶向了英国人掌控的港口。其中，"君主"号上有一群英国押解船员（他们中的大多数人一上船就喝得酩酊大醉），没过多久，该舰就搁浅了，导致 150 名西班牙人遇难。"贝里克"号的船员中有 200 人溺死。当时，"贝里克"号已经抛锚停泊了，但是船上一群不受英军控制的西班牙战俘因为过于畏惧风暴（更甚于畏惧触礁）而割断了缆绳，让这艘战舰撞到了岩石上。至于"弗高克斯"号，则是英军失去的第一个战利品，它的遭遇可谓是最为悲惨的。10 月 21 日晚上，身负重伤的"弗高克斯"号扯断了与"菲比"号护卫舰之间拖缆，开始下沉。船上的纠察长皮埃尔·索沃（Pierre Servaux）报告说，"海水几乎没过了最下层的甲板，到处都能听到伤兵和垂死之人的尖叫声，以及那些不服从命令的人的喧闹声和喊叫声，他们拒绝操作水泵排水，心里只想着自己。"第二天清晨，"弗高克斯"号接近了海岸线，索沃设法跳船逃走了。"只有大约 30 个人成功游到了岸上，""弗高克斯"号的指挥官报告说，"我们出海的那天船上一共有 682 人，可最后除了英国派到船上的那些人之外，只剩下了 110 到 120 人。"趁着飓风刮得最为猛烈的时候，"布森陶尔"号的船员成功地将它从英军押解船员的手中夺了回来（"阿尔赫西拉斯"号也是如此），它最终在加的斯港附近靠岸。尽管靠岸时船上的大多数人都获救了，但"布森陶尔"号曾将大量船员（甚至是绝大部分船员）转移到了"不挠"号上面，他们都随着后者的沉没而失踪了。"阿尔赫西拉斯"号战舰则挣扎着驶回了加的斯港，它几乎完好无损。此后，联合舰队还有另外两艘战舰也遭受了厄运。"圣安娜"号虽然被一队来自加的斯的友舰夺回（这些军舰是从特拉法尔加战场逃脱的），但还是和隶属于预备队的"闪电"号战舰一起在海岸搁浅。

因此，这场所谓的"自然之怒"给联合舰队造成的损失，甚至比英国皇家海军给他们造成的损失还要大。最终，有 16 艘联军战舰逃出生天，并再次以法国或西班牙海军的名义投入新的战斗；有 4 艘联军战舰作为英国的战利品幸存了下来；有 1 艘联军战舰，即"阿希尔"号，被炸成了碎片；12 艘联军战舰在大风中沉没或被冲上了海岸。正是这个结果，使拿破仑在他唯一一次公开提及特拉法尔加海战的时候说："在一次鲁莽的交战之后，暴风雨又使我们损失了几艘船。"

然而，特拉法尔加战役的战略成果远非拿破仑这种轻蔑和不屑一顾的态度所能表达的。或许在这场战役打响之前，拿破仑就已经放弃了他登陆英国的宏伟计划。他已经将重心放在了两场陆上战役中——1805 年 10 月的乌尔姆战役和同年 12 月的奥斯特里茨战役——拿破仑可能会借此击溃第三次反法联军，并彻底摧毁其赖以存在的外交基础，借以巩固自己的权力。但是，他长久以来"从陆地上"击败海上敌人的愿望，却并没有因此而得到任何进展。英国继续保有其地中海属地——直布罗陀和马耳他。此外，西西里和撒丁岛也是英国人的盟友，这两座岛上都留有英国驻军。不久，英国又在通往印度的航线上占领了一系列海上停靠站，其中一个是马德拉岛，另一个是开普敦港——前者是葡萄牙割让的，后者则系从荷兰手中夺取。此外，英军还对拿破仑欧洲帝国的外围发动了一系列打击，削减了他们可以集结的舰只数量，还让法国陆军被迫向这些地方分兵。1807年9月，一支英国水陆两栖远征军完整俘获了丹麦舰队，这是英国向波罗的海进行军事扩张的第一步。11月，英国又利用坑蒙拐骗的方法令葡萄牙舰队加入了己方阵营，从而打消了法国入侵葡萄牙的念头。1809年6月，英国人（联合当地人）在伊比利亚半岛发动了新一轮的战争，将拿破仑麾下四分之一的可支配军事力量卷入了一场在战略上无关紧要的血腥厮杀当中，这令法国偏离了其主要目标——在欧洲大陆上掌握绝对霸权。

　　与此同时，在海外，英国皇家海军逐步夺走了法国及其盟国的殖民地（这些殖民地曾根据《亚眠和约》归还给了拿破仑），并夺取了之前脱离其战略控制的那些要地——包括加勒比海及其附近的圭亚那（Guyane）、马提尼克（Martinique）、瓜德罗普岛（Guadeloupe），西非的塞内加尔，印度洋的毛里求斯和留尼旺岛，还有荷兰占领下的爪哇——位于东印度群岛，是该国的"殖民地王冠"。在很短的一段时间内（即从1807年法国在弗里德兰打败俄国，到1812年3月沙皇重返反法同盟），从理论上来讲，拿破仑曾拥有大约160艘战列舰，法国（及其卫星国）的主要敌人——英国则拥有110艘战列舰。然而，由于拿破仑的海军力量分散在十几个港口之间，而且这些港口中还有很多是位于陆地瓶颈的后面（就像英国皇家海军控制的波罗的海海峡一样），因此，按照拿破仑"大规模战略机动"（Mass de Manoeuvre）的要求而建造的战舰其实对他一点用处也没有。法国海军曾经尝试入侵西西里岛，还企图收复西印度群岛的重要岛屿，并尝试过把土耳其纳入对英国的贸易封锁体系（即所谓"大陆体系"），以及曾试图扰乱英国的印度运输船队，并阻断惠灵顿陆军（位于西班牙）的海上补给，但这些努力都失败了。并且无论法国人在何时何地，只要面对英军舰队，都会遭遇失败（以失去中队和小型舰队为代价）。与此同时，英国海军实力的扩张就像法国海军实力的不断削弱一样不可阻挡，自特拉法尔加战役之后，法国海军除了从一个港口到另一个港口的几次匆忙而又令人难堪的奔波之外，就再也不敢在公海上采取行动了。特拉法尔加战役令公海成为了英国的主权领土，所以"尽管拿破仑的大军从没有正眼看过他那支被狂风巨浪

打败的舰队，但这最终令他与统治整个世界的命运失之交臂了"——这句话的正确性是毋庸置疑的

　　的确，特拉法尔加战役中的英雄不只是那些战舰，还有那些操纵战舰的人。海权理论的创始人马汉（Mahan）曾经说过："和奋战不息的船员相比，战舰本身的个性可谓是不鲜明的。"不过，虽然决定胜败的不是战舰本身，但战舰却是人类智慧的象征。为了打造这样的武器，人类曾用很长时间苦苦求索。在特拉法尔加战役之前大约 300 年，铁器和青铜铸就了完美的破坏工具——大炮。在此之后，统治欧洲战略版图长达 500 年的城堡在几十年内纷纷倒塌。每一个战场上，只要有哪支军队胆敢与火药和炮弹直接对抗，他们就会损失惨重甚至土崩瓦解。此后，各国军队需要做的是，在防御技术、军事训练和部队纪律方面进行一场新的革命，以制约在陆地战争中横行无忌的大炮的力量，使战场形势再次恢复平衡，并让将军们能够根据延续了 3000 多年的准则继续指挥战斗。相比之下，木制战舰的建造却并未经历过这样的剧变。总之，尽管欧洲的造船工匠们并无"先见之明"，但是在"大炮"出现的那一刻，他们还是已经设计出了一种木船，这种木船的设计让它能在大海中安全航行，让它能在惊涛骇浪中乘风破浪。这种木船能够承受侧舷火炮发射所带来的冲击力，并可以吸收由敌人的侧舷火炮所发射的实心炮弹的冲击力。

　　虽然"胜利"号要比黑火药时代之前的任何欧洲前辈（比如航行在英吉利海峡和波罗的海上的"柯克船"和圆船）都要大得多。然而，在基本结构上，"胜利"号与前辈们却并没有什么不同。"柯克船"和"圆船"的船体都被设计得十分坚固，可以承载极大的重量（它们的几根桅杆上悬挂着巨大的风帆，能经受住狂风暴雨的摧残）。由于"柯克船"和"圆船"需要在较低的甲板上储存笨重的货物（木桶和巨大的原木——这类货物的重量很大，在海上转运时常常会带来危险），如果碰到了无法锚泊或系泊的深水区，它们就只能被拉上海岸，因此这些北欧货船的骨架得到了工匠们的特别加固——这对之后的木制战舰的设计大有裨益。为增加船只的强度，工匠们还在其龙骨上增添了"内龙骨"（Keelson），船只"肋骨"的数量也增加到原来的 2 至 3 倍，纵梁和腰梁变得越来越厚，横梁也被切割得越来越大。16 世纪初，当人们决定把这种

民船改装成武装运输船时，事实证明根本没有必要对它们的船壳进行根本性的改装，只需要在两条"肋骨"之间的侧舷开辟一些炮门即可。为了不让海水进入，炮门平常都是关着盖子的，在炮门内是一些炮车（容纳炮车的空间是从船只的两个相邻的"肋骨"之间挖出来的），人们用牵引索将炮车和船体木料牢牢固定在一起。于是，几乎一夜之间，坚固的商船就变成了强大的战舰。大炮和大炮所需的补给品的重量，并不比这些商船先前所携带的货物重多少。炮弹砸在船体上的冲击力，也比暴风雨或拖曳上岸时所遭受的冲击大不了多少。

更引人注目的是，这些船只所拥有的巨大的木制骨架——"胜利"号的船壳中含有约 30 万立方英尺的木材，其总量相当于 100 英亩（1 英亩约合 4046.9 平方米）的林地——被证明对枪炮具有极强的抵抗力。尽管一艘战舰的尺寸与大海相比微不足道，看起来很容易被掀翻，其甲板上的建筑物（比如船舷墙、船尾走廊、冲撞角、船首像，以及船缘木等）也很容易被敌方的炮弹打得粉碎，但它的基本结构还是比较坚固的。1805 年 12 月，当"胜利"号战舰返回多佛时，人们发现，它在"风与水之间"（即海水可以涌入的地方）有多达 80 个的弹孔，所有这些弹孔都是它自己的木匠在战斗中和战斗结束后立即堵住的。尽管桅杆的损坏降低了它的航行质量，但"胜利"号仍然保有完整的航海能力，大炮也几乎完好无损。

简而言之，"木墙"（Wooden wall）是木制风帆战舰的一个确切而又形象的称呼。与欧洲主要王国在 17 世纪和 18 世纪花费数百万英镑建造的"火炮标靶"（利用砖石建造的堡垒）不同，战船的船壳在被实心炮弹击中时几乎不会断裂或倾覆。在炮弹的冲击下，木制战舰的船体可以在短时间内发生形变，然后再弹回原状。即使船体开裂，也不会像石头和砖砌的堡垒那样对内部"居民"造成致命的影响。而且木制战舰很少爆炸、燃烧或下沉。即使在遭受了最沉重的打击之后，它们通常也能在天气晴朗的情况下，把幸存的船员带回港口。难怪木制战舰的水手们——尽管这些苦力们都在绞盘、被单和吊带旁干着上级强行摊派的重活；尽管根据船上生活的纪律，他们需要反复擦洗甲板；尽管他们要长时间守望海面而不得休息；尽管高空作业很危险；尽管海军军法的惩罚很严厉——都对自己的战舰有一种近乎神秘的感情。也难怪木制战舰的少数幸存者们——"瓦萨"号、"胜利"号和"宪法"号——都博得了后人的敬畏。任何一艘伟大的木制船只，尤其是木制战船，都是人类独具匠心的丰碑。人类制造的任何其他东西，都没有如此完美地体现出自己的意图。木制战船的后继者们会走得更远，它们的大炮会射得更远，比任何由橡木制成、用铜加固、用亚麻和麻绳固定的东西都更为强大。但是，现代造船技术的任何产品——也许包括核潜艇——都不可能拥有如此紧密的船员关系，更不可能在如此之低的成本下执行任务。总之，木制战舰的时代已经过去——特拉法尔加战役是这个时代的最后回响，标志着人类历史上的一个根本性的改变，一个绝对称不上好的改变。

第二章

日德兰海战

## 木制战舰的衰落

继特拉法尔加战役之后，"胜利"号战舰又一次在战争中遭到了破坏。1941年3月10日至11日夜间，纳粹德国空军对朴次茅斯海军基地进行空袭，一枚重约226.8千克（500磅）的炸弹落入了干船坞——该船坞自1922年以来一直是"胜利"号的家。这枚炸弹炸毁了码头的墙壁和"胜利"号的船体——在码头的砖石结构墙体上炸出了一个约6米宽的缺口，在"胜利"号的一侧炸出一个2.4米×4.6米的大洞。不过，木材的弹性再一次让"胜利"号逃脱了被毁灭的命运。

如果炸弹掉进水里——事实上，在1922年之前"胜利"号一直漂浮在朴次茅斯的港口内——那么这枚炸弹一定能把它炸沉，因为爆炸在水中的冲击力比空气中更大。如果炸弹直接命中了"胜利"号，它也很有可能被大火所焚毁。总之，爆破弹对木制战舰而言是致命的，"胜利"号这次未被毁灭可以说是一件非常幸运的事。一般来说，爆炸是火灾的主要来源，烧红的金属碎片散落在木材上则是造成次生火灾的重要因素。基于这些原因，由木制战舰所组成的舰队，即便是敌对方，也达成了一种默契，即：避免使用爆破弹互相攻击（在船上储存、处理这种炮弹也是非常危险的，甚至大过了给敌人造成的威胁），哪怕在爆破弹成为了陆地战争中司空见惯的弹种之后很久也是如此。

直到特拉法尔加战役之后的30年，所有战列舰的主要攻击武器仍然是发射实心炮弹的滑膛炮。但是，自1805年以来，船舶制造技术有了长足的发展，人们可在木制结构的船体中加入铁制框架。到了这时候，战舰的吨位已经达到了将近4000吨（但人们已经认识到，受天然木材的限制，木制战舰的尺寸已经不允许再进一步扩大了）——相比之下，"胜利"号战舰的吨位只有2600吨。蒸汽发动机和实用的可收放式螺旋桨的发明，可以帮助这些重型船只在风平浪静的时候保持航行状态。然而，不论船只怎么进步，其甲板的外貌似乎都是一成不变的：整条船的上甲板仍然是"一马平川"；从船头直到船尾，在舷墙后面，以3米左右的间距整齐排列着炮车。

然而，海军上将们不能永远否认技术的发展趋势。事实证明，当时的辅助舰船（英国皇家海军和法国海军都购买了大量辅助舰船）比战舰更能紧跟造船业的发展潮流。蒸汽机、铁制框架、明轮船桨和螺旋桨被大量用在拖船、补给船和炮艇上，充当这些船只的结构材料和推进工具。不过，先进的技术和材料被用于主力舰的建造只是时间问题而已。当变革发生的时候，其影响是广泛而迅速的。早在 1822 年，法国炮兵专家亨利 – 约瑟夫·佩克桑（Henri–Joseph Paixhans）将军就主张建立一支以蒸汽为动力的炮艇舰队，并且全部配备爆破弹。他声称，这将使法国成为海上霸主，并为特拉法尔加战役的复仇奠定基础。1837 年，法国海军率先装备了发射爆破弹的火炮（Shell–Firers），两年后，英国皇家海军也购买了同样的炮弹。所幸的是，在发生这些变革时候，欧洲进入了持久的和平时期，这两个国家的木制战舰没有用这些新式武器互相攻击，否则很可能会出现血流成河的场景。然而，1853 年，当俄国黑海舰队在锡诺普（Sinope）突袭土耳其舰队时，使用了爆破弹——这对还在使用实心炮弹的土耳其人造成了毁灭性的灾难。第二年，英国和法国海军参加了针对俄国的克里米亚战争，到那时候他们才想起来在自己的木制战舰上增加一些反爆破弹的措施——这未免太晚了一些。虽然由于幸运女神的眷顾，俄国的战舰并没有攻击英法海军，但锡诺普海战还是给英法两国带来了非常大的震撼。不过值得一提的是，法军有三艘专门建造的小型铁壳炮舰——"爆鸣"（Tonnante）号、"熔岩"（Lave）号和"破坏"（Devastation）号，它们在波罗的海打击俄军要塞的行动中取得了成功——事实证明，这三艘炮舰的铁壳既可以经受得住实心炮弹的攻击，也可以承受爆破弹的攻击。

在克里米亚战争之后，不论是英国皇家海军还是法国海军，都根据战争中的经验和教训制造了一批新装备。1859 年，法国海军下水了一艘名为"光荣"（Gloire）号的、可以发射爆破弹的军舰，这艘炮舰的木制船壳上覆盖了一层铁甲。第二年，英军也建造一艘类似的战舰——"勇士"（Warrior）号（目前保存在朴次茅斯造船厂，就停在"胜利"号的身旁），它被誉为世界上第一艘真正的"铁甲舰"。值得一提的是，"勇士"号采用了当时最先进的蒸汽推进技术和最新式的火炮（可以发射爆破弹），而且它不仅采用了铁制的龙骨和舷墙，还在船身上铺设了一层厚厚的铁制装甲。帕默斯顿（Palmerston）曾经看到"勇士"号停泊在海峡舰队中幸存的木制战舰旁边，说它看起来"就像兔子中间的一条黑蛇"。此后，在接下来的十年里，那些"兔子"（木制战舰）就像患上了瘟疫一样从英国皇家海军中消失了。

美国南北战争期间，南方建造的第一艘铁壳炮舰就将北方那些由传统的木制战舰所组成的舰队可耻地堵在了港口内。此后，美国南北方的海军之间，不论是在沿海，还是在内河，几乎所有的对战行动都是在蒸汽军舰之间进行的——这些军舰是为特定目的而临时建造的，一般来说，它们都是铁制战舰。与此同时，传统强国的海军正年复一年地把自己的舰队全都变成"黑蛇"（铁制战舰）。1865 年后，英国皇家海军所有的新战舰都是用铁制的。至于那些老木船（即便是最先进的木船）则开始逐渐退役，暂时没有退役的都被包上了铁甲。到下一个十年，所有声称自己是现代海军的作战舰队都完全由蒸汽驱动的铁制战舰所组成了，它们安装了大量发射整装式炮弹的大炮，并且它们的机舱、弹药库和炮位都安装了金属制成的装甲。

然而，直到 19 世纪末，大多数作战舰队的规模仍然很小。英国皇家海军在 1860 年激进而冒险地"拆除了它的木墙"（意指淘汰了所有木制战舰），这让他们的主要对手——法国和俄罗斯海军——面临着自身难以承受的负担。从法国和俄国相对较低的起点来看，他们都认为，要想达到英国皇家海军的规模甚至是后来居上，都存在着不可逾越的障碍。直到 1883 年，英国皇家海军的战列舰总数（41 艘）超过了紧随其后三支欧洲强国海军——法国海军、俄罗斯海军和新的德意志帝国海军——的战列舰的总和（33 艘）。此时，新统一的意大利王国只有三艘主力战舰，而那些未来的海军巨人——比如美国和日本，此时还根本没有战列舰。

直到 1897 年，也就是仅仅 15 年后，这种平衡发生了根本性的变化。英国经济的相对衰落，以及竞争对手的财富和生产力的持续增长，导致英国皇家海军虽然仍拥有全世界最强大的舰队，但战列舰的总数已经落后于法国、俄国和德国的总和——英国皇家海军拥有 62 艘战列舰，而后三国则拥有 66 艘战列舰。如果把意大利、美国和日本等国包括在内，其他海军强国的战列舰总数则达到了 96 艘。这种海军力量平衡的重新排序，在一定程度上可以用单位成本因素来解释：从木材到钢铁，从船帆到蒸汽机，从滑膛炮到膛线炮的转变导致了单艘船只的建造成本大幅增加。即使对于一个像维多利亚时代的英国那样完全依靠强大海军来维持其世界地位的国家来说，这些成本也太高了，无法用传统的预算支出来解决。但经过深思熟虑，各国还是迈出了扩军的步伐。作为一个不断扩张的帝国主义强国，法国的殖民利益远达西非和印度支那，它必须要建设一支庞大的海军。美国也做出了同样的决定，它在太平洋和北美大陆的大西洋沿岸划定了自己的利益边界，并且在整个西半球的政治生态中愈发重要。意大利在东地中海及其附属海域，日本在北太平洋，都孕育出了帝国的野心，而这种野心只能通过扩张海军来实现。最重要的是，新兴的德意志帝国选择相信了一个观点——只有建立一支庞大的公海舰队，才能在与世界上最重要的国家的竞争中取得与其经济和军事实力相等同的地位。

在 1866 年和 1870 年针对奥地利和法国的战争中，普鲁士成为了中欧乃至西欧的新强权国家。第一任德意志帝国海军总司令施托什（Stosch）将军把德国海军视为"可移动的海防力量"，并为其配备了 7 艘海防装甲舰。他希望一旦发生战争，这 7 艘装甲舰能够帮助德国港口城市免受法国和俄国海军的攻击。接替施托什担任德国海军总司令的卡普里维将军（Caprivi，后来晋升为海军上将）扩大了舰队的规模，将主力舰扩充到了 18 艘，同时还增加了雷击舰艇的数量。当时，法国海军上将泰奥菲·奥比（Theophile Aube）率先提出了一种新理论（即所谓的"海军新学派"），他表示，使用鱼雷作战是一种廉价的攻击手段，可以逆转海军弱国与战列舰强国（尤其是英国）之间的地位。

然而，当卡普里维于 1888 年卸任时，德国还只是一个"二流海上强国"——这句话来自俾斯麦的描述，他和当时的大多数德国高级军官一样，都认为德国应该一直保持这一地位。不过，新皇帝威廉二世在 1888 年的干预改变了德国海军的未来。维多利亚女王的外孙——德皇威廉二世是在英国皇家海军的阴影下长大的，他欣赏英国皇家海军的传统，但他嫉妒它的声誉，他嫉妒它那强大的实力所赋予他祖母的统治权。维多利亚女王的女儿、威廉二世的母亲维多利亚公主曾写道："威廉王子一直有一个想法，那就是拥有一支比英国皇家海军更为强大的海军。" 1891 年，德国海军迈出了扩张的第一步——一艘真正的战列舰"勃兰登堡"（Brandanburg）号下水了。直到 1897 年，德国海军一共下水了 8 艘<sup>①</sup>这样的战列舰。不过，与当时英国皇家海军的整整 62 艘战列舰相比，这个数字根本算不了什么。为了将自己的梦想变成现实，威廉二世需要一个有序的海军建设计划和一个连贯的舰队使用计划。1897 年 6 月，阿尔弗雷德·提尔皮茨（Alfred Tirpitz）海军少将被任命为海军国务秘书，威廉二世得到了一个能够同时"制定"两种计划的人的帮助。

根据霍尔格·赫维希（Holger Herwig，他是研究德意志帝国海军的权威历史学家）教授的描述，提尔皮茨是一位"无情、聪明、霸道、爱国、不知疲倦、咄咄逼人却又不失幽默、疾言遽色却又不失耐心，在性格和干劲上远比注定要与他合作（主要是在政治舞台上进行合作）的三位总理和七位外交部部长都要强"的人。提尔皮茨在办公室里展示了两项无与伦比的能力。第一是说服德国议会提供足够的资金，以不明显增加公民税收负担的方式打造一支强大的舰队，从而避免了可能会扼杀正在酝酿中的公海舰队的财政阻力。第二，是提出一种战略，它以现实为基础，即以德国的劣势地位为基础来削弱英国的海军力量——他成功地做到了这一点，虽然德国仍将处于劣势。提尔皮茨将他的策略称为"风险理论"（即"Risikogedanke"），根据他的分析，自从特拉法尔加战役以来，英国皇家海军已经习惯了去他们想去的地方，做他们想做的事情，甚至是试图霸占整个地球的水域。如果德国海军能够威胁到（不惜付出沉重代价）英国皇家海军，令其对抗其他海军强国——例如法国、俄国和美国——的能力受到损害，那么英国或许将在挑战面前退缩。如果能做到这一点，那么德国在国际政治中就有了充分的行动自由，从而为其从大国（Grossmacht）提升为世界强国（Weltmacht）铺平道路。

提尔皮茨的分析很有说服力。此外，他还受到了当时最重要的海军思想家之一——美国人阿尔弗雷德·塞耶·马汉（Alfred Thayer Mahan）的更为深入和广泛的分析的影响。马汉相信，相对于海岸防御部队而言，远洋舰队（即所谓的"蓝水舰队"）具有巨大的内在优势，因此建立远洋舰队会成为扩大国家

---

① 译注：原文如此，实际是6艘，即4艘"勃兰登堡"级和2艘尚未竣工的"德皇腓特烈三世"级（即1896年下水的"德皇腓特烈三世"号和1897年下水的"德皇威廉二世"号）。

权力的一种手段。马汉在 1890 发表了经典著作《海权对历史的影响》，当德皇威廉二世在 1894 年读到这篇文章后，他的思想倾向便立即转向了"海军主义"——他相信一场最终决战（德国人称之为"Entscheidungsschlacht"，意为"决战"）会解决德国目前所面临的一切问题，并开始着手培养人民对此的信心。此外，威廉二世还将德国遭受的威胁视作必须要建立一支"蓝水舰队"的原因和关键，特拉法尔加战役是他"最喜欢的战役"，因为这场战役不仅完美地诠释了应该如何指挥一支舰队，还展示了一支在兵力上处于弱势的舰队是如何战胜一支更为强大的舰队的。虽然此时德国所要面对的对手已经更强了，但特拉法尔加战役的例子对提尔皮茨和威廉二世来说仍然是一个巨大鼓舞，他们坚信，一支规模经过精心计算的公海舰队会为德国赢得重大胜利，就像纳尔逊曾经给英国带来的长期优势一样。

可以说，马汉的海权思想为威廉二世对于海军的"幻想"提供了丰富的素材。从 1893 到 1914 年，威廉二世有不少于 1600 天——整整四年半的时间乘坐他的豪华蒸汽游艇"霍亨索伦"（Hohenzollern）号巡弋在波罗的海和地中海之间，出席这类活动时，他经常身着海军帝国元帅（Imperial Grossadmiral，这个军衔是他专门为自己创建的）的制服。在适当的时候，威廉二世还会作为英国皇家海军舰队的一名海军上将而出现，偶尔他还会身穿俄罗斯、瑞典、丹麦、挪威或希腊海军的海军上将制服。在德意志各邦国的王室成员中，威廉二世独自保留着身穿海军军官制服的权利，他曾穿着这些制服参加过瓦格纳的《飞翔的荷兰人》的演出，当然，他还会让自己的儿子们穿上水手服。

威廉二世还喜欢在信封背面画上战列舰，因为他相信，一个理想的设计——可能会匪夷所思地从一个热情的业余爱好者的笔下脱颖而出，值得一提的是，希特勒也有这种倾向。威廉二世特别痴迷于"快速主力舰"（Fast Capital Ship），这是一种将战列舰的装甲和火力与巡洋舰的速度相结合的新型战舰［为制衡对手，提尔皮茨的对手、英国皇家海军上将约翰·费希尔爵士（Sir John Fisher）同样致力于寻求装甲、火力与速度之间的平衡点］。

虽然提尔皮茨对德皇全心全意致力于德国海军的扩张而感到由衷的高兴，但他是一个现实主义者，而不是幻想家。如果提尔皮茨从来没有读过马汉的作品

（事实上，正是他把这些作品翻译成了德语）的话，那么他永远也不会达到马汉的境界——哪怕只是马汉的一部分境界——比如有意识地使用海军为理性的国家政策服务，以克服相对的、国家地位的结构性缺陷。反观英国，他们已经自觉运用了马汉的理论。虽然英国人口少，缺乏高价值的自然资源，在最初的时候，工业也很落后，但他们最终却取得了成功。英国成功的秘诀在于：通过利用其横跨北欧贸易路线的高度有利位置，以及夺取控制更远贸易路线的基地，获得了与其客观军事力量完全不相称的、足以掌控全世界的经济力量。从 18 世纪末到 19 世纪中后期，英国尽管失去了北美的大部分地区，仍然是当时世界上最大的帝国，它是印度莫卧儿王朝的继承人，是澳大利亚大陆的主人，是西印度群岛的主导力量，是南非海角及其腹地的负责人，是亚洲和拉丁美洲部分地区的商业霸主，是东非、西非广大地区的统治者，且在阿拉伯半岛、东印度群岛和南太平洋也有着举足轻重的影响力。此外，英国还保留了它在地中海的传统立足点，并大力扩展自己在地中海的势力。相比之下，虽然德国拥有令人敬畏的军事实力，但是由于它成为军事大国的时间较短，且受到了一些自然条件的限制（比如进入公海还有着一些固有的不利条件），因此它错过了将军事力量转变为宏伟殖民地的机会。但提尔皮茨的"风险理论"将帮助它改变这种局面。

此外，"风险理论"并不仅仅是纸上谈兵。几乎从制定战略开始，提尔皮茨就将德国海军主力舰（在舰队中占主导地位的舰船）的数量瞄准为 60 艘——其中包括 40 艘战列舰和 20 艘大型巡洋舰，大型巡洋舰主要用于在舰队前方进行侦察，并在一般烈度的行动（并非决战）中与敌人交战。这一数字意味着，德国无意在舰只数量上超过英国，英国皇家海军坚持保有大约 60 艘战舰的实力，并打算永远保持住这种优势。然而，通过一系列复杂的（今天看来却是似是而非的）论据，提尔皮茨援引了一种假定中的德国战舰的"质量优势"——哪怕英军的总兵力比德国多出 50%，后者也可以与之抗衡。按照提尔皮茨的看法，德国将拥有船员、船只、装备和战术上的优势，以及在北海港口保持其舰队处于永久备战状态的能力。英国则没有这种战略稳定性，而是需要在远至香港、亭可马里、百慕大、温哥华和珀斯等地方部署舰队和人员，从而分散了兵力。

当然，提尔皮茨并不认为英国会放任德国对英国皇家海军提出的直接挑战。

与大多数人的想法相反，他不打算进行一场公开的海军竞赛。提尔皮茨的计划是在暗中向对手发起挑战，以不易察觉的速度增加德国战斗舰队以及其基本组成部分——战列舰的规模。提尔皮茨称之为"耐心地、一块一块地铺砖"，要做到这一点，必须达到：在每两艘紧挨着下水的战列舰中，后一艘的排水量要比前一艘增加约 2000 吨，并且以每年一艘左右的速度扩充主力舰的数量。提尔皮茨于 1898 年提出了第一个海军法案，但他始料未及的是，这份法案在德国国内的受欢迎程度极高，而这种受欢迎的程度也削弱了他的谨慎。德国扩充海军的速度之快足以令英国人瞠目结舌，1900 年，德国的第二份海军法案为舰队总兵力扩充整整一倍筹集了足够的资金，1906 年的补充法案（以及紧随其后的 1908 年和 1912 年的海军法案）进一步提升了该法案的效力。虽然德国人决心"像毛毛虫一样小心翼翼——在它变成飞蛾之前"，但英国对来自任何方向上的针对海上霸权的挑战都极度敏感——尤其是在北海这样一个距离本土如此之近的地方，不管是"毛毛虫"还是"飞蛾"都会受到英国议会、媒体和公众的直接关注。1904 年 11 月，英国修订了传统的"两强策略"（Two-Power Standard，即英国的舰队实力必须超过其他任何两个海军强国加在一起的总和）。经修订后，新的"两强策略"规定英国舰队的实力在超过其他任何两个海军强国的总体实力之后，还要有多达 10% 的余量（虽然当时甚至有人喊出了"三强策略"，但那已经超过英国的国力了）。此外，在一个月前刚刚晋升为海军上将的约翰·费希尔爵士又被提升为了第一海务大臣，英国皇家海军进行了有史以来最彻底的重组。而这重组的目的是将英国皇家海军那些位于帝国边缘的、分散的各支舰队转变为一个处于权力中心的、可以为一个世界强国真正服务的"合理化工具"，也就是一支以英国本土为基地的强大的攻击舰队。

当时，英国皇家海军有一支由许多停泊在船坞里的老旧船只所组成的后备舰队（用以应对战争中的一些突发事件）——用费希尔特有的强硬辞令来说，这支后备舰队就是"一个守财奴囤积的无用垃圾"——这支舰队首先被彻底解散。澳大利亚、亚洲和东印度群岛这三个具有特殊战略意义的海外基地被合并成一支驻扎在新加坡的东方舰队；南大西洋基地、北美基地和西非基地则被纳入到扩建后的南非好望角海军基地中；至于太平洋站，则完全被废除了。事实上，许多被废除的海军基地都早已名不副实了，它们只配备了一些拖船和炮艇——费希尔预测，"一旦开战，敌人的巡洋舰会像蚂蚁山上的犹狳一样把它们通通卷起来。"费希尔大刀阔斧的"报废计划"的最终成果是令英国皇家海军减少了154个作战单位。利用节省下来的船员和资金，他将本土舰队的规模扩充了两倍，使其拥有了17艘战列舰。与此同时，地中海舰队的战列舰从12艘减少到了8艘。只有大西洋舰队，还保持着原来的实力——8艘战列舰。总的来说，经过费希尔的改革，到1905年为止，英国皇家海军已经在德国本土水域附近建立了一支拥有25艘主力舰的战斗舰队，而当时德国只有15艘主力舰，其中还有5艘是已经服役多年的老旧战舰。

此外，在1905年，费希尔还开启了新一轮的造舰狂潮，所有现存的老旧型号都将被淘汰。自本世纪初以来，列强的造船工程师们就萌生了一种疑问：为何在战列舰的相关技术（比如推进技术、防护技术和武器技术）出现了诸多进步的情况下，这些先进技术却没有被整合到同一个船体上？比如，战列舰仍然由往复式蒸汽机驱动——由于往复式蒸汽机的垂直活塞冲程过长，所以需要在其周围铺装大量装甲，以保护它们免受炮火的攻击。而相比之下，蒸汽涡轮发动机则可以安装在舰体下层，其安全性可以得到保证。

在经过改进之后，当时的火炮已经拥有了更大的射程，即便距离敌人很远，也可以对它们进行攻击。至于战舰的甲板和舷侧，则都覆盖了厚厚的装甲，这些约30.5厘米厚的钢板每0.09平方米就重达250千克。鉴于这些"装甲堡垒"的迅速发展，造船工程师们认为需要尽可能地提升炮弹的重量和口径，老旧火炮可能根本无法击穿战舰的装甲。也就是说，厚重的装甲构成了战舰的"中心堡垒"——不仅仅只是为了提升防护力，还为了搭载口径更大的巨炮。因为只有覆盖了装甲的船体，才能承受住改进之后的炮塔的巨大重量。

从前的战斗哲学是利用许多大大小小的枪炮所产生的"枪林弹雨"来淹没一艘敌舰，造成"不分青红皂白"的损害，而现在则应该理智地接受用一种口径的大炮来攻击敌舰（而且只能用最大的口径的大炮来进行穿甲射击）的想法了。在19世纪90年代，引信的发展使得这种做法成为可能。引信可以延缓炮弹的爆炸，直到炮弹穿透了船体的装甲为止。另外，在测距光学、测距估算机械（"炮钟"，一种原始计算机）和炮术实践方面的进步，增加了实现炮术专家们在大幅增加射程的情况下仍能对目标进行精确瞄准的信心。海军上将珀西·斯科特（Percy Scott）——英国皇家海军最重要的炮术专家和充满活力的创新者，没有理会保守主义者的反对，1903 年后，他迅速且成功地将舰炮的命中率从 30% 提升至 80%，并将精确射击的射程从 2000 码提升到了 7000 码。斯科特进行的"革命"说白了很简单，就是在一艘战舰上进行集中的火力控制，而不是让各个炮塔独立开火，再训练火控军官们准确地观察和纠正射击的弹着点罢了。虽然斯科特强制推行"革命"的粗暴态度让整个英国皇家海军中充满了他的"敌人"，但他的主要支持者费希尔爵士却对那些打小报告的人不屑一顾，并表示："只要他能准确命中目标，我不在乎他喝酒、赌博和跟女人鬼混。"

费希尔对技术的远见卓识，再加上斯科特脚踏实地的炮术实践，最终造就了一艘划时代的战列舰——"无畏"（Dreadnought）号，从而在世界海军造舰史上引发了一场真正的革命。"无畏"号战列舰于 1905 年 10 月开工建造，于 1906 年 2 月下水——这一建造速度打破了以往的记录。而且，"无畏"号是达到费希尔的技术要求的第一艘战列舰。首先，"无畏"号是由蒸汽轮机驱动的，这令它的速度可与巡洋舰相媲美，远远超过当时任何一艘战列舰的速度。其次，"无畏"号铺设的装甲比当时世界上任何一艘已下水的战列舰都更为强大及合理，而且只搭载了能击穿敌舰装甲的重型火炮——10 门 12 英寸口径的大炮分别安装在了 5 个炮塔内。另外，"无畏"号还仅仅只是一系列新型战舰中的第一艘而已——这些新型战舰中还有一种采用"全重型火炮"的战舰，它们为了速度而牺牲了自己的防护力，这也就是后来的"战列巡洋舰"。战列巡洋舰的任务是扫除敌军战斗舰队的侦察和辅助舰只，用最直截了当的方式打响揭幕战，获得一场特拉法尔加式的胜利。

"无畏"号战列舰的设计初衷既不是为了令提尔皮茨的计划作废，也不是为了在北海与德国舰队交战。它代表了一场面向未来的技术飞跃，代表了英国在其主要竞争对手——譬如法国、俄罗斯、德国、日本、美国或意大利等国——面前先发制人的需要。就在"无畏"号的建造期间，美日两国都已经暗示或者直接授权自己的工程师和造船厂，为了安全起见，要建造一种与"无畏"号设计相近的战列舰。不过，"无畏"号的出现确实在某种意义上令提尔皮茨的计划失败，并对德国的北海舰队产生了巨大的威胁——提尔皮茨一听到"无畏"号下水的消息就明白了其中的含义。此外，提尔皮茨当时还面临着三重困境：第一重困境是如何承认德国海军现有的 15 艘战列舰在一夜之间就过时了；第二重困境是如何令德国议会批准新的资金，以用于建造新型战舰；第三重困境是如何继续掩饰德国海军与英国皇家海军"一砖一瓦"的军备竞赛。

提尔皮茨勇敢地废弃了现有的计划，并以特有的高压手段在议会取得了胜利。1906 年 5 月，在提尔皮茨的辞职威胁下，一项关于建造三艘无畏舰（无畏舰为 20 世纪初各海军强国竞相建造的一类先进的主力战舰的统称）和一艘战列巡洋舰的海军补充法案在德国议会获得通过。提尔皮茨决定，从此以后，与英国皇家海军的公开对抗必须成为他的"风险理论"的一部分。此时，英国保持自己海上霸主地位的决心究竟有多大，这还有待观察。但可以确定无疑的是，英国皇家海军正在将巨额资金花费在老旧战列舰的替换上面。

于是，英德之间的海军竞赛开始了。由于提尔皮茨的事先布置，德国成功地将铺设自己第一艘无畏舰龙骨的行动隐藏了起来。然后提尔皮茨又成功地实现了暗中为建造后续无畏战舰提供资金的行动。因此，后来极为激烈的英德海军竞赛在一开始看来是非常平静的。1909 年，英国决心在当年建造 10 艘新的主力舰，再于 1910 年和 1911 年各建造 5 艘主力舰。然而，英国却发现德国计划在 1908 年到 1911 年间建造 16 艘主力舰——这将使英国仅占有 4 艘主力舰的优势。此外，德国建造战舰的速度比英国更快——因为德国不仅可以提前储备资金和相关材料，还采用了英国造船厂未曾掌握的预制技术。据最乐观的估计，到 1912 年德国将拥有 17 艘新的主力舰，而英国只有 20 艘。而一些持悲观态度的人认为，1912 年时德国建造的主力舰将超过英国（德国 21 艘，英国 20 艘）。另外，德国现在也已经在战舰上采用蒸汽轮机了。而且，尽管德国海军偏爱口径稍小一些的火炮（与英国皇家海军的战舰相比），但德国建造的舰船在装甲防护和内部舱室细分方面却明显优于英国。因此，虽然在英国国内暂时还没有危言耸听者宣称德国公海舰队的船只是不会沉没的，但是德国人的设计无疑是正在朝着这个方向前进的。

1909 年的"海军恐慌"令英国海军部、议会和人民陷入了激烈的争论中。虽然"海军至上主义者"（Navalist）在英国拥有强大的势力，但反对者也为数众多——他们反对把本来可以用于社会福利措施或其他用途的资金转而用于军事建设。然而，用驻伦敦的德国海军武官威德曼（Widermann）上校的话来说就是，"没想到 1909 年春天，英国内部的紧张局势，竟然因为对德国舰队的恐惧而如此加剧，以至于呈现出一种与世界第一海军强国的传统不相符的奇观。"自由党政府当年的计划是建造四艘新的无畏舰，海军部和保守党则要求建造六艘无畏舰，最终，双方达成了一项协议，如果有必要的话，可在 1909 年和 1910 年分别新建四艘无畏舰。当时的英国内政大臣温斯顿·丘吉尔（Winston Churchill）曾说过一句最令人难忘的话："海军部要求建六艘船，经济学家提议建四艘船，最后大家妥协了——建八艘船。"

然而，在第一次世界大战之后，丘吉尔承认，他和劳埃德·乔治（Lloyd George）都曾是"八艘"和"六艘"造舰计划的主要反对者，他表示，"尽管（我们）在狭义上是正确的……但在命运的大潮中，我们是绝对错误的。英国海军大臣雷金纳德·麦肯纳（Reginald McKenna）先生立下了大功，他在这场大争论中表现出了极大的坚定和勇敢，最关键是他为自由党顶住了挑战。"丘吉尔事后发现，如果没有 1909 年那四艘"多余的"无畏舰，那么 1914 年德国公海舰队的无畏舰数量就会与英国皇家海军相当，甚至更多（德国制造枪炮和炮塔的速度比英国更快）。对于英德海军之间所进行的"奥林匹克军备竞赛"，亚瑟·马德（Arthur Marder）曾经说过，"总而言之，1909 年的四艘主力舰让（英国皇家）海军在（第一次世界大战）最关键的头几个月里稍稍获得了一些安全保障。"

## 德国公海舰队"对决"英国皇家海军

1914 年 8 月爆发的战争——超大规模的战争——是一场不可避免的战争。然而，英国皇家海军那些仅有的些许物资方面的优势却不足以弥补其战略和战术思想方面的不足。在专业技术领域，英国皇家海军显得非常骄傲自满。然而事实却是，虽然英国皇家海军致力于恢复纳尔逊时期的辉煌，但是却对如何在现代战争条件下再次取得一场特拉法尔加式的胜利感到束手无策——而且在海军中也缺乏经过实战检验的指挥官。也就是说，事实上，在英国皇家海军的高层中根本没有类似纳尔逊这样的，曾经在海上战争中取得过两到三次不俗战绩的海军上将。此外，在英国皇家海军的下一个指挥层级中，也没有像纳尔逊"兄弟袍泽"那样的卓越人才（即有过封锁经验、指挥过分舰队，以及单舰执行过作战任务的船长）那样的军官。虽然反奴隶制、炮舰外交，以及克里米亚战争中的沿海作战行动，让英国皇家海军的部分成员尝到了实战的滋味，但最终的结果却并不总是令人愉快的。比如戴维·琼斯（David Jones）① 将军在克里米亚战争期间曾率领一支舰队攻打俄罗斯的太平洋港口彼得罗巴甫洛夫斯克（Petropavlovsk），结果他"选择"在座舰的后甲板上指挥战斗，并不幸死于手枪走火，而不是在敌人的炮火下承担指挥责任。值得一提的是，在维多利亚女王统治的末期和爱德华七世国王当政的时期，英国皇家海军的军官们甚至连这样的实战机会都没有。此外，令人更加尴尬的是，1914 年 8 月参加战斗的英国海军军官大多只具有陆战经验——例如在南非清剿布尔人（Boer War）、在 1896 年 8 月对抗苏丹人，以及在 1900 年与义和团的战争中领导由水兵组成的"海军旅"充当炮手或步兵。其中，最典型的代表就是戴维·贝蒂（David Beatty）和罗杰·凯斯（Roger Keyes）——虽然他们成为了杰出的战列舰和巡洋舰指挥官，但他们最初都是在陆战中成名的。

　　英国皇家海军不仅缺乏战争经验，还缺乏相关人才储备。在战争爆发前，温斯顿·丘吉尔曾以英国第一海务大臣的身份说道："在海军将领的名单上，第一流的人才少得可怕。" 1918 年以后，他进一步强调了自己的观点："我们有称职的管理者、各种类型的杰出专家、无与伦比的航海家、纪律严明的士兵，以及优秀的航海军官，他们都具备勇敢而忠诚的心，但在战争开始时，我们拥有得最多的却是船长，而不是能打仗的战舰指挥官。"英国皇家海军确实存在着一些令丘吉尔深感困扰的缺陷，比如在由海军中将道格拉斯·甘布尔（Douglas Gamble）爵士指挥第四战列舰分队中，有一位头脑聪明的低级军官就曾表示，"甘

---

① 译注：此处有误，此人的名字应为戴维·普莱斯（David Price）。

布尔爵士是不会承认这句话的，即‘对任何一位军官而言，在他升为海军上将之前，关于战争的知识都是无关紧要的’。但即便一个人被提拔为了海军上将，他又该如何获取战争知识呢？军校里面的老古董是不允许学生们有任何新想法的。"这里所说的"老古董"其实仅仅与纳尔逊相隔三代人，而且纳尔逊本人可是对低级军官敞开胸怀，并乐于接纳他们的新思想的。可悲的是，1914年的英国皇家海军中的很多人不仅已经把纳尔逊这种虚怀若谷的精神抛于脑后，更糟糕的是，他们还轻视正规教育的价值。海军战争学院成立于1909年，专门负责为舰队指挥官和船长们提供海军战术指导课程。不过，海军战争学院中所传授的关于舰队行动的课程过于僵化，而且海军上将们对这些课程的重视程度很低。按照纳尔逊的说法：他们——几乎每一位海军军官——所看重的都是在海上指挥一艘船，担负起航海、导航和领导船员的责任。在纳尔逊的时代，于舰队中服役就意味着要担负起一种独特且每时每刻都存在的责任，这教会了军官们如何自我反省和克制。因此，独立解决问题成为了当时那些军官们的一种常态。然而，费希尔改革的一个不受欢迎的结果是他将海军的船只，无论大小，都纳入到了更大的舰队中去，从而削弱了军官们的自主性。不过，这种趋势是不可避免的。鱼雷的出现令高价值的战列舰必须更依赖一些轻型战舰——譬如巡洋舰和驱逐舰（最初是专门进行反鱼雷作战的舰型）所提供的严密保护。另外，虽然有些海军将领认为，外围掩护任务最好由思维敏捷、可以独立思考的下级完成，但到了最后，什么都没有发生。"服从高级军官的命令"已成为英国皇家海军的一条铁律，违反者将有毁掉自己职业生涯的危险。

主力舰的舰长们和主力中队的指挥官们严格地遵守着"服从高级军官的命令"这一规定。我们知道，在特拉法尔加，纳尔逊曾自信地把自己的舰队分成了两个分队，而且他最初其实是想把舰队分成三个分队的。但1914年的英国皇家海军大舰队其实是作为一个整体，按照"追随上级"的原则来作战的。在纳尔逊率领的、由木制战舰所组成的舰队中，那些源自18世纪80年代的陈旧作战指令已经被搁置了，然而当拿破仑战争刚一结束，就有人把这些陈旧的作战指令又当宝似的给拿回来了。1816年，英国皇家海军重新发布了只能排成单条战列线的指令——迂腐通常来自胜利的激励——这些指令在第一次世界大战爆发时仍然有效。相比纳尔逊那个时代的海军而言，他的"曾孙们"可以使用更加先进的信号系统，这更显得那些陈旧作战指令的"寿命"太过于长久了。比如，可以通过信号灯进行有效传输的莫尔斯电码，能大大弥补旗语信号系统容易被遮挡的缺陷，而无线电网络系统则更是在通讯领域引发了一场变革。虽然由于当时电力供应的不足，无线电在陆地战争中仍然是一种不稳定的通信手段，但是在1914年时，无线电在海上战争中的使用已经取得了突破性的进展——在海上，强大的舰船发动机可以产生成千上万匹马力的冗余电力。可遗憾的是，海军将领们还是紧紧抓住升旗机，旗语依然是他们最喜欢的通信手段。要知道，老旧的旗语信号系统面临着诸多新挑战，比如在航行时，舰队各成员之间的距离相隔得非常远（这时的战舰速度比特拉法尔加战役时的战舰快太多了），旗语信号并不是那么容易被观察到。而且，此时烟雾已经成为了影响能见度的长期因素而非短期因素了。

　　不过，英国皇家海军的将领们依旧制订着陈旧的作战计划，就好像他们仍然在按照"侧舷对侧舷"的原则指挥一支由木制战舰所组成的舰队一样。因为这些将领认为，胜利始终是掌握在行动最迅速、攻击最准确、火力最密集的舰队手中的——将领个人所起到的作用是微乎其微的。的确，自从木制战舰被淘汰以来，在海军所经历的一切技术革命中——包括蒸汽推进、铁制结构、装甲防护和钢制大炮等——最引人注目的还是海军武器装备的改进。铁制结构提高了船只的适航性，并大大延长了它们的寿命；蒸汽推进技术则使战列舰的速度提高了2倍，令巡航舰和轻型巡航舰的速度提高了4—5倍①，令各种类型的战舰都摆脱了对于自然条件的过度依赖。英国皇家海军的将领认为，此时大炮的射程增加了整整10倍，而且只需一发炮弹就能摧毁任何一艘战舰——如果有哪枚炮弹撞到了弹药库上，就能把哪怕是最现代化的战列舰击沉。以史为鉴，在世界近代史上的几场著名海战中都有这样的案例出现——西班牙与美国在圣地亚哥和马尼拉湾的海战，以及俄国和日本之间的对马海战，都证明了此时大炮

---

① 译注：原文如此，在一战爆发前夕，英军巡洋舰的最大航速也只有25节左右，离所说的"提高了4—5倍"仍有一定差距。

的威力。在1898年的美西战争中，西班牙舰队在美国大炮的轰击下全军覆没；俄国人从1904—1905年环绕地球到达对马海峡后，除了少数几艘快速巡洋舰外，其他战舰均被日本人击沉，而这些快速巡洋舰也是因为临阵脱逃才幸免于难的。因此，英国皇家海军的将领们形成了一个共识，他们坚持认为，舰长们的职责是组成一个类似特拉法尔加那样的密集编队［在1914年的英国皇家海军编队内，各舰艇之间的标准间隔是2.5链（1链约合182.9米），也就是500码；而在特拉法尔加战役中，英军各舰只之间的距离只有1链］，然后再"听从高级指挥官的命令"，以最快的速度从弹药库中取出炮弹并将它们发射出去。

　　这种策略如果得到有效运用，或许将会和日本海军在对马一样，取得辉煌的胜利。但是，一旦没有获得成功，那么其所导致的后果将会是致命的——在海上战争中，时间是最关键、最无情的因素，而排成密集队形恰恰需要耗费大量时间。另外，一旦它们被重创，将很难在海洋环境的帮助下逃脱；在地面，失利的部队可以依靠河流、沼泽、森林和山脉的掩护进行后卫作战，但在海上，能阻挡敌军舰队的地物却少之又少，甚至考虑了雷区和潜艇的作用之后都是如此。可以说，英国皇家海军采用的是一种仅想取得些许战术胜利的短视战略——简而言之，就是在一场炮火对决中获胜——很可能会迅速，且不可避免地出现疏漏和错误。在1914年以前，这是英国海军战略学说的核心问题。虽然它可回溯到特拉法尔加的胜利，但战争中的策略却注定要"与时俱进"才能发挥作用，否则一旦出现纰漏，毫无疑问将导致重大灾难的发生。

　　提尔皮茨的"风险理论"正是基于这种可能性（也就是英国人出现了误判）而制定的，在他的计划中，德国公海舰队将会在靠近本土港口的北海与英国皇家海军进行对抗。尽管在整体实力上，德国海军还不如英国皇家海军，但如果后者没有一举摧毁德国公海舰队——提尔皮茨相信，德国船只的优良性能将令英军迅速取胜的希望变得更加渺茫——那么，战争就将以英国的灾难性失败而告终。英国皇家海军很可能会在一次偶然的战斗中丧失兵力上的优势，从而被迫将本国水域的绝对控制权拱手相让：要么默许德国人进入公海，要么与"其他强国"联合，并让出自己在海洋世界中的头把交椅，而更糟糕的情况则是上述两种可能同时变为现实。

对英国的战略前景而言足够幸运的是，早在 1914 年之前，英国皇家海军的一些领导人就敏锐地抓住了提尔皮茨理论中的漏洞。作为英国海军事务最敏锐的观察者之一，海洋战略家马汉曾经说过："大英帝国……不得不与德国（他在原文中好像用的是'北欧'来代指德国）进行较量……这是一场因争夺一条至关重要的'交通路线'所引发的较量，只有掌控这条路线，英国才能成为世界第一的海上强国。"马汉认为，英国之所以崛起成为世界级的强国，主要是因为它拥有得天独厚的地理优势——掌控了从大洋通往法国北部、低地国家、斯堪的纳维亚半岛和俄罗斯欧洲部分的海上路线。面对提尔皮茨的挑战，英国海军部成员——尤其是费希尔和丘吉尔，重新对现有的战略计划进行了评估，他们准备利用英国在海上的"统治力"，将德国人赶出开阔水域。费希尔和丘吉尔决定让己方舰队与德国本土港口保持一个比传统意义上更远的距离，而不是在德国人的港口附近徘徊。费希尔和丘吉尔的结论是：无须在英法之间的狭窄通道（即英吉利海峡）里部署重兵——德国人不会冒巨大的风险在此活动。德国人最可能采取的进攻路线是从位于埃姆斯河（Ems）、雅德河（Jade）、威悉河（Weser）和易北河（Elbe）河口的海军基地出发，途经挪威南部、奥克尼群岛和设得兰群岛之间的北海北部抵达英国本土，这条路线的长度大约为 600 英里，需要航行约 30 个小时。因此，英国皇家海军的主要基地应该从英吉利海峡和东海岸迁往苏格兰。碰巧的是，在英国为数众多的天然良港中，就有几个位于上述地区——例如爱丁堡附近的罗赛斯（Rosyth）、克罗默蒂湾（Cromarty Firth），以及奥克尼群岛之间的斯卡帕湾（Scapa Flow）。这样一来，提尔皮茨准备冒着巨大风险，不顾一切地在德国"家门口"进行决战的战略一下子就化为了泡影。未来，虽然德国公海舰队还有一些攻击英国本土东海岸部分城镇的机会（他们很快就在战争中付诸行动），但必须面临着从己方的安全港出航一整天之后才能与英国大舰队"决战"的不利态势。更何况，德国舰队在途中还要面对英国潜艇和雷击舰艇的重大威胁。如果发生这样的战斗，德国公海舰队无法事先确定皇家海军的位置——在英国人转移他们的主基地之前（那时候，英军仅能从哈里奇港、泰晤士河口和英吉利海峡集结），德国人是可以预判英军的动向的。此外，如果德军公海舰队的行动出了差错，则将面临在混乱中撤退的严峻考验，肯定要花很长时间（也许还会面临夜间行动和恶劣天气的挑战）才能撤回到自己坚固的基地中。

因此，在第一次世界大战爆发之前的最后几年里，提尔皮茨发现自己的盘算都落了空。虽然提尔皮茨通过税收和贷款筹集了大笔资金，但德国始终无法匹敌英国皇家海军，更不用说超过英国舰队的规模了——如果英国皇家海军得到了英国民众的大力支持，那德国就更没戏了。自从 1815 年拿破仑倒台以来，欧洲人迎来了一段伟大的和平时光，然而，到了 1914 年 7 月，这段"伟大的和平"就只剩下最后一个月时间了。根据当时的统计数据显示，英国皇家海军共有 20 艘无畏舰、9 艘战列巡洋舰和 41 艘前无畏舰（前无畏舰是在 1880 年年末至 1905 年期间建造的战舰的统称，它取代铁甲舰，成为了各国海军的主力，直至 20 世纪初被无畏舰所取代。前无畏舰装有重型火炮，外覆强化钢制装甲，配有燃煤蒸汽机），还有 12 艘无畏舰和 1 艘战列巡洋舰正在建造中。相比之下，德国公海舰队只有 13 艘无畏舰、5 艘战列巡洋舰和 22 艘前无畏舰，另外还有 7 艘无畏舰和 3 艘战列巡洋舰正在建造中。因此，英德两国现代化主力舰的比例是 29：18（如果双方在建造的战舰都能够顺利下水，那么这一比例将会变为 42：28）。不过，由于英国皇家海军征用了土耳其和智利海军订购的 3 艘无畏舰，所以很快就将英德两国现役现代化主力舰的比例变为了 32：18。

由于在兵力上处于绝对的劣势——只有英国皇家海军的一半多一点，这让德国在一场决定性的战斗中击败英国皇家海军的希望变得十分渺茫。但另一方面，提尔皮茨估计德国公海舰队船只的战斗力要比英军更高（事实证明他的判断没有错）。诚然，英国皇家海军的"无畏"号战列舰确实是一种杰出的武器，德国直到于 1909 年的下水第三代无畏舰——"德皇"（Kaiser）级之后才开始使用蒸汽轮机；直到 1914 年，德国的无畏舰与英国的同类战舰相比，排水量都更小，武器威力也更小。"无畏"号战列舰装备了 12 英寸口径的主炮，它的后续型号则装备了 13.5 英寸口径的主炮，而"伊丽莎白女王"（Queen Elizabeth）级战列舰更是装备了 15 英寸口径的主炮（英国为土耳其和智利建造的无畏舰——"爱尔兰"号、"阿金库尔"号和"加拿大"号，均装备了 14 英寸口径的主炮）。相比之下，德国的无畏舰一开始只装备了 11

英寸口径的主炮，后来升级到 12 英寸。在整个战争期间，德国海军只有两艘"巴登"级战列舰装备了 15 英寸主炮，但它们下水太晚，没来得及参加重大作战。不过好在所有德国无畏舰都具有一些英国战舰所不具备的优秀特性。首先，它们的装甲都异常坚固——德国无畏舰的"装甲带"沿着水线进行延伸，铺满了整个要害部位，并且始终比同时期建造的英国无畏舰厚那么一两英寸。其次，德国无畏舰的船体也比英国的无畏舰要宽大，这令其火炮的射击更加稳定。再次，德国无畏舰的内部被精心设计的水密隔层分隔开来——英国没有任何一艘无畏舰做到了这一点——良好的内部水密性是战舰在战斗中生存下来的关键因素之一。想击沉一艘像"无畏"号这样强大的战列舰，除直接命中其弹药库外——战斗经验更为丰富的德国人比英国人更早发现了弹药库防护的重大缺陷——就只有令其内部严重进水这一招了。1912 年，豪华客轮"泰坦尼克"（Titanic）号与冰山相撞后沉没，虽然从从理论上来看，"泰坦尼克"号也是一艘划分了水密舱的船只，但是它的内部舱壁没有与上面的主甲板相接——当海水涌入时，这艘船的各个船舱一个接一个被淹没，最终导致其沉没。与此形成鲜明对比的是，德国无畏舰的水密舱全部都是基于蜂窝的原理建造的，这就意味着要想令其储备的浮力消失，必须要击穿大部分的舱室才行。虽然英国无畏舰的水密舱也被建造成了蜂巢状，但舱室的数目比较少。因此，在被击穿相同数量的水密舱后，德国无畏舰也许还会有足够多的水密舱来储备浮力，而英国无畏舰则会因水密舱的数量不够，必须减慢船速或者停船修复损坏的部位，否则就会有沉没的危险。

因此，提尔皮茨似乎有足够的理由相信他的无畏舰比英国的无畏舰更有战斗力。另外，提尔皮茨的两艘最新的战列巡洋舰——"德弗林格"（Derfflinger）号和"吕措"（Lutzow）号，也是当时全世界最好的战列巡洋舰，它们不仅在速度和装甲防护方面可与"伊丽莎白女王"级战列舰相媲美，还拥有与后者相差不大的火力装备[1]。相比之下，英国战列巡洋舰的装甲防护水平严重不足，

---

[1] 译注：原文如此，"德弗林格"号和"吕措"号都装备了8门305毫米炮，但"伊丽莎白女王"级则装备了8门381毫米炮，说两者"相差不大"实在颇为牵强。

并存在着一些危险的漏洞。其实，英国战列舰中一些较老的型号也存在着装甲防护力不足的问题——而且它们也没有严格细分水密舱。日后，可怕的战争将证明，英国战列舰的弹药库的防护水平也远远不如德国的同类战舰——这一缺陷将给日德兰之战中的英国皇家海军带来相当大的损失。不过，提尔皮茨认为英国军官和船员的素质不如德国，就未免有些自欺欺人了。虽然德国水手都经过了精心挑选，在义务服役期间也都受过了良好的训练，但他们的服役时间太短了，而且很多新兵都是"旱鸭子"。与之相反，英国皇家海军的水手都是长期在海上服役的人，他们中的大多数都来自与纳尔逊完全相同的生活区域——这些地方都是与航海息息相关的——例如西部港口、泰晤士河和梅德韦河沿岸的城镇、苏格兰峡湾和河口地区，以及威尔士和爱尔兰地区的港湾一带。在英国皇家海军中，许多人都有在海军服役的家族历史（尤其是军官们）。纳尔逊的"兄弟袍泽"中的五名成员——布莱克伍德（Blackwood）、汤普森（Thompson）、科特斯洛（Cottesloe）、弗里曼特尔（Fremantle）和特鲁布里奇（Troubridge），还有胡德，他们的直系后裔在1914年的英国皇家海军中服役。至于这些人的亲朋好友的后裔，在英国皇家海军中服役的就更多了。

德国陆军一直遵循着从易北河以东的乡绅阶层中招募士兵的传统，冯·阿尼姆（von Arnim）、冯·施维林（von Schwerins）和冯·克莱斯特（von Kleist）家族就是其中的代表。可是，德国海军却无法效仿陆军的这个传统。事实上，德国海军的军官团在社会上均以德皇麾下的精锐——禁卫军和骑兵军官——为榜样，他们的专业程度和学术造诣都无可挑剔（而且，毫无疑问，他们也具有随时和自己的船只一同沉没的战斗精神）。但是，德国海军的军官团的航海技术和对海洋的理解——即便是最严厉的批评者也不会怀疑英国皇家海军会在这些方面有所欠缺——仍有待历练。在德国的海军军官中，最常用的祝酒词是"为了那一天干杯"——在有皇帝在场时，情况更是如此，按照常规说法，"那一天"指的是他们与皇家海军较量的日子。然而直到战争前夕，德国人的长期航行能力也还没有得到实战检验。这里所说的"长期航行能力"意味着经验丰富的水手们年复一年、日复一日地进行着枯燥的航海活动而毫无怨言——在航海中，他们可能会面临一系列无法执行的任务、错失的机会、意外的船只损失和偶尔的挫折，这些都是海军历史上的所谓"例行公事"。虽然对德国人而言，他们显然做好了"英勇牺牲"（德语"Sichopfern"）的准备，但长期保持斗志就是另外一回事了。1914 年 8 月 4 日，当德国公海舰队与英国皇家海军第一次进行正面交锋时，德国人基本可以说是毫无底气的。"英国舰队，"日德兰海战中德国公海舰队司令莱茵哈特·舍尔（Reinhard Scheer）上将曾指出，"有一个优势，那就是他们可以回顾这一百年来的辉煌成就，这些过去的伟大功绩一定使他们每个人都有一种优越感。"德国小说家台奥多尔·冯塔纳（Theodor Fontane）也表达了同样的观点，但他使用了更为戏剧化的语言："我们没有这种自信的痕迹……旧约中没有提到我们。而英国人的行为就好像他们得到了上帝的应许一样。"

## 日德兰海战之前的局势

德国海军相信，"大舰队"（英国皇家海军于 1914 年 8 月在本土海域成立的舰队）在战争爆发之时扬帆远航，并积极寻求一场与德国公海舰队的大决战。实际上，为了这样的行动，大舰队早已经做好了充足的物资准备。萨拉热窝（Sarajevo）危机爆发时，大舰队正在进行战争动员，并且在斯皮特海德（Spithead）接受了英国王室的检阅。随着危机不断加深，英国皇家海军先将舰艇退役工作全部暂停，经过评估后，又将 24 艘无畏舰、35 艘前无畏舰和 123 艘小型作战舰艇派往了位于苏格兰的新作战基地。随后，英国皇家海军更将一些最为先进的战列舰和战列巡洋舰也派到了新作战基地——这令备战工作达到了高潮。到了 8 月 4 日，英国对德国发出的最后通牒到期时，德国公海舰队预计，英国皇家海军"大舰队"可能已经倾巢出动，并针对德国在赫尔戈兰湾（Heligoland Bight）的海军基地发动突袭了。但事实上并非如此。原因是双重的：首先，英国皇家海军高层决定反对"近距离封锁"而赞成"远距离封锁"方案——这是一项十分明智的选择，因为这样，英国就可以利用最小的代价控制住德国公海舰队通过苏格兰—挪威海峡进入公海的交通要道。其次，由于"大舰队"的指挥官杰利科（Jellicoe）担心，德国潜艇和雷区可能会对他派往德国本土水域的船只造成破坏，因此没有贸然出击——这同样是一个非常明智的举措。此外，到了 1914 年，不论是德国海军还是英国海军，都已经从长期的潜艇试航中学到了足够的东西，充分发展了它们的航海能力，且编组了具备进攻能力的潜艇编队。"触发式锚雷"通过一根缆绳固定在海床上，通常整个雷体都没入水面之下，一旦遭到船只的撞击就会立即引爆——这种水雷是在克里米亚战争期间被研发成功的，到了1914年，所有列强的海军都装备了这种水雷。尽管有这些威胁，皇家海军还是将英国远征军平安护送到了法国，期间，除了发生过一系列潜艇攻击和锚地遇袭的假警报外，只有驱逐舰"安菲翁"号 ① 在8月6日触雷沉没。

直到8月28日，德国人预想中的"那一天"才成为了现实。当天，驻扎在英国东海岸哈里奇港（Harwich）的巡洋舰分队指挥官——罗杰·凯斯（Roger Keyes）海军准将，说服海军部让他冒险率军突入赫尔戈兰湾，他希望能拦截德国公海舰队指挥官冯·英格诺尔（von Ingenohl）定期派往那里的一支驱逐舰巡逻队。凯斯不但达到了他的目标，还取得了另外的惊喜：一些德国轻型巡洋舰驶出河口，试图营救这些倒霉的驱逐舰。此时英国人招来了贝蒂（Beatty）麾下的三艘战列巡洋舰，在凯斯发动进攻时，这三艘战列巡洋舰就隐藏在附近，以便随时出来提供掩护。在它们猛烈的远程炮火下，三艘德国轻巡洋舰顷刻间就被击沉。战斗中，凯斯曾经率领座舰行驶到距离一艘正在逐渐下沉的德国巡洋舰"美因茨"（Mainz）号很近的地方，这时，他好像听到了来自特拉法尔加的声音正在两舰之间的海面上激荡着。有当事人回忆道：

一名年轻的（德国）军官，曾热心地指挥伤员的转移行动……现在正一动不动地站在船尾楼上。凯斯很着急，因为他的座舰要赶在"美因茨"号彻底翻船之前驶离，以免陷入危险，他猜想着这位年轻人心里可能在想些什么，便向他喊道："你干得太出色了，但你已经无能为力了，最好赶快上船。"紧接着，凯斯伸出手来帮助他。但是，年轻人表示只要他的战舰还漂浮在水面上，就不愿离开，他更不愿意接受来自对手哪怕一丝一毫的恩惠。他挺直身子，向后滑

---

① 译注：原文如此，"安菲翁"号实际是一艘侦察巡洋舰。

了一步，行了个军礼，然后回答说："谢谢，不用了。"

　　最后，这位德国版的卡萨比安卡（Casabianca）①还是被皇家海军捞了上来，与他一同被俘的还有冯·提尔皮茨将军的一个儿子，虽然如此，但他的行为已经证明，德国公海舰队"英勇牺牲"的精神并不只是一种戏剧化的表态而已。三个月后，当英国战列巡洋舰又一次与一支处于劣势的德国舰队对峙时，他们再次领略到了这一精神。1914 年 11 月，在科罗内尔（Coronel）海战中，德国南方特遣队的舰只在太平洋上与英国皇家海军的一些老旧巡洋舰对战，并摧毁了它们。闻听这个消息，丘吉尔和费希尔（10 月 29 日以第一海务大臣的身份回到了海军部）都怒不可遏，他们冒着巨大的风险，将两艘大舰队的战列巡洋舰——即"无敌"（Invincible）号和"不屈"（Inflexible）号，派往南部海域追击德舰。1914年 12 月 8 日，德国分舰队指挥官斯佩（Spee）冒冒失失地来到了英属福克兰群岛，与此同时，负责搜寻他们的英军战列巡洋舰正在此地加煤。当第一批重磅炮弹飞过头顶时，斯佩才发现了自己所犯下的致命错误，他只能掉头逃跑。然而，英军战舰在后面紧追不舍，他们的炮弹无情地掀开了德军船只薄弱的甲板，把斯佩本人和他麾下五艘战舰中的四艘都送到了海底。不过，在任何情况下，德国海军的军官们都没有向敌人乞求过宽恕，甚至在生死关头，他们的表现也和平时没有什么不同。巧合的是，著名音乐家瓦格纳（Wagner）的一名教子在英国皇家海军担任观测军官，他在一艘英军战列巡洋舰的桅杆上看到了德军战舰被击沉的全过程，只见南大西洋色彩斑斓，蔚为壮观，就好像在上演歌剧《众神的黄昏》一样。

　　1914 年冬天，德国人的冒险精神在距离英国本土更近的地方得到了体现，当时，德国公海舰队两次对英国东海岸的城镇发动了突袭。英国海军部开始意识到：为进行封锁而将主力舰队撤退到遥远的苏格兰和奥克尼群岛，这令英国南部的港口暴露在了危险之中，德国人完全可以采用"打了就跑"的战术对这

---

①译注：即·乔康·卡萨比安卡，法国风帆战列舰"东方"号舰长的儿子，在1798年的尼罗河海战中，他拒绝了英国人的援救，与军舰一同沉没。

些港口发动袭击。实际上，德国人在11月3日对雅茅斯（Yarmouth）的袭击，以及12月16日对斯卡伯勒（Scarborough）、哈特尔普尔（Hartlepool）和惠特比（Whitby）的大胆进攻在各个方面都令英国皇家海军感到十分震惊。在第一次袭击中，英军战列巡洋舰分队向南狂奔，以拦截德国公海舰队，第二次更是派出了一些战列舰，但是每次德国公海舰队都逃得无影无踪。尤其令人感到忧虑的是，在这些行动中，英国皇家海军的基层指挥官表现出了较差的独立性，其中一位战列舰分队的指挥官——阿巴思诺特（Arbuthnot）实际上已经拦截到了德国人的舰只，但因为没有接到上级的命令，他便没有让手下向发动偷袭的德军舰只开火。

于是，海上战役的第一个冬天就这样在悬而未决中结束了。在此之前，英国人已经在福克兰群岛赢得了一场无可非议的胜利——用贝蒂的话说，那就是"这场战争中最决定性的一场战斗"。而且，英国皇家海军似乎在本土附近海域的巡洋舰交战中也取得了不小的成绩。不过这场战事仍有遗憾，比如公海舰队的主力"探出头来"的时候，英国人却没有逮住他们。此外，他们还遭受了一些令人难堪的损失，其中一些损失是极令人痛心的——1914年10月，由于碰巧遭遇了水雷，一艘崭新的英军无畏舰"大胆"号爆炸沉没；当年9月，英军的三艘老式巡洋舰——"阿布基尔"（Aboukir）号、"克雷西"（Cressy）号和"霍格"（Hogue）号被一艘德国潜艇U-9用鱼雷击沉；12月，一艘英军前无畏舰"可畏"（Formidable）号在英吉利海峡被潜艇U-24击沉。总的来说，德国海军作为实力较弱的一方，其表现还是可圈可点的，在当时，德国海军自己也认同这一点。然而，这只是一种表象而已。就连德国海军自己都不知道，在某些方面，他们已经遭受了一次毁灭性的打击。英国人通过种种手段，获得了三本德国海军密码本：一本是澳大利亚海军从太平洋上的一艘德国货船上寻获的，供商船、小型舰艇、齐柏林飞艇和U艇使用；一本是从北海海底的沉船中打捞上来的，上面记载着德国人的外交密码；最后一本由公海舰队使用，是从波罗的海的一艘因事故而沉没的德军巡洋舰上面发现的——至此，英国海军部已经取得了整个德国海军和海外殖民地密码系统的钥匙，尽管这三本密码本并不能破译德军的全部秘密通信。但即便如此，利用它们，英国皇家海军也在与德国公海舰队的对抗中取得了独一无二的巨大优势，这是毋庸置疑的。

一开始，德国海军对这种状况一无所知。正是因为如此他们才会在战争初期就对英国皇家海军发动规模最大的突袭。然而随着时间的推移，德国最高统帅部逐渐发现，英军对他们的行动往往具有"先见之明"，这是不容忽视的问题，例如，英军大舰队对德军突袭斯卡伯勒（Scarborough）的反应异常迅速就证明了这一点。当时，阿勃维尔（Abwehr，即创建于魏玛共和国并几乎贯穿整个纳粹德国时期的德国国防军情报局）已经发现了种种线索，足以证明英军对德国军队的动向了如指掌，事实上，根据这些线索很容易得出结论——那就是己方密码系统已经被敌人破解了，然而，德军指挥层仍然坚决不相信密码被敌人破译的说法。德国海军更愿意相信：卧底在海军基地的敌军间谍正在将情报源源不断地发送出去，或者相信一种更流行的说法：那些行驶路线经过埃姆斯河、雅德湾和威悉河河口的所谓"中立"渔船，其实都是英军的秘密间谍船，如果它们的航线还经过多格尔沙洲（Dogger Bank）的话，那么就几乎确定无疑是英军间谍船了。

德国的战列巡洋舰大部分被编入了第1侦察分舰队，这支舰队由弗朗茨·希佩尔（Franz Hipper）海军少将指挥。1915年1月，希佩尔提出，公海舰队应承担双重任务：第一，要将多格尔沙洲的间谍船清理干净，以斩断英军的耳目，从而令他们无法再对德军主力舰的攻击迅速做出反应；第二，要继续在福斯湾（Firth of Forth）进行攻势布雷，这个海湾距离英国战列巡洋舰的主要基地——罗赛斯非常近。

希佩尔的计划引发了1915年1月24日的"多格尔沙洲海战"，然而，双方都对这场海战的结果很不满意。由于德国人仍然对其密码被破译的可能性不屑一顾，所以英国人仍然具备最直接的优势：他们早就得到了德国人即将发动突袭的警告，当时，有3艘德国战列巡洋舰参与了行动——包括"塞德利茨"（Seydlitz）号、"毛奇"（Moltke）号和"德弗林格"（Derfflinger）号，再加上1艘装甲巡洋舰"布吕歇尔"（Blucher）号，这些主力舰还得到了4艘轻巡洋舰和18艘"雷击舰"的支援。德国的"雷击舰"相当于英国的驱逐舰，但普遍吨位更小，武备更弱，速度更慢。这些军舰的设计存在着重大缺陷，因此公海舰队实际上是在一种极为不平等的态势下与英国皇家海军交战的。"布吕歇尔"号的设计也存在着严重问题，它是于 1907 年建成的，那时候，费希尔关于战列巡洋舰的设想还没有被德国人正确地理解，因此，尽管"布吕歇尔"号航速较快且装甲精良，但火力不足。希佩尔不得不把"布吕歇尔"号列入了自己的第 1 侦查分舰队——因为它不适合放到其他任何地方。但实际上，将这艘船放到希佩尔的舰队中的哪个位置上都不合适。

相比之下，贝蒂麾下多艘战列巡洋舰的性能则大致相同，其包括："狮"（Lion）号、"虎"（Tiger）号、"皇家公主"（Pincess Royal）号、"新西兰"（New Zealand）号和"不挠"（Indomitable）号。这些主力舰还得到了来自哈里奇港的 3 艘轻巡洋舰和 35 艘驱逐舰的支援，在远处，它们还可以得到来自苏格兰港口的前无畏舰和巡洋舰的支持，甚至连大舰队本身也可以在紧急时刻拍马赶到。从这两份舰队名录我们可以看出，单单在战列巡洋舰这一项，贝蒂舰队已经远远强于希佩尔舰队了。其中，"不挠"号和"新西兰"号的航速为 25 节，装备 12 英寸口径主炮。"皇家公主"号、"狮"号和"虎"号（在当时被人们誉为世界上最漂亮的战舰，他们甚至认为从前没有，以后也不会有比它们更好看的战舰了）的航速为 28 节，装备 13.5 英寸口径主炮。此外，贝蒂提前获知了希佩尔舰队的行动细节，他为后者设置了一个完美的陷阱——1 月 24 日清晨，贝蒂麾下的巡洋舰发现并锁定了希佩尔舰队，尽管希佩尔立即率舰队掉头回航，但英国战列巡洋舰利用自己的超高速度追上了他们。在前所未有的 20000 码的超远距离外，英国战列巡洋舰开始发射炮弹，并精准命中了目标。

接下来，希佩尔的决策从贝蒂的陷阱中挽救了德国舰队。"虎"号的船长错误地执行了大舰队的战斗指令，和"狮"号一起把火力集中到了希佩尔舰队的第一艘战列巡洋舰——"塞德利茨"号上面，这让第二艘战列巡洋舰"毛奇"号有了可乘之机，它对全无防备的"狮"号发起了进攻。结果，"狮"号受到了重创，它不得不从队列中脱离开来，这样就把双方的主力舰对比变成了 4∶4；此时，贝蒂发出的"向敌人发起全线进攻"的信号又被他的部下们误读了。结果，英国人将所有火力都集中到落在最后面的德国装甲巡洋舰"布吕歇尔"号上面，而其他德舰则开始稳步地撤离战场，以确保自己能安全驶回基地。

不过德国人并没有毫发无损地逃脱。"塞德利茨"号在撤退时被英军的13.5 英寸口径的主炮发射的炮弹所击中，炮弹穿透了其后部炮塔的顶盖，引发了一场灾难性的火灾。德国海军上将莱茵哈特·舍尔对这枚炮弹所造成的一系列后果进行了描述：

> 敌军炮弹击穿的部位恰好位于我舰炮塔装填炮弹的区域，炮手们正准备推入炮膛的发射药包被瞬间点燃了。火焰向上蹿到了炮塔顶盖，又向下钻到了弹药库内，两座炮塔的弹药库通过一扇大门相连接，这扇门通常是紧闭着的。然而，那些从第一个弹药库侥幸逃生的人试图跑到第二个炮塔，从而打开了大门。火焰就这样蔓延到了另一个弹药库，又从那里蔓延到第二个炮塔，两个炮塔的全体炮手几乎都因此而牺牲了。炮塔上方的火焰直冲云霄，像一栋高楼那么高。

虽然当时"塞德利茨"号的阵亡人数为 165 人，尚不算很多，但如果船上总重量高达 6350 千克（约 14000 磅）的发射药包被引爆的话，那受到威胁的就不仅仅是弹药库了——整艘战舰都有解体的危险。就在这千钧一发之际，有一名军官和两名士兵，凭借着非凡的勇气，设法进入弹药库中并成功地打开了水阀，将 600 吨海水放入了弹药库，从而挽救了战舰。虽然"塞德利茨"号的舰尾没入了海水之中，但它仍然顽强地保留着推进力，并最终逃离了战场。

不过，德军舰队中速度最慢的"布吕歇尔"号没有能够逃走——四艘英军战列巡洋舰都将主要火力集中到了它的身上，而它也渐渐支持不住了。一艘德军齐柏林飞艇——"L–5"号正巧飞越了"布吕歇尔"号的上空，从近距离感受到了"它的痛苦"，飞艇上的一名军官报告说："我们的部队撤退时，'布吕歇尔'号被甩在了后面，它无法跟上舰队的脚步。它尽可能地开火还击，直到完全被烟雾所笼罩——舰上显然是燃起了大火。12 点 07 分，'布吕歇尔'的船身开始倾斜，并在不久后倾覆沉没。"一位生还者（1200 名舰员中只有 234 人获救）为我们讲述了这艘战舰的最后时刻：

> 敌人的炮弹……一直打到我们的锅炉舱，煤舱内的煤被点燃了。由于煤

舱有一半是空的，蓝绿色的火焰迅猛地燃烧着……在一个密闭的空间中不断发生爆炸，并产生了可怕的气压……气流咆哮着穿过了舰上的每一个缺口，将每一处相对薄弱的地方撕得粉碎……当一个可怜的船员从舱门经过的时候，一颗炮弹正好在他的身边炸开了。这时候，他的身体刚好有一半在门内一半在门外。舱门砰的一声关上了……这位船员被可怕的气流给卷了起来，抛到机器中间，当场惨死。

摩尔（Moore）是贝蒂的下属，他在"狮"号遭受重创的时候接过了英国战列巡洋舰舰队的指挥权。但是，在"布吕歇尔"号沉没之后，他并未下令继续追击希佩尔舰队。后来，摩尔的临阵指挥受到了费希尔的批评，他以自己典型的犀利语气评论道，"哪怕摩尔身上有一丝纳尔逊式的气质，他也应该率军继续追击下去，而不管上级有没有发信号。在战争中，首要的准则是'充分发挥自主性'。如果仅依命令行事，就是一个傻瓜都能做到。"不过值得一提的是，在当时，英国皇家海军的主流精神是反对下属们自行其是。随着技术的进步，著名的"再近一点接敌"（Engage the enemy more closely）等鼓舞人心的语句已经从信号手册中删除了，但是却没有什么新东西可以替代它们，这导致了对贝蒂信号的误解。英军指挥官贝蒂曾从"狮"号战列巡洋舰转移到一艘轻型巡洋舰上面，然后又转移到了"皇家公主"号上，他试图追上逃跑的德军舰队，却没有成功。此时，贝蒂的战列巡洋舰舰队已经远远落在了德国人的后面。虽然英国海军部已预先知道了希佩尔的意图，但他们所部署的拦截大舰队却落在了更远的地方。在多格尔沙洲海战中，英国人无疑取得了一场胜利，可这个胜利却并不完整——虽然英军令德国公海舰队船只受损，并借此对德国人发出了"严厉的警告"，但却并未能够摧毁这支舰队。

在这场战争中，"狮"号受到了严重的损坏，300吨海水涌进船内，这大大降低了它的速度；它失去了所有的电力，并燃起了熊熊大火（甚至一度威胁到弹药库的安全），好在并没有因此而瘫痪。尽管"狮"号战列巡洋舰的装甲保护严重不足，但它似乎扛住了德国战列巡洋舰的猛烈攻击——该舰的人员损失非常轻微，只有20人受伤，1人阵亡。不过，"狮"号之所以能够死里逃生，应该感谢幸运女神的眷顾，它的幸运程度超乎了海军部中所有人的想象。当时，大火从"狮"号的 A 炮塔（最前方的炮塔）上开始燃起，很快就蔓延到了它的弹药提升机构中，并从那里蔓延到了弹药库——按常理来说，这艘战舰肯定会因此而被炸毁。但幸运的是，由于经历了长时间的战斗，"狮"号 A 炮塔以及下方弹药库中的弹药存量已经很少了。因此，并没有引起严重火灾——火焰很快就被损管人员扑灭了。不过，令人遗憾的是，英国皇家海军并没有认识到炮塔发生火灾所导致的潜在危险，日后也没有采取相关措施并限制炮塔内的弹药数量（尤其是限制发射药包的数量），更没有在炮塔与舰体相连接的机构（这个机构是直接深入舰体要害部位的，十分重要）中加装一些精心设计的防爆设备。与此相反，德国人则因为"塞德利茨"号炮塔起火而察觉到了潜在的危险，他们对己方船只的结构和武器的操作方式做出了大幅修改——包括成倍增加了防爆遮板，并大大削减了炮塔内部及附近可燃材料的数量。在英德两国海军舰队的下一次对战中，这些措施将在挽救舰艇和船员方面发挥重大作用。可以说，德国人从这场躲避英国人追击的战斗中吸取了重要的教训。

不过，这时候德皇却突然颁布命令，禁止重蹈多格尔沙洲海战的覆辙，他决定保存公海舰队的实力，以便与战况有了显著改善的德国陆军配合进行决定性行动。此时，德皇更喜欢专注于潜艇战，德国海军潜艇部队发起了一场类似于后来"无限制潜艇战"的海上战役，对驶向协约国港口的商船发起了攻击。在一年多的时间里（在此期间，英格诺尔的德国公海舰队总司令之位被波尔接替，不久后，波尔又被舍尔取代），德国公海舰队一直驻扎在德国北部港口，偶尔冒险前往波罗的海攻打俄罗斯人，但不会冒着与英国皇家海军对抗的风险进入北海。直到 1916 年 3 月 5 日，德国公海舰队才再次在北海出现，而且出现的时间非常短暂。尽管德国公海舰队在当年对英国采取的唯一一次重大行动——即从 4 月 24 日至 25 日发动的针对洛斯托夫特（Lowestoft）的突袭——被证明是"1914 年危机"的重演，可是一旦德国公海舰队遭到英国皇家海军的反击，哪怕是极其微弱的反击，都会放弃接下来的所有行动，返回基地。显然，提尔皮茨在战前所提出的"风险理论"现在已经被德国海军推翻了——任何威胁到德国公海舰队的风险都会被认为是沉重得无法承受的，这迫使该舰队一再返回港口，并将海上通行自由又还给了英国皇家海军（尽管这是英国人在一百年以来所一直享有的）。

如果波尔的继任者——舍尔将军不是一位具有纳尔逊风格的勇敢水手的话，那么，德军的"风险理论"很可能会变成纯粹的虚张声势并逐渐消亡。舍尔是一位很谦逊的人，他之所以能取得如此高的指挥权，只是因为致命的疾病令波尔失去了履行责任的能力而已。然而，刚一上任，舍尔就马上展现了自己的能力——并不像他的前任波尔那样经常夸大困难，他首先意识到的是德国公海舰队的优势，而不是劣势。作为一名鱼雷专家，舍尔相信他的水面舰艇和潜艇部队有能力对英国大舰队造成它不能接受的损害，但为了达到这一目标，要先将它置于不利的环境当中——这也是"风险理论"最纯粹的理念——1916 年春天，舍尔一直在为实现这一目标而努力。针对洛斯托夫特的突袭，就是舍尔所进行的一次尝试，但他事后回想起来，表示这次行动的方向过于偏南了，无法让大舰队落入自己的圈套中。1916 年 5 月，舍尔制订了一项更为详尽的行动计划，这项计划旨在迫使英军的战列舰和战列巡洋舰进入由己方潜艇布设的雷区，再利用主力舰以较小的代价造成敌方的重大伤亡，并清除英军独立的分舰队。德国公海舰队现在有 16 艘无畏舰和 5 艘战列巡洋舰，而英国大舰队有 28 艘无畏舰和 9 艘战列巡洋舰。此外，英军大舰队还有 6 艘前无畏舰可以在战斗中使用。考虑到英军兵力还在不断上升，双方力量的对比并不会向有利于德军的方向发展。所以舍尔得出的结论是，德国公海舰队现在或永远不要与英国皇家海军打一场海上决战。1916 年 5 月 31 日清晨，他命令己方的各分舰队出海行动，并希望它们在返回港口后的损失能比自己所预期的要少。

## 装甲战舰的世界

伯纳德·布罗迪（Bernard Brodie）教授曾经敏锐地指出，"装甲战舰"（即单词 ironclads，或者术语 armourclads）这一名称很好地表现出了这类战舰的特性。比如在日德兰，分别由舍尔和杰利科率领的两支舰队，利用"装甲战舰"的自身特性所采用的技战术可谓是"前无古人"的。

虽然"胜利"号和其他木制战舰也曾专用于在海战中击败敌人，但是这些木制战舰的结构、推进装置或基本配置却和当时的商船没有什么太大的区别。而且，保护商船也是木制战舰的一项最重要的职责。事实上，与"胜利"号同时代的、隶属于东印度公司的军舰们有时候也搞一些"兼职"——比如运输货物和军火等，这并不会被当做是一种"不务正业"的行为。例如，"胜利"号就配备了一个约 6.4 米深的货舱——或许，我们可以将它视为一艘巨大的散货运输船。

相比之下，除了存放燃料、弹药和补给品的舱室之外，"无畏"号战列舰没有任何多余的空间来携带额外的东西。在上述三种大宗"货物"之中，燃料所占用的空间最大。而且，携带燃料的多少决定了一艘战舰的"巡航能力"——即加注一次燃料之后，所能航行的最远距离。"无畏"号战列舰可以搭载 2000 吨左右的煤炭，这些燃料足够其以 20 节的速度航行 5 天。至于"胜利"号，它的续航能力显然"只受它装载的食物和淡水的限制"。由于石油的燃烧效率更高，英国在战争前夕设计最新的无畏舰时，已经将目光投向了石油。事实证明，石油能显著提升战舰的续航力（提升了约 40%）。但是，不久之后，石油就遭遇了与煤炭同样的问题，那就是一艘战舰的载荷和排水量是有限的！因此，所占空间最大的燃料面临着"激烈的竞争"——战舰必须腾出大量的空间来安装相关设备和武器。例如，"无畏"号战列舰的排水量为 18000 吨，其中装甲约重 5000 吨、机械设备约重 2000 吨、武器装备约重 3000 吨（与当时的其他战舰相比，"无畏"号的装甲、机械设备和武器所占的比重并不算太大）。此外，"无畏"号不仅有大约三分之一的舰体长度被发动机和锅炉房所占据，还有另外大约三分之一的舰体长度被炮塔、炮塔和舰体的连接机构，以及炮塔底部的弹药库所占据。所以，"无畏"号上的船员们的居住空间十分狭小——几乎和纳尔逊时代的木制战舰"胜利"号上的水兵没什么区别。在"胜利"号上面，纳尔逊的 800 名手下挤在 45.7 米长的下层甲板上；虽然"无畏"号的长度是"胜利"号的三倍，但它上面的 1000 名船员也不得不把吊床绑到他们所能找得到的任何可以固定吊床的地方上去。

与传统布局相反，"无畏"号的水兵船舱位于船尾，而军官船舱位于船头（传统的布局是将船员居住的"下层甲板"限制在舰桥前方约 30.5 米的范围内，而军官们则被安置在舰尾螺旋桨上方的一组小舱室里）。虽然这两个区域都位于保护机械设备和弹药库免遭敌人炮弹攻击的"装甲地带"之外，但在战斗中，这些"生活区域"实际上都是空无一人的——因为每个船员都有自己的职责所在，在战时他们都要前往位于舰体中央的"战斗区域"。不过，这里有一个关键的区别——那就是在木制战舰时代和装甲战舰时代，船员们的职责是不同的。

在特拉法尔加战役之时，只有少量船员承担着具体的职责：少数船员充当水手，在甲板上操纵船帆；另一小部分人——军官和海军陆战队员——负责指挥作战或者操作轻武器；还有少数人员在材料仓库、医务室或损管中心工作，他们大部分都是这些领域的专家；其余的绝大部分船员都被派遣到火炮甲板上去操作大炮。

而在一艘无畏舰上，各船员的战斗职责分工是极其复杂和详细的。其中，负责战舰动力系统的人员与船上其他人的工作差别很大，比如一艘以煤为燃料的船上有多达三分之一的船员都是轮机员和司炉工——其中，司炉工的工作与牛马无异，他们每小时要从煤库中转运 20 吨煤，再将其添加到锅炉里（他们的工作也是船上最艰苦和最低等的工作）。弹药小组的人员虽然是断断续续地工作，持续性不如司炉工，但几乎同样艰苦——他们要操纵机械装置将炮弹和发射药包从炮塔齿轮箱底部的弹药库中转移出来，然后再把它们装上吊车并送入炮塔内部。而炮塔小组的成员，则需要对弹药进行处理，并将其装填到炮膛之中。

炮术军官则需要负责调整大炮的射击角度并进行瞄准和射击。到了 1914 年，在英国的军舰上通常会利用一套测距装置集中控制全舰主炮的火力——该测距装置位于战舰上层建筑的最高处，其操作人员要估算交战距离，并不断观察炮弹的下落地点，再通过位于装甲防护层之内的射击控制室发出修正个别炮塔射击角度的信号。副炮的炮手们（虽然从"无畏"号开始，战列舰副炮的重要性已经大大降低，但却并没有被完全取消）负责操作一些独立的火炮阵位，他们主要的目标是敌军的驱逐舰和巡洋舰——他们并不受集中指挥，而是各自为战。值得一提的是，这些副炮也拥有自己专属的弹药输送团队。此外，按照英国皇家海军中的传统来说，一艘战列舰上的海军陆战队员们要在一座主炮的炮塔，以及几座副炮的弹药库内值勤。

最后，一艘战舰的船员中还包括一组指挥和战斗专家。舰桥上有船长、领航员和信号员，这些人几乎和特拉法尔加战役中的纳尔逊与他的随从一模一样，在露天的状况下工作（虽然有一座配有厚重装甲，可以为他们提供终极防护的"指挥塔"，但在实战中却很少被使用）。甲板下方的舱室中是损管小组，他们训练有素，能在紧急情况下操作消防水管并堵塞弹孔，另外还有外科医生及其下属医疗团队。鱼雷兵（但战列舰极少在战斗中发射鱼雷，因为当时的交战距离往往较远）一般由其他人员充当，主要是负责维护舰船电气系统的官兵。分散部署在各个战斗岗位的还有接线员和办事员，他们负责在舰上传送和记录信息。最后，还有一些在主机舱之外工作的工程队，他们的主要工作是操作一些辅助机械——例如操舵、操纵起重机或者调整炮塔观瞄装置等——这些机械大部分都配有液压助力系统。

经过一百余年的技术革命，海军的水手或水兵的队伍构成已经变得极其复杂。在木制战舰时代，英国皇家海军仅将水手划分为四个类别：一、熟练水手，可以负担高空作业和操炮等核心任务；二、一般水手，可以委派他们去做苦力或者承担服务性的任务；三、从事船帆制作和木工工作的帆匠和木匠；四、海军陆战队员。而到了无畏舰时代，一艘战舰上的水手们被划分为了十几个类别。而且海军陆战队失去了他们独有的工作，变成了纯粹的炮手。在无畏舰的水手中，除了弹药手和装填手、炮塔组员、瞄准手、测距员、测速员、电话员和信号员之外，又产生了一个全新的类别——动力机组成员，其包括机械师、技工、电工以及司炉工。甚至连军官都有了六个泾渭分明的类别：枪炮军官、航海军官、信号军官、轮机军官、军需官（包括主管财务的主计军官），以及舰长直属军官。

不过，无畏舰上的生活还残留着许多源自木制战舰的传统习惯，例如每8—10名船员可以搭伙在舰上的厨房里做一顿普通的饭菜，以供他们自己食用；船员们将船舱内的桌椅板凳移走之后，还要利用这个空间绑上吊床；虽然鞭刑已经被废除了，但舰上的纪律依然非常严苛；甚至，酒仍然是减轻舰上生活的艰辛和无聊的一个法宝。但是值得一提的是，到了无畏舰时代，军官和水兵已经成为了完全不同的两个阶层。如果说在木制战舰时代，他们的关系还可以算是相对密切的，那么到了无畏舰时代，两者就已经相去甚远了。另外，海军的假期是短暂且非常稀少的，"紧急勤务"和战舰的安全是水兵生活中的两件头等大事。

英军大舰队的船只与它们的前辈们存在着一些显著区别。在木制战舰时代，军舰和商船就像是同一棵树的两根树枝一样，所有的树枝都是从这棵树上长出来的，差异并不大。而且，木制战舰时代的水手们，在大多数人的印象中更偏向单纯的"海员"，而非"海军"。到了无畏舰时代，这种状况发生了明显改变。"无畏"号和它的后继者们是一种纯粹的战斗机器，而它们的舰员——例如英国皇家海军的募兵和德国海军的义务兵，除了海军舰队之外就不曾经历过其他形式的海上生活。除了设计目的之外，无畏舰可谓是"百无一用"的，而这些所谓的"设计目的"支配着那些为它服务的人的生活观和人生观。对一艘无畏舰的舰员们而言，让战舰达到它所能达到的最高速度、进行最快速和最准确地射击，以及实现最高的操纵精度是他们团队的终极目标。舰上的每一个人，都要在各自的岗位上发挥作用，只有这样，战舰才能正常运转。至于他们的任务执行得如何，将最终在战斗中得到评判。

## 日德兰海战

1916年5月31日凌晨1点，希佩尔率领德国公海舰队的战列巡洋舰分队驶离北海港口，2点30分，舍尔率领战列舰分队尾随其后。在这次行动中，德国公海舰队共派出了22艘战列舰、5艘战列巡洋舰、11艘巡洋舰和61艘雷击舰出海作战。其中，德军的现代化主力舰被分成了两个战列舰分舰队，每个分舰队装备8艘无畏舰；此外，还囊括了第1侦察分舰队的5艘战列巡洋舰。这两个无畏舰分队的最快航速由它们中间最慢舰只的速度来决定——第1战列舰分队包括"波森"（Posen）号、"莱茵兰"（Rheinland）号、"拿骚"（Nassau）号和"威斯特法伦"（Westfalen）号，它们的航速为20节；第2分队由于队内有前无畏舰，因而全队航速只能达到18节。因此舍尔率军出击时，不得不对这些数据进行考量。相比之下，第1侦察分舰队的最高航速可以达到26节，他们的任务是找到并"拖住"敌方大舰队，直到己方战列舰赶到为止。

其实，希佩尔的计划并没有包含与英军决战的选项。他清醒地认识到己方在船只数量以及火力方面的差距〔英德双方，主力舰主炮的炮弹投送量分别约为181.4吨和90.7吨（即分别为400000磅和200000磅）〕，这使德国取得一场类似英国在特拉法尔加那样的胜利的希望十分渺茫。尽管如此，他还是希望利用 U 艇对英军大舰队部署在主要基地之外的舰船进行持续的袭扰，并对那些暂时与主力部队分离的舰艇和分队进行打击，给其造成损失，从而在力量对比上使双方逐渐减少差距。德国公海舰队在驶离北海港口后向正北方航行，驶向位于波罗的海外海区域的斯卡格拉克海峡（Skagerrak）——德军后来即以这个地理名称来命名接下来这场大规模海战。希佩尔相信，这次出击的消息一定会把尾随而来的英国大舰队吸引到南方的伏击圈内。

然而，大舰队接到德军突袭的消息比希佩尔预想的要快很多——英国海军部早在 5 月 16 日就发现了他"出击"的意图，当时，德军的 U 型潜艇已经驶向了预定的巡逻路线，这一点在 5 月 30 日得到了确认——当天，英国海军密码学研究中心，即海军部旧大楼第 40 室（简称 40ob）破译了德国公海舰队集结的命令。杰利科立即得到了警告，由于他手头已经有现成的搜索行动或"扫荡"计划——这已经是他在那一年中第三次执行此类任务了，杰利科迅速且坚定地将这些计划转变为了全面进攻的方案。在希佩尔率军驶离雅德湾的两个小时之前，英国大舰队和战列巡洋舰分队也分别离开了他们位于斯卡帕湾、克罗默蒂（Cromarty）和福斯湾的基地，驶向丹麦日德兰半岛的西海岸。

按照惯例，海军历史学家将随后的战斗分为了五个阶段。第一个阶段是英国人的战列巡洋舰向南出击。第二个阶段是英国人的战列巡洋舰在与德国舰队遭遇后，向北撤退。第三个阶段是英德双方战列舰分队的第一次遭遇战。第四个阶段是英德双方战列舰分队的第二次遭遇战。第五个阶段是英德双方的夜间战斗，包括双方轻型舰艇的多次对战，以及德国公海舰队成功地逃回易北河和雅德湾的过程。

现在，贝蒂的战列巡洋舰分队由他麾下六艘速度最快的军舰所组成，包括"狮"号、"虎"号、"皇家公主"号、"新西兰"号、"玛丽女王"号和"不倦"（Indefatigable）号战列巡洋舰；第 5 战列舰分队的快速战列舰伴随其间，提供支援，包括："巴勒姆"（Barham）号、"刚勇"（Valiant）号、"厌战"（Warspite）号和"马来亚"（Malaya）号战列舰。这些"伊丽莎白女王"级（以该级别第一艘下水的战列舰来命名）战列舰装备 15 英寸口径的大炮，并具有 25

节的航速，是英德双方最强大的战列舰。它们的设计与德国皇帝威廉二世所追求的"快速主力舰"的概念非常相似。它们的性能比当时任何其他战列舰都要优越，速度也不比最快的战列巡洋舰慢多少，因此，一旦交火，德国战列巡洋舰恐怕只有飞速逃跑才能保证自己的安全了。

　　英国战列巡洋舰分队毫发无损地通过了舍尔部署的 U 艇巡逻线，它们甚至没有被这些 U 艇发现，杰利科的战列舰分队也是如此，这一机缘巧合使德国公海舰队的出击失去了绝大部分意义，它们除了将自己陷于险境之外将一无所获。然而，就好像上帝要刻意补偿德国人似的，英国海军部的工作人员严重误读了情报部门（第 40 室）破译的密码。密码学家把自己看作是纯粹的信息收集者，对他们所破译的信息进行解释则完全是有航海经验的军官们所负责的事情，然而，后者没有从第 40 室破译的信息中得到过任何帮助——即德国公海舰队在离开港口时已经更改了无线电通信规程。因此，在德国人已经出海长达九个小时的情况下，海军部还在向杰利科保证它们仍然滞留在港口之内。因此，贝蒂和希佩尔的战列巡洋舰分队在 5 月 31 日下午 2 点的时候，到达了彼此相距不到 80 千米的地方，也就是位于斯卡格拉克海峡以南约 145 千米处，而他们彼此都不知道对方就在附近。不久后，一个契机让两支舰队遭遇了，当时，双方的轻型舰艇大约同时发现了一艘中立国的商船，这艘商船就位于双方航线之间，并不断排放着显眼的浓烟，在对其进行调查的过程中，两支舰队找到了彼此。双方立即开始交火，英国皇家海军"伽拉忒亚"（Galatea）号发出了那个著名的信号："敌舰在望。视线内的两艘敌军巡洋舰可能怀有敌意，航向未知。"英国战列巡洋舰分队指挥官当即下令全队转向，靠近敌军。

　　由于在特拉法尔加战役中旗语是当时唯一的通信手段，所以命令传达错误是在所难免的。但在日德兰海战中还出现这种问题就真是令人有些匪夷所思了，因为这时已经有了更先进的通信设备——无线电。贝蒂队伍中的快速战列舰错过了他的命令，没有冲向德国人，而是坚持按照预定计划向北转弯，与杰利科会合。结果，贝蒂率领他的轻装甲战列巡洋舰在没有支援的情况下向希佩尔舰队发起了挑战。也就是说，英国人在下午 3 点 45 分主动发起了一场对他们很不利的行动。

一看到贝蒂的战列巡洋舰冲过来，希佩尔就下令己方舰队转弯，他的计划是将贝蒂的舰队引到舍尔战列舰分队的航线上，后者正航行在他后方约 64 千米处。英国舰队的轮廓被位于西方的太阳勾勒了出来，在德国人的测距仪上清晰可见。"突然，我的观测镜上出现了几艘大船，""德弗林格"号的炮术军官格奥尔格·冯·哈斯（Georg von Hase）回忆道，"它们是黑色的'怪物'，就像六个膀大腰圆的巨人一样，正冒着热气，排成两列向我们冲过来。"与此同时，英国人的测距仪也对准了目标，就在贝蒂下令己方舰队与敌方舰队改为平行航线时，冯·哈斯向炮塔下达了指令："敌人第二艘战列巡洋舰（皇家公主号）的方向位于左方 102°，其航速为 26 节，航向东南东，距离我们 17 千米左右。我们的目标有 2 个桅杆和 2 个烟囱，在靠近前桅的地方还有 1 个窄烟囱。该舰的方向为偏左 19°，密位减小 100，距离为 16.4 千米左右。但我们仍然没有得到旗舰的开火许可。"

在几分钟后，希佩尔终于发出了"开火"的信号，德国的战列巡洋舰开始了齐射并不断观察修正炮弹落点。这时，贝蒂的测距员错误地高估了两支舰队战线之间的距离，而贝蒂本人也正忙着给杰利科发电报——后者此时还没有应答。最后，在德军方面开火大约五分钟后，贝蒂麾下旗舰的舰长才自作主张地发出了"开火"的命令。

由于英国战舰的测距能力不如德国（德国光学设备的质量更好），英国战列巡洋舰分队只能以比德国第 1 侦查分队更快的速度拉近相互之间的距离——但这也将使它们自己进入敌人大炮的火力范围内。因此，装备 11 英寸口径和 12 英寸口径大炮的希佩尔舰队很可能会比装备 12 英寸和 13.5 英寸口径大炮的贝蒂舰队更早取得跨射或直接命中目标的战绩。不过，过于谨慎的操舰使德国人失去了这个大好机会。好在糟糕的信号也误导了英军的炮手，从而使位于希佩尔舰队战线上的共计五艘战列巡洋舰中的第一艘——"德弗林格"号免于遭到贝蒂舰队的六艘战列巡洋舰集群攻击整整十分钟的厄运。这次交战很快分出了胜负。下午 4 点，"狮"号的 Q 炮塔（即由英国皇家海军陆战队驻守的炮塔）被德军炮弹直接命中，损坏严重，险些发生了弹药库殉爆。眼见"狮"号燃起了熊熊烈火，旗舰舰长命令其退出战线，并驶离危险区域。这时，德国人认为，

"狮"号肯定完蛋了。不久后，一直与德军"冯·德·坦恩"号战列巡洋舰交战的"不倦"号也遭受了重创。"狮"号幸存了下来，"不倦"号却没有——"冯·德·坦恩"号的一枚炮弹击穿了它薄薄的装甲甲板，而另一枚炮弹则打在了它的前炮塔附近，并引发了致命的内部爆炸："不倦"号几乎立刻翻了过来，并迅速沉没。

现在，双方主力舰的数量相等了。"这一切令我感到十分震惊，"贝蒂麾下旗舰的舰长回忆道，"我军的战线上只剩下五艘战列巡洋舰了……我迅速抓起望远镜向敌方舰队看去。他们还有多少艘战舰漂浮在海面上呢？我一数，也是五艘。"贝蒂立即命令轻型舰艇冲到两支舰队之间的区域（差不多有14千米宽），将二者隔开。英军的轻巡洋舰和驱逐舰冒着德军战列巡洋舰副炮的炮火，试图向德军主力舰发射鱼雷。见势不妙之下，希佩尔舰队内的轻型舰艇也冲了过来，与英军对战。不久后，就在两支舰队的轻巡洋舰和驱逐舰利用自己的6英寸口径和4英寸口径舰炮互相炮击时，第5战列舰分队的"伊丽莎白女王"级战列舰终于找到了正确的目标，它们密集的炮火所激起的水柱比德军在战场上看到的任何水柱都要巨大。突然间，胜利女神似乎又开始青睐贝蒂了——现在英德双方的力量对比为9比5，而且英军战舰炮弹的射程和重量都要远远超过德军。然而，德国炮手们很快又为这次战斗增加了一个不确定因素——"玛丽女王"号战列巡洋舰被德军战舰12英寸口径主炮的一次齐射打个了正着，在内部发生了两次大爆炸后就随即倾覆沉没了。不过，由于贝蒂舰队得到了战列舰巨炮的强力支援，希佩尔舰队的处境也开始越来越危险了。精确瞄准的炮弹每隔20秒左右就会落在他的战舰周围，有些炮弹甚至直接击中了目标。对此，位于己方战列巡洋舰和战列舰舰桥上的英国军官们看得清清楚楚，他们确信德国第1侦查分舰队的覆灭就在眼前了。

下午4点30分，贝蒂收到了一艘派往较远海域的轻型巡洋舰发出的信号，说它"看到了敌人的战列舰分队，大约在东南方向，航向是正北"。这条消息的重要性是不言而喻的。如果贝蒂坚持率领舰队向南行驶，他就将与舍尔的战列舰分队遭遇，即便是有第5战列舰分队的支持，自己脆弱的战列巡洋舰也是不可能与战列舰相抗衡的。因此，贝蒂在下午4点40分发出信号，命令己方舰队与德军舰队脱离接触，掉头转向北方——也就是转向杰利科舰队所在的海域——他想要与杰利科舰队会合。

幸好那艘英军轻巡洋舰及时发现了舍尔舰队的船只——很大程度上是由于它们的燃煤锅炉所发出的浓浓的黑烟吸引这艘轻巡洋舰向东进行侦察的。为了确定德军舰队的规模和具体方位，这艘英军轻巡洋舰一直坚守在危险地带。当它终于转过身去逃跑的时候，后面紧随而至的是德国人所发射的重磅炮弹，其中任何一颗炮弹都可以将装甲十分薄弱的英军轻巡洋舰摧毁。有 40 颗重磅炮弹落在了距离英军轻巡洋舰［"南安普敦"（Southampton）号］不到 68 米远的地方——当时它正以 25 节的速度向杰利科舰队靠拢——看到这个"猎物"在炮弹炸出来的"喷泉"之间往来穿梭，德军"猎手"们感到十分困惑。与此同时，贝蒂的战列巡洋舰们已经与德国舰队拉开了足够远的距离，暂时脱离了危险。然而，第 5 战列舰分队的快速战列舰们却没有看到贝蒂发出的那些模糊的旗语信号，因此并没有及时撤离战场。事实上，在贝蒂下达命令整整五分钟之后，这些快速战列舰才转身离开，在这期间，"巴勒姆"号和"马来亚"号遭受到了沉重的打击。"马来亚"号的伤势十分严重，它的一个副炮炮位被摧毁了，水线下方也被开了个大洞。所幸的是，英国快速战列舰的火力优势发挥了作用。几艘德国战列舰和战列巡洋舰被正在撤退的英国军舰的猛烈炮火所击中，"塞德利茨"遭受重创，有沉没的危险。

因此，虽然贝蒂掉头向北行进是一场撤退，但从结果来看，它既是英军的一次挫折，也是英军的一场胜利。截至当时，英德双方仅仅是进行了初步试探而已。下午 6 点刚过，双方的战列舰终于进入到彼此的射程之内。德军舰队中执行掩护任务的轻巡洋舰和重巡洋舰遭到了贝蒂舰队中的战列巡洋舰的猛烈打击，并产生了灾难性的后果：有三艘德军巡洋舰［"威斯巴登"（Wiesbaden）号、"皮劳"（Pillau）和"法兰克福"（Frankfurt）号］遭受重创。不过，英军方面的损失也不小，驱逐舰"鲨鱼"（Shark）号和巡洋舰"切斯特"（Chester）号遭到猛烈炮火攻击——一位日德兰海战中的著名少年英雄——杰克·康威尔（Jack Cornwell）就是在此时阵亡的。杰克·康威尔在受了致命伤后拒绝接受治疗，并一直守在自己的炮位旁——他因此获得了维多利亚十字勋章。

在双方的无畏舰利用它们的大炮展开真正的决斗之前，还会有更多损失出现。两艘对杰利科舰队的战列舰提供支援的装甲巡洋舰（"勇士"号和"防御"号）遭到了舍尔舰队的集火攻击，"勇士"号很快就被摧毁，而"防御"号更是被炸得粉碎——这两艘装甲巡洋舰都被大口径炮弹直接命中，它们侧舷薄弱的装甲根本无法提供保护。而且，德军战舰的主炮射程非常远——在这个距离上，"勇士"号和"防御"号的8英寸口径主炮①根本无法进行有效还击。

在杰利科和舍尔的战列舰相遇之前，英国人又发生了一场重大灾难。有三艘英军战列巡洋舰加入了大舰队的战线，它们是这个舰种中最老、最弱的三艘，分别是："不挠"号、"不屈"号和"无敌"（Invincible）号。下午6点01分，"狮"号已经可以看到杰利科舰队了，杰利科向贝蒂打出信号问道："敌人的战列舰舰队在哪里？"贝蒂的回答是含糊不清的，但他还是设法说服了杰利科——他必须对迫在眉睫的战斗做出准备，杰利科下令将己方舰队由横队改为纵队，也就是说，从与德军舰队的航线成一个直角改为与之相平行，并以此来接近对方。这是最适合把火力集中在敌人身上的阵型，因为它能把所有的炮塔都变成一个个目标清晰的火力点。当英军的6列纵队开始进行队列变换（一共耗时15分钟）时，"无敌"号正好位于整个舰队的最前方，它的位置处于杰利科的视线之外，但在贝蒂的视线之内，与此同时，德国人也发现了它。不幸接踵而至，本来云层和浓雾遮住了英国舰队，但在它们突然散开后，便把孤立的三艘英军战列巡洋舰暴露给了领头的德军战列舰，后者随即开火——位于英军舰队最前方的"无敌"号成为了众矢之的，它很快就被多枚炮弹击中。下午6时33分，一枚炮弹击中了位于"无敌"号中部的Q炮塔的顶部，爆炸产生的火焰瞬间冲到了这座炮塔与舰体相连的部分，不一会儿，弹药库爆炸了，巨大的力量将其撕成了两半。"无敌"号搭载的1000名船员中，只有6人幸存，其中1人是大音乐家瓦格纳的教子，他一直站在战舰的最高处观察炮弹的落点。

需要澄清的是，并不是"无敌"号的沉没让贝蒂说出了那一句臭名昭著的

---

① 译注：原文如此，但这两艘军舰实际装备的是9.2英寸（234毫米）的一级主炮和7.5英寸（191毫米）的二级主炮，并非文中所说的8英寸主炮。

言论："我们这些该死的船今天有点毛病。"实际上，这句话是他在"玛丽女王"号毁灭的时候对"狮"号的舰长说的。其实，所有的英国战列巡洋舰，乃至所有的英国主力舰，都存在着一个基本的设计缺陷，那就是它们的炮塔和弹药库之间缺乏上文中提到的防爆设备。反观德军方面，由于"塞德利茨"号战列巡洋舰早在多格尔沙洲海战时就已经发生了几乎同样致命的内部火灾，此后，德国公海舰队的船只都经过了改装，以避免火焰沿着炮塔与舰身相连接的部分向下蔓延。英军舰队却没有进行过相关改进，这导致他们三分之一的战列巡洋舰被敌人轻松摧毁。幸运的是，英军残存的战列巡洋舰没有在后续行动中继续被击沉，而战列舰拥有足够厚的外部装甲，足以抵挡那些对"无敌"号和贝蒂麾下的其他战列巡洋舰造成致命破坏的炮弹。

此外，杰利科和舍尔的战列舰也发生了战斗，在这个方面，英国人显然占有较大的优势。虽然先头部队（指贝蒂舰队）发来的信号含糊不清，断断续续，但杰利科对两名敌军指挥官（希佩尔和舍尔）的逼近却了然于心。德国方面，希佩尔把英军大舰队即将迫近的情报汇报给了舍尔，他向后者发出了再明确不过的警告："'汤锅'里面有东西，我们最好不要陷得太深。"在此之前，舍尔一直坚信他已经把英国战列巡洋舰舰队困在了一个陷阱里，但现在他不得不努力克服这样一种焦虑，即这些英国战列巡洋舰们可能会得到大舰队其他成员的支援，但是，舍尔并没有得到关于大舰队所在方位的确切情报。反观杰利科，他不仅知道舍尔舰队的位置和航向，还可以进行精确的计算，以使自己的航向对准舍尔逃回德国北部港口的路线。因此，只要天一亮，只要炮火精准，杰利科就可以切断敌人的去路并歼灭他们，取得一场"特拉法尔加"式的胜利了。

英国大舰队所属的28艘战列舰在经过"无敌"号的残骸时才从纵队改成了横队——许多英国水手对己方取得胜利深信不疑，他们以为这个残骸属于某艘德国战舰，于是欢呼起来——现在，英国人占有光线方面的优势了（早些时候，一直是德国人占据着这方面优势），对西方的一切都一目了然，可以很容易地寻获自己的目标。对舍尔舰队的测距员而言，只有当杰利科舰队在其前方的海平面外发射大口径炮弹时，他们才能发现目标。整个从北到东的弧形海域都化作了一片火海。透过海平面上的浓烟和薄雾，敌舰炮口的闪光清晰可见，但仍然没有看到敌舰的影子。

当时，英国人开炮的距离大约为 11 千米，正好处于英军先头主力舰的射程之内，按照传统战术，英军舰队要对德军舰队形成所谓的 "T 字头"，并向其领头的战舰开火。虽然英军舰队的观察员们确信他们连续命中了目标并取得了击沉敌舰的战绩，但事实却并非如此。当时的确有几艘位于德军舰队前方的战列舰和战列巡洋舰在这次交锋中被炮弹击中（英国人一共命中了 22 发炮弹），但却没有任何一艘被击沉。

德国人以 33 次命中作为回应，这些炮弹全都打在了英军战列巡洋舰、巡洋舰和第 5 战列舰分队的快速战列舰身上。但杰利科的计划并没有受到影响：他率领舰队继续平稳地向前推进，对敌人步步紧逼，并更加深入到德国公海舰队与德国本土港口之间。这时，舍尔的神经已经崩溃了。在交战仅仅十分钟之后，他便下令 "全军同时掉头离开"，试图让他的舰队脱离危险。

好在当浓烟和薄雾开始笼罩德国船只之后，它们便逐渐从英军测距员的视野中消失了。虽然德国人可能转向南方，但杰利科最初的判断是正确的，舍尔选择了一条脱离危险的捷径，他向正西——也就是英国海岸的方向驶去，想借此骗过英国人。于是，为抄近路切断德军的退路，杰利科命令己方舰队改变航线，向南挺进。与此同时，在航行了大约十分钟（从下午 6 点 45 分到 6 点 55 分）左右，当舍尔觉得自己差不多可以凭借这个诡计从大舰队的后方溜走之后，他才发出了转向的信号，并开始向正东行驶。舍尔的意图是先抵达日德兰半岛的海岸，然后再以他们之前布设在本土海域附近的雷区为屏障，安然驶回母港。

不过，舍尔的转向命令下得太早了——他高估了杰利科舰队的前进速度，因此舍尔的舰队没能从大舰队的后方穿过，而是径直朝英国人冲了过去。大约在傍晚 7 点 10 分的时候，舍尔突然发现自己又一次遭到了英国战列舰的攻击。英国人占据了 T 字头的有利阵位，而德军装甲防护最弱的战列巡洋舰则掉进了陷阱之中——最后一束阳光勾勒出了这些战列巡洋舰的轮廓，而英国人的舰队就隐藏在这束光阳光的背后。对德国人来说，这是他们在当天进行的第二次遭遇战——这一次遭遇战的结果比第一次遭遇战要糟糕得多。在此战中，德军只取得了 2 次命中记录（均击中了 "巨人" 号战列舰），而英军共取得了 27 次命中记录——全部击中了已经遭受重创的德军战列巡洋舰。

在进行了不到十分钟的对战之后，舍尔就放弃了原来的计划——双方舰队的第一次炮战发生在傍晚 7 点 10 分，而 7 点 18 分舍尔就第二次对己方舰队发出了"全军同时转身离开"的命令。同时，舍尔命令自己的战列巡洋舰、轻巡洋舰和雷击舰对敌人发动"敢死冲锋"，制造烟雾并趁机发动鱼雷攻击——这次冲锋由希佩尔率领。希佩尔的"死亡之旅"——类似普鲁士胸甲骑兵在 1870 年普法战争中的最后一次冲锋——使他的战列巡洋舰几乎全部都遭到了不同程度的损坏（只有一艘例外）。虽然鱼雷攻击确实能取得"四两拨千斤"的奇效，但是当德军逼近时，杰利科派出了自己的轻型巡洋舰和驱逐舰——这让大多数德军舰艇要么只能在极远的距离外发射鱼雷，要么就根本没有机会发射鱼雷。尽管如此，在混战中，还是有 21 枚鱼雷被射入了英军的战线，这迫使杰利科下令"掉头"并允许某些船长自行操舰以躲避鱼雷。虽然没有英军舰艇被鱼雷击中，但当杰利科重新掉头追击敌舰时，舍尔已经成功逃到了距离大舰队 16.1 千米到 17.7 千米远的地方——不仅离开了英军火炮的威胁范围，还趁机径直向南朝"老家"驶去。此时，英军舰队位于东部，大致与德军舰队平行，但已经稍显落后了。

随着黑暗的迅速来临，这次战斗的最后阶段——也就是众所周知的"夜间行动"——即将到来。太阳在晚上 8 点 24 分落下，8 点 30 分，舍尔命令一支由六艘前无畏舰组成的分队前去支援自己的战列巡洋舰分队——后者位于东部，此时仍在遭受贝蒂舰队的攻击。而舍尔则亲自率领舰队主力赶在杰利科舰队的前方向南逃窜。在德军的前无畏舰与贝蒂舰队交火时，希佩尔的战列巡洋舰成功地从困境中逃出生天。德国海军在这次战斗中表现出的英勇无畏的气概，是他们能全身而退的主要原因。当海平线上的最后一缕光线也消失之后，德军前无畏舰和英军贝蒂舰队的测距仪同时失去了视野，双方的炮火开始稀疏起来。

夜色渐浓，各舰队都完全不知道敌方的行踪，只能暂时向南集结。在双方舰队之间不到 10 千米的海面上，英军和德军的轻型舰艇，以及英军的轻型舰艇和德军的战列舰先后爆发了 9 次战斗。在第 3 次战斗中，英军巡洋舰"南安普顿"号用鱼雷击沉了德军巡洋舰"弗劳恩罗布"号。在第 5 次战斗中，多艘英军驱逐舰对德军无畏舰展开了围攻，它们冒着猛烈的炮火冲到距离德舰约900米时施放了鱼雷，甚至还有一艘英军驱逐舰利用撞击战术击伤了德舰。在第6次战斗中，一艘英军驱逐舰发射的鱼雷击沉了德军的前无畏舰"波美拉尼亚"（Pommern）号——这枚鱼雷引爆了"波美拉尼亚"的弹药库。在第7次战斗中，一艘英军装甲巡洋舰"黑王子"（Black Prince）号被一艘德军无畏舰的炮火"点燃"，并在发生大爆炸之后迅速沉没。至于第8和第9次战斗，则是在英德双方的驱逐舰之间进行的——这两次战斗，让德军损失了一艘雷击舰。

　　直到6月1日凌晨3点30分，这些短暂而混乱的遭遇战才宣告彻底结束。德国公海舰队仍坚持向南航行，尽管其舰队的航速比英国大舰队要慢几节，但仍然从英国人后方穿了过去，并安全抵达位于日德兰半岛及其海岸旁的雷区。公海舰队现在的处境非常艰难——在战列巡洋舰方面，"吕措"号已经战沉，剩余的四艘战列巡洋舰中，也只有"毛奇"号能够继续战斗了；在支援舰艇方面，德军有一艘前无畏舰因殉爆沉没，以及四艘轻巡洋舰和五艘雷击舰被敌人击沉。除此之外，公海舰队还有十艘主力舰受损，其中"塞德利茨"号和"德弗林格"号的损伤十分严重——事实上，这两舰分别直到当年9月和12月才离开了修船所。德国公海舰队中共有2551名船员遇难，约500人受伤。

　　尽管如此，公海舰队还是回到了自己的母港——但"塞德利茨"号曾两次在靠近雅德湾的航道上搁浅，最后只能以狼狈的姿态，被倒拖回港里。然而，公海舰队对敌人所造成的破坏要远远大于自己遭受的损失。英军方面共有：三艘战列巡洋舰——"不倦"号、"无敌"号和"玛丽女王"号，三艘装甲巡洋舰——"黑王子"号、"防御"号和"勇士"号，以及八艘驱逐舰战沉。此外，共有6097名英国水手遇难，约500人受伤[1]，以及五艘英国主力舰被11英寸口径或更重型的炮弹所命中，尤其是"狮"号、"虎"号和"厌战"号，受创十分严重。然而，尽管英国人遭受了惨痛损失，但双方的兵力态势并没有发生逆转。大舰队与公海舰队的无畏舰数量对比仍然为28：16，事实上，英国人取得了战略上的胜利，

---

① 译注：原文如此，英军的受伤人数实际是674人。

他们一直在舍尔舰队的后方紧追不舍，直到后者进入雷区之后，才撤离了战场。不过，英国人既没有取得一场"特拉法尔加"式的胜利，也没能从根本上减弱德国人发动下一场北海突袭战的能力。正如舍尔在 7 月 4 日向德国皇帝报告的那样，"公海舰队将在 8 月中旬为进一步打击敌人做好准备。"

正如舍尔所说，德国公海舰队确实在 8 月 19 日出海，向北航行，想要按原计划炮击英国东海岸的桑德兰镇（Sunderland）。然而，他的行动被 10 艘齐柏林飞艇（德国人并没有在日德兰海战中使用它们）给阻止了。当其中一艘飞艇报告说英国大舰队正从苏格兰锚地向他逼近时，舍尔改变了航向，飞奔回家。实际上，在这次行动中，英国海军部的密码学家们早已发现了他的行踪。10 月份，舍尔再次出击，可他的行踪再次被英军发现，在大舰队的威逼下，公海舰队又一次临阵脱逃，回到基地——这是公海舰队对皇家海军的最后一次公开挑战。1918 年 4 月，当公海舰队再次溜出港口时，它的任务仅仅是对斯堪的纳维亚海域的商船进行破交作战。而且，在行动中，德军的一艘战列巡洋舰的机舱发生了故障，导致其航速大为降低，这迫使舍尔再次取消了行动，并返回港口。这标志着"风险理论"的终结，此时，公海舰队距离彻底投降和通往斯卡帕湾的旅程只剩下七个月了。

因此，从 1916 年 6 月 1 日直到 1918 年 11 月 2 日，总共 29 个月——也就是这场战争一半以上的时间内，公海舰队充其量只算是一支"存在舰队"，而在最后一年里，这支舰队甚至连"存在舰队"都算不上。德国公海舰队如此沉寂的原因或许有以下几点：第一，英国大舰队自身实力的迅速增长（从 1916 年到 1918 年之间，英国下水了 9 艘主力舰，而德国只下水了 3 艘）；第二，1917 年 4 月之后，美国无畏舰加入了英国大舰队，这极大增强了后者的实力；第三，德国皇帝威廉二世的神经越来越敏感，他顽固地反对任何海上冒险行动。然而，将公海舰队的地位削弱为一支不起作用的部队的主要因素还是它们在日德兰半岛附近海域的行动。德国人已经建立了一支用于实战的海军。但是，在日德兰全力出战一次后，德国海军的领导层却选择了一条消极避战的道路——甚至比特拉法尔加海战之后的联军指挥官更为消极。那么，这期间到底发生了什么事情，才使得他们不敢再作战了呢？

### 日德兰海战的得与失

要理解在日德兰海战中究竟发生了什么，我们必须首先明确一点：就算双方是势均力敌的，其中依旧存在很多能颠覆战斗结果的变数。特拉法尔加海战是一场风帆战列舰之间的较量，虽然有些战舰比其他战舰更为强大——尤其是那些装备了 100 多门大炮的巨舰——但当时的大多数战舰在攻击力和防御力方面都是大致相同。而日德兰海战的情况则与此截然不同。19 世纪末期，海军舰艇进入了多样化的时代，在鱼雷和蒸汽轮机等新式装备的推动下，新舰种——战列巡洋舰、驱逐舰和潜艇的蓬勃发展（尽管在 1916 年 5 月 31 日的日德兰海战中，潜艇并没有起到什么作用），这使得以"弱"胜"强"成为了可能——但当时的水手们还不知道这一点。有一个明证是，在日德兰海战进入到白热化阶段的时候，也就是当杰利科与舍尔麾下的战列舰交锋时，双方是旗鼓相当的。当希佩尔和贝蒂的战列巡洋舰在第一次遭遇战中争夺优势时，情况也是如此。不过，这种"旗鼓相当"并不是绝对的。例如，战列巡洋舰一旦与战列舰交锋，就会处于明显的下风；巡洋舰和驱逐舰则更是如此，它们在遇到敌方主力舰时——甚至在遇到与它们同级别的战舰时——都有战沉的危险。此外，在任何一艘舰艇上，按照传统定义，战斗人员主要包括：在舰桥和大炮旁边工作的水兵，以及在船舱内部为他们提供相关支持的人，包括大量司炉、机械师和弹药手，虽然他们根本看不见敌人，但同样也是"战士"，因为他们共同承担着巨大的风险——直接暴露在敌人的炮火之下。那么，1916 年 5 月 31 日，这些战士在日德兰究竟经历了什么？

### 战列巡洋舰之间的对决

在第一次遭遇战即将开始时，由于距离遥远，双方舰队之间的视野并不清晰。希佩尔的战列巡洋舰舰队，由于光线方面的优势，于下午 3 点 20 分先发现了贝蒂舰队，而后者直到几分钟后才发现了希佩尔舰队。"3 点 22 分，"一位"皇家公主"号的军官报告说，"我们第一次看到了敌人。5 艘战列巡洋舰在很远的地方依稀可辨，此外还隐约看到了几艘雷击舰。从位于我舰高处的指挥塔上，首先看到的是敌军战舰喷出的烟雾，然后是它们的桅杆、烟囱和船身上部的轮廓。然而，从炮塔的潜望镜中是看不到敌军的（炮塔上也装有用于观瞄的潜望镜，一旦中心火控系统失去了作用，这些设备可以让炮塔能够实现独立作战）……直到很长一段时间以后，才从炮塔的潜望镜中看到了烟雾。"

英军战舰的中心火炮控制装置位于舰桥的前桅上，比炮塔整整高出约 18.29 米，这一高度优势将其有效视野拓展了约 1830 米。在战斗进行期间，由于缺乏装甲防护，负责操纵该火控装置的船员受敌军炮火的影响，很快就与其他船员中断了联系。"海王星"号战列舰（隶属于杰利科舰队）上的一位军官候补生详细描述了自己为使火控装置正常运转而所做的努力：

（火控系统的操作人员）既可以通过一个长得似乎没有尽头的铁梯进入桅杆内部，也可以通过在桅杆支柱上铆接的铁横档从外面爬上去。一开始，我在高空中攀爬起来非常困难，就特意制作了一个蓝色的牛仔包，里面总是放着一些实用的小玩意——护耳、双筒望远镜、秒表、手枪、相机、呼吸器、围巾和羊毛帽等。我带着这个沉重的"旅行袋"，爬上了前桅右舷的支柱，越过汽笛（当我走近它时，汽笛发出了不祥的唑唑声……），再穿过了一片十分辛辣呛人的、从烟囱中冒出的烟雾，最后才顺着桅楼升降口爬到了桅杆顶部。

与特拉法尔加海战那个时代不同的是，在无畏舰时代，桅杆早已不再是敌军蓄意攻击的目标了。而且，1916 年时的火炮要比 1805 年时的火炮精准得多，加之前桅顶部的火控装置很小，所以在战斗过程中并没有火控装置被直接击中的实例。炮手们的主要目标是敌舰的船体——特别是炮塔，哪怕被厚厚的装甲覆盖，炮塔下方也依然是易燃易爆的弹药库的入口。

"新西兰"号战列巡洋舰是贝蒂舰队的第四艘战舰，该舰上的一名火控军官描述了他在开火时的感受："我费了好大的劲才相信匈奴人（代指德国人）终于出现了。这就像一场战斗演习，我们和德国人转了大致平行的航线，等待距离变得足够近之后，再彼此开火。这一切都显得非常冷血和机械，在这里没有机会看到鲜血，只有冷静的科学计算和不断下达的操炮和开火命令。在控制位置上，似乎每个人都变得异常冷静，他们只是安静地坐在仪器前，等待着战斗的开始。"

战斗伊始，双方船员的行动还能冷静如常。可一旦炮弹开始飞来飞去，即使是控制舱内最沉着的操作人员也会被这种场面所感染。火控桅楼内的成员大部分都是弹着点观察员，他们负责对弹着点进行观察，并发出"远失"、"近失"和"跨射"（指炮弹落在敌军战舰的两侧）等指令——其中，"跨射"意味着快要击中目标了。此外，火控桅楼内还有一些测速人员，他们的主要任务是测量敌军战舰是在接近，还是在远离。在一艘战舰上，射击控制员的视野是最好的——甚至比船长和舰桥上的人还要好——因为他们装备了高倍率的光学观察设备。在火控桅楼下方的测距塔中，测距员可以更清楚地观察每一艘敌舰，但是由于仪器所限，他们的视野较为狭窄。而火控中心的工作人员则什么都看不到，他们只需要把炮弹的射程、速度和偏差角度等参数记录下来，再利用"射程钟"计算出火炮的正确方位和俯仰角度，然后把这些数据传送给炮塔中的相关人员即可。此外，部分在火控塔中工作的人员，还担负了一项重要的任务——这就是时刻关注标示舰身稳定度的仪器，只有当仪器显示战舰在左舷和右舷之间保持稳定时，主炮才可以进行射击。虽然这些人才是主炮的真正指挥者，但是他们的视野还是比位于火控塔顶端的射击控制员要狭窄得多。因此，在这个最关键的位置上，弹着点观察员和测速人员之间的交流是非常密切的，正如"新西兰"号战列巡洋舰的火控军官所告诉我们的那样：

　　火控指挥官正在根据新航向调整射击诸元，并需要根据观测到的敌军航向和火控中心标定（推断）的敌军航线做出决策。不久后，在接受了来自火控中心的简短报告，并给出单字回答后，我无意间听到了弹着点观察员和射击控制员之间的快速对话。如果不是指挥官立即对其产生了兴趣，这些例行报告通常都是不需要理会的。在位于船桅顶部的火控中心，对话内容经常是这样的：

　　"你看见目标了吗？"

　　"没有。"

　　"减少400（距离）；以200接近（以200速率与敌人接近）。"

　　"无法完成。"

　　"以100速率接近。"

"距离下降 400 完成。"

"继续调整并将速率提到 250。"

"开火！"

"船转向右舷，以 200 的速率接近。"

"准备，发生溅射（敌人炮弹落在近处）。"

"速率提升到 200。"

偶尔，这些没完没了的"胡言乱语"会有一个停顿，但几乎立刻就会被传声筒中传来的尖锐声音所再次激活，例如"前桅楼中心火控系统！确定火控系统是否仍在工作……"，间或还会听到"冰雹式溅射"或"舰身震颤"的叫喊声（通常声音十分急促）。"冰雹式溅射"指的是敌人的炮弹打在己方战舰附近的海面上并当场碎裂，将大量的海水与弹片抛向空中，再落到火控塔顶部的薄铁皮屋顶上，发出像冰雹一样的声音；而"舰身震颤"则是指敌人的炮弹击中了己方战舰，却无法穿透船体装甲，当整个炮弹爆炸的力量都注入船体时所发生的剧烈震颤。实际上，在"冰雹式溅射"中，爆炸的炮弹通常只会产生细小的弹片，当它们扫过火控塔的一侧时并不会造成重大损伤。另外，在发生"舰身震颤"时，那些在船体装甲外爆炸的炮弹，与那些在船体内引爆的炮弹相比，造成的伤害可谓是相差甚远的。

"舰身震颤"这一现象可能是由于击中船体外部的炮弹在爆炸时的能量，传导至整个船体结构后造成的。与之相反，穿透装甲和船壳的炮弹在撞击时的能量，会在撞击点周围的空间中消散，并被隔层所吸收，因此不会引起"舰身震颤"。许多幸存者都发现，身处受损船只上的未受损部分中的船员，可能会对该船受损部分中所发生的灾难一无所知。例如，"马来亚"号战列舰上的一名海军军官候补生，在战斗时一直待在鱼雷控制塔，直到战斗结束后才来到了船首上——他回忆道："我惊讶地看到在右舷 3 号 6 英寸副炮附近的上层甲板上，有一个巨大的弹孔……当战舰终于被灯光（由应急电路供电）所照亮时，我看到了一幅终生难忘的场景——所有的东西都被大火烧得黑黝黝的、光秃秃的；舰上的厨房、食堂和干衣间被炮弹炸得扭曲成了各种奇怪的形状，整个甲板被大约 6

英寸深的海水和可怕的碎片所覆盖……在甲板下和其他远离战斗区域的阵位上的人恐怕做梦也想不到我们遭受了这样的损失和伤亡。"

如果军舰上非装甲和无防护的区域被直接命中,附近所有人都会非死即伤。但如果敌人炮弹打在装甲上,情况就大不相同了。当天下午 3 时 55 分,英国皇家海军"虎"号战列巡洋舰的 Q 号炮塔被一枚来自德军"毛奇"号的 11 英寸炮弹击中了装甲顶盖——1 名炮组成员当场死亡,4 名炮组成员受伤,1 名海军军官候补生受重伤,并于不久后死去。不过,还有 3 人安然无恙,他们在其他船员的帮助下,迅速让这座炮塔重新投入了使用。一名炮塔军官记录道:"死者被安置在一旁,伤者接受了急救,必要的替补人员从甲板下方赶来替换伤员。"对损坏情况的迅速调查显示,虽然较脆弱的机械和仪器已经损坏,但大炮和装弹设备仍然可以工作。而在之后的第二次世界大战中,战略轰炸机的指挥官们发现,无论如何精确地投弹,他们都很难摧毁这种由钢铁制成的宏伟机器。炮塔军官接着描述道:"在拆除了一大块装甲碎片之后,左主炮的装弹笼很快就被修好了。但右主炮的装弹笼吊索被卡死了……因此,左主炮可以继续正常装填,而右主炮只能采用备用方法进行装填……此后,在听到舰上的其他火炮开火时,Q 炮塔仍然可以通过激发扳机进行发射,并接受由中央火控系统所传达的正确高度和方位——幸运的是这些接收设备都没有遭到损坏。"

尽管遭受到了重创,但"虎"号还是幸运地逃脱了。不过,如果德国人的炮弹是在其弹药库中爆炸的话,情况可就大大不妙了——"虎"号上所存储的弹药会发生殉爆并摧毁这艘船——另外几艘爆炸沉没的英军战列巡洋舰上就发生了这样的事。后续的调查显示,这是因为英军炮手试图在战斗中提高射击速度而严重违反操作规范所造成的,炮手们没有意识到炮塔与弹药库的无障碍连通会有多么危险(事实上,这是无畏舰最大的一个"死因"了)。而且,为减少麻烦,这些炮手还移除了弹药库通风井里的防爆设施。

"狮"号战列巡洋舰上所发生的事情与"虎"号类似。下午 4 点,它的 Q 号炮塔被一枚来自"吕措"号的 12 英寸炮弹击中,炮塔内的所有人都被炸死了。其中一个弹药手在临死时,无意识地把右边主炮的装弹笼送到了工作区域,而装弹笼内还装有用无烟火药制成的发射药包。于是,一场大火便沿着炮塔内的电缆蔓延了开来，先点燃了装弹笼和工作区内的绳索，然后大火再从炮塔与舰体连接的区域向弹药库蔓延。所幸的是，炮塔军官 F.J.W. 哈维少校（F.J. W. Harvey）在奄奄一息的情况下（他失去了双腿）下令关闭了弹药库舱门，并放水将弹药库淹没。哈维少校最后的命令拯救了这艘战舰，因此他被追授了维多利亚十字勋章。

敌军炮弹在炮塔中所引起的大火，对在弹药库上方工作的全体船员而言都是相当致命的。正如"狮"号的炮手长所报告的那样：

（火焰）从炮塔与舰体相接的部位向下漫延到弹药库和操作室，再从逃生梯向上进入了配电室。在后面的船舱里，除了接线员和一些电气维修人员之外，还有一支医疗队（由一位外科医生负责带队）。所有这些人，连同弹药库的工作人员，都在发射药包燃起的大火中丧生了。（他们的）身体和衣服没有被烧焦，而且，在双手不由自主地抬起的情况下，为了保护眼睛，其掌心都是向外张开的——被遮住的手背和脸甚至都没有被烧变色。因此，这些人的死亡一定是在瞬间发生的。

"玛丽女王"号战列巡洋舰——"虎"号和"狮"号的同级舰，遭受了类似，但却更加沉重的打击，未能幸免于难。大约在下午 4 点 26 分，在经历过多次打击之后，"玛丽女王"号的一个前炮塔又被击中了。一团因发射药包燃烧而产生的火焰窜进了前炮塔下方的弹药库中，从而引发了剧烈爆炸，并将该舰的整个前部都炸飞了。不久之后，"玛丽女王"号的 X 号炮塔又被击中，并再次引发了弹药库殉爆，该舰的残骸很快便倾覆沉没了。枪炮军士长 E. 弗朗西斯（E. Francis）是 X 炮塔成员中的幸存者，他详细描述了这一过程：

接着发生的大爆炸（前弹药库的爆炸），让我们感到有点摇晃，我一看压力表，发现（液压）系统失灵了（在转动炮塔、控制火炮俯仰、操纵弹药升降机和推弹机的过程中，液压系统发挥着重要作用）。紧接着……又一次重击来临了，我悬在了半空中，挂在了一条绳套上——这令我没有重重地摔在炮塔地板上，可以说，是这个绳套救了我一命。左边那门大炮的 2 号和 3 号炮手滑倒在炮身下方，在我看来，那门大炮好像从耳轴中掉了下来，把他们俩给砸碎了。此时，船上的一切都像教堂一样安静，炮塔的地板鼓了起来，大炮成了一堆废铜烂铁……我把头从炮塔顶上的洞里探了出来，结果差点又掉了下去。我注意到这艘船的左舷一片狼藉，后方4英寸副炮的阵位被打得面目全非（X炮塔位于舰桥后方，看不到这艘船缺失的前半部分）。我回到炮塔内，把情况告诉了艾瓦特上尉（炮塔指挥官）。他说："除了给弟兄们一个求生的机会，我们现在什么也做不了了，撤离炮塔吧！"于是，我大喊："撤离炮塔！"炮塔中幸存下来的人就都走了出去。

　　弗朗西斯和一位X炮塔的海军军官候补生——劳埃德－欧文（Lloyd-Owen）是"玛丽女王"号仅有的20名幸存者之一，而该舰总共搭载了58名军官和1228名船员。此外，"不倦"号战列巡洋舰也是因为弹药库殉爆而被炸毁的，它于下午4点02分沉没，舰上1000名官兵中只有2人幸存。这些浩劫，再加上英国海军后来又失去的"不倦"号的姐妹舰——"无敌"号战列巡洋舰，将成为日德兰海战中最大的悲剧。老旧的装甲巡洋舰"黑王子"号和"防御"号也在随后的战斗中沉没，其伤亡人数与上述战列巡洋舰相当——虽然这些伤亡令人震惊，但却没有人感到意外，因为它们本来都不应该被允许进入敌军无畏舰的射程之内。人们早就预料到战列巡洋舰是一个"危险"的舰种，但他们没想到，这些战列巡洋舰即使不在由战列舰排成的战线之内，也无法在一场决战中承受敌军火力的连续打击。不过，德军的"塞德利茨"号战列巡洋舰和它的姐妹舰却通过了战争的考验。不论如何，对英国人来说，"无敌"号、"不倦"号和"玛丽女王"号在德军的远程穿甲弹火力之下的不堪一击，是他们在日德兰海战中遭遇的所有悲剧中最令人不安的一件。

## 战列舰之间的对决

　　在那个时代，英国人对自己的物资优势和战术先进性太过于自信了，以至于许多亲眼看见了"不倦"号和"玛丽女王"号惨状的人，都没有意识到这是己方的军舰。"马来亚"号（HMS Malaya）上的一名海军军官候补生回忆道："当我们经过一艘沉没的船只时，我们简直高兴极了，只看见残骸的周围有一群幸存的水兵正在游动。我们做梦也没有想到那是我们自己的战列巡洋舰——但它的的确确就是'不倦'号。当我们经过'玛丽女王'号的残骸和幸存者时，同样的事情又发生了。即使当一名站在残骸上的男子向我们挥手时，我们也认为这一定是德国人想要我们搭救他。""马来亚"号上的船员们"想到又要执行一次无聊的清扫战场任务时，就感到厌烦得要死"。因此，当船员们意识到自己终于可以采取行动的时候，都感到异常兴奋。所以，当一枚德军炮弹落在距离"马来亚"号的左舷大约470米处时，人们发出了热烈的欢呼声。

在"玛丽女王"号发生剧烈爆炸的时候，"虎"号和"新西兰"号与它的距离非常接近，这回不会出现误判了——"虎"号和"新西兰"号上的观测员看得清清楚楚。一位"新西兰"号上的观测军官看到"一小团看上去像煤尘的东西从它被击中的地方飘了出来"，然后这艘船就消失在了"一团可怕的黄色火焰"和"一团又浓又密的黑烟"当中。当"虎"号行驶到与"玛丽女王"号平行的地方时，看到后者的螺旋桨仍在旋转，"'玛丽女王'号的船员从后炮塔的顶盖上挣扎着爬出来，而这时又发生了一次大爆炸……最值得注意的是，爆炸后有大量的纸被吹到空中，还有大量的钢铁碎片被抛向空中。在我们周围，乱七八糟的东西纷纷从半空中坠入大海，就像雨点一样。""虎"号指挥塔里的一位目击者看到，"'玛丽女王'号整艘船似乎都由外向内坍塌了——它的烟囱和桅杆掉向船的中央，船身则向外破裂开来，炮塔的顶盖（重约70吨的实心装甲）被吹到30多米高，然后一切都笼罩在了浓烟之下。"

这是一个可怕的警告——在德军的炮火之下，英国人才发现了自己的真正弱点在哪儿。德军炮弹在英军战舰的观测镜上看得清清楚楚，有时甚至能用肉眼看到。"它们似乎总是直冲着人的眼睛飞过来……它们出现的时候，就像一个个越来越大的点，直到它们突然破裂，或嗡嗡作响地从我们身边飞过去，或落在我们后面为止……有时我们还能清楚地看到跳弹的痕迹，跳弹的头尾旋转着，发出一种巨大的声音，就好像远处传来的火车的隆隆声。"在稍后的战斗中，一位来自"巨人"号战列舰的军官回忆道，"我们清楚地看到一颗巨大的炮弹弹了起来，这颗炮弹被漆成了黄色，上面有一道黑色的条纹。"

随着战斗进入到了白热化阶段，敌军炮弹击中己方战舰装甲所产生的毁伤效果也不会再被忽视了，英军船员感到异常焦虑。"这是一种奇怪的感觉，""海王星"号战列舰上的一名海军军官候补生回忆道，"在远距离遭受猛烈炮击时，（敌人炮弹）的飞行时间看起来更像是 30 分钟，而不是实际上的 30 秒左右。一股股巨大的火焰从 16 千米外的敌人的炮口中喷涌而出，紧接着是一段摄人心魄的停顿，在这段时间内，船员们会不安地想到，在那片巨大的'海上无人区'的某个地方，有 2 吨或 3 吨重的金属和炸药正朝他们猛冲过来。随后，如山峰一般耸立的巨型水柱宣告着每一轮敌军齐射的到来，每次都有 4 到 5 根水柱同时升起，喷涌到了极高的位置。"

"一旦被'击中'，目标舰船会发出温暖的红光。"一位观测员回忆说，"'敌舰上的人'很容易将这种红光与'齐射时炮口的闪光'区分开来，而且这种红光非常漂亮。"对于目标舰船来说，这种"温暖的红光"——如果连续击中的话，很可能每隔 20 秒就会出现一次——是非常可怕的。在战斗开始的第一个小时内，就是在这种"温暖的红光"的照耀下，两艘英军战列巡洋舰被毁灭了。英军战列舰，以及所有德军的主力舰都是极为坚固的目标。但是即使是一艘拥有重装甲的战列舰，敌军无畏舰主炮所发射的炮弹对其造成的物理伤害也是极具破坏性的。

英国皇家海军"厌战"号战列舰是分配给贝蒂战列巡洋舰舰队的四艘快速战列舰之一，沃尔温（Walwyn）中校在这艘战舰上担任副舰长。当时，他被舰长派去调查损失情况——后来证实，这些损失主要是在下午 5 点 30 分左右由德舰"塞德利茨"号所造成的。沃尔温对此作了详尽记录。为了加快速度，他决定跑到甲板之上而不是进入甲板之下（木制战舰和铁甲战舰的一个主要区别在于后者的甲板上基本没有什么人，只有舰长和其他在舰桥上工作的人会留在甲板上，而其他的人都在船舱内）。"我把自己的大衣领子竖了起来，像只牡鹿一样奔跑，心里感到一阵阵的恐惧。"当这位副舰长接近下属报告的损坏区域时，一枚 12 英寸的炮弹正好从附近的住舱甲板穿了过去。"可怕的金色火焰、恶臭的味道、浓厚的烟尘和所有的东西似乎都伴随着一种可怕的声音扑面而来。我叫来了第 2 号消防队，他们从下面的船舱跑了上来，我们接上水管，扑灭了许多燃烧的垃圾……有几名消防队员因为这种恶臭的味道而生病了，但没有发现有毒气中毒的迹象。"——密闭空间中残留的炮弹烟雾，是危害船员身体健康的主要因素之一。"弹孔直径约为30厘米；有大块的装甲板被震落并在巨大的惯性之下穿透了住舱甲板，把一切都毁了；许多装甲的螺栓脱落了；压载水系统控制台被彻底毁坏，头顶上所有的管道和电线都被切成了碎片，浓烟从甲板上的洞里冒了出来。"但是，德军对"厌战"号的攻击仍在继续。不久之后，沃尔温副舰长收到了一条新消息："一枚炮弹在船长休息室内爆炸了。"

沃尔温记录道，"我再次走向了船尾，发现我自己的船舱已完全被炸出了舷外……甲板中央约有一个达到一平方米见方的大洞。我的船舱里有很多还在熊熊燃烧的残骸，我只好先将火扑灭。在这堆残骸的中央是我妻子的微型画像，它的盒子被崩没了，但其他方面完好无损……休息室内总共发生了四次爆炸……跟随第5号消防队一起探查损伤情况的时候，我发现战舰的左舷遭受了重创。我协助消防队……堵住了消防水管，试图阻止水流进通风管。可是，水柱仍然从甲板上方的几个洞中不断涌出，这显然是敌军的炮弹造成的（此时仍不断有炮弹在我身边炸响）……一枚炮弹命中了更靠前的地方，即X炮塔的装甲基座，导致第5号消防队的几名成员死亡，还有更多人受伤……虽然我意识到我们不可能有效地堵住侧面的弹孔了，但决定无论如何也要阻止海水进入机舱。最后，我们终于用厚橡胶片和松木片堵住了（通风口）……炮弹的爆炸令战舰的灯光熄灭了，我们只能点着蜡烛继续工作……所有的电灯泡都被大爆炸给震碎了。"

实际上，这片区域所遭受的破坏主要是由一枚未爆炸的炮弹所造成的。沃尔温发现，有两名司炉工正在试图切断炮弹上的引信，他回忆道："我赶忙阻止了他们的这个危险举动。" 与此同时，战舰的厨房被一颗12英寸口径的炮弹击中了（一个司炉工说："我的晚餐完蛋了。"）。不久后，副舰长沃尔温得知，"厌战"号工程师办公室下方的舱室又被敌军的炮弹击中了，他回忆道，"情况看上去非常糟糕，一大片三角形的碎块（装甲板）在距离海面约30厘米的地方被从主装甲带中剥离了出来。"淡水箱和燃料箱（"厌战"号是英国皇家海军首批以石油为主要燃料的船只之一）被炸成了碎片……"虽然人们试图堵住这个洞，但大量的海水不断涌进来，把他们给冲了回来。" 在看到不可能堵住弹孔后，沃尔温命令船员们用吊床填满了整个受影响的隔间。"我们一共用了整整600个吊床来填满这个空间……虽然这有效地解决了麻烦，但我们一直忙到当天深夜。后来，我们又在浴室里发现了一颗（未爆炸）的炮弹。"

此时，"厌战"号战列舰还在不断遭受打击，沃尔温每隔一段时间就会接到相关报告。在接下来的几分钟里，"厌战"号右舷的副炮被敌军击中了，"一团火焰从副炮炮塔的滑动百叶窗的缝隙中喷涌而出……我只听到里面传来了很多呻吟声。" 沃尔温前去查看的时候，发现右舷副炮炮塔中堆放的发射药包已经引发了一场火灾，有两名炮手被严重烧伤。此外，在战舰的指挥塔附近，也有大火在熊熊燃烧。沃尔温写道："信号员和传令兵透过指挥塔的缝隙向外张望……他们看起来就像鸟巢里的画眉鸟，张大嘴巴高喊着'把火扑灭'！所幸的是，我们最终接通了舰上的主蒸汽管道，从而得到了足以扑灭大火的水。"位于船身下方的航海军官住舱也燃起了大火，船舱附近堆放的400件救生衣被烧毁，"橡胶燃烧的臭味非常难闻……多根木门立柱在高温下不断燃烧，并相继破裂。战舰的甲板翘了起来，甲板敷料下层的松香像燃烧的冬青树一样噼啪作响……在甲板上方，舰上建筑的前半部分已经被完全烧毁了，看起来就像是一个因着火而废弃的工厂，所有横梁都被烧黑了……一枚12英寸口径的炮弹从后烟囱钻了进来，穿过'牛肉墙'（肉类储藏区），把2号救生艇（木船）劈成了柴火。在穿过肉墙的时候，这颗炮弹带走了一整只羊，并将它塞进了隔栏里。由于这只羊已经变得面目全非了，一开始我还以为它是一位伤员呢！"

羊的尸体都被误认为是伤亡的船员，这证明了在装甲战舰内部的狭小空间中，一个具有极强冲击力的物体会造成多么可怕的伤亡。令人惊讶的是，虽然遭受了这么次打击，但在整个战斗过程中，"厌战"号战列舰上却只有14人死亡、26人重伤，而且绝大部分伤亡都是由烧伤所造成的。自始至终，该舰的船员们都表现出了一种惊人的漫不经心的态度。战斗初期，在被敌人的炮弹命中后，"厌战"号的一个损管小组竟然被发现"正忙于寻找纪念品"；而当右舷起火时，"负责补充6英寸炮弹药的海军陆战队员们正在甲板上愉快地玩牌"。副舰长回忆道，"当我忙于对战舰甲板的损坏处进行修复时，有两个司炉工过来找我，恳求我保管一些手表和信件之类的东西——这些都是在那些被炮弹震晕的人身上发现的。我觉得这太不合时宜了，就好像我们军官可以随时离开军舰回家似的！"

事实上，尽管"厌战"号的舰体表面遭受了大量损伤、舰上建筑发生了火灾、受到了持续不断的"噪音攻击"（这些噪音"震耳欲聋，几乎令人神经崩溃，你听不见自己在说什么，只好对着别人的耳朵大喊大叫"），以及挨了整整15发11英寸口径和12英寸口径的炮弹，但这艘战舰并没有受到致命的重创。在很短的一段时间内（从下午6点19分到6点45分），"厌战"号成为了德军战列舰的主要目标，它的一门火炮被打得无法使用了，但主炮塔、弹药库和轮机舱仍然完好无损。"厌战"号的转向舵机由于严重过热而熄火了，因此它无助地在两支舰队之间盘旋，直到故障被排除为止。在这段时间内，它被敌军的炮弹击中了11次，但只有5次造成伤害并妨碍了战舰的正常运作——不过在所有情况下，其基本功能都到了迅速恢复。"厌战"号能幸免于难，主要是因为它所有的设备都有备份——包括液压系统、蒸汽管道和电缆等。虽然所有无畏舰都采用了相似的设计，但"伊丽莎白女王"级战列舰无疑是更为先进和强大的——它们是日德兰海战中最好的和最新的战舰，它们的杰出性能证明了自己的设计是非常优秀的。

"厌战"号是英军在日德兰海战中遭受打击最多的一艘战列舰，而"马来亚"号和"巴勒姆"号紧随其后，分别被击中了7次和6次——它们都隶属于支援战列巡洋舰舰队的第5战列舰分队。事实上，英军战列舰分队中唯一一艘被敌军炮弹重创的战列舰是"巨人"号，这艘战列舰建于1909年，是一艘相对较老的无畏舰。傍晚7点15分左右，两枚来自德舰"塞德利茨"号的11英寸口径的炮弹击中了它的上层建筑。其中，一颗炮弹是跳弹，没有对战舰造成损伤，而另一颗炮弹的碎片造成了损伤，并引发了火灾（很快就被扑灭了）。此外，还有一枚"近失弹"也令"巨人"号受到了伤害——在该舰主炮炮塔工作的一名海军军官候补生描述了这颗"近失弹"的威力："所有位于前舰桥的官兵都侥幸安然无恙，只有负责前舰桥测距仪的海军上等兵贝德多（Beddow）被弹片击中，他的右臂几乎从肩膀下方被切断，后来他的手臂被截肢了……但是，如果不是海军陆战队上尉用手帕和一根棍子临时制成了止血带……他肯定会流血而死。"

日德兰海战中的英军舰桥工作人员或许是亲历这场战争的海员们的典型代表。W.S. 查尔默斯（W.S.Chalmers）就曾站在"狮"号战列巡洋舰的舰桥上，站在贝蒂司令身边，他详细描述了舰桥工作人员的经历和他们的感受：

在舰桥上，我们幸运地没有注意到自己的船里有两颗大炮弹爆炸了。高速行驶时产生的风声和其他噪音，伴随着我们自己大炮的轰鸣声——往往同时开四炮——敌军炮弹爆炸的声音被完全淹没了。然而，毫无疑问，我们遭到了猛烈的攻击，因为当敌人的炮弹落入大海时，在我们周围激起了比烟囱还要还高的巨大水柱。同时，还卷起了巨大的浪花，简直要把我们给淹没了。偶尔，在战斗的喧闹声中，我们还能听到炮弹碎片发出的不祥的嘶嘶声，并瞥见闪闪发光的钢片从舰桥上方飞过。

要不是"一位头上没有戴军帽、身上血迹斑斑、衣服被烧得破破烂烂的海军陆战队中士"赶来报告，舰桥上的人还对 Q 炮塔遭到炮弹袭击的情况一无所知（这次袭击几乎摧毁了这艘船）。查尔默斯回忆道："我将目光投向了舰桥外面，无须做进一步证实了——Q 炮塔的装甲顶盖像一个打开的沙丁鱼罐头一样被折叠了起来，浓厚的黄色烟雾从裂开的洞里袅袅升起，大炮笨拙地翘在空中……奇怪的是，这一切竟然发生在离舰队司令贝蒂只有几米远的地方，而我们这些身处舰桥中的人却都没有听到爆炸声。"

有趣的是，在日德兰海战中的战列舰对战阶段，德军战舰的舰桥成员也获得了类似的"豁免权"——尽管他们比英军杰利科舰队更容易受到攻击。如前文所述，在战列舰分队中，"巨人"号是唯一一艘被敌军炮弹直接命中的英军战列舰。相比之下，德舰"国王"（Konig）号、"大选帝侯"（Grosser Kurfurit）号、"边境总督"（Markgraf）号和"皇帝"（Kaiser）号分别被杰利科舰队直接命中了 9 枚、3 枚、2 枚和 2 枚重磅炮弹，而"边境总督"号、"皇帝"号和"赫尔戈兰"（Helgoland）号甚至还被英军的战列巡洋舰舰队给击中了。因此，"国王"号和"大选帝侯"号遭受了重创。不过，这些战列舰的损伤还是远远比不上"吕措"号、"德弗林格"号和"塞德利茨"号——这三艘战列巡洋舰分别遭受了 24 枚、21 枚和 22 枚重磅炮弹的打击。尽管"吕措"号最终不得不在回港的路上被遗弃，但绝大部分德军主力舰都在战斗中幸存了下来，这得益于德国军舰建造时所采取的高标准和严要求。

"吕措"号的舰长描述了该舰的最后时刻。6 月 1 日清晨，"当时的情况已经很明显了——在这艘船已经不可能被拯救之后，我决定先把船员送走，因为当时船里涌进来了 8300 吨海水，而且船身正在发生倾斜……船首下沉得很厉害，海水淹没了甲板，船尾伸出了海面。于是，按照我的命令，这艘船被 G-38（一艘德国雷击舰）发射的鱼雷击沉了。它先是猛地向一侧倾斜，两分钟后，它带着飘扬的旗帜迅速地沉到了海面以下。"

另一艘没有从日德兰返回的德国主力舰是英勇无畏的前无畏舰"波美拉尼亚"（Pommern）号——在夜间战斗中，它被英军驱逐舰"猛攻"（Onslaught）号所发射的一颗鱼雷所击沉。德军的前无畏舰既没有细分水密舱室，也没有采用水下防护措施。爆炸的鱼雷把"波美拉尼亚"号炸成了两半，舰上 844 名船员无一生还。

造成这些船员无一生还的主要原因，是光线不足——在漆黑一片的海面上很难找到幸存者。反观英军，尽管在"玛丽女王"号和"不倦"号上发生了大灾难，但仍有一些幸存的船员被打捞了上来（其中，"不倦"号有 11 人幸存），这表明即使座舰沉没，部分船员还是有可能幸免于难的。至于"无敌"号，则是因为发生了整个日德兰海战中最大的一次殉爆，所以才无人幸存。被鱼雷击中后，"波美拉尼亚"号破碎的船体至少漂浮了 20 分钟。据推测，这艘前无畏舰是因一连串的爆炸而沉没的，从副炮开始，"波美拉尼亚"号上所发生的火灾一直扩散到了存储 11 英寸口径主炮发射药包和炮弹的地方。位于该舰顶部和舰桥上的人很可能是被爆炸给扔到海里去了，而当时位于上层甲板上的人很有可能逃过了一劫——但最后，所有的人都消失在了黑暗和寒冷之中。

一旦发生内部爆炸，最危险的是弹药库和轮机舱中的工作人员——事实上，他们根本没有逃生的希望。如果弹药手就位于发生殉爆的区域附近的话，恐怕都会瞬间全部死亡；而司炉工和机械师则可能会面临一场漫长且可怕的痛苦经历。"波美拉尼亚"号、"不倦"号和"玛丽女王"号上的轮机舱工作人员最后的命运很可能就是如此：被困在甲板下方的狭窄"气囊"里，四周一片黑暗，不仅随时可能被上升的海水所吞没，还可能会受到过热蒸汽和失控机械的威胁。

　　轮机舱内最后几分钟的恐怖细节我们已经无从得知了。不过，英国装甲巡洋舰"勇士"号上轮机舱机组人员的经历，却向我们展示了可能会发生的事情。这艘装甲巡洋舰在下午6点20分左右遭到了"德弗林格"号和其他德国战列巡洋舰的攻击。"勇士"号试图支援英国战列巡洋舰舰队，却被多达15枚重磅炮弹击中，其中一枚炮弹击中了水线，海水很快淹没了整个轮机舱。

　　"勇士"号并没有遭受更多的攻击，因为德军很快就将主要火力转移到了"厌战"号身上——后者因为舵机失控，一直在漫无目的的盘旋。不过，德军炮弹对"勇士"号所造成的破坏已经把轮机舱中的幸存者困在了舱内。最初有8人被困住了，一位负责的军官试图把他们领出轮机舱，但失败了。借着一盏油灯发出的微光，他发现水正从地板上溢出来，曲柄坑中已经积满了水，曲柄在水中嗖嗖地转动着。

　　"勇士"号并不是一艘采用蒸汽轮机的战舰，它还在使用老式的往复式蒸汽机。在这艘船的轮机舱内有巨大的活塞和汽缸，这些活塞和汽缸的高度与整个轮机舱平齐，在战舰正常行驶的时候，是完全没有危险的。但是，一旦出了差错，轮机舱里的船员就会面临极大的危险。首当其冲的就是轮机员们：

　　由于担心会发生更多的事故，一位轮机军官试图降低引擎功率，并关闭蒸汽。但这时水已经漫过了地板，于是他决定只做一件事——那就是把水清理出去。不过，这时他已经够不着梯子了，因为地板已经被震离了原位，他很有可能会被卷进转动得飞快的曲柄里。轮机舱内的人员只能撤离，他们一起爬过管道和冷凝器，手拉手以防止被水流卷走。不幸的是，铁链断了两次，导致几个人不知怎么被困住了（不久后就被淹死了）。随着水位的上涨，其余的人只能不断往上爬，寻找相对安全的位置，从一个地方爬到另一个地方，直到他们终于到达了最上面的栅栏为止。这时天已经很黑了，他们没有更高的地方可去，也无法把最上面的栅栏移开，显然，他们发现自己注定要死了。他们不仅有被淹死的危险，还有被滚烫的蒸汽窒息的可能，他们只能不停地往脸上泼洒混着油污的海水，以免自己的皮肤被烫掉。令人惊讶的是，发动机一直工作到汽缸里的水升到一半高度时才停止——这还是在锅炉已经被关闭的情况下。在一片漆黑和深深的绝望中，这种恐怖的痛苦持续了将近一个半小时……有一位乐观的司炉军士，他拒绝承认这已经绝望的形势，他不停地说着话，好让大家都高兴起来……他们互相抓着对方，尽可能地延长自己的生命，但他们一个接一个地掉了下去，消失在水里——最后只剩下了三个人。至于（轮机军官）本人，他先是迷路了，然后在轮机舱内滑倒了，结果发现自己被卷进了机器里，但那位乐观的司炉军士把他拽了出来，并扶着他走，直到他感觉稍微好了些。他们一度以为这艘船已经被遗弃了，但随后他们感到一股明显的冷水流了进来——很显然，这表明这艘船一定还在航行中，这意味着还有人在操纵这艘船，这给他们带来了极大的鼓励。最后，他们听到有人在船上吹着哨子发出命令，于是大家一起高喊起来，并得以获救。

　　对于德国战列舰"波美拉尼亚"号，以及英国战列巡洋舰"玛丽女王"号和"不倦"号的轮机舱船员来说，他们所遭遇的困境是一样的——那就是得不到任何救援。由于采用了蒸汽轮机，战列巡洋舰上的船员们不用担心被曲柄和活塞压碎或肢解，但破碎的船壳还是直接把他们带入了深海。上了年纪的"波美拉尼亚"号可谓是一艘不折不扣的"海上巨轮"，当它最终沉没的时候，一定让船上的许多司炉工和机械师备受折磨。而且，在这三艘战舰中，发动机漏出的高温蒸汽会把人的皮肤活活烫掉，而剩下的人则会被淹死。

　　然而，现代化战列舰还是证明了它们在实战中的价值。事实表明，英国甚至是德国的战列舰巡洋舰装甲都太轻，水密舱也分得太少，无法抵挡密集的炮弹攻击——德国的前无畏舰也是如此，"波美拉尼亚"就是其中一个不幸的牺牲品。相比之下，五艘无畏舰都在交火中幸存了下来。即使是遭到最严重破坏的"厌战"号，其船员也只有令人惊讶的微小伤亡：尽管它遭到了15枚重型炮弹的攻击——其中13枚是由德军战列舰发射的，导致了14人死亡、32人受伤。大部分伤亡是由第7次命中所造成的，当时一枚炮弹击中了"厌战"号的右舷副炮，引燃了发射药包，烧死了许多炮手。

　　总体来看，不论是英国还是德国，其战列舰上船员的伤亡都非常轻微。第5战列舰分队的快速战列舰上共有103人阵亡，其中"巴勒姆"号上有26人阵亡，"厌战"号上有14人阵亡，"马来亚"号上有63人阵亡。在所有造成伤亡的因素中，右舷副炮发射药包起火成为了主因，共造成了102人死亡。而杰利科麾下的战列舰舰队中，只有一艘战舰上有人员阵亡——即"马尔伯罗"（Marlborough）号（共有 2 名船员丧生）。相比之下，德国战列舰所遭受的损失更大一些，特别是"国王"号，它上面共有 45 名水兵丧生——主要是副炮的炮手们。德军战列舰的总伤亡为：107 人死亡、139 人受伤（相比之下，德军战列巡洋舰的死亡人数为 283 人，受伤人数为 139 人[①]）——这是被英军 12 英寸口径和更大口径的炮弹命中 26 次所导致的。所有的这些伤亡数字都必须与双方战舰发射的重型炮弹的总数进行对照——德军战舰发射了 1904 发重型炮弹，英军发射了 1539 发重型炮弹，这些炮弹中的绝大部分都是瞄准对方的战列舰发射的。英国人所发射的炮弹中，有不超过 5% 的炮弹命中了目标，而德国人的命中率则不超过 3%。少数战列舰的炮击更为精确一些：冠军是英军战列舰"铁公爵"（Iron Duke）号——这是杰利科的旗舰，它一共发射了 43 枚 13.5 英寸口径的炮弹，在 11520 米的距离上命中了"国王"号 7 次——这些炮弹杀死了很多"国王"号上的船员。

日德兰海战中的双方船员们究竟是如何规避伤亡的，我们现在仍然知之甚少。特拉法尔加海战中，几名英军船长在开始交战之前就让船员们躺在甲板上，而当战斗变得激烈时，许多船员都离开了他们的岗位，躲在位于战舰水线以下的最下层甲板或货舱内，以保证自己的安全。有间接证据表明，在日德兰海战中，很少有英国或德国的水手躲到船舱里去——这样做似乎被认为是一种玩忽职守的行为。此外，按照作战任务的要求，官兵们一般都要在自己的位置上保持直立状态。不过，所有在炮塔、弹药库或弹药处理间工作的船员都被配发了"防爆"设备，这些设备可保护他们的双手和头部。事实证明，这是一种有效的保护措施——只要发射药包引起的大火没有让整个弹药库失火，就不会出什么大问题。

即便如此，在侥幸逃脱了内爆命运的战舰中，还是有一些船员被烧成了灰烬。

---

[①] 译注：原文如此，事实上，德军战列巡洋舰的总伤亡人数远远高于这些数字："塞德利茨"号有98人阵亡，55人受伤；"吕措"号有115人阵亡，50人受伤；"德弗林格"号有157人阵亡，26人受伤；"毛奇"号有16人阵亡，20人受伤；"冯·德·坦恩"号有11人阵亡，35人受伤。

位于"马来亚"号战列舰右舷的 6 英寸口径副炮炮组中，发射药包就引发了严重的火灾。"最可怕之处，"一个海军军官候补生回忆道，"是人肉烧焦的气味，这种气味在船上滞留了好几个星期，使每一名船员都有一种十分恶心的感觉。"这种可怕的气味也在一定程度上影响了"国王"号战列舰、"塞德利茨"号和"狮"号战列巡洋舰上的船员。尤其是"狮"号，其主炮的发射药包引发了大火和爆炸，炮塔顶盖都被掀开了——但在此之前，一位医护室的护工曾勇敢地冲了进去，对伤者进行急救。爆炸过后，这名护工被从两具炮塔组员的尸体下面挖了出来——他被严重烧伤，并失去了知觉。最终，他们和其他所有位于"封闭"舱室内（炮塔内、弹药处理间和弹药库）的人一样，都被烧死了。

## 小型舰艇的行动

在特拉法尔加海战中，除了作为传递信号的站点或作为紧急指挥船外，那些因为太小而无法"站在战列线上"的战舰——例如巡航舰、双桅横帆船（即小型护卫舰）和巡逻舰等——没有参与任何作战行动。但是，在日德兰海战中，比无畏舰更小的船只却在进行着激烈的战斗，这是一个明显的差异。这些雷击舰、驱逐舰和巡洋舰（不论轻型和重型），不但互相攻击，甚至也对战列舰和战列巡洋舰发起了进攻——其中，巡洋舰显然不太合适，因为它们只是主力舰的低级版本，但驱逐舰和雷击舰的设计功能之一就是对敌军主力舰发动进攻。早在 19 世纪 70 年代，在怀特黑德（Whitehead）发明了第一种高效的自推进鱼雷之后，鱼雷舰艇就被认为是一种廉价但能出奇制胜的武器，它们常常被用来攻击大型且昂贵的铁甲舰。它们的发展激发了海军的另外一种战略理论，即认为由鱼雷舰艇所组成的舰队可以使弱小的海军力量与强大的海军力量处于潜在的平等地位（其支持者成立了所谓的"Jeune École"，即海军"新学派"）。这个理论其实是错误的——由于潜艇的性能不完善，它很难实现，直到我们这个时代的核动力潜艇出现之后，该理论才具备可行性。然而，鱼雷、鱼雷舰艇，甚至早期和原始的潜水器对铁甲舰的行动自由施加了不小的限制，并迫使其对基本设计和战术运用进行了巨大的改变。首先，铁甲舰纷纷在船体中加入了防雷隔壁，最终衍生为"防雷凸出部"，后来，这一设计很快就被海军造舰师所抛弃，但被坦克设计师采用并改进了为了"间隔装甲"[①]。其次，为应对鱼雷舰艇的威胁，各国主力舰均增加了副炮的数量。相比之下，英军划时代的"无畏"号战列舰几乎没有安装副炮。这是因为费希尔陶醉于主力舰的"全重型火炮"和高速设计，以为这些就能带给它们足够的防护力，并足以抵御鱼雷攻击了。

从 1906 年到 1914 年，鱼雷的射程增加了一倍，速度增加了两倍，这让"全重型火炮"的理念受到了质疑。随着鱼雷舰艇的速度、续航力和航海性能都有了明显提高，这种质疑被加剧了。到了 1914 年，除了在最恶劣的天气之外，鱼雷舰艇甚至还能在舰队行动中与主力舰为伴。因此，为防御它们的攻击，在战列舰和战列巡洋舰的设计上，必须为大量 6 英寸口径反鱼雷艇火炮留出空间，它们的装甲带和弹药库保护体系的布局也随之复杂化了。正如我们所看到的，在日德兰海战中，主力舰上所遭受的许多伤亡都是由副炮着火爆炸所造成的，在那里，处理发射药包的安全装置必然没有大型炮塔的弹药供应系统那么复杂。

鱼雷艇和驱逐舰（后者最初为猎杀鱼雷艇而设计，但在 1916 年，已经变成了大型版的鱼雷艇）仍然对主力舰构成了巨大威胁，但主力舰也增加了专门对付它们的副炮。雷击舰艇固然速度很快——英国驱逐舰在日德兰半岛的那种平稳的海况下轻易地超过了 30 节——但还是极易受到炮火的攻击，甚至敌军 4 英寸口径的炮弹都能对其造成伤害。为了加快速度，它们牺牲了所有防护措施，这导致任何口径的炮弹都能穿透其船壳，击中发动机舱或弹药库这类要害。即使是炮弹撞击到水线之下，也可能造成足以淹没水泵并令整艘船沉入海底的伤害。

轻型巡洋舰虽然更大，但并不比驱逐舰更坚固。它们的主要任务是对敌方战列巡洋舰展开侦察，并在海湾处拦截敌方那些由鱼雷艇和驱逐舰所组成的舰队，它们的主炮多为 6 英寸，这个口径已经足以胜任上述任务了。然而，如果这些轻巡洋舰遇到敌方主力舰，那它们就只能完全任其宰割了，也只能指望利用自己的高速与之拉开距离，从而逃脱灭顶之祸。还有一种"装甲巡洋舰"，它们是战列巡洋舰的先驱，但是在无畏舰之间的角逐中根本没有立足之地。由

---

① 译注：原文如此，但坦克的间隔装甲和防雷凸出部有着完全不同的伤害吸收原理。

于缓慢、虚弱、火力不足，这些装甲巡洋舰对轻巡洋舰或鱼雷艇几乎没有威胁，对任何更大的战舰则只能是以卵击石。英国人在日德兰海战中损失了三艘装甲巡洋舰——"黑王子"号、"防御"号和"勇士"号。其中，"勇士"号因为战斗破坏而沉没，另外两艘装甲巡洋舰发生了大爆炸，使舰上人员全部遇难。

"防御"号和"勇士"号在同一场战斗中遭受了致命的伤害。它们隶属于巡洋舰分队，就在英军和德军的舰队相向而行，接近到可以互相攻击的距离时，这两艘装甲巡洋舰对支援德军公海舰队的轻型巡洋舰发起了"冲锋"。英军巡洋舰队司令罗伯特·阿布特诺爵士（Sir Robert Arbuthnot）长期以来一直在考虑如何在一场无畏舰之间的决斗中使用他那些过时的巡洋舰。他曾考虑过将自己的分舰队部署在战斗舰队的"空闲"一侧，也就是离敌人最远的地方，但他认为这将是一场"沉闷的表演"，便随即作罢。交战的时候，英军巡洋舰"防御"号采取了更大胆的策略，虽然这使它能够在冲锋中向已经遭受重创的德国轻型巡洋舰"威斯巴登"（Wiesbaden）号开火，但也将自己暴露在德军主力舰的炮火之下，这给它带来了厄运。6点20分，随着德军11英寸口径和12英寸口径的炮弹击中了"防御"号的弹药库，它突然完全消失在百米高的巨大烟柱和火焰中。爆炸似乎是在一瞬间发生的——这艘船立刻就被肢解了。

当"防御"号踏上它的"死亡之旅"时，"勇士"号也遭受了重创。"勇士"号上的一名轮机军官描述了它在灾难降临前的最后时刻：

就在我穿过主甲板的防弹舱门时，遇到了一些人，包括水手长，他正在往回跑，他们说我舰正在遭到一些11英寸炮弹的攻击，他们认为继续留在战场上很不安全。当我转过身来的时候，发现一枚炮弹打到了海军陆战队的甲板上——我就是从那里过来的。一股棕色的烟雾笼罩着四周，消防队的人抬走了三四个可怜的人，但又把他们放了下来，这些人看上去又迷糊又害怕。因此，我就直接向左舷的发动机舱跑去，看看那里是否出了什么事。（一位军官）告诉我说，他听到头顶上有爆炸声，一些灯也熄灭了，但甲板下方显然没有遭受严重的损坏。看到那里一切正常之后，我决定回到右舷发动机室，返回的路上，我朝梯子顶上的工程师办公室看了看。在那里，我最后一次看到我的司炉长坐在他的手册前，好像没有什么不寻常的事情发生，但他指给我看，在前方稍远一点的地方有一颗炮弹。我走到外面，发现头顶上的甲板上有一个很大的裂口，日光从那里射进来，显得非常奇怪。

不久后，"勇士"号就被更多的德军炮弹击中，遭受了重创，它仍然漂浮在海面上，但这只是因为在同时，失控的战列舰"厌战"号对德军舰队来说是一个更有吸引力的目标而已。"勇士"号"一瘸一拐"地离开了战场，由水上飞机母舰"恩加丹"（Engadine）号拖走，但它在到达港口前就因为严重的水下损伤而沉没了。

"黑王子"号是"防御"号与"勇士"号的姐妹舰，在交战之后的夜间行动中，该舰与德国战列舰"图林根"（Thuringen）号相撞，之后又被德军探照灯所捕获，并被紧随而至的 15 发重磅炮弹完全摧毁。它是日德兰海战中双方舰队的最后一个重大损失。至于其他损伤的舰艇则有德国的轻型巡洋舰、雷击舰和英国的驱逐舰等——所有这些舰种都是如此脆弱，以至于遭受任何炮弹或鱼雷的集中打击，无论其口径如何，都有被摧毁的危险。

双方损失的几艘小船并不能改变战斗的结果。在战斗结束后，双方仍有战斗力的主力舰的数目并没有发生明显变化，甚至双方海军将领和船员们再次出海作战的意志和决心都没有什么改变。然而，当日德兰海战的消息传遍世界时，小型舰艇的损失却更能给人们留下胜利（或失败）的普遍印象——在这方面，英国皇家海军的表现要比德国海军更好。

此外，与那些主力舰的战友们（他们依靠坚甲利炮的保护才得以幸存）相同，小型战舰及其船员的损失，也可以直接影响整个舰队的士气。从这个意义上来说，轻型巡洋舰、驱逐舰或雷击舰之间的战斗也是影响日德兰海战结果的一个重要因素。

不少于 4 艘德国轻型巡洋舰——"埃尔宾"（Elbing）号、"弗劳恩罗布"（Frauenlob）号、"罗斯托克"（Rostock）号和"威斯巴登"（Wiesbaden）号，另外还有 5 艘德国雷击舰和 8 艘英国驱逐舰在日德兰海战中沉没。其中一艘英国驱逐舰——"食雀鹰"（Sparrowhawk）号，是在午夜与姐妹舰"布洛克"（Broke）

号相撞并沉没的。"马来亚"号战列舰的一名军官在战斗开始时观察了小型舰艇的行动，他在早些时候曾经感慨道："奇怪，为什么只有少量小型舰艇被敌军击中，而且在距离这么近、战斗这么激烈的时候它们还没有发生碰撞呢？"后来，他终于发现："在这片密集的'枪林弹雨'中，这些轻型巡洋舰和驱逐舰……虽然它们在不断扭打着，但却还得竭力避开敌方和己方的大船，它们飞快地做着各种各样的战术动作（为避免和大船相撞）……其视觉效果超过了我所见过的最完美的海战。"这位军官对小型舰艇没有发生碰撞的惊讶是有充分理由的。一小片海域里挤满了彼此靠得很近，且高速航行的船只，这是十分危险的。"食雀鹰"号被"布洛克"号撞毁的这个悲剧可以被视作是这种疯狂状况（例如由"马来亚"号的军官所亲眼看见的场面）的必然结果。"食雀鹰"号舰桥上的一名军官回忆道："看到'毁灭者'号以 28 节的速度（向我们）直冲过来……我真的不知道为什么，但这是一个令人难以转移视线的景象，我完全忘记了德军和他们的炮声。就在它撞向我们的瞬间，我记得自己大声喊道'现在'！随后，我们发现自己摔到了对方的前甲板上。虽然肇事的'毁灭者'号被明亮的灯光照亮，但却笼罩在一团柔和的雾气中，这一定是蒸汽从爆裂的管道中逸出造成的。"

除此之外，还有其他的碰撞发生。几乎就在"食雀鹰"号和"布洛克"号相撞的同时，另一艘驱逐舰——"较量"（Contest）号也撞上了前者；英军驱逐舰"喷火"号在午夜之前不久也与德军战列舰"拿骚"号相撞。上述两艘英军驱逐舰都幸免于难，但德军方面就没有这么幸运了，他们的轻巡洋舰"埃尔宾"号与"波森"号战列舰相撞并遭受重创：它的发动机舱被海水完全淹没，因此不得不被遗弃。

其他大多数小型船只的伤亡是由不那么直接、但却更为残酷的手段所造成的。德军轻巡洋舰"弗劳恩罗布"（Frauenlob）号在夜间行动中被英军"南安普敦"号发射的鱼雷击沉。"罗斯托克"号也在夜间被一艘英国驱逐舰（"较量"号或者"伏击"号）用鱼雷击伤，当它后来又遭到英军大型轻型巡洋舰"都柏林"（Dublin）号攻击时，就只能被遗弃了。在战斗初期，"威斯巴登"号就被困在了双方两条战线之间，随即被猛烈的炮火击毁。它被 15 发重磅炮弹和 1 枚鱼雷击中，船舱内逐渐充满了水，最后，"威斯巴登"号突然倾覆沉没了。

造成德军雷击舰队损失的原因是多方面的。V-48 号雷击舰（德军鱼雷舰艇一直用数字编号作为舰名）被英国驱逐舰和巡洋舰发射的多枚炮弹击中并沉没。S-35 号雷击舰则是被杰利科旗舰——"铁公爵"号战列舰的两颗 13.5 英寸口径的炮弹击沉的。V-27 号雷击舰在它的发动机舱遭受严重损伤后沉没，V-4 则是在误撞水雷后沉没的。还有 V-29 被英军驱逐舰"花火"（Petard）号发射的鱼雷击沉。

英军驱逐舰的损失几乎都是由德军战列舰的炮火所造成的，它们在夜间行动中大胆地对德国战列舰发起了攻击，试图切断其逃回本土的路径。"蒂珀雷里"（Tipperary）号、"湍流"（Turbulent）号、"热情"（Ardent）号、"命运"（Fortune）号、"游牧民"（Nomad）号和"内斯特"（Nestor）就是被德军战列舰的炮火所击沉的。"鲨鱼"（Shark）号先是被德国巡洋舰的炮弹击中，后来又被一枚来自 S-54 号鱼雷艇的鱼雷击沉。"蒂珀雷里"号、"湍流"号和"游牧民"号沉没的主要原因是它们的弹药库发生了殉爆。

这些装甲薄弱的舰艇，要想在无畏舰的猛攻中幸免于难，只能寄希望于自己的高速和敏捷性，但即便如此，它们仍有很大可能遭受毁灭性的打击。一位"蒂珀雷里"号的舰员（他经历了英军小型舰艇在夜间利用鱼雷攻击德军战列舰的全过程）回忆道：

大约在 11 点 45 分左右，我突然看到火光一闪，与此同时，排炮的轰鸣声也响了起来，这些火光和声音都来自一艘或几艘距离我们非常近的船只。敌人距离我们如此之近，以至于我觉得那些炮弹似乎是从我们头顶某个相当高的地方发射的……第二轮排炮袭来时，敌人击中了我们的一条主蒸汽管道，把它炸裂了，船的尾部被一团蒸汽包围着，我什么也看不见。由于失去了动力，船上的蒸汽轮机停了下来，我们只能向后方撤退。

一共有 3 艘敌舰向我们开火，他们总共只进行了 4 轮齐射（都用至少 5.9 英寸口径的大炮发射的，远远超过驱逐舰的主炮口径），然后他们就这样放弃了我们……船尾被 3 枚炮弹击中，只有几名炮手受伤，但当蒸汽散去后，我们发现在船体中部工作的大多数船员不是被打死就是受伤，包括那些从机舱或锅炉舱力逃出来的人。另外，当船的前部着火时，火焰从右舷煤舱里冒了出来，舰桥也燃起了大火，很快就完全烧成了一堆残骸。

　　不幸中的万幸是，当时海面较为平静，但"蒂珀雷里"号还是在苦苦挣扎了两个小时后沉没，舰上共有 185 人遇难。由于舰体受创严重，海水大量涌入，大部分人很快就被溺亡了。许多没有受伤的幸存者也被淹死了，还有一些人则死于严寒，因为在逃离军舰后，他们只能抓住一块碎片或一个救生筏。一位军官回忆说："在最初坐上那只救生筏的 32 名船员当中，有 2 人在夜间死亡并从救生筏上掉到了海里，还有 4 人是在被救上'食雀鹰'号后死亡的。但我们上船后不久，'食雀鹰'号的船头就被撞断并漂走了。最后，来了一艘驱逐领舰（率领驱逐舰编队的驱逐舰）——'神枪手'（Marksman）号，它试图将'食雀鹰'号拖走，但却发现不可能做到这一点。它只能带着'食雀鹰'号的船员和我们上了船，并将该舰彻底击沉。于是，我们便乘着'神枪手'号返回了斯卡帕湾。"

　　"食雀鹰"号的姐妹舰——"热情"号驱逐舰在行动中被德军战列舰（主要是"威斯特法伦"号）的 5.9 英寸口径炮弹击中后，陷入了更为可怕的挣扎中。该舰的船长写道：

　　我意识到"热情"号正在与一整支德军战列舰分队交战。然而，我们仍然一边开炮一边向着敌人猛冲过去。接下来所发生的事情或许在任何船员的生命中都是最激动人心的时刻。我们的炮弹对敌人的巨舰毫无用处，因此只能发射鱼雷进行还击。我们在刺眼的探照灯强光下等待着敌人炮弹的到来，但在如此近的距离上，敌人反而不会很快打中我们。然而，敌人的攻击终究还是到来了，当第一声炮响时，我听到一个水手低声叫着"哦……哦"，就好像他正面对着一枚爆炸的礼花一样。

　　在短短几分钟之内，"热情"号就被摧毁了。

　　这艘驱逐舰被完全打成了碎片——她的烟囱看起来就像被碾碎的肉豆蔻一样，她的救生艇破损得跟碎布一般，船舷和甲板上都有数不清的洞。我手下最好的几个水手走上前来，试图安慰我，能参与这次行动大家都很高兴，我们终于履行了自己的职责。但许多战友都已经倒下了，他们就躺在自己的炮位和工作区域周围。机舱和锅炉舱组员中的大多数人肯定当场就被打死了。

"热情"号燃起大火之后没过多久就又遭到四五发炮弹的洗礼（当时已是午夜前不久），随后它摇晃了几下，船头开始下沉。"当浓烟和蒸汽散去的时候，"船长回忆说，"我看见许多人泡在水里——我想大概有四五十名。除了救生圈，他们没有任何支撑……我和许多人交谈，看着他们中的大多数人一个接一个地死去。他们中没有一个人表现出对死亡的恐惧，没有一个人抱怨，也没有一个人呼救……这些人似乎一点也不痛苦，他们好像只是躺在水里睡着了。""热情"号的船长是这场致使 78 名船员丧生的悲剧中仅有的两名幸存者之一，他的同伴们在生命的最后时刻都泡在水中并最终溺亡，他的回忆给他们临终前的行为蒙上了一层英雄色彩。1944 年 6 月，一艘英国驱逐舰在夜间在诺曼底海滩附近沉没，当时的情况与此类似，这艘驱逐舰的舰长被当时的记忆折磨至今：一群 18 岁的水手在黑暗中悲痛欲绝地呼唤着自己的母亲，随后被大海逐一吞没。

## 日德兰海战之余波

截至 6 月 1 日上午 6 时 30 分，德军公海舰队的大部分船只已经抵达了雅德湾的安全水域。其最后一艘受损的船只是"东弗里斯兰"（Ostfriesland）号战列舰，它在清晨 5 点 03 分触碰到一颗由英国皇家海军"阿比迪尔"号（HMS Abdiel）布设的水雷，但最终还是"一瘸一拐"地逃回了家中。英军方面，不论是战列巡洋舰分队还是大舰队，以及伴随它们行动的驱逐舰和巡洋舰集群均于 6 月 2 日返回了母港斯卡帕湾和罗赛斯。当天晚上 9 点 45 分，杰利科向海军部报告说，他的战舰仍然可以在接到出击命令后的四小时内起航。

这个回答影响了英军高层对日德兰海战的判断，他们认为，英国海军仍然适合采取新的行动，因此相关命令很快就下达了。德国则正好相反。德皇坚持把日德兰海战命名为"六月一日的北海战役"，以与英国人不朽的"光荣的六月一日"遥相呼应，德皇声称"特拉法尔加的魔咒已经被打破"。6 月 5 日，他访问了公海舰队，并亲吻了许多参战船长。他提拔舍尔为海军上将，并授予他德国最高军事荣誉——功勋勋章（Pour le Mérite，即著名的"蓝色马克斯勋章"）。

然而，舍尔本人对他是否取得了一场"辉煌的胜利"却不那么确信。战争结束后不久，舍尔对海军将领们的行为进行了反思，他坦诚地说道："我对这件事的态度就像一位处女怀了孕一样。"他在7月4日向德皇提交的关于日德兰海战的官方报告中警告说，"这差不多是我方舰队行动最成功的结果了。"他含蓄地承认并未在日德兰打垮英国人，而且"不会强迫英格兰实现和平"。

德国的确理应公开庆祝在日德兰取得的胜利，因为双方的"交换比"对德军有利：公海舰队只损失了1艘无畏舰，即"吕措"号；其他船只的损失要么是老旧的前无畏舰——"波美拉尼亚"号，要么是非主力战舰，比如4艘轻型巡洋舰和5艘雷击舰等。相比之下，英国皇家海军不仅损失了相当数量的非主力战舰——3艘装甲巡洋舰和8艘驱逐舰——还损失了3艘无畏舰。

粗略地看，一比三的交换比可能会让日德兰海战看起来更像是德国人的胜利。英国人派去支援战列巡洋舰的3艘快速战舰——"厌战"号、"巴勒姆"号和"马来亚"号均受损严重，只能返回造船厂进行修理，但杰利科的战列舰分队本身几乎毫发无损。而且尽管损失惨重，6月1日英军战列巡洋舰分队的兵力仍然超过了德军第1侦查分舰队，而且德军第1侦查分舰队也因为舰只受创严重而瘫痪了。此外，德军无畏舰也遭受了惨痛的打击："国王"号、"边境总督"号和"大选帝侯"号回到港口后都需要进行大规模修理，在整整四周之内德国人都无法再次出击，更不用说像英军一样仅用四小时就能再次出战，除非他们想直面彻底失败的风险。

然而，英国在人员方面的伤亡要惨重得多。诚然，英国人长期以来"靠海吃饭"的传统和庞大的航海人口基础使它的损失更容易弥补。但事实是，那场战役使超过6000名英国军官和水手战死在甲板上或与他们的船只一同沉没，而德国人只损失了2500多名官兵。

与木制战舰时代的海战相比，铁甲舰时代的伤亡更为惨重。实心炮弹将纳尔逊和维尔纳夫的部下斩首和肢解，令其甲板之上和船板之间到处都散落着木头碎片。如果炮弹没有直接杀死这些船员，那么幸存者们就保留了一个迅速处理伤口和恢复健康的机会，即使这个机会把握在当时医术尚处于原始状态的外科医生的手中（他们唯一的工具是探针和刀）。日德兰海战中的伤亡者所受的伤几乎都是上一代海军外科医生所不知道的，这包括金属碎片造成的伤口和被炮弹碎片划伤的伤口——它们都会将肉一条条地从伤者的身体上切下来。然而，最痛苦和最难治疗的还是爆炸所造成的烧伤，以及被热蒸汽活活剥掉皮肤的情况。"蒂珀雷里"号的一名军官描述说，他遇到了一名水手，看到"他的大腿大部分都被切除了"，这很可能是一枚炮弹碎片擦过所造成的后果。这名军官回忆道，"'先生，我能为他做些什么？'一位正在尝试对他进行急救的鱼雷手问我。我只能用一块大棉絮遮住他的伤口，并用毯子盖住他的身体。""感觉好多了。"受伤的人说。两小时后，当"蒂珀雷里"号沉没时，大多数船员都被淹死了，这位伤员也是其中之一。

实际上，那些得到某种照顾的伤员们也没有获得很大的安慰。"皇家公主"号战列巡洋舰上的医务人员详细描述了一个外科手术室里发生的事——在那里，受伤的人再次被德军炮弹打伤（"第二天大约有 3 斤重的炮弹碎片……从甲板上被冲走"），在船上其他地方爆炸所产生的烟雾，由于比空气重而沉降到舰体的下层舱室，迫使工作人员和伤员都戴上了呼吸器：

> 受伤人员开始陆续被送达，其中有一名炮手是被从后面的炮塔运送而来的，他因为被弹片直接击中而失去了行动能力。他的……一只脚几乎被炸飞了……这名炮手在大约两天前患了风疹，按规定应该上岸治疗的，但由于他病情轻微，而且他是一个重要人物，所以被特别允许出海，但要被隔离在舱室中，后来我截了他的腿……我开始给一个接一个伤员做手术……有一名海军陆战队员，他的脸上有一处被扎破的伤口，血流不止……我们刚开始做手术，敌人就击中了这艘战舰，我被迫将所有的器械都放在甲板上……情况危急，我必须继续给那位受伤的人做手术。最让人难受的是灯光太微弱了（敌人的炮火轰击使他们不得不依赖油灯），在手术中保护伤员的动脉尤其困难。此外，还有大量烧伤的伤员需要包扎，有些人烧伤的面积非常大，现在全部医务人员的时间都被占满了……事实上，大多数伤员都是烧伤，关于这些人的数量我们有精确统计，正好 100 人。

在吨位更小的巡洋舰"南安普顿"号上，医生们正在更差的条件下进行工作。

一位舰上的尉官写道：

> 手术室其实就是司炉工宿舍的浴室……只有大约 2.4 米高，3.6 米宽和长。房间的中央被一张较为轻便的手术台给占据了。一面钢铁墙壁上并排摆着司炉工的洗脸盆，由于湿气无法排出，墙壁上凝聚了水珠……我小心翼翼地在过道两旁一排排的伤员中间行走，把头伸进狭窄的过道里。舰上外科医生和一位年轻医生正在拼命而又条不紊地忙碌着。他们刚刚把一个男人的腿从膝盖以上的地方截了下来……我又走向船尾，下到军官舱室。这里呈现出一种不同寻常的混乱——'南安普顿'号一共有 40—50 人受伤，我们把所有的重伤员都安置在这个舰上最大的房间里。长桌上挤满了人，他们都静静地躺着，脸色煞白。
>
> 我进来的时候，（医生）向一位卧病在床的服务人员做了个手势，要他移开一个他一直俯身看着的人。四名身上被炉舱弄得很脏的司炉工不断抬出尸体。有两个人站在餐具柜上，其他人坐在扶手椅上。船舷上的一个弹孔把水引到了病房，当船轻轻摇晃时，病房里水花四溅。在齐踝深的海水中，血迹斑斑的绷带和无数战争产生的小碎片漂来漂去……不过最可怕的东西还是"烧伤"——这样的惨状是我无法用语言来形容的。

日德兰海战的本质其实就是：英德两支舰队在北海相遇，但胜负未分，在返回港口时，双方战舰的甲板上都堆满了"可怕的箱子……其中装着可怕的尸体"。这个第一场——也将是最后一场——无畏舰之间给双方的舰员们带来了可怕伤害的大决战。诚然，海上战争的伤亡人数无法与血流成河的西线堑壕战相比。距日德兰海战仅仅一个月后，英国远征军开始进攻索姆河附近的德军战壕，一天之内就有 20000 人阵亡。此后，陆地战场更是陷入了一片混乱的局面，糟糕的事情接踵而至，这一切都令双方的战斗部队疲惫不堪，只有当战争彻底结束的时候，阵地战的痛苦才会停止。第一次世界大战期间，仅英、法、德三国军队就有将近 500 万人阵亡，与之相比，日德兰海战中的人员损失简直"微不足道"。日德兰海战中，双方参战人员总共约 11 万人，伤亡接近 9000 人，这个伤亡比例很高，但必须考虑到这场战斗是独一无二的——在早期的战斗中，比如赫尔戈兰湾海战和多格尔沙州海战，双方人员都没有遭到如此惨重的伤亡，在 1916 年 5 月 31 日之后，双方也不再有大规模的舰队行动了。

然而，在军事史上，日德兰海战是有史以来代价最大的海上战役之一。直到第二次世界大战，美日在太平洋爆发大规模海上冲突之后，舰队行动给双方水手造成的伤亡才可以与此比肩。日德兰海战所带来的影响还有另一个方面，那就是它令人们对打造大型铁甲舰舰队的理念产生了怀疑，而无畏舰正是这种理念的最终体现：在无畏舰时代，主力舰的质量和数量对争夺制海权发挥着直接作用，在任何时候，主力舰在一国的海军中都占据着主导地位。

曾在贝蒂海军上将麾下的战列巡洋舰分队担任参谋长的恩勒·查特菲尔德（Ernle Chatfield）在回顾往事时说道：

> 就物质层面而言，（在纳尔逊时代）当两艘战舰相遇并交战时会发生什么，当时的人都是可以提前预知的，这是从流传下来的经验和上百次的海战中获得的知识。（纳尔逊）清楚地知道自己所面临的风险，并准确地考虑到了这些风险。基于长期的战斗经验，他不仅清楚地知道，为了追求战术优势和最终胜利，他麾下的战舰们要忍受暂时的劣势，也明白这种忍耐需要多长时间……而我们则必须为取得这种经验而付出代价，因为我们的武器还没有经历过高强度的战争。没有这种经验，就无法衡量风险……在日德兰海战之前，无畏舰还从来没有进行过如此大规模的交战，现代化驱逐舰也没有发动过类似的大规模攻势。

木制战舰的衰落和蒸汽铁甲战舰的出现，使海军战略从根本上发生了转变。200 年来，各国海军将领们都共同维系着一个体系，在这个体系中，各国战舰的数量和性能，以及上述两种要素在战斗中的"变现情况"（这一提法来自克劳塞维茨）成为了影响海权平衡的三个重要因素。此外，还有许多其他因素，包括：是否在海外的某些战略要地拥有军事基地；是否有大量训练有素的海员可用；港口的分布是否适合海军的行动；海军部队和陆军部队是否能相互配合；以及政府是否有意愿、有能力为了在公海上实现其军事目而最大限度地利用其物质优势。

事实证明，英国人通过维持一支强大的木制舰队，在追求国家权力的征途上取得了极大的成功。然而，在 19 世纪中叶，钢铁代替了木材，蒸汽代替了船帆，这就使英国皇家海军不得不着手解决一种看不见的危机，尽管这种危机需要几十年的时间才能完全显现出来，但其历经千辛万苦所建立起来的"木制海军霸权"却已经遭受了前所未有的挑战。正如温斯顿·丘吉尔所敏锐指出的那样，"一下午"就可能被敌人击溃的海军对国家霸权而言，只是一个脆弱的工具。在铁甲战舰时代，海军不再是整个国家体系——包括社会、金融和工业体系——实力的综合体现，更多是海军技术方面的单一表现而已。在日德兰海战中，德国海军的技术要明显优于英国。德国人的战舰更结实，炮术更精准，武器更有破坏力——德军的炮弹在攻击时通常能穿透英军战舰的装甲。表面看来，最终的胜利者应该是德国人，但战争的结果却与之相反。这是由于德国海军在国民生活中是次于德国陆军的，国家的大部分财富都花在了陆军上，因此，与英国海军相比，德国海军无法将技术优势转化为战略优势。但是，英国海军本身也严重依赖一些新技术（而海军技术的进步只能由国内金融和工业的发展来支撑），自 19 世纪 70 年代以来，英国这个曾经的金融和工业强国一直处于不可逆转的衰退之中，因此他们的战略态势也是有缺陷的。从 1914 年到 1916 年，英军大舰队和它的战列巡洋舰分队可能是世界上前所未有的最强大的海上力量——如果就投射弹丸的重量而言，这一点是毫无疑问的。然而，当时的英国海军正处于一个力量"金字塔"的顶端，它的根基是不稳固的，一旦出现它没有及时掌握的新技术，那么金字塔的完整性就会遭到破坏，英国人的霸权也会随之被推翻。可以说，一支由无畏舰组成的舰队归根结底是由钢铁铸成的——钢铁铸成的舰体，钢铁铸成的大炮，钢铁铸成的炮弹。然而，到了 1914 年，英国的钢铁产量只能排到世界第三，美国和德国的钢铁产量均超越了英国；而且，作为一种材料，当时的炼钢技术已经达到了极致，很难在短时间内有较大提升。因此，新工业革命的主要推动力已经从钢铁转向了轻金属和合金，其中最引人注目的产品是飞机。飞机于 1912 年首次被人类投入了战争（由意大利人在利比亚使用），实际上，在日德兰海战中，飞机也有登场，英军大舰队的阵容中就有水上飞机母舰"恩加丹"号。尽管它搭载的飞机并没有参加战斗，但它们的出现不仅预示了未来海战的基本形态，也预示了在无畏舰时代终结之后，海军技术发展的主流将会是什么。

第三章

★

# 中途岛海战

## 航空母舰的出现

水上飞机母舰"恩加丹"号和英军大舰队一起出现在日德兰海战中，是一个重要的预兆——几乎和这场战斗本身一样重要。阿尔弗雷德·丁尼生（Alfred Tennyson，英国维多利亚时代最受欢迎及最具特色的诗人）在 70 年前的一首诗（《洛克斯利大厅》，著于 1835 年）中写道：

我曾沉入到世人的目光所不能及的未来，

看到了世界的幻象，所有将实而仍虚的奇迹。

目睹了苍穹布满贸易网络，万帆竞发的神奇船队。

飞行员于紫色的黎明，投下捆捆昂贵的祸灾。

我听见天上一片喧嚣，还有阵阵可怕的雨露。

降自万国耀武扬威的海军，正在九霄争夺。

利用飞机作战的想法，早在这种机械接近实用之前就已经激发了人们的想象力——可以说，几乎从一开始飞机就被赋予了军事用途。为什么不这样做呢？毕竟飞机是一种具有"魔力"的东西，是把人变成鸟的工具。但是，有些鸟是美的象征和快乐的源泉，它们因为自己美丽的羽毛和曼妙的歌声而受到人们喜爱，而有些鸟则因被视为邪恶的预兆或被视为权力的象征而遭人嫉恨。一些猛禽——例如红隼、鹞，甚至鹰——的驯化预示着人类早就想通过"驾驭飞行的力量"去参加战斗了。尽管奥维尔·莱特（Orville Wright）和威尔伯·莱特（Wilbur Wright）仍然抱着理想主义的信念，坚信他们发明的飞机是缩小人类之间的距离和差异的一种手段，但几乎是在动力飞行刚刚成为现实之后，飞机的军事用途就在理论上得到了普遍承认，并迅速得以实践了。早在 1912 年，意大利人就用飞机轰炸了驻扎在利比亚的奥斯曼帝国军队。另外，在更早的 1910 年 11 月，就有一架飞机成功地从美国"伯明翰"（USS Birmingham）号轻巡洋舰的船头起飞了——这项试验首次将当时仅作为一种体育运动工具而存在的飞机与战争紧密联系在了一起。

和陆军一样，各国海军最初也只是将飞机当成了一种侦察和观测用的工具，而不是一种进攻武器。而且，在一开始，对于如何让这种比重大于空气的机器（或者比重小于空气的机器，例如飞艇）成为一种有效的侦测平台，人们并没有达成一致意见。德国人是使用飞艇作战的先驱，他们十分信赖齐柏林硬式飞艇。1914年，齐柏林飞艇随公海舰队参加了赫尔戈兰湾海战；1915年，齐柏林飞艇又参加了多格尔沙洲海战。由于英国人研制的飞艇被证明是很不成功的（或许是因为他们缺少一个像德国的齐柏林伯爵那样的，一心一意研制飞艇的专家），所以他们只能将研究重点转向比空气重的飞行器上，并开始把军舰改造成水上飞机母舰。英国人的第一次尝试是在战前，当时被改装成水上飞机母舰的是"赫耳墨斯"（HMS Hermes）号——一艘旧式巡洋舰。在战争爆发后，一艘商船也被改装成了水上飞机母舰，它就是"皇家方舟"（Ark Royal）号。不久后，四艘客轮被相继征用并被改装成水上飞机母舰，它们分别是"皇后"（Empress）号、"里维埃拉"（Riviera）号、"坎帕尼亚"（Campania）号和"恩加丹"号。其中，后两艘水上飞机母舰于1916年5月跟随大舰队一起参加行动，"恩加丹"号更是与大舰队一起参加了日德兰海战。

在整个大舰队中，"恩加丹"号上一架水上飞机的飞行员是第一个发现德军舰队踪迹的人。但是，他的报告拖延了很久才被送到指挥官那里，所以并没有实质性地影响战斗的发展。在无畏舰时代，各国海军的空中侦察模式大致相同。虽然当时的人们对将飞机作为"舰队之眼"的有效性寄予了很大希望，但实战结果却总是令人失望。因此，飞机的推崇者们后来转变了思路，他们声称飞机应该作为一种进攻武器，而不应该仅仅是扮演侦查观测的角色。早在1913年，英国海军军官默里·苏特（Murray Sueter）上校就预见到飞机在进行改装之后可以携带鱼雷，而在此之前的一年，羽翼未丰的皇家海军航空队就已经进行在海上投弹的试验了。

海军飞机与炸弹和鱼雷的组合，几乎成为了当时最为强大的攻击武器之一。但这仍存在一个前提，那就是如何建造一艘搭载飞机的战舰，使飞机能够安全且有效地完成攻击任务？像"恩加丹"号这样的水上飞机母舰并不是解决问题的好办法。海军真正需要的是一个浮动在海面上的甲板，飞机可以从上面起飞并降落，就像在陆地机场一样。

实际上，在战舰甲板上，飞机起飞要比降落容易得多。由于战舰在水中航行，具有一定的迎风速度，实际上促进了飞机的抬升，"坎帕尼亚"号、"恩加丹"号和第三艘水上飞机母舰"马恩岛人"（Manxman）号很快就装上了飞行甲板，战斗机可以从甲板上起飞，去执行单向任务（无法在甲板上降落）。1917年进行改装的"暴怒"（Furious）号战列巡洋舰是一个更极端的例子，日德兰海战的经验教训表明，这类舰艇对于一场高强度的舰队行动来说过于脆弱。但无论如何，"暴怒"号还是安装了一个飞行甲板，1917年8月2日，一位勇敢的飞行员进行了史无前例的着舰演示，当这艘战舰以32节的全速逆风航行时，他驾驶飞机绕开烟囱（由于飞机必须从船尾接近母舰，传统的、沿中线布置的烟囱必将成为主要的障碍物，这个问题直到专门设计的航空母舰将烟囱转移到船的一侧才得以解决）从侧面降落在甲板上。

直到此时，真正的航空母舰已经呼之欲出了，其特征是拥有一个畅通无阻的飞行甲板。1917年，英国人对一艘水上飞机母舰——"百眼巨人"（HMS Argus）号的甲板进行了大幅改造。1918年10月，在结束第一次世界大战的停战协定签署前两周，这艘飞机母舰以新的身份重新加入了英军舰队。"百眼巨人"号的飞行甲板宽20.7米，长172.2米，足以容许其在机库中携带的索普威斯"骆驼"战斗机和索普威斯"杜鹃"鱼雷攻击机在上面平稳地起飞和降落。这标志着航空母舰的时代已经正式拉开了序幕。

然而，在一开始，各国海军将领们对航空母舰应该扮演何种角色并没有达成共识。1919年，指挥英国大西洋舰队的海军上将查尔斯·马登（Charles Madden）爵士提议建造三种类型的航空母舰：第一，"空中侦察舰"，作为巡洋舰的补充力量（在未来，它们的价值很值得怀疑）；第二，"分队航空母舰"，负责观察和修正己方无畏舰发射炮弹的落点和弹道；第三，"舰队航空母舰"，是利用舰载机攻击敌人战斗舰队的独立舰种。事后来看，马登划分的三个舰种之中只有最后一种才是真正的航空母舰。基于某种原因，英国皇家海军仍然将未来的希望寄托在无畏舰身上，他们甚至无法接受从预算中专门拨款来建造"舰队航空母舰"这种事。因此，英军的第一批舰队航空母舰是利用冗余的无畏舰改造（更换成平甲板）而成的。

与此同时，利用飞机轰炸战舰的试验也在进行中（在美国，一艘德国的赔偿舰成为了飞机的攻击目标，英国则将一艘多余的无畏舰作为标靶），这些试验证明了战列舰可以在某种条件下被飞机击沉，这预示了在未来的战争中，飞机将成为战列舰的克星。因此，1921 年的《华盛顿海军条约》（Washington Naval Treaty）将航空母舰列入到受限制的船只类别当中。英国和美国同意将航空母舰总排水量限制在 135000 吨，日本限制在 81000 吨，法国和意大利各为 60000 吨。另外，该条约还规定，各签约国不得建造、获取，或为本条约其他签约国建造超过 27000 吨的航空母舰。但是，各签约国可以在不超出条约规定之航空母舰总吨位水平的情况下，建造两艘不超过 33000 吨标准的航空母舰。

然而，尽管《华盛顿海军条约》被誉为开创了一个理想主义的新时代，即通过削减军备来减轻战争的威胁，但它实质上是由英国和美国共同设计的一个"减速阀"，根本目的是终止两国之间愈演愈烈的海军军备竞赛。这些限制被强加给了其他签署国，如日本虽然接受了它，但是极不情愿。在这些条款中列入航空母舰相关细则的真正原因并非是担心这个新舰种对己方舰队所产生的巨大威胁，而是出于对各国以航空母舰的名义建造新战舰，并在日后改装成主力舰的担忧——这种焦虑是可以理解的——例如，现有的最好的航空母舰，英军的"暴怒"号和第二代的航空母舰"赫耳墨斯"号，一开始都是作为传统战舰而建造的[①]。

如果英国那些守旧的海军指挥官们相信无畏舰可以永远存在，那他们就大错特错了。在未来的几十年内，无畏舰将在争夺制海权方面和航空母舰发生激烈的竞争，不论是英国还是其他国家的老牌海军将领们，在这些冲突中，其个人情感都更倾向于传统的大舰巨炮。但是，事情正在潜移默化地发生改变——海军的新一代高级指挥官们正在崭露头角，他们在飞行甲板上接受过操作飞机的训练，并坚信海军航空兵具有革命性的强大力量。尽管海军的老前辈们顽固地认为飞机仅仅是战斗舰队的侦察兵，但这些新锐将领们却认为航空母舰是海上战争的决定性武器，而且他们也在不断努力以赢得军方对其真实地位的承认。

---

① 译注：原文如此，需要指出的是，"暴怒"号系从大型巡洋舰改装而来，但"赫耳墨斯"号却是从一开始就作为航空母舰建造的（尽管其仍然采用了巡洋舰的船体设计）。

虽然这样的新锐将领不乏其人，然而，在两次世界大战之间的大部分时间里，他们的精力都被一场"自相残杀"所分散了。海军在舰载飞机的指挥权问题上与新兵种——英国皇家空军（Royal Air Force）产生了一场旷日持久的争执。这是英国所特有的复杂情况。对皇家海军而言，其面临的特殊挑战还有很多，包括：航空母舰恶劣的工作环境（北海的风浪太大）、英国海岸附近的狭窄海域、地中海的封闭水域以及狭小的海洋空间。海域狭窄就意味着来自陆基轰炸机的威胁较大，考虑到这一点，从 1936 年开始，皇家海军新一代专用航空母舰开始配属带有装甲的飞行甲板，以及重型防空武器。这些举措付出了一定的代价：装甲航空母舰所搭载飞机的数量只能维持在最低限度，常常只有30架舰载机。而且，在皇家海军与皇家空军高层之间的斗争最为激烈的时候，第一海务大臣发表了影响深远的评论，对舰载飞机的作用进行了一定程度的"限制"——他声称飞机"在重要性上不如海军重炮"。

与英国海军相反的是，美国海军对海军航空兵的作用有了更加广泛和深刻的认识。美国人早已将触角伸向了广阔的大洋，其争夺制海权的范围从大西洋扩展到了太平洋，美国在 19 世纪获得了大量的海外领土——1898 年，美国从西班牙手中夺取了菲律宾，此后，夏威夷、威克岛、关岛和中途岛也被美国相继吞并——这种态势令一种新的海军作战模式应运而生，即在敌我双方的无畏舰交战之前，双方舰队内的舰载机会不可避免地在空中抢先发生战斗。因此，美国人致力于建造异常庞大的航空母舰，甚至可以容纳多达 100 架飞机。尽管美军的第一艘航空母舰"兰利"（USS Langley）号和英国最初的航空母舰一样，是一艘经过改装的商船，但到了 1927 年，美国海军已经装配了两艘前所未有的巨型航空母舰——"列克星敦"（Lexington）号和"萨拉托加"（Saratoga）号，两舰都拥有近 250 米长的飞行甲板和多达 70 架的舰载机。在那个时代，这两艘巨型航空母舰是世界上最长的战舰，是可以独立作战的海空力量，也是美国海军航空兵的摇篮，其战斗力几乎与陆基航空部队相当。其最突出的装备是寇蒂斯 F8C "地狱俯冲者"（Helldiver）式双座战斗轰炸机（观测机），该机可以携带一枚 459 磅重的炸弹（足以摧毁一艘战舰）飞行 1000 千米以上的距离。

第三支装备航空母舰的海上力量是日本海军。到 1921 年，日本人已经拥有了三艘现役航空母舰,与美国海军的数量相同,并且正在加班加点赶造更多的航空母舰。就像英国人和美国人一样,一开始,日本人也将其他类型的战舰改装成航空母舰——"赤城"号和"加贺"号以前就分别是战列巡洋舰和战列舰——但在 1933 年,日本下水了第四艘航空母舰——"龙骧"号,这艘航空母舰经过了专门设计,在 1936—1937 年,日本又下水了两艘"专业"航空母舰,即"飞龙"号和"苍龙"号。与此同时,他们还建造了四艘水上飞机母舰,它们可以不受华盛顿海军条约的限制,后来都被改装成了轻型航空母舰[①]。通过这些不同的方式,日本帝国海军在第二次世界大战爆发时已经部署了多达 10 艘航空母舰,比任何竞争对手都要多,这些航空母舰将搭载多达 500 架舰载机,是当时全世界最强大的海航力量。此外,在 1938 年之后,日本海军的所有的航空母舰都被集中编入到同一支战斗舰队中,组成所谓的"第一航空舰队",这支舰队将专注于执行独立的空中打击任务,这一集中资源的做法使得日本帝国海军拥有了全世界最具威胁力的海空力量。此外,日本海军在舰载机的设计上也遥遥领先于其他国家。九七式舰攻(盟军昵称代号为"凯特",是一种舰载鱼雷轰炸机)和九九式舰爆(昵称"瓦尔",是一种舰载俯冲轰炸机)虽然速度要比它们的美国对手慢一些,但航程更远,载荷更大。日本人还设计出了零式战斗机,这种飞机是真正的空战利器,在当时的海军舰载机中是无与伦比的。

虽然技术在不断进步,但舰载机只是勉强达到了"可用"的标准。在很久以后,蒸汽弹射器和倾角甲板才被发明出来。舰载机在条件允许的范围内,会尽可能靠自己的力量从船尾起飞。当舰载机从飞行甲板上起飞时,通常会伴随着令人作呕的剧烈颠簸,以及坠入大海的危险——当舰载机飞过飞行甲板的一端时,很容易在船头下方坠毁,这在当时几乎是不可预防的事故(而且往往是致命的事故),飞行员每次从舰上起飞都面临着这种风险。至于舰载机能否安全返回飞行甲板,则要取决于它能否挂住横跨甲板的一连串阻拦索中的一根——一旦降落失败,返航的飞机要么会从船头坠落(就像一次糟糕的起飞一样),要么

---

① 译注:原文如此,这四艘水上飞机母舰指的是"千代田"号、"千岁"号、"日进"号和"瑞穗"号,但事实上,只有前两舰完成了航母改装,后两者则因为各种原因未能开展相关工程。

会撞向已经停稳但尚未通过升降机进入机库的飞机。

因此，舰载机飞行员的飞行技能和方向感显得尤为重要。搭载多名机组成员的鱼雷攻击机和俯冲轰炸机的续航时间普遍为两三个小时，在没有雷达的情况下，机组人员必须非常小心地规划他们离开和返回母舰的航线。此外，舰载机上还有一个专门的人员负责计算方位和标记海图，只有这样才能找到目标并与母舰成功会合。至于单座战斗机，它们的续航力较差，而且战斗机飞行员在空战中的操纵较为暴力，更加速了燃料的消耗。所以，他们很容易迷失方向，无法重新找到母舰的位置（海战的情势可谓是瞬息万变，而且母舰本身也在进行大范围的机动），战斗机经常在返航的途中耗尽燃料并坠毁在海上。诚然，航空母舰吸引了一批最优秀、最勇敢的飞行员，但无论他们的飞行技术有多么精湛，最终也往往难逃发生事故身亡的命运。

然而，航空母舰舰队所具有的强大攻击力，是对舰载机飞行员所冒的巨大风险的最佳补偿。早在1929年，美国"萨拉托加"号航空母舰的一次演习就证明了，从理论上来说，航空母舰发动的攻击是有可能摧毁巴拿马运河的水闸以及附近的航空基地的。1932年，"萨拉托加"号和"列克星敦"号在黎明前利用152架飞机进行了偷袭珍珠港的模拟推演，结果完全出乎了这个美国太平洋舰队主要基地的意料——其精心布置的防御工事被彻底击溃。但即便如此，美国海军内部的保守派们还是继续坚持他们的信念——认为未来的海战还是无畏舰之间的竞争——这无可厚非，因为当时的英国人、德国人、意大利人、日本人，甚至连法国人都在继续以资金所允许的最快速度来建造大量无畏舰。但是，在第二次世界大战临近时，在"列克星敦"号、"萨拉托加"号、"突击者"号航空母舰和它们的姐妹舰上驾驶"水牛"（Buffalo）式、"维护者"（Vindicator）式和"蹂躏者"（Devastator）式飞机的飞行员们却有着不同的看法。他们预见到了"降自万国耀武扬威的海军，正在九霄争夺"；他们相信，只有海军航空兵才能决定海上力量的未来。直到20世纪30年代末，美国人的真正对手仍然在以一种不为他们所知的状态持续发展着。虽然从表面上来看，英国是美国在海上最大的竞争者，但英国与美国的关系却非常友好，两者之间是基本上不可能发生战争的。法国和意大利是美国的次要竞争者，但它们的利益与美国并不冲突。虽然德国一心想要发动侵略战争，但他们的扩张区域距离西半球太过遥远了，不会对美国的安全构成直接威胁。因此，美国最显而易见的敌人只有日本。日本自 1937 年开始大举入侵中国，而美国已经在 19 世纪与中国建立了特殊的政治、商业和情感关系。日本的基本国策是毫不留情的扩张主义——很明显，日本人野心膨胀。虽然日本人并没有公开宣布自己的目标，但却为此猖獗活动——这个目标就是控制整个西太平洋及亚洲沿海地区。更可怕的是，日本是仅次于英国和美国的世界第三大海军强国。

## 两国海军力量的对比

日本崛起为海上强国绝非偶然，他们的崛起是在国家意志干预下，经过周密筹划，并按部就班地推进才得以实现的。为进行反英斗争与争取国家独立，尚处于萌芽状态的美国创建了一支舰队，后来这支舰队发展为了美国海军。而日本则从无到有地创建了一支海军，因为日本人坚信只有这样才能战胜外国人——19 世纪中叶，西方人用坚船利炮打开了日本的国门，结束了它长期封闭的状态，日本原有的价值观和社会秩序都因此而遭到了冲击和破坏。这里所说的"西方人"主要指的是美国人，他们乘坐着军舰，由海军准将马修·佩里（Matthew Perry）率领，于 1853 年来到了江户湾浦贺海面，强迫日本人签订了通商条约——史称"黑船来航"。佩里舰队中有两艘蒸汽船——这种船对日本人来说完全是陌生的，而且，很显然，它们太强大了，任何听命于幕府的船只都无法与之抗衡。

一些东方国家，比如当时的清朝，对西方先进技术的优越性无所适从，他们的第一反应是闭关自守，以寻求情感上的慰藉。然而，日本却走上了一条截然不同的道路。佩里离开后不久，日本天皇的首席顾问 [1]、国家的实际统治者阿部正弘（Abe Masahiro）写道：

> 每个有识之士都指出，没有海军，以及全无防御的海岸线都是我们的重大

---

[1] 译注：原文如此，阿部正弘当时担任幕府老中，实际是幕府将军的首席顾问。

缺陷。而且，美国人明年还会再来。我们的策略是：虽然不予答复他们的要求（即开放对外贸易），但同时还要保持和平的姿态。然而，他们却很可能会诉诸暴力。对于这种意外情况，我们必须要有所准备，否则将使国家蒙受耻辱。因此，我们必须尽自己一切努力保卫国家。

　　阿部正弘的第一个举措是从荷兰人那里弄来了一艘蒸汽船——自从 17 世纪日本对西方封闭以来，日本人就一直和荷兰人保持着脆弱的外交关系。然而，这只是权宜之计。如果日本不想"蒙受耻辱"，它显然就必须获得与外国海军进行平等对话的权力。这意味着，日本要建立自己的舰队。最初，日本主要从国外购买军舰，但从长远来看，在学习并掌握先进技术之后自己建造军舰才是正确的途径。1868 年，在保守派和改革派之间激烈的内部斗争临近结束时，明治天皇颁布了一项政策：与西方平等相处。"求知识于世界！"他坚定地说，"大振皇国之基业。"

　　明治天皇推行的所谓"维新"有一个关键点，那就是在让天皇重掌大权、压制封建大名的同时，推进国家进行现代化发展。日本曾向英国（当时英国拥有全世界最强大的海军）学习海军方面的"知识"，以求与西方海军平起平坐。英国派遣了大量海军军官前往日本，为日本海军培养未来的中坚力量。1872 年，日本正式创建了海军部，其下辖的舰队中充斥着由英国建造的船只。从结果来看，日本人确实做到了"把好钢用在刀刃上"。1885 年[①]，日本从英国购买的"浪速"（Naniwa）号和"高千穗"（Takachiho）号防护巡洋舰，是当时世界上同类舰艇中最大、装备最精良的，每艘巡洋舰都装备了两门 10.2 英寸口径的克虏伯大炮（就像日本人很快就意识到可以在哪里买到最好的船体一样，他们也知道哪个制造商制造的火炮最好）。1891 年，这两艘防护巡洋舰的姊妹舰"桥立"（Hashidate）号[②]从日本自己的造船厂建成下水。不过，对日本而言这并没有摆脱对国外技术的依赖。事实上，接下来的整整 20 年里，日本都不具备自己建造

---

① 译注：这里指的实际是两艘巡洋舰的下水时间；其订单下达时间则更早。
② 译注：原文如此，此处有误，"桥立"号并非"浪速"号和"高千穗"号的同型舰。

主力舰的能力——直到1911—1912年日本海军的第一代无畏舰"河内"（Kawachi）号和"摄津"（Settsu）号分别在吴港和横须贺下水之后，这种尴尬的状况才被打破。甚至在日本人已经可以自己建造无畏舰的时候，他们也还是想从英国购买战列巡洋舰这种典型的英式军舰。1910年，日本向位于英国巴罗因弗内斯的维克斯船厂订购了自己的第一艘战列巡洋舰——"金刚"（Kongo）号。

然而，到那个时候，日本海军已经处于世界领先的地位了。1894年，日本海军战胜了清朝海军——虽然这并没有引起国际社会的关注。1904年，日本海军向沙皇俄国海军发起挑战——这一次终于在世界上引起了轰动。这一年，为了争夺朝鲜和中国东北交界地带的控制权，日本挑起了一场与沙皇俄国的战争。战争伊始，日本海军很快就令沙皇俄国的远东舰队失去了战斗力。沙皇俄国在欧洲水域召集了一支舰队，并将其派往远东。日本海军的将领们制定了缜密的计划，并静静地等待合适的时机到来——他们知道，沙皇俄国的船只最终会进入自己的作战区域。因此，1905年5月27日，当沙皇俄国的舰队试图通过对马海峡时，日本舰队早已经做好了交战的准备。在历时几个小时的海战中，沙皇俄国的舰队被击溃了——38艘战舰中有19艘被击沉、7艘被俘、6艘被别国扣押、2艘自沉，只有4艘战舰成功逃回了自己的港口，并带回了耻辱的消息——这是自特拉法尔加以来，最大的一次"海上灾难"。

对马海战的胜利使日本成为世界上最重要的海军强国之一。尽管日本海军的实力不及自己自1902年以来的盟友——英国，甚至也赶不上德国，但它却凌驾于沙皇俄国之上，或许与意大利和法国（法国当时是一个在远东拥有巨大利益的大国）不相上下。当然，美国也是日本的竞争对手。虽然地理位置决定了美国争夺制海权的范围横跨两个大洋，但这个国家刚刚才开始注意到自己所能攫取的财富，以及自己在海洋上的地位和权利。

从1905年开始，日本的海军力量逐年增强。1914年，它站在法国和英国一方，迅速占领了德国在远东地区，即中国大陆和太平洋岛屿上的领地，后者包括马绍尔群岛（Marshall）、加罗林群岛（Carolines）和马里亚纳群岛（Mariana）。这些群岛虽然在土地和经济价值上微不足道，但却具有极高的战略价值，因为它们正好位于夏威夷以西，菲律宾和中国以东的中间区域。占领这些岛屿使日本至少有了一道安全屏障，他们可以借此阻止美国海军从潜在的前沿阵地挺进太平洋腹地的行动——在战略位置上，包括菲律宾，荷属东印度群岛，甚至可能是英国和法国在亚洲大陆的属地，包括澳大利亚，最后还有美国中部的夏威夷"要塞"，这些地方均可以威胁到日本本土。

1931年，主张扩大冲突的日本军官驻扎在中国东北（他们的职责本来是守卫具有治外法权的铁路系统），不久后，这些军官率领部队武力占领了整个东北地区——当时中国最有价值的工业区——日本以此成为了亚洲大陆的主要强国。六年后，日军通过长江和黄河流域大规模入侵中国，占领了后者的大部分核心地区，这极大地增强了日本的实力。由于是在进行陆地作战（这场战争几乎没有削弱其联合舰队的力量），日军的对手实力尚弱，因此他们留下了实力可观的预备队——足足有12个陆军师团和大批特别海军陆战队，这些部队均可以投入到海洋区域的两栖作战中。当西方盟国和纳粹德国（自1936年以来，日本一直是其盟友）之间的战争爆发时，日军舰队已经拥有了10艘战列舰和10艘航空母舰，还有40艘潜艇（其中一些潜艇非常巨大），还拥有一支由现代化巡洋舰和驱逐舰所组成的庞大支援舰队，以及大约1500架海军飞机（其中500架是舰载机）。另外，日本海军装备的质量也非常突出，特别是它所使用的鱼雷是所有海军中最好的。日本海军的水手，虽然都是义务兵，但这些士兵在1904—1905年于中国东北爆发的日俄战争中的表现，曾令西方观察家大为震惊。事实上，日军舰队的频繁训练使他们得不到安慰和休息。1937年日本海军的一份文件指出："近年来，舰队的活动频繁。从1月下旬开始，离开母港，在暴风雨肆虐的太平洋或人烟稀少的偏远海湾进行强化训练，全年大部分时间都是如此，几乎没有一天休息……有时更要进行超过一个月的连续训练……就是不分周六和周日，不眠不休地进行训练。这是因为，不通过这种方式，我们就无法得到最贴近实战的训练效果，因此，我们要以顽强不懈的精神，努力去获得高超的战斗技能和完美的战斗效率。"

尽管这种说法不乏自我吹捧的意味，但大体上是符合现实的。在太平洋战争爆发前的几年里，日本的海军不仅在物质储备上令人生畏，而且在"海上训练"方面也比任何竞争对手都更加顽强。相比于水兵，日本海军的军官们甚至更能体现这一点。他们的成长过程和入伍后的生活方式比世界上任何一个其他国家的海军都要严苛。英国皇家海军通常招募 13 岁的海军学员，并将一些年满 15 岁的学员送往多格尔沙洲进行苛刻的训练，可谓在敬业精神方面树立了一个难以匹敌的榜样。然而，日本江田岛海军兵学校（Etajima）的苛刻程度甚至超过了英国达特茅斯海军学院（又称"不列颠皇家海军学院"）。江田岛海军兵学校成立于 1888 年，一开始由英国监管，其每一名学员都是从多达 80 个报名者中精挑细选出来的，而且要完成四年坚持不懈的学术和体育训练方可毕业。在这四年军校生活中，学员们每天都要学习和训练 16 个小时，纪律是靠耳光和棍棒来维护的，被军校开除更是一个不可饶恕的耻辱，会导致整个家族都受到连累。因此，在整个学院生活中，学员们的肩上都扛着巨大的压力。

即便曾经受过达特茅斯海军学院严苛教育的英国海军军官也认为江田岛海军兵学校的训练理念过于狭隘了，因为其主要目的是对学员灌输对天皇忠心耿耿，并随时准备战死沙场的思想。然而，经过艰苦训练，日本学员的航海技术都非常出色，更重要的是，其中有些学员独立思考的能力并没有完全丧失。例如，东乡平八郎——日本的纳尔逊和对马海战的胜利者，在江田岛海军兵学校建立之前就在海军中服役，并在英国接受了高级培训。还有二战时期日本最为杰出的海军将领之一——山本五十六，他虽然经过了江田岛的严苛培训，但仍然具有独立思维能力。

山本五十六出生于1884年，在对马海战中，他作为一名海军少尉候补生在"日进"（Nisshin）号装甲巡洋舰上服役，在那里，他被一枚袭来的炮弹伤得不省人事，并失去了两根手指。"然而，当凌晨 2 点我方宣布胜利时，"他回忆道，"连伤员都欢呼了起来。" 1917 年 [①]，他作为翻译官被送往哈佛大学，这是他与美国长期交往的开始，1921 年回国后，山本五十六相继被任命为海军大学校教官以及霞浦航空队教官兼副长。在此之前，他一直是一名炮术专家，但主动学会了飞行并相信空中力量将成为未来海战的主宰者。1923 年 [②] 至 1927 年间，山本

---

① 译注：原文如此，实际有误，应为1919年。
② 译注：原文如此，实际有误，应为1925年。

五十六再次来到美国，先是作为联络官，然后是派驻华盛顿的海军武官。1930年，他参加了伦敦海军会议，在这次会议上，日本通过谈判减轻了自己在1921年的《华盛顿海军条约》中所受到的关于舰船数量的限制。1934年，他被任命为第一航空战队司令官，并在1936年的伦敦海军会议上再次担任帝国海军的谈判代表，在这次会议上，《华盛顿海军条约》所施加的限制被彻底解除了。

山本五十六是一位狂热的日本爱国者，但他看到了军国主义给日本带来的危险，并不断警告称"挑战美国对太平洋的霸权是危险的"。他说："任何看过底特律汽车厂和德克萨斯州油田的人都知道，日本缺乏与美国进行海上角逐的实力。"因为这一点，再加上他反对与德国结盟，所以山本五十六引发了一些自称为"真正爱国者"的少壮派军官（通常为下层军官，他们被挪揄为"比天皇还要忠君爱国"）的敌意，山本五十六的人身安全甚至受到了威胁——在20世纪30年代末的日本，暗杀是一种表达"真正爱国主义"的方式。1939年8月，山本五十六被提升为联合舰队的总司令，这个职位把他带到了海上，使他远离了暗杀的威胁。

1936年2月26日，当东京的激进军官们掀起暴动，谋杀了帝国政府的温和派领袖，并将权力大幅向军队转移时，日本的政策方向就发生了决定性的改变——在将军们的领导下，日本开始冒着与西方列强开战的风险进行肆无忌惮的海外扩张。虽然军方扶植的新任首相近卫文麿本身是个温和派，但他很快就失去了对事态的掌控。1937年7月，驻扎在中国华北的日本军队与蒋介石的部队发生了激烈冲突——当时，蒋正在带领中国摆脱军阀割据，给意欲独霸亚洲的日本带来了威胁。同年8月，战斗升级为日本的全面入侵，到了12月，黄河和长江流域的大片土地已经落入了日本人的控制之中。日本军队在入侵中国的过程中犯下了累累暴行，令国际舆论哗然。此外，日军还击沉了一艘美国海军炮艇，从而冒犯了美国。不久后，日军又在中国东北挑起了一场严重的边境冲突，从而走到与苏联发生全面战争的边缘。

日本坚持不计后果的扩张政策主要有两个原因。第一是由于日本在欧洲的轴心国盟友——意大利和德国同样不计后果的行为，不仅给这两个国家带来了实实在在的好处，还为其亚洲盟友不尊重国际规则的行为提供了帮助和支持。第二是是日本国内民众"原始冲动"的力推，以及日本领导层对亚洲主宰地位的疯狂渴求。1940 年春天，在纳粹德国战胜法国之后，继任的维希政府被迫允许日本在印度支那驻军和过境。与此同时，英国同意切断已经使用了六个月之久的向中国军队运送军事物资的滇缅公路。与此同时，打着"中华民国主要保护者"旗号的美国，为了抑制日本日益膨胀的野心，威胁要限制它的物资进口——首先是日本国内几乎没有什么储备的石油，然后是它严重缺乏的矿石和金属。1941 年 8 月，在日军大本营陆海军联席会议上，日本陆军省军务局的岩畔豪雄（Iwakuro Hideo）大佐警告说，在战争物资的制造能力上，日本与美国之间存在着显著差距。他指出，美国与日本在重要物资生产能力方面相差极大，两国的钢铁产量比率为 20：1，煤炭产量比率为 10：1，飞机产量比率为 5：1，劳动力比率为 5：1，航运能力比率为 2：1，石油产量比率为 100：1。根据他的估计，美国的战争潜力是日本的 10 倍。

没有人比山本五十六更清楚这种差距了，他比任何其他日本军官都更了解美国——或许他也是全体日本人中最了解美国的人了。虽然他不想与美国发生战争，但却无法压制同僚们对战争的冲动。1941 年夏天，在新召开的御前会议上，陆军和海军代表共同制定了一份新的国家战略，他们对未来可能执行的四种战略计划进行了考量。这四份计划分别是：第一，先夺取荷属东印度群岛（印度尼西亚），然后夺取菲律宾和马来亚。第二，从菲律宾向东印度群岛推进。第三，通过印度支那占领马来亚——日军先在那里建立军事基地，然后再占领菲律宾，从而推进与美国的直接对抗。第四，同时攻击马来亚和菲律宾，然后进攻东印度群岛。山本五十六对所有这些提议都感到震惊，他确信这些计划终将导致与美国的战争，而且无论如何精心策划，己方都将处于不利的态势之下。"如果，"他在早些时候写道，"面对这种可能性（遭到美国封锁），我们决定发动战争——或者更确切地说，是迫于形势的发展而这样做——我认为任何普通的战略都不太可能会取得成功。"

另一方面，如果山本五十六的同僚们坚持选择战争这一条道路，那么一项非凡的战略可能会推迟灾难的发生。这样的战略将让美国太平洋舰队在措手不及之下，丧失其主要基地。自 1940 年 4 月起，作为一项预防措施，太平洋舰队从美国西海岸转移到了夏威夷——夏威夷位于太平洋中部，离日本本土远达

6276 千米，这段距离比以往任何一支以蒸汽为主要动力的舰队的航行距离都要遥远（对马海战中的沙皇俄国军队除外）。1941 年初，山本五十六开始研究海军大学校于 1936 年提出的一份报告，并在此基础上独立制定了袭击珍珠港的计划。在计划制定的初期阶段，他向源田实（Genda Minoru）中佐征求了部分建议——源田实是海军航空部队指挥官中的"少壮派"。在经过了六周的紧张工作之后，源田报告说这次突袭是可行的。于是，计划进入了后期阶段。第一航空舰队参谋长草鹿龙之介警告说，这次行动将是一场赌博，但在 1941 年 9 月进行的一次舰队演习之后，山本五十六告诉他："我已经决定袭击珍珠港了——不管需要付出的代价有多大。"

在该计划中，日军舰队需要沿一条漫长而迂回的路线行驶——从西伯利亚附近的千岛群岛（Kurile islands）开始，经过孤立的中途岛（Midway），到达夏威夷以北 322 千米以内的地方。1941 年 10 月，日军将一艘名为"大洋丸"（Taiyo Maru）的定期客轮派往这条航线进行侦察，并收到了"在途中没有发现其他船只"的报告。此外，舰队举行的军事演习也证实了这样的行动可能会获得成功。1941 年 10 月，日本海军军令部总长永野修身大将同意进行相关准备工作。

在这次行动中，日军将出动全部 10 艘航空母舰中的 6 艘，以及 423 架飞机（包括 270 架轰炸机）。至于海军的其余舰队，则将同时进攻菲律宾和马来亚。日本海军要针对所有目标发起出其不意的进攻，并以压倒性的优势战胜敌人。不过，这份计划成功与否的关键还是在珍珠港。为回应海军内部有人提出的，可能会找不到美国太平洋舰队的质疑，山本五十六将攻击发起日定在了一个周日——因为他知道太平洋舰队总是在周末回港休假。11 月 8 日，山本五十六宣布进攻的发起日为 12 月 7 日星期日。

两天后，参谋长草鹿龙之介正式向联合舰队司令长官山本五十六提交了关于这次行动的相关概述（主要包括行动的形式和目的）：

敌人一支庞大的舰队集结在珍珠港。在战争刚开始的时候，这支舰队就会被我军一击而彻底粉碎……但如果这个计划在任何阶段遭遇了失败，我们的海军无疑都将遭受无法再度崛起的悲惨命运。那样的话，即便我们成功偷袭了珍珠港，也将成为后续战斗的"滑铁卢"。出于这个原因，帝国海军将集中自己全部力量的精华，包括最好的战舰和飞机，以确保计划成功。很明显，即便美国将庞大的重工业系统立即转变为生产船舶、飞机和其他战争原材料，它也至少要几个月的时间才能积攒起足够的力量来对付我们。如果我们一开始就保住自己的战略优势……在美国还没有做好准备的情况下，通过一次攻击夺取所有要地，那么，我们可以使战争向有利的方向转变。

但是，山本五十六本人却没有这么乐观。他深知美国的力量，他曾警告说，"这个战争策略可以让日本海军在战争的头六个月或一年之内取得重大战果，但我对战争的第二年和第三年完全没有信心。（与德国和意大利的）三方协定已经缔结，我们别无他法。" 尽管针对夏威夷、菲律宾和马来西亚的攻略部队都已经转移到了预定地点，但是，对"底特律汽车厂和德克萨斯油田"的恐惧却令山本不知所措，他深知这些对日本欠发达的经济环境来说意味着什么。但最可怕的，还是美国海军所拥有的巨大潜力。

美国和日本一样，是一个在与老牌海军强国的竞争中逐渐成长起来的国家。在独立战争和 1812 年对英国的战争中，它组建了一支强大的风帆护卫舰舰队。在内战中对付南方邦联军队时，它还组建了一支卓有成效的蒸汽舰队，并一度走在海军技术革命的前列。然而，1865 年后，美国海军陷入了萧条期。出现这种状况的深层次原因是：对美国而言，海军的战略作用并不明显。实际上，由于英国皇家海军的存在，其他欧洲列强几乎不可能侵犯北美大陆的海岸线，而拉丁美洲国家对他们的北方邻居则没有任何战略威胁。因此，美国海军严重缺乏战术经验。由于没有对手，它的船只荒废了，军官培养也停滞不前。阿尔弗雷德·塞耶·马汉（Alfred Thayer Mahan），也就是后来大名鼎鼎的海军"克劳塞维茨"，于 1885 年告别了海上生活，他被从"沃楚西特"（Wachusett）号巡航舰（这艘巡航舰最显著的特点是长期停泊在港口内）调任到美国海军战争学院工作。在那一代美国海军军官中，马汉绝对是个异类。但他曾经服役过的"沃楚西特"号在美国海军中却不出奇，即使这艘护卫舰按照 19 世纪末的标准，其实是一艘落后了好几代（差不多整整两代）的军舰。

美国海军直到 19 世纪 80 年代中期才获得现代化的铁甲舰，然而，那时候，美军舰队的状况已经变得非常差了，直到 19 世纪 90 年代，美国才开始组建远洋海军，这在很大程度上是由马汉（巨大国际声望使他成为了"先知"一般的人物）的海军至上主义论点所推动的，在此过程中，美国承担的巴拿马运河工程也发挥了积极的作用。欧洲列强对这条运河的觊觎是如此露骨，以至于华盛顿方面提出要建立一支"新海军"来保卫运河。其结果是，美军舰队于 1898—1899 年在加勒比海和菲律宾打败了西班牙，并由此发展出"大白舰队"（Great White fleet），于 1907—1909 年在世界各地巡航。此后，美国海军的发展步伐明显加快了。美国海军的第一级现代化战列舰"南卡罗来纳"（South Carolina）号和"密歇根"（Michigan）号其实已经具备了一些无畏舰的设计特征。1917 年，当美国站在协约国一方加入第一次世界大战时，其战斗舰队中拥有 14 艘无畏舰。美国无畏舰，不论是已经建成服役的，还是正在建造中的，都具备了火力强大、巡航舰以及其他先进的设计特征。"加利福尼亚"（California）号和"田纳西"（Tennessee）号战列舰（美国战列舰均以各州的州名来命名）兼具重装甲、21 节航速，以及 12 门 14 英寸口径的大炮（分装在 4 个三联装炮塔内）的优越性能。1917 年，美国新战斗舰队派出了一个分队与英军"大舰队"会合，并暗示整个美军舰队可能会在紧急情况下横渡大西洋，这是德国海军在日德兰海战之后没有继续在北海实践"风险理论"的另一个重要因素。

所谓"吃得越多，食欲越强"。1918 年，美国曾为自己跃升为世界上第二大海军强国而欢欣鼓舞，而后不久，它又开始期待着成为世界第一大海军强国了，在无与伦比的联邦财政和国家工业能力的支持下，美国取得这个地位似乎没有什么困难。1918 年 5 月，美国驻英海军司令威廉·西姆斯（William Sims）上将呼吁继续推行在两洋扩张的政策："美国海军，"他写道，"将是一个自给自足的组织，可以在太平洋上推行自己的霸权，在大西洋，美国海军对所有潜在的敌人都具有防御优势。这些潜在的敌人也许是想扩大他们的利益范围，或者将自己的主权强加于美洲大陆的任何部分，甚至与其毗连的岛屿——即便这些岛屿现在并不在他们的掌握之中。还有那些想要不公正地干涉我们扩大贸易权利的人，美国海军都能有效地对其进行威慑。" 他估计推行这样的政策需要增加 21 艘战列舰和 10 艘巡洋舰，以及大量的"战斗侦察舰"、大型驱逐舰和潜艇。

该计划向英国皇家海军发起了一场挑战，后者将被迫参加一轮新的造舰竞赛，然而，在这场竞赛中，衰弱的英国将不可能有取胜的希望。在局势如此明了的前提下，西姆斯很快就将自己计划中的主力舰数量提高到了 69 艘。毫无疑问，计划一旦实现，将令拥有 42 艘主力舰的英国皇家海军处于绝对劣势，而且再也无力赶超。此外，西姆斯计划也完全呼应了 1916 年伍德罗·威尔逊（Woodrow Wilson）总统提交给国会的《海军法案》，其中有这么一个段落与该计划在目的上无比契合："世界上没有任何其他海军……必须覆盖这么大的一片海域……作为美国海军……依我看，它就应该是世界上最强大的海军，这是毋庸置疑的。"

将英国皇家海军暂时从威尔逊总统"毋庸置疑"的暗示中拯救出来的，是这位美国总统所罹患的疾病、他不久之后的下台以及新总统沃伦·哈定（Warren Harding）的接任。哈定致力于缓和第一次世界大战战胜国之间的国际竞争，削减开支，并在美国的外交政策中大力推行孤立主义。虽然 1921 年各国签订的《华盛顿海军条约》，单方面限制了美国海军战舰的吨位，阻止了美国利用自己超强的工业能力超越英国的尝试。但英美两个海上强国却充分利用这个条约（实质是利用自己的军事优势）来限制日本、法国和意大利的海军力量。

《华盛顿海军条约》产生了显著的效果，在两次世界大战之间，美国海军的实力与英国基本相当，它使英美两国海军在主力舰和航空母舰的吨位上达到了一种相对平衡的状态。虽然两国海军都被迫淘汰了许多过时的军舰，新建战舰的总吨位也减少了，但仍然确保了自身相对于世界所有其他国家的优势地位。

1929 年至 1930 年的世界性经济衰退极大地促进了《华盛顿海军条约》的实施，事实上，美国联邦财政也因这次经济衰退而大幅紧缩了预算，无暇顾及海军——即便美国在 20 世纪 30 年代希望扩大海军的规模，它也负担不起。然而，尽管经济危机给美国海军带来了沉重的枷锁，但它却无法改变美国海军的坚定信念——即美国的国家安全取决于海上力量的强弱，以及其是否得到了正确运用。在当时，美国的假想敌只有日本。从 1922 年起，美国海军的策略是将大部分舰队驻扎在太平洋海域，包括一支以中国为基地的亚洲舰队（以小型舰艇为主）和一支驻扎在加利福尼亚的战斗舰队，后者每年定期从加利福尼亚出发，前往巴拿马运河和夏威夷进行巡航。

虽然美军舰队没有在国际日期变更线以西进行演习的惯例，并因此严重缺乏在相关海域的航行经验，但美国海军高层却认为，在参谋人员拟定的种种对日作战计划中，通过西太平洋发动进攻是战胜日本的唯一有效途径。早在第一次世界大战之前，美国海军内部的规划人员就每年更新一系列所谓的"颜色计划"，其中的"橙色计划"揭示了战胜日本所需的条件。然而，在第一次世界大战之后，日本从德国手中获得了马里亚纳、马绍尔和加罗林群岛——它们共同构成了一道很深的战略屏障，美国海军之前挺进西太平洋的计划就变得几乎不可能了，而"橙色计划"的早期版本也因此变得毫无价值。在第一次世界大战之后，"橙色计划"被不断地修改，在美国海军战争学院进行的地图桌演习中，突破日本岛屿屏障的战术行动一共被推演了整整127次。美国海军战争学院的历史学家米歇尔·弗拉霍斯（Michel Vlahos）对此评论道："可以预见，战斗将是极度血腥和混乱的，'橙色计划'的战术问题似乎总能反映出一个残酷的现实，即'战争即将到来'。"

然而，在20世纪30年代后期，随着战争的脚步真的临近了，与那些更为广泛和复杂的战略问题相比，如何渗透太平洋岛屿隔离带的问题开始变得无关紧要起来。重整军备的德国和意大利海军威胁着英国对西部海域的控制权，而由于经济困难，英国无力扩充舰队规模——因此，这种威胁就显得更加严重了。当英国签订《慕尼黑协定》的时候，皇家海军除了新建造的几艘航空母舰外，与日德兰海战时期相比几乎没有什么明显进步。皇家海军的许多一线战列舰在日德兰打过硬仗，并证明了自己，但皇家海军的驱逐舰、潜水艇甚至巡洋舰的数量都严重不足，而巡洋舰正是大英帝国控制其庞大领海（《凡尔赛条约》曾大大拓展了英国领海的范围）的主要工具。

1940年11月，哈罗德·斯塔克（Harold Stark）上将被任命为美国新任海军作战部部长，他向罗斯福（Roosevelt）总统递交了一份经过多次修正的、关于海军优先事项的方案，这些事项是按照字母顺序进行编号的：A. 集中力量保卫美洲。B. 为太平洋上的一场全面战争做准备。C. 暂时在太平洋和大西洋保持守势。D. 准备在大西洋上进行一场战争，并同时在太平洋上保持守势。正如我们所见，其中的 D 方案是对以往 20 年战略的彻底颠覆。它打算坐视日本海军在中国沿海横行无阻，甚至连菲律宾和美国的太平洋岛屿领地都将陷入危险境地。然而，现实是：希特勒统治下的纳粹德国距离美国更近，德国和意大利海军的实力正在不断增强，可英国海军的战斗力却令人怀疑（更不用说法国海军了）。鉴于欧洲国家的安危与美国休戚相关，继续把战略重心放在太平洋显然成了最不可取的选择。于是，海军和陆军在经过激烈的辩论后，1940 年年底，美国将自己的国家战略确定为了"先欧后亚"。

1941 年 3 月，在华盛顿与英国方面的讨论中，双方正式同意将"大西洋和欧洲地区作为决定性的战场"，但该协议还包括了一项专门为美国太平洋舰队所设置的条款，即"通过对马绍尔群岛的攻击转移敌军视线，支持盟军保卫马来防线的行动……并对太平洋方向的英国海军（其主要基地设在号称坚不可摧的新加坡港）提供支援……在赤道以南和以西（太平洋中部）……保护盟国在太平洋上的领土和海上交通……为占领马绍尔群岛和加罗林群岛做准备"。

虽然日本已经决心对美国太平洋舰队的核心节点发动猛攻，但美国海军却仍然认为自己是这片海域上的霸主——这种自信的基础是源自对双方海军力量的对比。如果把英国、澳大利亚和荷兰的军舰与美国的军舰算在一起，并让它们与日本的军舰进行比较，那么美方和日方海军力量的比率是——战列舰 10：10，重巡洋舰 17：16，轻巡洋舰 27：17，驱逐舰 93：111，潜艇 70：64。日本海军只在一个项目上取得了 10：4 的绝对优势——不幸的是，这正是日本人的航空母舰优势，而航空母舰恰恰将要在接下来的海战中成为一种决定性的武器。

1940 年 9 月 27 日，日本帝国政府正式与德国和意大利共同签署了《三国同盟条约》。日本危险的政策走向对国际社会发出了明确的警报：该条约承认了"日本在建立大东亚新秩序方面的领导地位"，并且承诺，任何签约国在"被一个目前没有卷入欧洲战争或中日冲突的大国所攻击"时会得到其余方的战争协助。因为该条约可能适用的潜在交战国只有苏联（但是，1941 年 4 月，日本与苏联签订了互不侵犯条约）和美国，很明显，正如我们所见，其中的 D 方案是对以往 20 年战略的彻底颠覆。它打算坐视日本海军在中国沿海横行无阻，甚至连菲律宾和美国的太平洋岛屿领地都将陷入危险境地。美国的政策是试图遏止日本的侵略，甚至不惜为此冒加速战争进程的风险。1940 年 7 月，美国对日本具有战略意义的化学品和矿物、飞机部件和航空燃料实施禁运。同年 9 月，美国将禁运范围扩大到废旧金属。这些禁令对原材料完全依赖进口的日本经济造成了严重损害。一年后的 1941 年 7 月 26 日，也就是日本迫使法国维希政府同意其在印度支那南部（以这里作为跳板，日军可以分别甚至同时对马来亚，缅甸和菲律宾发动进攻）驻军的一天之后，罗斯福总统发布了一项行政命令，冻结日本在美国的所有资产，并禁止任何人从美国港口向日本出口任何商品。其结果是日本 80% 的石油进口通道被切断，从而令日本对中国进行的侵略难以为继，其建立所谓"大东亚新秩序"的相关计划也同时遭到了扼杀。

"在石油禁运后的几个月，也就是在所谓的'和平协商期'[①] 期间所进行的外交谈判，"塞缪尔·艾略特·莫里森（Samuel Eliot Morison）教授——他是二战时期美国海军的官方历史学家——写道，"只不过是为了争取时间而已。日本政府的文职人员试图找到一个能让军国主义者们满意的解决方案，而军国主义者们又花了几个月的时间来训练航空母舰战斗群以摧毁美国的太平洋舰队。美国则需要时间来组建新的海军舰队，他们制造了大量的军火和装备，并对驻扎在菲律宾的陆军进行了支援。"结果，相比于美国，日本赢得了更多的时间。1941 年 9 月，就在罗斯福总统与温斯顿·丘吉尔首相（他对"先欧后亚"的战略深表赞同）就世界的未来侃侃而谈并交换意见的时候，日本陆海军的将军们以及各部的部长们已经在一次帝国高层会议上，对一项残酷无情的攻击计划达成了共识：

我们决心不因可能会与美国、英国和荷兰发生战争而退缩，为了确保我们国家的存在，我们应立即着手进行战争相关的准备工作，以使这些工作能在大约 10 月底前完成……如果到了 10 月初，我们的合理要求仍然没有希望得到满足的话……我们应立即下定决心为战争做好准备。

---

[①] 译注：即战争爆发前进行最后谈判的日子。

　　将军们在随后的声明中附加了一份具体的条件清单，要求：美国允许日本在中国自由行事、英国停止对蒋介石的军事援助，以及英美两国同意不加强在太平洋的陆海军力量，也不干涉日本从法国维希政府那里攫取的、在印度支那的特权。用莫里森教授的话说，就是"军方给了日本政府大约六周的时间来达成和平解决方案，并口授了上述条件"。石油禁运的命令使日本的石油储备以每个月100万桶的速度锐减，这使情况更加紧迫。到了9月，日本的石油储备（其国内产量仅为每年40万吨，而年消费量为1200万吨）仅够维持一年多一点，正在接近它无法承受的底线。随着10月——也就是最后的和平协商期限的临近，日本军方和政府首相近卫文麿的冲突已经到了无法调和的地步。近卫文麿拒绝带领国家与美国开战，而将军们则拒绝满足他们所知的、唯一能安抚美国的条件，即：结束与中国的战争，放弃通过印度支那威胁英国和荷兰在东印度群岛属地的"南进政策"。在这场斗争中最终失败的近卫文麿随即辞职。10月18日，由东条英机将军接替了他的职位。

　　11月10日，东条英机内阁的军事决策层，包括寺内寿一将军和山本五十六将军，议定了一个具体的行动计划："一、两栖部队将在吕宋（菲律宾）、关岛、马来半岛、香港和……英属北婆罗洲同时登陆。二、航空母舰将对珍珠港内的美国太平洋舰队进行空袭。三、利用在战争初期取得的优势，迅速占领马尼拉、棉兰老岛（均在菲律宾）、威克岛、俾斯麦群岛、曼谷和新加坡。四、占领荷属东印度群岛并继续推进与中国的战争。"日本政府驻华盛顿的特别代表、海军大将野村吉三郎在这个月余下的时间内一直在努力避免与美国发生冲突，不让寺内寿一和山本五十六的计划生效。他是日本方的温和派，其努力避免战争的做法是真诚的，但东条英机政府却已经为和谈失败做好了准备。尽管日本军队的日常调动情况没有被美国政府发现，但美国还是从解密的日本外交通讯中获得了警讯——危机即将来临。11月27日，斯塔克将军向他在太平洋的部下们发出了如下指示："预计日本将在未来几天内采取激进行动。日本军队的兵力和装备，以及对海军特遣部队的组织都表明，他们将对菲律宾、泰国、克拉地峡或（马来亚）半岛和婆罗洲发动两栖攻击。我们应该执行适当的防御部署。"史塔克发出"战争警告"还算及时，但他却未能对太平洋舰队明确这个战争警告的严重程度。

## 中途岛之前的太平洋战争

1941 年 12 月 7 日星期日，太平洋战争正式爆发了。当天早上 7 点刚过，在夏威夷群岛瓦胡岛（Oahu）北海岸的一座雷达站（主要设备由英国援建<sup>①</sup>）中工作的美国通信兵，突然探测到了一组飞机正在迅速接近——当它们出现在雷达屏幕上的时候，这些飞机距离该岛仅有 220 千米。瓦胡岛的主要港口是珍珠港（Pearl Harbor）——这也是美国海军太平洋舰队的主要基地。在那个星期天，太平洋舰队的两艘航空母舰，"列克星敦"号和"企业"（Enterprise）号在巡洋舰和驱逐舰的护送下驶出了港口，驶往前哨岛屿威克岛和中途岛运送飞机。而太平洋舰队的第 3 艘航空母舰——"萨拉托加"号，则暂时停泊在美国西海岸的一个港口内。当天早上，珍珠港中只有战列舰舰队还停泊在原位，包括 7 艘无畏舰——"内华达"号、"亚利桑那"号、"田纳西"号、"西弗吉尼亚"号、"马里兰"号、"俄克拉荷马"号和"加利福尼亚"号，以及 8—9 艘其他战舰。另外，"宾夕法尼亚"号战列舰正停泊在干船坞中进行修缮保养。

美国太平洋舰队的主力舰们不仅停泊在港口内，而且还处于无戒备状态。星期日是舰队的休息日，尽管在过去的四年中，战争的阴霾一直笼罩着这片海域及其周边地区，相关谣言更是无孔不入，但舰队官兵们还是打算在周日晚些起床，好好休息一天。虽然太平洋舰队下辖的舰艇长期处于"状态 3"战备状态（即高度战备状态），但由于这种状态生效的时间过长，官兵们早已经懈怠了——他们并没有充分遵守相关规定。舰上的大多数高射炮处于无人操纵状态，而且可供使用的弹药也被锁了起来。

当通讯部队的雷达站发送的警报传送到达瓦胡岛上的信息中心时，值班军官认为雷达所检测到的可能是一队己方的 B–17 轰炸机——据悉，当时这些轰炸机正在从美国大陆飞往该岛的途中。值班军官告诉操作人员，"不要担心"这些雷达信号。同样，承担珍珠港警戒任务的驱逐舰"沃德"（Ward）号（在遭到攻击时，该舰是整个舰队中仅有的 3 艘没有停在泊位中的船只之一）也大约

---

① 译注：原文如此，实际有误，该雷达站装备的是美国自主生产的SCR–270型雷达。

在同一时间报告说"发现了一艘潜艇",但港口指挥中心未能迅速做出反应。负责指挥的军官给上级打了电话,上级命令那些待命的驱逐舰立即行动,或者给锅炉升火,并等待命令。只是,没有人想到要让主力舰进入全面警戒状态。结果,尽管"沃德"号发现的那艘日本小型潜水艇和它的4艘姐妹艇后来都被摧毁[①]了,但美国人并没有采取任何防空警戒措施。不幸的是,将要对太平洋舰队发动大规模攻击的并非是这些袖珍潜艇,而是航空母舰上的舰载机。

当天早晨6点,在珍珠港以北约443千米远的地方,日本海军航空兵已经开始了第一波攻击:由40架鱼雷轰炸机、51架水平轰炸机、49架俯冲轰炸机和43架战斗机所组成的强大打击力量从6艘航空母舰上起飞,朝着自己的主要目标——美国太平洋舰队的"战列舰大街"(即战列舰的主要系泊处)直冲过去。7点30分,第一批抵达珍珠港的日军战机开始在空中盘旋。7点55分,集结完毕的轰炸机和鱼雷轰炸机开始发动进攻。到了8点25分,美军已经遭受了巨大的损失。"亚利桑那"号的前部弹药库被日军击中,引发了剧烈的殉爆,带着它上面80%的船员沉没;"俄克拉荷马"号被3枚鱼雷击中[②],不久后倾覆;"西弗吉尼亚"号被日军击沉,而"加利福尼亚"号也即将沉没;"田纳西"号、"马里兰"号和"内华达"号战列舰也遭受了重创。其中,"内华达"号在几位低级军官的出色指挥下,冒着枪林弹雨,设法从"战列舰大街"向港口下游的海滩冲了过去。在这一天(后来被罗斯福总统称为"耻辱日"),"内华达"号可谓是太平洋舰队中唯一的一个勇士。

在岸上,日本人对美国太平洋舰队的岸基航空力量所造成的破坏几乎和他们对美国舰队所造成的破坏一样严重。之前,该岛上的美军曾补充了大量的飞机——包括"卡塔琳娜"水上飞机、B-17轰炸机、"野猫"(Wildcat)和"飞蛇"(Airacobra)战斗机[③]。这些飞机都被并排摆在机场上,以便集中看管保护。于是,在日本航空母舰舰载机的机关枪扫射之下,美国陆军航空兵的143架飞机中,

---

① 译注:原文如此,此处有误,有一艘日本袖珍潜艇实际是在触礁后自沉。
② 译注:原文如此,实际有误,击中"俄克拉荷马"号的鱼雷实际为5枚。
③ 译注:原文如此,此处有误,当时珍珠港并没有P-39"飞蛇"战斗机,作者可能是把该机型与大量部署在岛上的P-40"战鹰"战斗机搞混了。

有 56 架在半小时内就被摧毁了。而海军陆战队（总共 49 架飞机中有 23 架被摧毁）和海军（总共 36 架中有 27 架被摧毁）的飞机，也同样损失惨重。

12 月 7 日上午 10 点，日军第二批共计 160 架战机在夏威夷群岛以北 300 千米远的地方集结，准备返回母舰。在海军船坞及其附近的兵营和机场的断壁残垣中，有将近 2400 名美国军人已经死去或濒临死亡，这与德国人在日德兰海战中的阵亡人数基本相当。此外，美军共有 5 艘主力舰被击沉，8 艘巡洋舰和驱逐舰被彻底摧毁或严重破坏，往日的海军锚地上空悬着上百米高的烟柱，"夏威夷要塞"因这次突然袭击而陷入了一片混乱。美国海军作战部长、海军上将欧内斯特·金（Ernest King）后来回忆说，"在派驻到珍珠港的各个级别的将领中，似乎都有一种毫无根据的、大意轻敌的情绪，不论陆军还是海军都是这样。"无论如何，日本航空母舰打击舰队的这次突袭造成了深远的影响，人们的心理创伤将会一直持续下去。

与美国人相反，在攻击得手后，日本航空母舰打击舰队已经陷入了一片狂喜中。舰队指挥官南云忠一（Chuichi Nagumo）将军和他的参谋人员为是否继续发动攻击而苦恼了一段时间。他们知道自己没能摧毁一些关键目标，包括储存太平洋舰队燃料的"油库"，尤其令日本人感到不安的是，他们未能在珍珠港内找到太平洋舰队所属的 3 艘航空母舰。但是，南云忠一花了几个小时来说服自己——这次行动已经取得了他预想中的成功。利用鱼雷击沉"俄克拉荷马"号战列舰的日本航空母舰"赤城"号舰载机中队指挥官后藤仁一（Jinichi Goto）[①]回忆说，"大多数年轻的飞行军官都渴望再次袭击珍珠港，因为他们希望造成尽可能多的破坏。这是一个千载难逢的机会，许多飞行员都觉得不应该错过。"然而，来自返航中队的报告打消了指挥官的疑虑——"奇袭取得成功！""每一艘敌军战舰都被鱼雷击中，效果显著！""希卡姆机场（Hickam Field）被彻底摧毁；战果卓著！"这些对"Z 日"（继对马海战中的东乡平八郎升起 Z 字旗后，这种旗帜就成为了日本海军胜利的标志，被突袭珍珠港的日军再次沿用）战果

---

① 译注：原文为"squadron commander"，但后藤仁一的实际职务是"赤城"号特一攻击队4中队47小队的小队长。

的乐观估计，使南云忠一彻底取消了第三波攻击，他下令航空母舰打击舰队向北转向，并沿着来时的航线退回到太平洋深处。在从日军航空母舰起飞的近300架战机中，只有29架未能返航；其中有74架战机受损，但还是安全返回了母舰。从战术角度而言，偷袭珍珠港是一个"性价比"极高的行动。而且，日军只损失了一些空中部队——在行动中，没有任何一艘日军水面舰艇遭受过攻击。

与此同时，在太平洋上的另外一些关键目标，日本联合舰队的其他分队也在发动进攻。在日军飞机（它们是从自己位于中国台湾省的基地出击的）到来的三个小时之前，关于珍珠港灾难的噩耗已经传到了美军位于菲律宾马尼拉的总部。但是，海军上将欧内斯特·金在夏威夷所说的那种骄傲自满的情绪在马尼拉也十分盛行，再加上优柔寡断和内部倾轧，事态就越发不可扭转了。当道格拉斯·麦克阿瑟（Douglas MacArthur）将军的参谋长与美国陆军航空队司令关于对中国台湾省进行摄影侦察的任务（确认日本轰炸机是否还在基地中）而进行争论时，日本人已经抵达了美军基地上空，他们发现美军机场上到处都停放着"空中堡垒"轰炸机和战斗机，为了"防止间谍破坏"，这些飞机都被并排摆放着，日军仅用一次轰炸就摧毁了其中一半的飞机。第二天，在完全掌握制空权的状态下，日本人杀了个回马枪，他们摧毁了美国海军的船坞和几艘停泊在港口内的船只。翌日，也就是12月10日，日军两栖部队开始了5次登岛行动中的第一次，这标志着盟军所历经的最血腥，但也最勇敢的防御战开始了。

也是在同一个时间点，日本人还对驻马来亚的英国军队发起了进攻。12月10日，大批驻扎在印度支那南部的日本轰炸机从机场起飞，对最近才赶到太平洋战场的英军"威尔士亲王"（Prince of Wales）号战列舰和"反击"（Repulse）号战列巡洋舰发动了空袭。英国人本来期望这两艘主力舰能够成为远东舰队（基地在新加坡）的核心力量，但它们很快就在南中国海的这场短暂且无还手之力的攻击中被日军飞机给炸沉了。此时，日本军队已经越过了马来亚的北部边境，在海上力量的支援下，日本人在英军战线的后方进行了一系列两栖登陆，从而迅速瓦解了英军的防御，不久后，日军开始向新加坡进军。"威尔士亲王"号和"反击"号的沉没使英国守军失去了最后一次阻止日军进攻的机会，也令英国政府陷入了绝望。帝国总参谋长艾伦·布鲁克（Alan Brooke）爵士写道："这意味着，从非洲向东经过印度洋和太平洋直到美洲，我们都已经失去了对海洋的控制权。"

　　威克岛是美军在日属马绍尔群岛海空力量打击范围内的唯一一个前哨基地，尽管美国海军陆战队在此英勇抵抗日军，但该岛还是于 12 月 23 日陷落。12 月 10 日，日军占领了马里亚纳群岛的关岛。香港则遭到了日军从广东的进攻，虽然守军顽强抵抗了三周，但最终还是在绝境下沦陷。失去威克岛尤其令美国人痛心，因为它本来是可以挽救的——日本人没有给他们进攻威克岛的部队提供空中掩护①，而是让登陆舰直接停泊在近海，因此，这支部队在从珍珠港赶来救援的美军航空母舰面前是十分脆弱的。威克岛距离夏威夷很远，但"萨拉托加"号原本可以在该岛陷落之前赶到，可是，它却被迫带上一艘油船作为补给船，这艘油船的最高航速只有 14 节，这导致"萨拉托加"号在最关键的时候迟到了整整两天才赶到目的地。12 月 21 日，珍珠港的海军情报部门发出警告，他们认为两艘日本航空母舰正在接近威克岛——这个消息是准确的——第二天，美国太平洋舰队司令部据此判断，不应该冒着失去 1 艘航空母舰（美军在整个中太平洋只有 3 艘航空母舰）的风险来获得微弱的战略优势，因此只能撤回"萨拉托加"号。一位美国巡洋舰舰长事后断定："弗兰克·杰克（即弗莱彻海军上将，负责指挥包括'萨拉托加'号在内的航空母舰特遣舰队）应该把望远镜放在他瞎掉的那只眼睛上，就像纳尔逊一样（意指对上级撤退的命令视而不见）。"然而，在上级的严格命令之下，弗莱彻除了服从，别无选择。美国海军官方历史学家莫里森教授认为："如果弗莱彻坚持前进的话，威克岛可能会松一口气，但双方肯定会爆发一场海战。"日本人的"胜利之潮"依然汹涌澎湃，这看起来已经不像是一场美国能够打赢的战争。但是，在经历了整整三周的耻辱性的失败之后，海军的官兵们——无论其指挥官的战略计划如何，都已经积蓄起了为捍卫自己的荣誉而战的勇气。当年 12 月底，一名前海军上将从珍珠港执行总统交给的任务归来后感叹道："天呐，我以前常说，一位优秀的海军士兵必须既是勇士，又知道如何战斗。但现在我只想要一个勇士。"

---

① 译注：原文如此。日军实际投入了"飞龙"号和"苍龙"号两艘航母支援第二次登陆行动，而且还投入了从其他岛屿出动的双引擎轰炸机。

12 月 17 日，海军上将切斯特·尼米兹（Chester Nimitz）被任命为太平洋舰队司令，美国后来在他身上找到了一个"勇士"应该具备的所有特质，就像林肯曾经在格兰特身上找到的这种特质一样。然而，在他还没能设法令自己那些兵力薄弱的航空母舰舰队发挥作用，并使日本人处于不利地位之前，美国还要经受许多屈辱。1942 年 1 月，日军在马来半岛快速推进。与此同时，日军还根据计划消灭了某些偏远岛屿上的美国驻军——这些岛屿是日本人在北太平洋划定的重要军事边界。至此时，只有菲律宾还没被攻陷了，但它也已经在投降的边缘摇摇欲坠。日军前进的步伐没有停止，他们准备继续进攻英国在缅甸的基地以及荷兰在东印度群岛的殖民地。此外，泰国和印度支那也已经被纳入了他们的行动范围。甚至连澳大利亚和印度——这两个防御非常薄弱的国家，都处在了日本人扩张的阴影之下。看起来，日本人距离完成寺内—山本战略计划的障碍就是驻扎在珍珠港的 3 艘美国航空母舰，以及仍在东印度群岛活动的英国、澳大利亚和荷兰海军的残余力量了。而这些残余力量，正是日军即将要解决的问题。

1942 年 1 月 15 日，也就是在日军对东印度群岛发动两栖攻击前的一周，澳大利亚、英国、荷兰和一支驻扎在南太平洋的美国海军部队共同组成了 ABDA 舰队司令部。1 月 23—24 日夜间，在美军的指挥下，ABDA 舰队拦截了日本入侵舰队前往荷属东印度群岛的先头部队，并将其摧毁。但是，双方部队的实力差距太大，一两场战术胜利是于事无补的——新加坡在 2 月 15 日落入日本之手，四天后，东印度群岛的帝汶岛（位于印尼岛链的最东端）遭到入侵，澳大利亚北方的达尔文港也遭到了轰炸。ABDA 舰队中的荷兰指挥官卡雷尔·多尔曼（Karel Doorman）将军面临着迫在眉睫的威胁——日军优势兵力将要在爪哇岛登陆，而爪哇正好位于荷兰远东帝国的心脏地带。为了对日军入侵舰队进行拦截，多尔曼上将召集了 1 艘美军和 1 艘英军重巡洋舰，1 艘澳大利亚和 2 艘荷兰轻巡洋舰，还有 10 艘驱逐舰，但除了自己搭载的水上飞机之外，这些战舰没有任何空中掩护。日本海军保护着一支由 97 艘运输船所组成的庞大入侵船队，其护航力量包括 2 艘重巡洋舰和 13 艘驱逐舰，还有 2 艘轻巡洋舰担任编队指挥。

多尔曼率领 ABDA 舰队前去对这支日军船队进行拦截，随即爆发了著名的

"爪哇海海战"。这将是太平洋战争中为数不多的几次在纯粹的水面舰艇之间爆发的战斗，其性质与日德兰海战相似，但在参战兵力数量和规模上存在着较大差距。2 月 27 日下午 4 点刚过，这两支舰队就在爪哇北海岸发生了接触。战斗以双方舰炮的交火作为开始，但日本舰队司令高木将军很快便判断出 ABDA 舰队已经进入了己方鱼雷的射程，遂立即下令改用鱼雷攻击。日本海军使用的"长矛"鱼雷（即九三式氧气鱼雷），具有 50 节的高航速，近 10 千米的超远射程和 500 多公斤的强大战斗部，远远优于盟军的鱼雷，甚至对防护最好的舰艇都是异常致命的武器，更不用说多尔曼上将手中性能并不突出的巡洋舰和驱逐舰了。高木舰队的第一次齐射一共打出了 43 发鱼雷，均由于距离目标太远而没能命中，但这次攻击迫使盟军改变了阵型，在此期间，参与过拉普拉塔河口之战的老兵——"埃克塞特"（HMS Exeter）号重巡洋舰被击伤，1 艘荷兰驱逐舰被摧毁。随着夜幕降临，ABDA 舰队的阵型开始分散。高木继续对盟军舰队发动进攻，而多尔曼则转而率领主力去搜寻日军的入侵船队，并利用驱逐舰来掩护自己的行动。在渐渐浓郁的夜色中，日本人与多尔曼舰队保持着断断续续的接触，并朝后者发射了更多的鱼雷。最后，日本人在明亮的月光下，把多尔曼的巡洋舰打了个措手不及，就在午夜前不久，日军舰队对盟军战线发起了最后一轮齐射——共有 12 枚"长矛"鱼雷向对手飞奔而去。多尔曼将军的旗舰以及它的姐妹舰[1]躲闪不及，被鱼雷击中，当场沉没。按照古老而残酷的海军传统，多尔曼与他麾下巡洋舰的舰长们选择与舰同沉。澳大利亚的"珀斯"（Perth）号和美国的"休斯顿"（Houston）号巡洋舰在这次猛烈的攻击中幸免于难，但这只是暂时的。在爪哇海战爆发的第二天晚上，这两艘盟军巡洋舰最后一次试图对日军入侵船队进行拦截，然而它们很快就被日本驱逐舰发现，并被其发射的鱼雷击中了。"珀斯"号迅速沉入了海底。美国"休斯顿"号巡洋舰进行了一场勇敢的战斗，但最终在机关枪都能准确命中的超近距离之下被日本驱逐舰发射的 3 颗鱼雷所击中，它在海面上挣扎了整整半个小时，期间还在不顾一切地进行抵抗。

---

[1] 译注：原文如此，这里明显指的是被荷兰巡洋舰"爪哇"号和"德鲁伊特尔"号，但两舰并不属于同一型号，无法被称为姐妹舰。

但最终，"休斯顿"号还是倾覆了，并沉入了海底。

太平洋战争的第一阶段，随着爪哇海战的落幕而结束了。在这个阶段，日本人可谓是大获全胜。在接下来的两个月里，南云忠一的航空母舰舰队将会对远在印度洋的锡兰发动远征，并取得了击沉英国1艘航空母舰和2艘巡洋舰的战绩。与此同时，日军两栖部队和地面部队也即将完成对荷兰东印度群岛与缅甸的入侵。此外，日本对马来亚和菲律宾的征服也已经接近了尾声，随时准备对新几内亚和澳大利亚北部海岸发动进攻。日本海军还在大踏步地前进，他们摧毁了英国皇家海军和荷兰海军部署在远东的主要力量，并迫使美国海军采取了被动防御的姿态（看起来似乎不可能扭转），日本人一共摧毁了盟军5艘战列舰、1艘航空母舰、2艘巡洋舰、7艘驱逐舰、总排水量达20万吨的辅助船只和商船①，以及数百架飞机。相比之下，日本海军只损失了几十架飞机，其航空母舰打击舰队的任何船只都没有受到严重伤害。正如美国海军官方历史学家塞缪尔·艾略特·莫里森在评估这种状况时所说的：

日本人扫除了通往马来亚的障碍。除了零星的抵抗之外……美国、荷兰和英国的殖民帝国，东至印度，南至澳大利亚，都"加入到了法国人的行列"，处在被彻底击败的边缘。珍珠港事件之后不到四个月，日本就实现了其所谓的"大东亚共荣圈"的构想。日本人准备把战略重点重新转回中国，或者，如果美国和英国仍然不认输的话，就向前推进到印度的右翼，或者从左翼推进到阿留申群岛和夏威夷群岛。

日本人取得最终胜利的唯一一个障碍是美国太平洋舰队航空母舰的继续存在，包括"列克星敦"号、"萨拉托加"号、"企业"号，以及新加入的"约克城"（Yorktown）号（该舰是于1942年初从大西洋舰队赶来支援的）。1942年2月，"企业"号特混舰队（由航空母舰和随行的护卫舰艇所组成的舰队）袭击了马

---

① 译注：关于日军战绩实际有误，以巡洋舰和驱逐舰为例，盟军的实际损失要高得多。

绍尔群岛的夸贾林环礁（Kwajalein），而新成立的"约克城"号特混舰队则攻击了所罗门群岛的拉包尔（Rabaul）。

当年4月，美国海军"企业"号和"大黄蜂"号（USS Hornet）航空母舰对东京发动了一场大胆的突袭——"大黄蜂"号也是从大西洋舰队赶来支援太平洋战场的。行动中，"大黄蜂"号的飞行甲板上停放的是B-25陆基轰炸机——使用这种机型轰炸东京是迫不得已的选择，因为即便是航空母舰以最大航速逆风航行，这种轰炸机也很难从舰上起飞。"大黄蜂"号在距离日本首都1075千米远的地方"放飞"了B-25轰炸机，然后匆忙转身离开，只留下由杜立特（Doolittle）率领的B-25编队继续飞行——在成功完成任务后，他们将在日本人控制之外的中国北部地区①着陆。

杜立特对东京的突袭令日本海军将领们感到羞愧难当，对他们来说，保护天皇和天皇居所的安全是神圣的职责。随后，受到轰炸东京事件的影响，日本人改变了太平洋战争的战略决策——其后果将是灾难性的。但与此同时，日军舰队继续按照原计划行动。根据御前会议制定的战略计划，日军将要在占领新几内亚、澳大利亚北部海岸，以及斐济和萨摩亚之后转入对"岛屿链条及周边地区"的防御。一旦计划能成功实现，就将有效地切断美国与澳大利亚和新西兰之间的海上交通，从而令盟军失去向北太平洋群岛发起反攻的机会。

因此，日军舰队决心挺进珊瑚海（Coral Sea），把新几内亚和澳大利亚分隔开来，这样就可以控制敌人在南太平洋上仅存的一块能行动自由的海域了。这次行动将首次使日本海军宝贵的航空母舰打击力量暴露在狭窄水域中——日本舰队的指挥官已经充分认识到了这种风险。由于珊瑚海行动的成功对实现他们的战略计划至关重要，因此日本人决定咬紧牙关继续进行下去。日军将自己的前进部队分为了三个编队：第一编队将去占领位于所罗门群岛的阵地，第二编队将去占领新几内亚南部海岸的莫尔兹比港（Port Moresby），而拥有大型航空母舰"翔鹤"（Shokaku）号和"瑞鹤"（Zuikaku）号的第三编队，则会在珊

---

① 译注：原文如此，应为"中国南部地区"。

瑚海进行搜索，并消灭任何被发现的敌军舰艇。

尼米兹通过可靠情报得知了日本人的意图，他深知自己的兵力无法与之抗衡。然而，虽然尼米兹只有"约克城"号和"列克星敦"号航空母舰可以投入战斗，但他还是毅然把这两艘珍贵的航空母舰都派往了珊瑚海。5月7日清晨，一架在"约克城"号上起飞的侦察机在"约克城—列克星敦"航空母舰特混舰队以北约282千米处发现了一艘日本航空母舰。该侦察机报告说，这是日军航空母舰打击力量的主力之一，美军舰队随即派出舰载轰炸机对该航空母舰进行了拦截，并将其击沉（美国海军在太平洋战争中的一条传奇电文"scratch one flattop"——即"抓住一艘平顶船"，就是在这时由美军机群所发出的）。后来，尼米兹才知道，被美军击沉的日军航空母舰——"祥凤"（Shoho）号只是一艘开往莫尔兹比港的轻型航空母舰（其任务是为运输船队护航），而并非他一直苦苦寻找的日军主战力量的一部分。然而，指挥珊瑚海海战的日本舰队司令井上成美（Inouye）对"祥凤"号轻型航空母舰的损失感到十分震惊，他下令推迟对莫尔兹比港的登陆，而派遣重型航空母舰"瑞鹤"号和"翔鹤"号去搜寻并摧毁"约克城—列克星敦"航空母舰特混舰队。在恶劣天气的帮助下，日军舰载机飞行员避开了美国人的侦察——5月8日夜间，他们发现了重要目标"列克星敦"号，并用鱼雷击中了它。尽管"列克星敦"号的损管人员拼尽全力想要挽救这艘宝贵的航空母舰，但它还是在不久之后沉没了。然而，由美国航空母舰特混舰队所派出的舰载机群同样找到并攻击了日本航空母舰编队，"翔鹤"号遭受了炸弹的攻击，不得不返回造船厂进行维修，而"瑞鹤"号则损失了太多的舰载机——这导致它在接下来的一个月里无法继续展开行动。

珊瑚海海战震撼了美国人。击沉"祥凤"号是美国海军自战争爆发以来取得的第一个重大战果，虽然没有为美国人在珍珠港的损失带来什么补偿，但却是一场畅快淋漓的报复。在太平洋海上战争爆发的前六个月里，日本海军赢得了极大的声誉——就像日本陆军和海军陆战队员在马来亚和菲律宾战场所赢得的声誉一样，然而，珊瑚海海战证明了美国的航空母舰，特别是美国舰载机的机组人员，与他们的日本同行是具有同等战斗力的。相比之下，日本人则说服自己——珊瑚海海战仅是他们一连串胜利的一个延续而已。其实，如果进行公平比较的话，"祥凤"号只是一艘搭载了少量舰载机的轻型航空母舰而已，"列克星敦"号的价值要远远超过它。而且美军还损失了舰队油船"尼欧肖"（Neosho）号和驱逐舰"西姆斯"（Sims）号。另外，虽然珊瑚海海战迫使日本推迟了对新几内亚南岸的入侵，从而使其放弃了对澳大利亚北方领土构成直接威胁的意图，但这些都可以被视作是暂时性的挫折。在日本人看来，"旭日"还照常在太平洋海面上升起。日本人认为，山本五十六曾经的警告——即他只能保证"在战争的头六个月或一年之内取得重大战果"——现在听起来是过于悲观了。日本帝国四面出击的根本目的是为了保护那些位于西太平洋边缘的岛屿领土，这将确保这些岛屿能成为坚不可摧的海上堡垒。到时候，日本就可以对相邻的沿海地区以及欧洲列强在东南亚和印度的前殖民地进行充分的经济掠夺，并将所谓的"大东亚共荣圈"的概念转变为一个与希特勒的"德意志第三帝国"、大英帝国的残余力量、苏联，甚至美国实力相当的世界强国。

## 中途岛战役

　　如果说日本的战略目标在 1942 年春天发生了扭曲，那也是由珊瑚海海战所造成的，而并非像坊间流传的那样，是源于此前杜立特对东京发动的突袭。杜立特轰炸东京是心理战的一个早期实例，它在军事上的价值微乎其微，纯粹是打击日本士气的一种手段而已，但最重要的是，它重新唤起了美国人对赢得战争的希望。罗斯福总统曾开玩笑地说，这次突袭行动是从"香格里拉"（Shangri-La，即作家詹姆斯·希尔顿的一本以中国西藏的传奇故事为题材的畅销小说中所描述的秘境，战后，一家美国航空公司也以此命名）发起的，他的这番话完美地体现了策划这次行动所依据的精神。然而，尽管华盛顿的官僚们很可能会立即把关于杜立特英勇行为的宣传单扔进废纸篓，但东京的官员们却选择以最严肃的态度来对待这件事。杜立特的 16 架 B –25 轰炸机不仅威胁到了天皇的安全，还令日本军队蒙羞（必要的时候，日本军人是可以为捍卫天皇的荣誉而献出生命的），最令日本人感到愤慨的是，把轰炸机送到预定地点的"企业"号和"大黄蜂"号竟然发现了一条安全穿越太平洋的路线，而日本海军本应该掐断这些路线以保护本土不受外来攻击。美军航空母舰利用一根"狭窄的钥匙"

打破了日本人的封锁——即夏威夷以北、阿留申群岛以南的通道，值得一提的是，这两个群岛都曾被日本人列入攻击计划之内。然而，随着这条秘密通道的出现，日本海军内部对于未来战略的激烈辩论也都宣告停止了，大家一致将战略重点转到了这个方向——但令人想不到的是，这样的决定最终带来了致命的后果。

在开战的头一个月所取得的巨大胜利，并没有让日本的战略计划变得简单，相反，它变得更加复杂了。现在，日本人已经不满足于仅仅取得一个彻底征服中国的机会。整个亚洲似乎都在听其摆布，澳大利亚受到了严重威胁，甚至位于遥远西部的印度洋和东非的英国殖民地——皇家海军在锡兰遭到袭击后撤退到了那里，都在日本海军的打击范围内。而且，轴心国军队在中东会师并不完全是幻想，甚至日本陆军途经中国东北和西伯利亚对苏联发动进攻也并非是不可能的了。显而易见的是，苏联已经在被纳粹德国军队彻底征服的边缘颤抖着。

日本海军被陆军想要从根本上扩大战争的渴望所困扰，同时，由于担心英国和美国仍有可能在南太平洋建立一个反攻基地，海军提出了"下一个重大战略步骤应该是对澳大利亚发动进攻"的提议。将军们经过权衡利弊，认为"如果对澳大利亚开战，那么战线就会长得不可思议，在那样的情况下，为一场冒险行动提供补给的困难实在太大了"。因此，他们对这项计划表示"坚决的反对"。根据最乐观的估计，将军们打算夺取新几内亚，只要完成这项计划，澳大利亚北部海岸以及当地的海军部队就都在日本陆基飞机的攻击半径之内了。

对这个提议，日本海军军令部（即总参谋部）表现出了妥协的意愿，但根据日本海军的指挥体系，军令部并没有最终决策的权力。作为一个岸上指挥部，它不得不与海上人员——也就是由山本五十六指挥的联合舰队共同商定战略。3月，山本五十六向海军军令部派遣了一名特使，提出了另一个方案。山本五十六仍然在为美国航空母舰从"珍珠港大屠杀"中逃脱而烦恼，他急于把它们和美国太平洋舰队的残余力量吸引到一个由他选择的地方去决战，在那里他肯定会陷美国人于被动。距夏威夷西北1600千米处的孤岛——中途岛，本身就是日军的"眼中钉，肉中刺"，可以作为布设陷阱的理想地点。威克岛战役期间，美国人曾派遣1艘航空母舰前去支援，这似乎表明，如今一旦中途岛受到威胁，他们很可能会将3艘航空母舰全部派来，到时候日本的6艘航空母舰就可以将其一网打尽了。山本五十六认为他的计划万无一失。

但海军军令部仍对此提出了异议。一些参谋军官指出，中途岛不在日本陆基飞机的攻击范围之内，但夏威夷美军的"空中堡垒"轰炸机却能迅速抵达战场。而且日本陆基飞机曾在占领菲律宾，以及摧毁"威尔士亲王"号和"反击"号的行动中发挥了关键作用。他们怀疑，已经被"珍珠港事件"深深震撼的美国人是否能允许日军再次偷袭成功。参谋们还认为，这一行动的规模过大了。他们警告说，即使中途岛被日军攻占，只要美国人愿意，也可以重新夺回来。如果山本五十六想与敌人的航空母舰进行决战，那么最好的战场是在新几内亚海域，在那里，日本人不但可以取得与中途岛附近海域相同的战果，还有一个额外的优点，那就是可以进一步实现"南进计划"，并攻入英美在太平洋上的最后一个据点。

双方的辩论陷入了僵局。陆军方面认为，如果中途岛攻略战取得成功，那么就会把陆军拖入到一场以攻占夏威夷为主要目标的战役中，且担心这场战役会以日本人的失败而告终。海军军令部则慑于山本五十六的巨大声望（作为偷袭珍珠港的胜利者），勉强同意了他的计划。其实，就连山本五十六的一些下属也认为中途岛计划存在困难。就连曾在攻击珍珠港时指挥过日本航空母舰编队的南云忠一也认为这是"一次不可能实现的，且毫无意义的行动"。紧接着，杜立特在 4 月 18 日轰炸了东京——用罗纳德·斯佩克特（Ronald Spector）教授的话来说就是："此后，所有反对中途岛行动的声音都戛然而止了……山本五十六认为这次突袭是极为令人痛心的，也是他个人的一次巨大失败。"不仅是山本五十六，当时日本所有的陆海军将领都因自己没能保护好天皇而表示了自责。因为中途岛是"企业—大黄蜂"航空母舰特混舰队打开东京防御圈的一把"钥匙"，所以它在一夜之间成为了所有日本高级将领关注的焦点。正在率领航空母舰编队杀向珊瑚海的舰队司令井上成美收到了上级的命令，表示可以继续执行他的行动计划，但时间要提前一些。此后，所有日本海军航空力量都开始在北太平洋集结，以对中途岛进行打击。这不仅是为了封闭那个通往东京的"钥匙孔"，也是为了彻底摧毁美国的航空母舰——它们是日本人在太平洋为所欲为的最后阻碍。

"中途岛是夏威夷的哨兵。"南云忠一将军在战役结束后写道。尽管有很多蛛丝马迹表明，中途岛将是日军的下一个目标（尤其是该地在战略上的重要性）。但在战斗开始之前的为期数周的准备工作中，美国太平洋舰队所面临的一个难题是不知道日本航空母舰下一步将要对哪里发动攻击——太平洋实在太广阔了，不论是南方、东方还是北方都有可能，提前获知其精确目标简直是一个不可能完成的任务。尽管如此，由于日本人的粗心大意，美国海军还是获得了一些线索。3月3—4日，两艘日军飞行艇轰炸了夏威夷。3月10日，另一架日军飞机在中途岛附近被发现，随即被美国海军陆战队的战斗机击落。美国海军情报机构据此进行了"反向"追踪——即根据已知的航线来计算飞机的起飞地点，经确认，这些日军飞机的基地是法国护卫舰浅滩（French Frigate Shoals，即弗伦奇弗里盖特沙洲），这是位于夏威夷和中途岛之间的一块陆地。日军飞行艇的行动确定无疑地暗示了：夏威夷以北的太平洋地区是现在日军的活跃区域，而中途岛环礁应该被视为日军攻击的主要目标。

于是，美国的密码破译专家们加强了监听，打算从这一方向打开突破口。很快，他们就取得了进展。日本人无法破译美国海军的密码。但是，得益于战前美国陆军信号情报学校的工作，美国人可以破译日本人的电报（然而，由于日本人采取了无线电静默，以及上级相互矛盾的指示，导致美国人没有提早获知偷袭珍珠港的计划）。与德国人一样，日本人把他们军事通信安全托付给了一种密码机——美国人称之为"紫色密码"。与德国的"恩尼格玛"密码机相比，"紫色"密码机的设计没有那么复杂，因此，它的安全性更低。此外，日本人习惯于将早期代号为"红色"的加密通信重复发送给尚未配备"紫色密码"（于1939年才正式推广）的基站。由于美国人破译"红色密码"时间比"紫色密码"更早，所以通过比较两者发送的相同文本，美国的密码破译人员很快就能够读取90%的日本"安全加密"信息了。而且，这些密码破译人员还可以通过创造性的猜测、多重情报渠道，以及截获低级别（代号为Y）通讯（例如舰船之间的通讯），来填补缺失部分的含义。

然而，这种能轻松获取日军加密信息的状况很快就要被打破了——日本人已经知道自己所用的密码有遭到敌人破译的风险，因此他们打算在不变换基本加密系统的情况下，每隔一段时间就更改一次密码设置。不过，日本军队分散在太平洋各处，需要频繁进行联络，再加上战争初期的"胜利病"心态，都对日军的保密工作产生了不利影响。直到 1942 年 5 月底，这种名为 JN 25b 的新加密配置还一直难以分发到位，而日本人又自鸣得意地认为，他们的敌人没有能力破解现有的 JN 25，这就给了夏威夷密码分析员两个月的额外时间来研究当前所截获的信息。从这些加密通讯中，美国人发现了大量宝贵的信息，特别是有迹象表明，日本人正在推进一项代号为"MI"的行动计划——该计划只针对一个被称为"AF"的目标。

　　一位夏威夷的密码分析师，贾斯帕·霍尔姆斯（Jasper Holmes）海军上校[①]，对日本人的"MI"计划非常着迷，5 月初，他的研究取得了重大突破——霍尔姆斯与他在密码分析中心的同事们一致认为，"AF"指的是中途岛，而"MI"计划就是日本人对该岛的攻略计划。于是，霍尔姆斯设计了一个密码陷阱。由于中途岛与夏威夷之间有海底电缆相连接，所以这两个岛屿在不违反无线电静默的情况下，也可以利用电报安全地互相传递信息。霍尔姆斯选择了一个他认为对日本人最有意义的话题作为诱饵，他利用电报指示中途岛上的驻军通过无线电发出信号，要清楚无误地表明这座岛屿上的淡水（该岛完全依靠蒸馏厂供应淡水）快要用完了。在严格的保密措施下，美军对日本人进行了监听。结果，美军在澳大利亚的一个无线电拦截站从空中截获了来自东京日本帝国海军总司令部的消息——"'AF'报告淡水短缺。"拦截站将这条信息解密后发往了夏威夷，从而最终确定了"AF"究竟指的是什么。

　　真相已经呼之欲出了。此后，美国人只需要知道"MI"行动的具体日期，就可以适时地进行反制了。有间接证据表明，日本人的行动日期在 6 月 1—10 日之间。然而，由于美军的航空母舰每七天都要补充一次燃料，所以航空母舰的舰长们需要的是比这更加精确的日军登陆日期。根据截获的信息，美国人知晓了一艘日本油船出发的日期和行驶速度——这艘油船被认为是日军进攻部队

---

① 译注：原文如此，贾斯帕·霍尔姆斯当时的军衔实际是海军中校。

的一部分，经过计算，它大约会在 5 月 30 日抵达中途岛周边海域，这大大缩小了时间范围——因为日军部队肯定不会在该岛附近一直逗留而不采取行动。5月 25 日，夏威夷密码分析人员又截获了一条日军通信信息——美国终于可以预知日军的具体计划了——这条信息透露，日本人将于 6 月 3 日进攻阿留申群岛，6 月 4 日进攻中途岛。现在，尼米兹可以有针对性地部署他的特遣舰队了。

　　在即将到来的战斗中，尼米兹共有 3 艘航空母舰可用，分别是太平洋战争的老兵"企业"号，刚刚抵达不久的"大黄蜂"号，以及"约克城"号。不过，"约克城"号的战斗力很有限。由于在珊瑚海海战中遭受重创，它于 5 月 27 日败逃回珍珠港，美军珊瑚海特遣部队指挥官估计它将经历一个"为期九天的整修"。在战斗中，一枚 360 多公斤重的炸弹穿透了"约克城"号的舰体中部，一直到第四层甲板才爆炸，这枚炸弹杀死了 60 名船员并引发了一场大火。此外，还有一些这颗炸弹的碎片穿透了"约克城"号的船壳，导致海水大量涌入。于是，为进行修理，港口人员于 27 日 14 时 30 分将"约克城"号送入了珍珠港最大的干船坞内。1400 名工人经过昼夜不停的工作，才修补好了船体的破损，并堵住船身的漏洞。5 月 29 日 11 时，"约克城"号所在的干船坞开始注水，它缓缓驶离码头，准备再次出海。当天下午，数百名工人仍在船上不停地工作，"约克城"号在珊瑚海损失的舰载机也得到了补充。5 月 30 日上午 9 点，它便已经准备好与敌人再次交战并正式出海了。

　　在如此神奇的修复能力之下，尼米兹的中途岛打击舰队才勉强达到了 3 艘航空母舰的规模，但其中只有"企业"号的舰载机编队（包括 4 个中队的鱼雷轰炸机、水平轰炸机和俯冲轰炸机，以及 1 个中队的战斗机）拥有实战经验。"约克城"号之前没有参加过联合作战，舰上的老兵因为珊瑚海海战而被打散了编制，"大黄蜂"号则完全没有参加过海上作战行动。此外，尼米兹还有 8 艘巡洋舰、17 艘驱逐舰，以及 2 艘加油船作为航空母舰的护航力量，另外还有 19 艘潜艇在中途岛附近巡逻。这是一次"革命性"的海军力量大集结，最值得注意的是，其完全没有传统意义上的"主力舰"参加。巡洋舰和驱逐舰的存在也只是为了保护航空母舰免受敌军的水面舰艇和潜艇攻击而已。这场战斗与以往的不同之处集中体现在双方所有的进攻潜力都蕴含在航空母舰的舰载机群中，就像珊瑚海海战一样（但规模更大），因此，双方交战的距离非常远。在这样的距离下，如果都按照计划进行战斗的话，双方的主要舰艇是不可能看到彼此的。

相比于美军，山本五十六的中途岛攻略舰队进行了更为精确的细分。根据日本人喜欢把敌人搞得晕头晕脑、出其不意的特点，该舰队包括五个主要的部分。第一部分是一支由10艘潜艇组成的先头部队，它们准备在中途岛海域设置伏击陷阱。第二部分是由运输舰和护航舰所组成的中途岛占领部队，它们有2艘战列舰和4艘巡洋舰作为强大的支援力量。第三部分是由南云忠一指挥的航空母舰突击舰队，该攻击舰队拥有中途岛攻略舰队所属的全部4艘大型航空母舰。第四部分是主力舰队，由山本五十六亲自指挥，有3艘战列舰［包括当时世界上最大的战列舰"大和"（Yamato）号］和1艘轻巡洋舰。第五部分是北太平洋攻略部队，它们的目标是阿留申群岛。在中途岛战役中，日本联合舰队一共出动了11艘战列舰、5艘航空母舰[①]、12艘巡洋舰、43艘驱逐舰，以及一大群运输舰、加油船、水上飞机支援舰和巡逻艇。这支庞大的舰队从三个主要基地（分别是马里亚纳群岛、日本列岛的南端和北端）出发，计划在一片巨大的三角形海域中展开行动，这片海域的三个端点分别是日本本土、中途岛和阿留申群岛——这一巨大的三角形海域的每条边都长约3200千米。

山本五十六的计划和他的部署一样周密，需要各支舰队及时进行最密切的协调。6月3日，日军开始轰炸阿留申群岛的荷兰港（Dutch Harbor），其目的是要扰乱美国人，使他们不知道自己的真实意图。第二天，日军航空母舰突击舰队开始轰炸中途岛，一旦美军航空母舰前来支援，日军航空母舰就会把攻击重点转移到它们身上。山本五十六亲自指挥的掩护部队就在附近巡航，随着战斗逐渐深入，它们也将投入作战。中途岛占领部队将于6月5日开始登陆。与此同时，北太平洋攻略部队将在中途岛和阿留申群岛之间巡航，以拦截任何从珍珠港出发赶去支援阿留申守备队的美国太平洋舰队分队。

在中途岛战役结束后，很多美国海军的战略专家们都对山本五十六为何要

---

① 译注：原文如此，日军投入的航母数量实际是7艘。除了派往中途岛的4艘主力航母之外，还有老式航母"凤翔"号随同战列舰部队行动；另外，他们还向阿留申群岛方向派遣了轻型航母"龙骧"号和改装航母"隼鹰"号。

把计划制定得如此详细而感到迷惑不解，他们无法对造成这种奇特现象的原因达成一致结论。由于日军在兵力上要远远超过美国太平洋舰队，而美国人，由于缺乏资源，除了集中自己全部力量外别无选择。但事实上，尼米兹似乎没有集中全部力量的打算。因此，在中途岛，日本海军几乎是不可能被击败的。集中全部力量以压倒性优势战胜敌人——这不仅是山本五十六实现其战略目标（即永远消灭太平洋舰队）最简单的办法，从传统海军战略来看，这也是最正确的解决方案。然而，山本五十六并不是正统的海军战略家。尽管太平洋面积广大（面积达 18134.4 万平方千米，是大西洋的两倍），但日本人却认为它更像是一个两栖作战的战场，而不是纯粹的海上交战之地。

在日本以往参加的战争中（例如 1894 年针对清朝的战争和 1904 年针对沙皇俄国的战争），日本人就曾将海军舰队和陆军有机地结合起来，两个军种互相扶持，共同前进。这种战术曾在地中海被屡次使用，地中海沿岸的强国——西班牙、威尼斯、奥斯曼帝国，甚至法国——一直都在制定海陆联合作战计划，这些计划通常以固定的据点为中心，再利用陆海军部队将其连接起来。然而，太平洋和地中海不同，后者是一个内陆海，而前者是世界上最大的海洋。不过，鉴于海陆军联合作战是一个屡试不爽的战术，1942 年的日本人也就没有理由摒弃它。塞缪尔·艾略特·莫里森曾这样分析他们的战术思想：

山本五十六想要发动一次奇袭，他预估，在入侵中途岛的过程中不会有什么阻碍。他知道美国太平洋舰队没有快速战列舰，但却低估了其可用航空母舰的数量（根据日本人的战报，在珊瑚海，美军已经有 2 艘航空母舰沉入海底了），他没想到尼米兹对他的一举一动都了如指掌——根据他的预期，在日军攻占中途岛后好几天，美国人才会发起挑战。到了那个时候，驻扎在珍珠港的大量美军部队可能已经向荷兰港（位于阿留申群岛）进发了，即使尼米兹识破了日本海军的佯攻，他最快也要在 6 月 7 日或 8 日才能赶到中途岛。南云忠一率领的日军航空母舰随时准备对前来应战的美军舰队发动进攻。届时，从珍珠港到中途岛之间到处都布满了日军战舰，先是南云忠一的航空母舰，然后是山本五十六的主力舰，外围还隐藏着多艘日军战列舰和重巡洋舰，美国人将陷入重重火力网之中，无法逃脱。日本人的航空母舰上的舰载机飞行员将会得到充分休息，每艘船都会美美地"喝上一大杯油"（从他们自己带来的补给舰上），兵力上占劣势的太平洋舰队将会被歼灭。或者，即便尼米兹不准备在 6 月的第一周与日军决战，他也肯定会在未来的一两个月内试图夺回中途岛，那样的话，一直在马绍尔群岛以逸待劳的日本联合舰队将随时准备向他发起猛攻。

莫里森教授总结说："这类计划的致命缺陷在于，它要求敌人的行动完全与自己的预期相符，如果敌人足够聪明，能采取一些出人意料的行动的话——比如迅速将航空母舰投入战斗——那么计划的执行就会陷入混乱。" 尼米兹的确"足够聪明"，想出了一个出乎日本人意料的方案。当然，他有三个日本人没有考虑到的优势。首先，通过破译密码并进行相关分析，美国人已经预知了敌人的意图。其次，美军在中途岛有一个"永远都不会沉没"的航空基地，那里拥有强大的"空中堡垒"轰炸机。最后，美军拥有新锐探测仪器——雷达。美军在中途岛上部署了两套大功率雷达系统，尼米兹麾下的所有航空母舰和部分巡洋舰也都配备了雷达。虽然这些早期舰载雷达只能在很近的距离上进行定位，但日本人却根本没有雷达。相较日军而言，美军的这种物质优势是非常明显的，这也给后者带来了巨大的心理优势。

然而，尼米兹毫不怀疑自己将面临一场艰苦的战斗——他的手上没有战列舰，其他舰种的数量也很少。因此，打击敌人的要害是至关重要的，正如他在给麾下的两个航空母舰战斗群的指挥官——即舰队司令弗兰克·约翰·弗莱彻（"约克城"号战斗群）和雷蒙德·斯普鲁恩斯（"企业"号和"大黄蜂"号战斗群）——的作战指令中所说的那样："利用激烈的消耗战术给敌人造成最大的伤害。"关于这一点，尼米兹还补充道："在完成分配给自己的任务时，你们要遵循预先进行风险评估的原则，也就是说，如果不能一击制胜，那你们就要避免在敌军的优势兵力面前暴露自己。而一旦暴露，就要给敌军以沉重打击。"简而言之，这些航空母舰的舰载机编队将会不顾损失地全力进攻日军舰队，特别是日军的航空母舰。但另一方面，3 艘宝贵的航空母舰——"约克城"号、"企业"号和"大黄蜂"号，也要将所面对的风险降到最低。飞行员和飞机都可以得到大量补充，而航空母舰（就目前而言）则没有可能得到补充。

尼米兹进行了初步的作战部署——他命令两个航空母舰战斗群分别在距中途岛东北方向 1000 多公里处以及距中途岛一侧（即日军攻略舰队靠近的方向）稍远的海域就位。对日军舰队的初步搜索将由中途岛的陆基飞机进行——直到 6 月 4 日，已经有 121 架飞机挤在这个小岛的飞机跑道上了，如果赶来支援的是水上飞机，那么还要停放在岛内的泻湖上。一旦发现日军，美军就会出动航空母舰舰载侦察机并利用雷达保持跟踪，并在适当时机对其发动攻击。

"企业"号和"大黄蜂"号于 5 月 28 日从珍珠港起航，"约克城"号于两天后起航。5 月 26 日，南云忠一率领航空母舰从濑户内海出发，向东南方航行，直接前往中途岛，山本五十六也在 5 月 28 日率队跟随其后。当月早些时候，日军的潜艇掩护部队已经先于联合舰队的其他部队，从日本本土北部和马绍尔群岛起航了。到了 6 月 3 日，中途岛占领部队已经抵达该岛以西 1000 多公里处的海域，一路上，他们都在天气锋面①中行驶——日本人非常善于利用这一伎俩来掩饰他们的部署。六个月前，正是利用这一技巧，日本海军编队偷偷接近了珍珠港。当时，美军安排的侦察哨非常懈怠，以至于根本没有发现日军。现在的情况正好相反，美国人处于高度戒备状态，他们已经嗅到了越来越浓的危险气息，因而提高了警惕。6 月 3 日上午 9 点，一架以中途岛为基地的"卡塔琳娜"水上飞机在即将结束例行巡逻前，打算继续在海上搜索若干分钟（就像六个月前珍珠港信号部队的雷达操作员一样，但是这架水上飞机的飞行员要幸运得多）。9 点刚过，飞行员杰克·里德（Jack Reid）少尉突然对副驾驶喊道："海上有什么东西，你看到了吗？""该死，你说得对，我当然看到了。"对方回答。在距离这架"卡塔琳娜"前方 50 公里的地方，有一支庞大的舰队，这只可能是敌人，而且似乎是日本海军的主力。

实际上，这支舰队是日军中途岛占领部队的运输船和水上飞机编队。看起来，编队的护航力量只有巡洋舰和驱逐舰，可伴随这支编队前进的还有战列舰，

---

① 译注：锋面是两个不同性质气团间的倾斜界面。

只不过它们位于海平线之外，里德少尉并没有发现。但即便如此，这一发现也足以促使指挥中途岛防御工事的西里尔·西马德（Cyril Simard）海军上校立即采取行动了。他派出了9架"空中堡垒"轰炸机对日军舰队展开了轰炸。执行完高空轰炸任务后，这些"空中堡垒"上的机组人员报告说他们击沉了"两艘战列舰或重巡洋舰"和"两艘运输船"——这是陆军飞行员从高空攻击敌军海上船只所犯的常见错误。他们实际上什么也没打中。第二天，也就是6月4日清晨，4架装备鱼雷的"卡塔琳娜"水上飞机在雷达的指引下，对中途岛占领部队进行了另一次攻击，它们击中了一艘伴随日军舰队行动的加油船——"曙丸"（Akebono Maru）。可遗憾的是，鱼雷爆炸仅造成23名日本船员死亡，并使油船被迫暂时离开了编队（并没有沉没）。当时，美军还在使用一种老旧且劣质的鱼雷，这种鱼雷经常发生故障，命中却无法击沉敌舰的情况时有发生。但是，这却标志着中途岛战役终于打响了。

## 中途岛大海战

中途岛大海战的作战模式，其实早在太平洋战争的初期（例如珊瑚海海战）就已经确立了——不过在此之前，作战规模没有这么大而已。在中途岛大海战的整个战斗过程中，日美舰队之间的距离都很遥远，实际上，他们是看不到对方的。自从大型舰艇编队首次在公海上出现以来，如何找到敌人就一直是海军将领们所面临的战略难题。这个问题曾经困扰过纳尔逊，在伟大的尼罗河和特拉法尔加战役中，他曾花费了数周时间在地中海和大西洋上苦苦追踪，搜寻他的对手，并竭尽全力与之交战——当时，纳尔逊只有借助盛行风的风向、与目标之间的距离以及敌我帆船的速度等数据，才能计算出敌人可能被风带到哪里，从而进行围追堵截。而杰利科和贝蒂也面临过同样的困难，虽然他们的作战区域比纳尔逊狭窄很多，但敌我双方船只的速度也大大加快了，因而搜寻对方仍然是个难题。不过，对于这三位海军指挥官来说，一旦破解了这个战略难题，那么就可以收获丰厚的回报（尤其在战术组织方面）。在搜索和追踪成功后，敌人会清晰地出现在他们的视野中，因此，舰队指挥官们可以轻松决定采用何种战术最为合适——由于双方的距离更近，纳尔逊和他麾下的船长们甚至比杰利科更容易制定战术方案。但不论哪种情况，上述指挥官们都亲身经历了枪林弹雨，这至少可以在某种程度上证明"他们成功地发起了一场战斗"。

　　相比之下，太平洋战争中的交战双方除了要面对"如何搜寻对手"这个古老的战略难题之外，还要面对战术上更多的不确定性因素。在珊瑚海海战中，交战双方的航空母舰都未能真正发现对方——所以飞行员们对他们炸弹和鱼雷的攻击效果的判断是非常不准确的，正如我们所看到的那样，山本五十六在前往中途岛的时候，自以为在之前的战斗中已经击沉了2艘美军航空母舰，但其实上只击沉了1艘。这种"迷糊"的状态将贯穿整个战役，并产生更为微妙的效果。在中途岛，双方舰队之间的交战距离通常在320千米左右，虽然空中布满了最具杀伤力的飞机，但机组成员们却时常在搜寻目标的过程中筋疲力尽。事实上，能有效使用飞机上的武器并安全返回自己的母舰（也在不停移动中）已经是难能可贵的了，更何况这些飞行员们还要在离开敌人舰队的时候准确地判断它们的状态，甚至还要对敌人所处的位置做出精确标注——这往往超出了他们的能力。有句英国谚语是"在盲人的国度里，独眼称王"，从某种意义上来说，中途岛战役中的海军将领们都是"盲人"，他们很希望有这么一位"独眼"能引领自己找到敌人，并对其发动致命的一击。

　　有四种飞机决定了中途岛战役的战术特点，而日本人只拥有其中的三种。第一种是陆基飞机，即美军的"空中堡垒"轰炸机和其他轰炸机，以及与之相关的战斗机和水上侦察机——它们的基地就设在中途岛。陆基飞机的存在给美国人带来了一项重要的优势——中途岛是一个固定的岛屿，不会移动，因而轰炸机和战斗机的机组人员可以在这里从容起飞，对海面上的敌军船只发动攻击，然后再轻松地找到返回的路线，而不需要进行复杂的导航。最关键的是，中途岛不会沉没。此外，驻扎在那里的陆基轰炸机，特别是"空中堡垒"轰炸机，与当时任何舰载轰炸机相比，攻击半径都更远、自卫火力都更强、载弹量都更大。虽然中途岛上的美军陆基航空力量实际上并没有对山本五十六的舰队造成什么严重损害，但它的存在却对日本人产生了巨大的心理威慑，在整个战役过程中，这种威慑都始终困扰着日本人——美军陆基航空部队的出击曾经不止一次地令日军的决策发生改变，并最终给日本人带来了灾难性的后果。

第二种飞机是舰载俯冲轰炸机，不论是日本还是美国的航空母舰上都有这种机型，它们其实也是高空轰炸机的一种。日军使用的舰载轰炸机主要是爱知D3A，也就是"九七舰攻"俯冲轰炸机[①]，美军称其为"瓦尔"。美军方面使用的主要机型是道格拉斯 SBD "无畏"俯冲轰炸机。"九七舰攻"的飞行速度约为每小时 322 千米，攻击半径为 1287 千米。相比之下，美军 SBD "无畏"俯冲轰炸机的性能要差一些，它的攻击半径与"九七舰攻"差不多，但速度要慢很多。这两种机型都是俯冲轰炸机，这种机型的典型攻击方式为：飞行员将他的飞机直接对准目标进行俯冲，在他释放炸弹的同时，再将飞机拉起爬升。"九七舰攻"是一种非常致命的俯冲轰炸机，能够以极高的精确度投掷一枚 400 多公斤重的炸弹。但是，尽管对摧毁海上船只而言，俯冲轰炸是一种很有效的攻击手段，但即便是在战争初期的 1942 年，这种战术对轰炸机本身来说也是非常危险的——即使是与战舰上简陋的防空火力对战，俯冲轰炸机往往也会蒙受巨大的损失。因此，轰炸的效果是难以预料的。

与俯冲轰炸相比，鱼雷轰炸对舰艇的威胁更大。这种战术要求飞行员在用鱼雷对准目标后，再以最低高度进行平直飞行，直到投射鱼雷。

如果来袭的敌军战机采用鱼雷轰炸的战术，那么防空炮手的任务就大大简化了，因为他们不需要考虑改变仰角或方位；仅仅在离船约 900 米远的地方制造出一个"火幕"，就足以给来犯的攻击者造成重大损失了。舰载鱼雷轰炸机是中途岛战役中双方使用的第三种飞机。1942 年，日军使用的标准鱼雷轰炸机是中岛 B5N 型，即著名的"九九舰爆"[②]，美军方面称呼它为"凯特"，它以每小时 322 千米的速度和 966 千米的航程，超越了美军的同类机型——道格拉斯 TBD "蹂躏者"鱼雷轰炸机。此外，日本鱼雷的射程、速度和精度大大提升了"九九舰爆"的作战效能，而美国鱼雷的表现则难以令人满意。中途岛战役爆发的前一个月，在新几内亚附近的战斗中，尽管美军鱼雷轰炸机以超凡的勇气，不顾一切地接近目标，在距离极近时才发射鱼雷，可这些鱼雷要么就是从目标下方滑过，要么就是在撞击目标时没有爆炸。

中途岛战役中双方使用的第四种飞机是舰载战斗机（美军还投入了一些以中途岛为基地的陆基战斗机）。美军使用的标准舰载战斗机是格鲁曼 F4F "野猫"战斗机。这种战斗机拥有重装装甲防护和自封式油箱，因而被飞行员们认为是一种 "坚固" 的战机，很难被敌军击落；它还是一个稳定的射击平台，在进行 "偏角" 射击时也有优势。然而，它比日本的 "零" 式战斗机（三菱 A6M）的速度慢了 30 多千米每小时，而 "零" 式在当时已经被认为是太平洋上空最难以对付的战斗机了。尽管脆弱的零式战斗机如果遭到 "野猫" 的猛烈攻击就会立即解体，但美军飞行员的困难在于如何将其套入瞄准环。零式战斗机可谓是整个第二次世界大战中设计最先进、用途最广泛的舰载（陆基）战斗机之一了，这个美誉它是当之无愧的。

对航空母舰特遣部队指挥官来说，这种不同飞机类型之间的搭配组合为他们提供了一个过于广大的选择范围——在中途岛战役中，美日双方都在尽量使搭配更加合理，但结果证明，美国人的选择发挥了更积极的作用。航空母舰的第一道防线就是它飘忽不定的行踪。如果这道防线失败，舰载战斗机会组成第二道防线，即在进入敌人的攻击范围时，所有航空母舰都会派遣若干战斗机在自己的头顶上进行 "例行战斗巡逻"。舰载战斗机主要有两个缺陷：第一，它们的续航力很差，而高速飞行需要消耗大量燃料，所以它们只能频繁地进行降落修整。因此，舰载战斗机几乎无法及时趁敌军远程轰炸机起飞或降落的时机发动攻击。第二，它们在低空飞行的时候效率最低，因为那时它们靠近大海，机动性受到了很大的限制。所以，在理想状态下，航空母舰打击部队的指挥官会尝试使用混合飞机编队以求快速且连续地打击敌人。首先，用鱼雷轰炸机把敌人的战斗机向下吸引到贴近海平面的位置。接下来，就可以趁着敌军航空母舰没有战斗机进行 "战斗巡逻" 的时机，利用己方的俯冲轰炸机和水平轰炸机发起进攻了。如果运气特别好的话，趁敌军战斗机（或者其他机型）正在航空母舰的甲板上加油时发起攻击是最合适的，因为那时敌军航空母舰面对炸弹和鱼雷的攻击将全无还手之力。以上提及的所有情况，事实上都在中途岛战役中发生过。

## 中途岛上空的战斗

日本航空母舰打击舰队的指挥官南云忠一是一个充满激情、性格直截了当且质朴的人。他是一个老海员，在海上远比在岸上过得快乐，他完全沉浸在船上的日常生活中，对水手们尽心尽责。一位同时代的人回忆说，他"慷慨大方、性格外向，是那种会在与朋友打招呼时大喊'欢迎'，并拍拍他肩膀的人"。此外，南云忠一还特别多愁善感。关于美国太平洋舰队司令金梅尔（Kimmel）上将在珍珠港事件中"失去了理智"的错误报道曾让他热泪盈眶，并表达了自责之情。显然，南云忠一是个讨人喜欢，并拥有非凡勇气的人。然而，在他的朋友，第十一航空舰队司令塚原二四三看来，南云忠一"无论是从背景、训练、经验上来看，还是从兴趣上来看，都完全不适合在日本海军航空兵部队担任主要角色。（他）是一名老派军官，最擅长鱼雷攻击和大规模军事演习……1941 年 4 月，当南云忠一成为第一航空舰队总司令的时候，他其实对海军航空兵的真正威力以及潜在力量一无所知"。

从就任第一航空舰队总司令到开战之间的一年时间中，南云忠一学到了不少东西，甚至直到中途岛战役之前，他的指挥都可以说是毫无瑕疵的；在珍珠港行动中，日军没有损伤任何一艘战舰；在珊瑚海海战中，虽然美军最终取得了战略上的胜利，但日军也令太平洋舰队损失了一艘宝贵的航空母舰，而他们自己的打击力量却完好无损。不过，南云忠一并非是一位真正的"航空派"。他在成长的过程中饱受海军传统战术思想的熏陶——即利用大炮和鱼雷在较近的距离上摧毁敌军船只，在他的头脑深处，对远距离作战所需的特殊空间和时间维度感到非常不安。南云忠一认为，集中兵力，以整体优势战胜敌人才是取得胜利的关键（当时日本海军的兵力的确占有很大优势）。因此，他对诸如保持正确的舰载机机型搭配、放飞战机前的准备、己方舰队上空的战斗巡逻，以及舰载机编队冲向目标等步骤并不是很在意，但安排好这些琐碎的步骤恰恰是一位航空母舰指挥官取得成功的关键。

在美日两支航空母舰编队相互接近并相距近 644 千米的时候（此时，美军位于中途岛的东北方向，日本人位于西北方向），南云忠一却仍然不知道他的敌人的存在，因而他决定对中途岛本身发动第一次攻击。6 月 4 日早上 4 点半，整整 9 个中队的日军战机 ①——包括 36 架九九舰爆和 36 架九七舰攻，以及 36 架承担护航任务的零式战斗机，分别从 4 艘航空母舰（"赤城"号、"加贺"号、"飞龙"号和"苍龙"号）上起飞，直扑中途岛。

要对中途岛发动进攻，日军战机需要穿越约 450 千米的海域，大约在清晨 5 点 30 分的时候，也就是它们飞行了将近一半路程的时候，中途岛上的一个美军搜索雷达发现了它们。然而，美军随后派出的拦截飞机却没能找到这些日军战机，直到 5 点 53 分的时候，一份来自海军舰载雷达的报告才最终证实了敌军来袭的情况："多架不明飞机，方位为 310 度，距离我方 150（千米）。"在美军拉响了警报后，中途岛基地赶忙派出了由 6 架"野猫"和 20 架"水牛"所组成的空中编队进行了紧急拦截。但等这支编队爬升到 5000 米的高空时，却发现日军由 108 架战机组成的"翼尖挨翼尖"的紧密编队——零式战斗机飞翔在轰炸机上方，距离非常近，这样的紧密阵势使日军战机的自卫火力变得异常强大，很难对付。美国战斗机中的大部分由海军陆战队飞行员驾驶，他们很快就发现自己不但寡不敌众，而且在战机的性能上也落后于对手。但他们还没来得及撤退，双方战机就陷入了近距离混战之中。最终，美军升空迎敌的 26 架战斗机中只有 9 架幸存，这些战斗机阻止日军进攻的企图也失败了。6 点 30 分，日军轰炸机飞抵中途岛上空，仅用了 20 分钟，它们就摧毁了美军指挥所、燃料罐、医院和后勤建筑，以及美军停泊在潟湖上的水上飞机。在这一战中，大约有 30 架入侵的日军战机被海军陆战队飞行员或地面火力所击中，但交换比仍然对日本人非常有利。

日军舰载机攻击波的指挥官友永丈市大尉在返航途中向母舰"飞龙"号发出了"有必要发动第二次攻击"的信号，这让南云忠一很不安，他不愿意在中途岛的防空火力仍然非常活跃的情况下冒险进行登陆。然而，友永丈市大尉低估了形势的严峻性。事实上，从中途岛起飞的美军空中侦察部队早已发现了南

---

① 译注：原文如此，实际有误。当时日军"赤城"号和"加贺"号各出动了 18 架九九舰爆，"飞龙"号和"苍龙"号各出动了 18 架九七舰攻，另外每艘航母还各出动了 9 架零式战斗机，无论如何，它们都不可能是按照文中所说的"9 个中队"进行编组。

云忠一舰队（在战机从"飞龙"号起飞之前大约20分钟，日军就被发现了），但南云忠一本人并不知道。清晨5点34分，一架在中途岛西北方向300千米处搜索的"卡塔琳娜"水上飞机发出了一条简短的加密讯息："敌人航空母舰！"5点45分，美军"企业"号航空母舰接收到一条明文讯息："大量敌机正向中途岛方向飞行，方位为320度，距离240（千米）。"最后，在6点30分，"企业"号又接到了一条信息："两艘敌军航空母舰和战列舰方位320度，距离290（千米），航向135度，航速25（节）。"美国海军航空部队的主要指挥官之一弗莱彻上将当时正在"约克城"号坐镇，他得到上述情报后便立即下命令给斯普鲁恩斯，让他率领"企业"号和"大黄蜂"号"向西南方向前进，一旦确定目标，就对敌人的航空母舰发起攻击"。与此同时，尼米兹给负责中途岛防御的西里尔·西马德海军上校发出了命令："全力以赴对付航空母舰。"

因此，就在友永丈市大尉率领他那受损但仍相对完整的中途岛攻击编队在"飞龙"号和它的姐妹舰着陆的时候，岛上全部15架"空中堡垒"重型轰炸机，4架"掠夺者"中型轰炸机和6架"复仇者"鱼雷轰炸机正在通过平行但独立的航线向日本航空母舰进发。7点钟刚过，这些美军"掠夺者"和"复仇者"们，在完全没有战斗机保护的情况下，开始对"飞龙"号和"赤城"号发起进攻，它们朝后者投下了鱼雷和炸弹。其中，有4架"复仇者"和2架"掠夺者"在它们目标的上空被击落。"空中堡垒"轰炸机于上午8点10分到达距离海面6000米的高空，因而没有受到任何损失。据可靠的情报说，上述2艘日军航空母舰一共被击中了4次。但是，就像大多数从高空轰炸快速船只的行动一样，这四次攻击根本没有造成任何严重伤害。

然而，这次轰炸动摇了南云忠一的决心，因为它证实了友永的判断，即有必要对中途岛发动第二次攻击。可是，如果要执行这样的任务，就要将挤满"飞龙"号、"加贺"号、"赤城"号和"苍龙"号甲板的鱼雷轰炸机（它们当时正在装载弹药，以对附近的美军航空母舰发动进攻）的鱼雷卸载，再重新装上适用于陆攻任务的高爆炸弹。7点的时候，南云忠一收到了友永的报告，7点10分，来自中途岛的"复仇者"和"掠夺者"对日军航空母舰发动了进攻，虽然它们运气不佳，没有对后者造成什么重大威胁，但印证了友永的警告：中途岛有余力进行抵抗。因此，南云忠一于7点15分时发出命令，要求将甲板上装好鱼雷、等待出击（攻击美国舰队）的飞机"送下机库"，（并在友永丈市和他的中途岛攻击编队着陆时）用机库中的炸弹替换其所装的鱼雷。

## 航空母舰大决战

战役进行到目前为止，日军舰队仍处在有利地位。它摧毁了大量美军飞机，但自己的损失却几乎可以忽略不计，而且最重要的是，它已经击退了美国人对其发起的三次进攻。然而美国人在情报和士气方面占有优势，而不论是在陆战还是在海战当中，士气均发挥着重要作用。在中途岛战役中，一开始，双方舰队的士气都没有受到什么明显影响。在两国海军主力舰艇的舰员面前，并没有任何胜利或灾难即将到来的证据，因而他们无从判断战事会向何处发展。如果在这个清晨爆发的战斗是一场现代陆地战争，抑或是一场古代海战的话，那么战场上将到处散落着人的残肢断体以及各种散落的装备和物资，它们可以对人诉说战争的激烈和残酷。然而，在这个清晨，在西北太平洋，尽管明媚的阳光普照在中途岛两侧海域，其海面却十分平静。诚然，中途岛上的火焰和废墟证明了清晨的战斗十分激烈，但除了"赤城"号飞行甲板上的一道伤疤（一架美军"复仇者"鱼雷轰炸机在重伤坠海之前曾义无反顾地撞向了这艘日军航空母舰）之外，两支舰队都毫发无损。

然而，南云忠一率领的航空母舰战斗群的完整性已经遭到了破坏，就像人的伤口必然会带来疼痛一样，只是日军舰队在伤口出现前就已经在承受这样一个疼痛。南云忠一不知道"约克城"号、"企业"号和"大黄蜂"号就在附近，他已下令解除己方舰载机的"待机状态"（在美国航空母舰上，这种状态被称为"spot"），命令飞机卸下鱼雷——毫无疑问的是，这将大大削弱日军对美军航空母舰的攻击力。更糟糕的事情接踵而至。7点28分，也就是在南云下令"解除待机状态"的13分钟后，他从一架来自"利根"号巡洋舰的水上侦察机上得到了消息：它发现了一支美国水面舰艇部队。不过，令人恼火的是，这名飞行员提供的信息非常不准确，他只是说自己"看到了在距中途岛约400千米处，方位为10度的位置上有10艘敌方水面舰艇。它们的航向为150度，速度在20节以上"。

南云忠一犹豫了——在任何一场海战中，一旦总司令犹豫不决，那么他所指挥的舰队肯定会陷入危险，在瞬息万变的航空母舰对战中，这种犹豫更是灾难性的。他最初的想法是，"10 艘敌舰"对他的航空母舰编队和战列舰所构成的威胁很小，而且无论如何，那些从中途岛返航的战机在航空母舰上着陆也需要时间。可是，不久后他就改变了主意。7 点 45 分，南云忠一下令：那些尚未为执行第二次攻击中途岛任务而换装高爆炸弹的飞机，要暂时保留鱼雷，以准备对敌军舰队采取行动。与此同时，他给那架"利根"号巡洋舰的水上侦察机飞行员派发了一个电报，要求他对自己的第一份目击报告做出更详细的说明："查明船型。"8点 09 分，"利根"号上的水上侦察机飞行员报告说，上述 10 艘敌舰是 5 艘巡洋舰和 5 艘驱逐舰——这条讯息减轻了南云忠一的焦虑，但是，在 8 点 20 分的时候，飞行员又补充了一条讯息道，"伴随上述敌舰行动的似乎还有一艘航空母舰。"其实，该飞行员看到的美军舰队正是"约克城"号航空母舰特遣舰队，坐镇该舰队的弗莱彻上将已经收到了来自"卡塔琳娜"水上飞机（以中途岛为基地）和舰队雷达的警告，"约克城"号正要放飞 12 架鱼雷轰炸机和 17 架俯冲轰炸机，以执行对"飞龙"号、"苍龙"号、"加贺"号和"赤城"号的搜索和攻击任务。

如果给南云忠一一点思考的时间的话，他应该很快就会对自己的错误进行改正——两支航空母舰编队之间的距离约 241 千米，以当时飞机的飞行速度，大约需要一个小时才能看见对方。但是，接下来美军从中途岛发动的又一次攻击分散了南云忠一的注意力。上午 8 点 20 分，11 架陈旧的、缓慢的海军陆战队"复仇者"鱼雷轰炸机飞临日军舰队上空——它们很快就被大量配合默契的日军"零"式战斗机给赶走了，没能对日军航空母舰和护航舰艇造成任何威胁。尽管如此，它们还是在南云忠一最需要清醒思考的时候，干扰了他的分析能力，令他对敌我双方时间、速度和距离的认知产生了偏差。

上午 8 点 40 分至 9 点之间，南云忠一的航空母舰回收了友永的中途岛攻击编队，南云忠一随即下令"以最快的速度为装载高爆炸弹的舰载机更换鱼雷"。与此同时，日军航空母舰们还在尽可能快地回收零式战斗机——为它们补充燃料，并尽快让它们重新投入到舰队上空的防空巡逻任务中去。"飞龙"号和"苍龙"号航空母舰打击群的指挥官山口多闻通过灯光信号对南云忠一的命令表达了自己的异议：根据行动的紧迫性，他应该免除更换弹种的繁琐程序，并立即派遣轰炸机飞向"利根"号侦察机所标注的敌军所在的海域，即使它们携带的是高爆炸弹而不是穿甲弹和鱼雷，也应该马上对美军航空母舰发起进攻。不过，南云忠一拒绝了山口多闻的建议——他认为，在经历了最初的混乱之后，日军航空母舰编队正在恢复打击能力。南云忠一对己方舰队的兵力优势充满信心，8点55分，"利根"侦察机发来了最后一条可怕的信息："10架敌方鱼雷轰炸机正朝我方飞来。"不过，南云忠一对此依旧无动于衷。这条消息传来时，他正在向山本五十六发送讯息——后者正在北方约725千米外的"大和"号战列舰上——讯息的内容如下："上午8点发现敌人有1艘航空母舰、5艘巡洋舰和5艘驱逐舰，在10度方位，距离AF约有322千米。我们正朝着敌人前进。"——南云忠一在讯息中依然坚持使用"AF"代指中途岛，就好像美国人还蒙在鼓里一样。与此同时，在"赤城"号舰桥上的明亮的灯光下，南云忠一正在给其他日军航空母舰下达指令，"完成换装工作后，继续向北推进。我们将捕捉并摧毁敌人的特遣部队。"然而，在航空母舰的远距离对决中，如果兵力更强的一方在空中没有战斗机掩护的情况下被另一方突袭，并且在连续且不协调的攻击中白白浪费自己的打击力量，那么舰只的数量优势就没有任何意义了。

　　海军上将雷蒙德·斯普鲁恩斯指挥着"企业"号和"大黄蜂"号赶往预定海域，而南云忠一舰队也正朝着这个方向前进。斯普鲁恩斯一直在思考：作为一名航空母舰指挥官，在这生死攸关的几分钟里，当他的对手在进攻岛屿还是进攻舰队之间犹豫不决时，自己应该怎么做？斯普鲁恩斯最初的计划是在上午9点放飞他的"无畏式"俯冲轰炸机和"蹂躏者"鱼雷轰炸机，到那时，预计双方舰队之间的距离只有不到160千米。然而，日军战机编队空袭中途岛的消息给了他提示——提早放飞这些战机很可能会正巧赶上两个日本航空母舰战斗群对舰载机进行整修和加油的时间，而这正是己方战机投放炸弹和鱼雷的最佳时机。此时，航空母舰的甲板上将到处铺满易燃的加油管（当然，就连斯普鲁恩斯也没有想到，日本人会将待命飞机上的炸弹拆下来，并随意堆放在各处，然后再将鱼雷安放到这些战机的武器挂架上）。因此，在6点多钟的时候，斯普鲁恩斯决定在7点就放飞战机，尽管这意味着他的飞行员必须飞行280千米才能抵达目标，以至于在返航途中，有些人可能会因为燃油不足而"溅起水花"（代指"坠落入海"）。

除此之外，斯普鲁恩斯还决定赋予这次进攻更多"孤注一掷"的色彩——放飞全部俯冲轰炸机和鱼雷轰炸机，这样就可以形成一只"攥紧的拳头"痛击日本人了。不过，这一决定增加了任务的风险性。"满载"起飞需要整整一个小时，首批升空的战机需要在空中等待，直到所有战机都升空为止，而每架飞机在空中盘旋时都要消耗大量燃料。另一个不利条件是，当时所刮盛行风的风向与美军战机的飞行路线正好相反，这进一步加大了飞行员们的风险。然而，斯普鲁恩斯认为冒这些风险都是有价值的。从7点02分到8点06分，67架"无畏"俯冲轰炸机、29架"蹂躏者"鱼雷轰炸机和20架用于护航的"野猫"战斗机（只留下36架用于舰队上空的防空巡逻），从"企业"号和"大黄蜂"号的甲板上起飞。7点45分，斯普鲁恩斯担心第一批放飞的战机燃油不足，开始焦虑起来，便命令那些已经在空中盘旋的战机先行向目标飞去；而后续放飞的战机（共有2个中队）则跟在它们后面发起进攻。到目前为止，美军的航空母舰共放飞了6个舰载机中队，其中第6轰炸机中队、第6侦察机中队（同样装备舰载轰炸机）和第6鱼雷轰炸机中队来自"企业"号航空母舰，而第8轰炸机中队、第8侦察机中队和第8鱼雷轰炸机中队来自"大黄蜂"号航空母舰。此外，和它们一起出击的还有第6和第8战斗机中队的部分战机。

上述战机飞离航空母舰甲板的过程都十分顺利，它们携带着满负荷的燃料和武器，将发动机加到最大，然后松开刹车，在整条甲板上进行加速，最终在船头猛地抬升起飞。一名飞行员回忆说："要从航空母舰甲板上起飞，不仅要在机械方面做大量的准备工作，还需要指导起飞的人在整个过程中都不出一点差错，这意味着每一次出击的开始都像是要实现沃尔特·米蒂（Walter Mitty）的梦想（即做白日梦）一样。我得说，一旦真正体验到这种起飞的过程，飞行员们就会变得自信或者浮夸，他们与步兵不同——至少没有人一直对后者进行观察并发号施令。"不过，此时此刻，第16特遣舰队舰载机部队的常规和预备役飞行员们都已经经受了好几个月的严酷训练。首先，他们在岸上练习将飞机降落在航空母舰甲板（只有两个足球场那么大）上的技术。然后，再将飞机真正开到航空母舰的甲板上感受船身的颠簸以及船体的倾斜。接下来，他们要开始学习如何利用阻拦索降落，并学习如何在甲板上起飞。最后，他们还要前往海洋深处，学习如何克服焦虑感，并在广袤的海面上寻找到自己的母舰。经历了上述考验之后，才能说他们具备了航空母舰舰载机飞行员应该具备的技能。不过值得一提的是，此时他们中的大多数人都从未经历过实战。

曾对太平洋空战进行过直接观察的塞缪尔·艾略特·莫里森写道：

6 月 4 日是凉爽而美好的一天，如果风再大一点，并且从敌人所在的方向刮过来的话，那么就更方便我们对付他们的航空母舰了。在近 600 米的高度，飞行员可以对方圆 80 千米的范围进行侦察。他们和海面之间只隔着几朵蓬松的积云，海面本身看上去就像一件皱巴巴的蓝色波斯瓷器。当然，这对那些在当天就要葬身火海或沉入洋底的年轻人来说，只是一个小小的安慰。所幸，这种牺牲并没有白费，他们将为自己的国家赢得胜利。诚然，如果一名水手必须为国捐躯，那么高远的天空或许是最佳地点。如果你是他们当中的一员，在出战前将会先在预备室内聆听简报。与此同时，热心的"地勤人员"将一直对你们的座驾进行"热身"，也就是对战机进行检查、武装、加油和维修。随后的一众飞机从航空母舰起飞升空的仪式，就像舞者跳着芭蕾舞一样有序且富有美感。当飞行员们在空中陆续集结之后，你将驾驶飞机以优美的曲线从舰身上方俯冲下来并义无反顾地前进。你向自己的僚机挥手示意，因为你可能再也见不到它了。经过漫长的飞行后，你终于跨越了壮丽的海洋。当你第一眼看到自己的目标时，你的心就会被突然出现在晴空里的一朵朵黑色烟云以及防空炮火震耳欲聋的爆炸声所紧紧攫住。敌舰慢慢蠕动着，舰身后的海面上紧跟着像白马尾巴一样的尾迹。敌方执行舰队防空巡逻任务的可怕的零式战斗机会突然在天空出现，并猛地扑向你。突然间，当你的战机对准了目标，当你忘记了一切，只剩下眼前迅速扩大的目标时，你就会发起猛烈的、令人难以置信且迅捷的攻击。为此，你需要在恰当的时机——抓住十分之一秒的机会——来投放炸弹并改出俯冲。

这时候，"企业"号和"大黄蜂"号的舰载机飞行员已经得到了通知，他们将于上午 9 点 20 分抵达日军所在海域。然而，在 9 点 05 分的时候，得到侦察机发来的警报的南云忠一命令整支舰队以 90 度改变了航线，以避开逐渐逼近的敌方战机。这一命令使日军舰队转向了东北方向而非东南方向，并令其以 20 节的航速远离了美军原定的攻击地点。当"大黄蜂"号的俯冲轰炸机飞到那里时，他们发现海面上空空如也，其编队指挥官认为日军航空母舰必定朝着中途岛方向驶去，于是，他们转向正南方飞行，也就是朝着 160 千米外的中途岛飞去。但很快，许多人都发现他们的座机燃料所剩无几了，只能硬着头皮继续前进，希望可以在岛上着陆。幸运的是，15 分钟后，他们就降落在了中途岛上。由于未能找到目标，那些最后一批离开飞行甲板的战机带着充足的燃料返回了"企业"号和"大黄蜂"号。不过在此次行动中，由于执行护航任务的"野猫"战斗机的航程最短，因此所有"野猫"都没能抵达中途岛，几乎都在公海上迫降并失踪了。因此，第 16 特遣舰队派出的这支庞大的空中编队完全错过了这场关键的战斗。

不过，凡事都有例外。在飞行过程中，由于云层阻隔，美军空中编队中的俯冲轰炸机和鱼雷轰炸机走散了——后者由约翰·沃尔德伦（John Waldron，第 8 鱼雷轰炸机中队指挥官）海军少校负责指挥。当沃尔德伦率队协同第 16 特遣舰队的其他战机编队赶到预定攻击地点时，发现海面上并没有敌军的踪迹。然而，就在 5 分钟后，惊人的一幕发生了，沃尔德伦突然看到海平线附近似乎有战舰的烟囱正在冒出滚滚浓烟，于是他毅然决定率领麾下的鱼雷轰炸机转向北方。通过摆动机翼，沃尔德伦将自己的编队聚拢在一起，他手下的一名飞行员乔治·盖伊（George Gay）少尉回忆说："他就像被一根绳子绑着一样，径直冲向日军舰队。"面对日本人猛烈的防空炮火和战斗机的顽强防御，沃尔德伦早就放弃了他那架老旧而缓慢的飞机还能够幸存的幻想。"我最大的希望，"他在前一天晚上给自己的飞行员们写信说，"是我们能遇到有利的战术形势，但如果我们不能……"如今，他们所面临的战术形势可以说是十分不利的。从"大黄蜂"号起飞的这 15 架美军鱼雷轰炸机没有任何战斗机掩护，它们将单独面对整整 60 架严阵以待的日军战斗机，还必须采取低空、直线和水平的飞行路线，以便进行鱼雷攻击。它们一个接一个被击落，只有盖伊驾驶的"蹂躏者"侥幸避开了零式战斗机。盖伊冒着猛烈的炮火，驾机冲到了距离一艘他无法识别的航空母舰只有 700 多米远的地方，可在这个紧要关头，战机的鱼雷自动释放装置却失灵了。盖伊继续操纵飞机，并手动投放了鱼雷，此时盖伊的飞机正好经过日军航空母舰的舰桥，他看到该航空母舰的舰长正在舰桥上"跳上跳下，活像下了地狱"，然后他又驾机穿越了日军航空母舰的飞行甲板，他注意到那里密布着加油管道。不久后，盖伊座机的控制系统被一架紧追不舍的零式战斗机连续击中，随即一头栽进了大海。盖伊给自己的救生筏充了气，但直到战斗结束第二天，他才幸运地被一架"卡塔琳娜"水上飞机救起——他也是"大黄蜂"号航空母舰第8鱼雷轰炸机中队的30名机组人员中唯一的幸存者。

与沃尔德伦一样，"企业"号第6鱼雷轰炸机中队的指挥官在发现预定攻击海域空空如也时，也决定向北飞行。上午9点36分，当日军"赤城"号航空母舰向它的姊妹舰打出停火信号时，第6鱼雷轰炸机中队正好在海平线上发现了它们——14架"蹂躏者"排成一行，准备发动鱼雷攻击。日军航空母舰想方设法将自己的船尾对准第6鱼雷轰炸机中队来袭的方向，迫使后者为扩大攻击正面而做出大范围机动，从而为己方从事防空巡逻任务的战斗机提供反击的时间和机会。在从"企业"号起飞的时候，第6鱼雷轰炸机中队就与负责保护它们的战斗机分开了，因此它们是在全无保护的情况下突袭日军舰队的。与第8鱼雷轰炸机中队所面临的情况相同，"蹂躏者"鱼雷轰炸机的速度较慢（速度略高于每小时160千米），而如今它们要对付的却是一支以25节的高航速疾驰的舰队，但第6鱼雷轰炸机中队还是以令人痛苦的缓慢速度到达了它们的攻击阵位。正当美军的鱼雷轰炸机们勉力占领阵位的时候，日军的零式战斗机也开始发动了进攻，"蹂躏者"一架接一架地坠入了大海。事实上，第6鱼雷轰炸机中队的14架"蹂躏者"中只有4架幸免于难，而且它们全部都没有命中目标。

"约克城"和护航舰艇组成的第17特遣舰队虽然在远离第16特遣舰队的海域活动，但与之保持着合作——它们的飞机起飞时间要比第16特遣舰队稍晚一些，与斯普鲁恩斯最初确定的时间相近。弗莱彻担心，自己的附近很可能会有去向不明的日本航空母舰，他不想在甲板空空如也的时候遭到敌人的突然袭击。最后，在上午8点30分的时候，弗莱彻决定不再继续等待了。然而，与斯普鲁恩斯不同的是，他并没有"满载"放飞战机，而是放飞了第3俯冲轰炸机中队、第3鱼雷轰炸机中队，以及第3战斗机中队的部分战机，将第5侦察机中队和第

3战斗机中队的一部分留在了航空母舰上。其中，速度最慢的中队——第3鱼雷轰炸机中队——第一个出发，自从接收了最新情报之后，该中队就为应对日本人长驱直入中途岛而做好了准备。进攻计划是这样的：如果没有在预定地点发现目标，所有中队都将改变航向，并沿事先确定的路线飞行，直到找到日本人，其中护航战斗机将一直飞行到它们的最大航程。第3鱼雷轰炸机中队指挥官马克斯·莱斯利（Max Leslie）少校对此评论道："他们可能会付出沉重的代价。"但战斗机指挥官约翰·塔奇（John Thach）少校表示愿意冒这个险。这些战斗机是最后一批加入在"约克城"号上空盘旋的战机编队的，在上午9点05分，它们到达了俯冲轰炸机所在的高度，并紧紧跟在缓慢的"蹂躏者"后方。

"蹂躏者"鱼雷轰炸机在飞行途中被"无畏式"俯冲轰炸机和"野猫"战斗机群追上，它们一起前进了一段时间，直到云层将低空飞行的鱼雷轰炸机与在4千米高空飞行的俯冲轰炸机与战斗机隔开。第3鱼雷轰炸机中队和第3轰炸机中队随后偏离了预定航线。碰巧的是，第3鱼雷轰炸机中队选择了更好的航向。大约在上午10点钟的时候，第3鱼雷轰炸机中队发现海平面上有烟雾出现，随即调整方向，以"看得更清楚些"，并随时准备发动进攻。此时，他们距离自己最新确认的4艘日军航空母舰（在某种程度上已经因为第16特遣舰队的攻击而互相分散了）大约有22千米，然而正当他们准备进行鱼雷攻击的时候，日军防空巡逻编队的2架零式战斗机突然冲了出来。第3鱼雷轰炸机中队应对不及，受到了不小的伤害，而且紧接着在约16千米的范围内，又冲过来2架零式战斗机，后者连续发动了6—8波攻击。这样的状况使得鱼雷轰炸机的飞行员只能将飞行高度下降至50米左右以避开攻击，它们的后座机枪手们则试图利用自己火力不足的旋转机关枪进行反击。第3鱼雷轰炸机中队分成了两组，打算采取分进合击的战术，但当它们终于到达阵位至正式进行鱼雷攻击之前的短短时间内，它们以及赶过来为它们护航的战斗机就都被日军火力打垮了：12架"蹂躏者"中有7架被击落。一名幸存者、军士长威廉·埃斯德斯回忆说："我能看到的任何方向，都有5架、6架、7架或更多的飞机着火，它们旋转着坠落，或者完全失控，疯狂地四处乱飞。它们发射的鱼雷无一命中。"与之前所有从中途岛和第16特遣舰队出发的美军战机编队一样，这次攻击又是徒劳无功的。

渊田美津雄在"赤城"号的飞行甲板上全程目睹了美军发动的进攻：

敌机紧贴着海面从两侧逼近。它们排成单纵队队形，距离我们不足10千米，看上去它们的目标是"赤城"号。我屏息地观望着，我想，要避开敌机的全部鱼雷是多么不可能的事。但是，这批敌机没有战斗机掩护，它们正被我方战斗机拦截攻击。在"赤城"号的飞行甲板上，人们的注意力全都集中在他们面前展现的这个紧张的场面上。敌机一架接一架被击落，飞行甲板上响起了一阵又一阵狂热的欢呼声和口哨声。从右舷前方袭来的14架敌军鱼雷轰炸机半数被击落，从左舷前方袭来的12架敌机也只剩下5架了。幸存的敌机继续冲入，但遭到"赤城"号高射机关炮的射击。随后两队敌机都飞到了发射阵位，大家都等着看那以"赤城"号为目标的鱼雷溅水而来。但是很奇怪，敌机没有投雷，它们在最后时刻似乎撇开了"赤城"号从我们头顶飞过，朝着左后方的"飞龙"号飞去了。敌机飞过"赤城"号后，"赤城"号上的炮手们镇静过来，马上又和"飞龙"号一起向敌机猛烈开火。在这样猛烈的炮火下，再加上零式战斗机紧紧追击，敌机的数量不断减少。最后，只有7架敌机向"飞龙"号发射了鱼雷，右舷5颗，左舷2颗。我方战斗机继续紧追撤走的敌机。"飞龙"号向右舷急转，以躲避鱼雷。我们担心地看着，幸好"飞龙"没有发生爆炸，大家又松了一口气。"飞龙"号随后恢复了原来的航向。共有40多架鱼雷轰炸机参与了这次攻击，其中只有7架飞机有机会投放鱼雷，但都没有命中，敌机几乎全部被击落了。这场胜利应该主要归功于战斗机精彩的截击。从"赤城"号旗舰上清楚地看到它们敏捷而又果敢地战斗。美军飞行员不顾严重损失，仍然勇敢地进行了攻击，他们所表现的大无畏气概同样是很动人的。在舰上观看这场惊心动魄的战斗场面的人们都看得出神，但我们同样都没有预料到，最糟糕的事情就要发生了。我方战斗机在激战中用完了弹药，回到母舰上来补充，但是很少有燃料耗尽的。地勤人员热烈地欢迎着归来的飞行员，都在拍打他们的肩膀，高声地夸奖他们。等到飞机修整好了之后，飞行员们马上点点头，打开油门，又呼啸着重返天空。

渊田长官和他的战友们有理由为此感到高兴，据他估计："总共有 40 架敌机冲向我们……但是，只有 7 架敌机有足够的时间来施放鱼雷，而且全都没有命中目标。几乎所有敌机都被我方击落了。"事实上，算上鱼雷轰炸机从中途岛发起的第一次攻击、中途岛上"空中堡垒"重型轰炸机发动的袭击，以及俯冲轰炸机从中途岛上发起的两次攻击，美军一共从中途岛基地出动了 42 架飞机。"大黄蜂"号、"企业"号和"约克城"号出动的鱼雷轰炸机总数也有 41 架，它们一共发动了 7 轮袭击。再算上其他种类的舰载机，美军一共从航空母舰上出动了 83 架飞机。其中，有 37 架美军战机被日军击落，而"大黄蜂"搭载的第 8 鱼雷轰炸机中队更是全军覆灭。

不过，美国人前仆后继的进攻的确产生了一些积极效果。上午 10 点，当海水淹没了"约克城"号派出的最后一架鱼雷轰炸机的残骸时，日军第一航空舰队的航空母舰才发现自己舰队的阵型已经十分涣散了——远远超出了舰队通常的规范，这是十分危险的状况。在正常情况下，航空母舰们要集中在一个边长约为 1190 米的方形"盒子"内，这样才可以互相提供保护，但现在的情况是，它们完全分散开了，"加贺"号和"苍龙"号距离旗舰"赤城"号足有 5500 米，"飞龙"号则消失在了视线之外。此外，日军执行防空巡逻任务的战斗机，为了截击美军鱼雷轰炸机，已经从高空来到了低空，甚至有的已经来到了海平面附近——对于护航战斗机来说，这是最糟糕的位置。而且，在南云忠一改变攻击方向一个半小时之后，日军航空母舰的飞行甲板上仍然挤满了正在加油和重新装弹的飞机，到处都铺着充满了高辛烷值汽油的软管，大量高爆炸弹也散落在甲板上。

尽管如此，日军的 93 架战机——九九舰爆和九七舰攻——仍在摩拳擦掌、准备出击。现在日本人已经知道了美国航空母舰的确切位置，他们觉得，是时候对其进行决定性打击了，总攻的时间就定在上午 10 点 30 分。到目前为止，日军舰载机编队的实力尚未受损，可以说，在日军航空母舰被意外击沉之前，其兵力都是大大超越美军的，最迟在中午之前，它们就能一举摧毁"大黄蜂"号、"企业"号和"约克城"号。正如渊田所描述的，"中午 10 点 20 分，南云忠一将军下令，一切准备就绪后就放飞战机。在'赤城'号的飞行甲板上，所有的飞机都已就位，引擎正在预热。这艘巨舰开始转向逆风行驶的方向，5 分钟之内，所有战机都要起飞。"

对整个中途岛战役，甚至整个第二次世界大战而言，接下来的 5 分钟都是一个真正发挥了关键性作用的所谓"决定性时刻"之一。10 点 25 分，南云忠一站在胜利的边缘，如果一切顺利，这也许将会是有史以来一国海军所能取得的最伟大的胜利，它将闪耀整个世界，并将在未来几十年内改变西方和亚洲世界之间的力量平衡。但是，当时间来到了 10 点 30 分，南云忠一即将要面对的就不是胜利，而是灾难了。这种命运的惊天逆转是两个意外事件所造成的结果。第一个意外事件是，出于机缘巧合，一小时前"约克城"号鱼雷轰炸机选择的航线，这不但让它们找到了日军的航空母舰，还把日军的防空战斗机引诱到了海平面附近。第二个意外事件是，美军潜艇"鹦鹉螺"号的偶然搅局——它误打误撞地闯入了日本第一航空舰队的防线内，为此，一艘驱逐舰"岚"号脱离了航空母舰的防御圈，赶去对"鹦鹉螺"号投下深水炸弹。"岚"号投下的深水炸弹无一命中，但是它在快马加鞭重新加入南云忠一舰队的防御圈时，于海面上产生了白色的尾迹——上午 9 点 55 分，"企业"号俯冲轰炸机中队的指挥官正好发现了这个尾迹，从而引发了他对日军舰队确切位置的怀疑。

由于南云忠一下令改变了航向，"企业"号的第 6 轰炸机中队也曾像其他中队一样丢失了目标。但现在该中队的指挥官——韦德·麦克卢斯基（Wade McClusky）少校，在 4000 多米的高空发现了正在高速行驶当中的"岚"号驱逐舰。他推测，这艘日军驱逐舰很可能正在急于与舰队主力会合，它所留下的尾迹就是标定日军舰队主力位置的完美风向标。麦克卢斯基命令麾下的 37 架"无畏式"俯冲轰炸机排好队形，顺着"岚"号的尾迹，朝东北方向前进。上午 10 点 20 分刚过，麦克卢斯基就看到了"赤城"号、"苍龙"号和"加贺"号正在朝西北方向航行，多艘日舰组成了一个"周长大约为 13 千米的环形"。"飞龙"号走在最前面，距离其他日舰较远。麦克卢斯基决定立即发动进攻，他命令麾下的俯冲轰炸机从 4000 多米的高度，以每小时 518 千米的速度，呈 70 度角俯冲投弹。此时，天空中没有任何零式战斗机，所有的零式战斗机都在海平面附近或航空母舰的甲板上，没有任何东西可以阻止美军俯冲轰炸机投掷那些重达 226 千克或 453 千克的炸弹了。

"赤城"号首当其冲，渊田回忆道：

能见度良好，云高 3000 米，云层偶尔散开，给敌机的接近提供了很好的隐蔽条件。10 点 24 分，从舰桥的话筒里，发出了开始起飞的命令。飞行长摇动着小白旗，第一架零式战斗机开足马力，飞离了飞行甲板。突然，瞭望哨喊道："俯冲轰炸机！"我抬头张望，看到 3 架黑色敌机朝着"赤城"号垂直俯冲下来，一些机关炮开始向敌机猛烈射击，但已经晚了。这些美国"无畏式"俯冲轰炸机的身影变得越来越大，突然，许多黑色的东西从它们的机翼下凄厉地摇晃而下。炸弹！笔直落下的炸弹就要落到我的头上了！我本能地卧倒，爬到飞行指挥所的防弹护板后面。

"赤城"号的舰长青木泰二郎在他于战役结束后整理的日志中写道："从'赤城'号左舷 80° 的方位，共有 3 架敌机俯冲而下……在大约 500 米的高度，炸弹被释放了。第一枚炸弹是一颗'近失弹'，距离舰桥的正横面（与船的龙骨成直角的平面）只有大约 10 米。第二枚炸弹命中了位于舰身中部的舰载机升降机（致命的一击），且贯穿了甲板，在机库内爆炸，还引爆了一个存放鱼雷的仓库。第三枚炸弹击中了船尾左舷的飞行甲板，正好在舰载机停机坪爆炸了，当时有许多战机仍然停在此处，正准备将武器从高爆炸弹替换成鱼雷。"南云忠一的参谋长草鹿龙之介回忆道："船上发生了一场可怕的火灾，就像身处阿鼻地狱一样。"爆炸发生后，在几秒钟之内，"赤城"号的核心部分就被火焰吞没了。南云忠一本人拒绝离开舰桥，因此下属们只能将他拖了下去。草鹿龙之介在报告中写道："当我从舰桥下去的时候，甲板上也燃起了大火，高射炮和机关炮被船上的大火触发，正在自动开火。我的手和脚都被烧伤了……到处都是尸体……这就是我们最终放弃'赤城'号的方式——手忙脚乱，没有丝毫的秩序可言。"或许唯一还有点秩序的事情就是他们将天皇的"御真影"郑重其事地从"赤城"号里转移到了一艘驱逐舰上——这艘驱逐舰是南云忠一的新旗舰。

上午 10 点 47 分，南云忠一本人也被属下强制转移到了新旗舰上，此时，也仅是美军的第一枚炸弹落下的几分钟之后而已。"赤城"号现在已经是一团燃烧的废铁了。渊田写道："飞行甲板中部升降机后面被炸开了一个大洞，升降机被炸得像一块烧卷了的玻璃板，塌向机库。飞行甲板的钢板奇形怪状地向上翻卷着。战机们的机尾上翘，冒着浓烟，从中还不时冒出青蓝色的火舌。"甲板下面的情景更可怕。当时一位损管船员正在查找机舱不给水泵供电的原因，他发现锅炉还在工作，引擎还在转动，但是右舷机舱内的船员全都死了，死于通过通风系统吸入的火焰和浓烟。

与此同时，"加贺"号航空母舰也遭到了攻击，其受创的程度甚至比"赤城"号更严重。"加贺"号被 4 枚炸弹命中：第一枚落在舰桥的正前方，正好将一辆油罐车引爆，油料溅了舰桥上的人一身，把他们全都烧死了。其余的炸弹有的引发大火烧毁了舰载机，有的穿透了机库，引爆了炸弹仓库和燃料管道。其中一枚炸弹在"加贺"号舰体内横冲直撞的过程中，正好"粉碎"了一位正在寻找掩体的首席损管军官。一位亲眼看到他消失无踪的同僚感到十分惊讶，他的头脑中甚至由此迸发了一个颇有诗意的想法："那些宛如朝露般消失的人，一定会在天堂中获得幸福。"舰员们拼死将天皇的肖像从这个地狱中抢救了出来，并转移到一艘驱逐舰上。仅仅几分钟后，"加贺"号就从头到尾燃起了熊熊烈火，尽管一些勇敢的人仍然留在船上，试图控制火势，但这艘航空母舰显然已经"没救"了——它一直漂浮在海面上，直到傍晚 7 点刚过，一次巨大的内部爆炸才令它沉入了海底。

在这一时期，最后被美军舰载机击中的日军航空母舰是"苍龙"号，从"约克城"号起飞的俯冲轰炸机对它发动了攻击，它们也是弗莱彻将军派去对付日军航空母舰编队的最后一批战机。这批俯冲轰炸机的指挥官是麦克斯韦尔·莱斯利（Maxwell Leslie）少校，他并没有按照原计划行动，而是对日本人可能前往的地方进行了自己的估算，结果证明，他是正确的。上午 10 点 20 分刚过，位于 6000 米高空中的莱斯利发现了海平线上的烟雾，他率队下降到 4500 米左右的高度，并开始对距离最近的敌军航空母舰发起攻击，这艘航空母舰便是"苍龙"号。这一时间点，正是"企业"号的俯冲轰炸机对"赤城"号和"加贺"号展开进攻的时候。从 10 点 25 分到 10 点 28 分之间，莱斯利麾下的轰炸机连续三次命中目标。第一枚炸弹穿透了"苍龙"号的前机库，把炸得扭曲成一团的舰载机升降机重重地抛到了舰桥上。第二枚炸弹在舰载机停机坪爆炸，把一架零式战斗机直接炸飞到了舷外，并引燃了大量燃料。第三枚炸弹在后部升降机附近爆炸。不到20分钟，"苍龙"号就从头到尾燃起了大火。不过，"苍龙"号的火势并没有"加贺"号那么猛烈，已经重新回到船上的损管小组设法控制住了情况，并使航空母舰重新起航，以便逃离战场。上午11点45分，正当"苍龙"号以2节的速度平稳航行的时候，中途岛战役中的又一个"偶然事件"发生了：它被美军的潜艇发现并在3小时后被击沉了。这艘美军潜艇正是此前曾渗透进南云忠一舰队的防线，并对日军战列舰和巡洋舰发射了鱼雷的"鹦鹉螺"号——因为这个情节，"岚"号才利用深水炸弹把它赶到了深水区。正是这种机缘巧合引起了"企业"号俯冲轰炸机编队的注意，从而造成了上述灾难性的后果。现在，"鹦鹉螺"号潜艇的艇长要采取又一次关键性行动了——这是大多数潜艇指挥官在整个水下战斗生涯中都无法企及的，而他仅仅用了一个早上的时间就做到了。正如艇长 W.H. 布罗克曼（W. H. Brockman）在战役过后的行动报告所描述的那样，上午8点20分，当他升起潜望镜搜寻目标的时候，发现"四面八方都有敌军船只……它们以高速从海面穿过，并来回绕圈。一艘巡洋舰从我们上方驶过，现在正以船尾对着我们……一艘战列舰位于我们船头的左舷，它整个右舷的火炮都在开火……只见敌军升起了一面信号旗，其探照灯便立即对准了我们的潜望镜"。随后，布罗克曼率领"鹦鹉螺"号从容地躲开了"岚"号发动的深水炸弹攻击，并在后者走远后，迅速地从战场撤离。然而，在3个小时后，当"鹦鹉螺"号在水下重新升起潜望镜时，敌舰又映入了布罗克曼的视野——航空母舰"苍龙"号近在咫尺。他跟踪这艘遭到重创的航空母舰长达3个小时之久，直到距离该舰非常近（甚至连美国的劣质鱼雷都不会错失目标）时，他指挥手下发射了三枚鱼雷，然后亲眼看着"苍龙"号被所有鱼雷击中，断成两截并沉入海底。

## 从中途岛撤退

从上午11点15分到11点45分之间，美军鱼雷轰炸机和它们的护航战斗机开始陆续返回。对飞行员来说，是否回到自己所归属的母舰并不重要，因为他们的座机就快没油了（其中一架飞机的油箱内甚至只剩下不到8升的燃油了），在这样紧迫的情况下，只要降落在己方的航空母舰上就可以了，随便哪艘都行。

现在可以对总损失数进行盘点了，除了鱼雷轰炸机的损失之外（上文统计过），"企业"号上的 37 架俯冲轰炸机中有 14 架被敌军摧毁，"约克城"号上的 37 架俯冲轰炸机中有 2 架未能返航。另外，"野猫"战斗机也损失惨重——共有 16 架未能返航——这主要是由于迫降所导致的。

尽管如此，美军特遣舰队依然完好无损，现在他们的航空母舰数量是日本第一航空舰队的三倍了——后者只有一艘"飞龙"号幸存了下来。当天上午，从 10 点 25 分到 10 点 30 分，在这仅仅 5 分钟的时间内，太平洋战争的形势就被逆转了。而且，日后的战事也表明，这种逆转是永久性的。然而，尽管损失惨重，日本人的士气依然未受到太大打击。南云忠一几乎刚一抵达他的新旗舰，就向"飞龙"号航空母舰（也是他的最后一艘航空母舰）重申了之前下达的命令，即对美军舰队发动进攻，中午 11 点，第一攻击波——共 18 架俯冲轰炸机和 6 架战斗机从"飞龙"号上起飞。下午 1 点 31 分，该舰又放飞了 10 架鱼雷轰炸机和 6 架战斗机，组成了第二攻击波。

由于美军第 16 和第 17 特遣舰队所处的位置现在已经十分明晰了，因此"飞龙"号派出的第一攻击波径直向东飞去。午后不久，日本人发现了"约克城"号航空母舰，它现在仍在回收自己的俯冲轰炸机（对日本人而言，这是一个很好的攻击时机），但它的上空有 12 架"野猫"战斗机正在执行防空巡逻任务。在"飞龙"号派出的九九舰爆中，有一半在靠近美军航空母舰的过程中被击落，还有 2 架陷入了"约克城"号的防空火力网中，并随即中弹坠入了大海。然而，还是有 8 架九九舰爆从美军战斗机和防空炮所组成的浓密火力网中幸存了下来，并投下了炸弹——"约克城"号被三颗炸弹击中。其中，第一枚炸弹穿透了飞行甲板，第二枚炸弹从烟囱穿过，引发了大火并导致六台锅炉中的五台熄火，第三枚炸弹在第四层甲板爆炸，引燃了一个被服仓库。到了中午 12 点 20 分，"约克城"号看上去已经被彻底摧毁，舰上到处都燃起了熊熊烈火。

然而，在美军极为出色的损管工作之下，下午 1 点 40 分，"约克城"号起死回生了，它恢复了 20 节的航速，并准备放飞甲板上的战斗机。不过，10 分钟后，"飞龙"号的第二攻击波赶到了。此时，"约克城"号上空的防空战斗机油料不足，它自己的雷达也失灵了，它的护航舰艇误把敌机当成了友军，直到最后时刻才发起攻击。在不到 2 分钟的时间内，"约克城"号就被 2 枚鱼雷击中，舰身倾斜很快就超过了 26°。接着损害蔓延到了电力系统，令该舰无法及时排出不断涌入的海水，到了下午 3 点钟，眼看舰身就要倾覆了，舰长艾略特·巴克马斯特（Elliott Buckmaster）才下达了"弃舰"的命令。

但是，在"约克城"号遭受第一次攻击之前，弗莱彻将军已经预感到了 1 艘日军航空母舰正在他的附近集结，因此他派出了 10 架轰炸机前往西部海域进行侦察。下午 2 点 45 分，一位隶属于第 5 侦察机中队的飞行员——塞缪尔·亚当斯（Samuel Adams）上尉看到海平线上出现了敌舰的尾迹，为进一步确认自己的发现，他驾机顺着尾迹飞行，看到了"飞龙"号航空母舰、2 艘战列舰以及更多的护卫舰艇，并发现日军的位置距离美军特遣舰队仅有 160 千米左右。当"约克城"号终于从日军战机的围攻中脱身的时候，24 架美军俯冲轰炸机（其机组成员均参加过当天早晨对其他日军航空母舰的攻击行动）已经从"企业"号上起飞了，它们于下午 5 点找到了"飞龙"号，并命中了 4 枚炸弹。其中，第一枚炸弹将"飞龙"号前部的舰载机升降机炸毁，并将其掀起来重重地砸在了舰桥上——摧毁了舰上的所有指挥控制设备。此后，其他三枚炸弹也在舰上引发了大火。但"飞龙"号的发动机舱未受损坏，它以 30 节的航速向前冲去，并于下午 6 点摆脱了来自中途岛的"空中堡垒"的最后一次攻击。尽管如此，它所受的损伤仍然是致命的——大火最终变得无法控制——6 月 5 日凌晨，在郑重地将天皇的"御真影"转移之后，"飞龙"号的舰长命令船员弃船，他自己则与这艘航空母舰一同沉没了。

同样被船员遗弃的美军航空母舰"约克城"号在海面漂流了更长的时间。在"约克城"号被认为是"无法挽救"而被遗弃的 24 个小时之后，人们发现它仍然漂浮在海面上，只是舰上的情况更糟了。一组救援人员被派上了"约克城"号，他们扑灭了大火，并利用一艘护航舰艇拖曳这艘航空母舰。而另一艘驱逐舰停靠在航空母舰的旁边，负责提供电力以驱动水泵排出舰内的积水，使舰体的倾斜也得以纠正。虽然"约克城"号吃水很深，船头也没入了水中，但它已经恢复了适航性，为了确保安全，它开始蹒跚地驶向珍珠港。就在这个时候，南云忠一发动了他的最后一击。前一天的早些时候，南云的一架水上飞机发现"约克城"号被美军遗弃，正在海面随波漂流。于是，他命令一艘潜艇——I-168，去搜索这艘航空母舰，24 小时后，潜艇终于找到了"约克城"号。I-168 一共发射了 4 枚鱼雷，其中有 2 枚击中了"约克城"号，美军不得不再次遗弃了它。然而，"约克城"号的内部结构十分坚固，水密舱的划分也非常复杂，这令它能继续坚持漂浮在海面上。直到 6 月 6 日的早上 6 点为止，"约克城"号都只是稍微倾斜了一点。可在那之后，它突然翻覆，并沉入了海中。就这样，与之前美军"鹦鹉螺"号潜艇对日本航空母舰所做的事情一样，日军的 I-168 潜艇也对美军航空母舰编队施以了致命的报复。

虽然在中途岛大海战中，交战双方都遭受了重大损失，但美国人还是占了上风——他们只损失了 1 艘航空母舰，而日本人则损失了 4 艘。此外，日军还损失了 2200 多名官兵——其中，"赤城"号损失了 221 人，"加贺"号损失了 800 人，"飞龙"号损失了 416 人，"苍龙"号损失了 718 人。除此之外，日军还损失了 250 架飞机和至少 90 名飞行员。当然，对日本人而言，航空母舰的损失必然会导致飞机的损失，因为随着最后一艘航空母舰——"飞龙"号的沉没，任何幸存的战机都没有地方可以降落了。由于大量飞机被击落或迫降，日军舰载机的机组人员伤亡惨重[1]。少量机组人员之所以能幸免于难，只是因为在航空母舰沉没时，他们恰好在船上，并被护卫舰艇救起；或者在极少数情况下，在座机被击落或迫降后，机组人员被从海里打捞上来的。在整个日本海军航空兵中，只有不超过 1500 名飞行员接受过航空母舰舰载机的操作训练（甚至可能只有 1000 名飞行员具备相应的能力），而且日本海军每年只能提供 100 名后备舰载机飞行员以供替换。因此，损失整整 90 名飞行员[2]（这很可能是一个最低估计）对日本海军作战效能的影响是极具灾难性的。仅仅在中途岛战斗了一天，日本海军就失去了几乎整整一届舰载机飞行员。在接下来的几个月里，日本人将会发现，这种损失是永远无法弥补的，其严重程度甚至并不亚于航空母舰本身的沉没。

此时，在中途岛西北方向的海面上，拥有 18 英寸主炮的巨型战列舰"大和"

---

[1] 译注：原文如此，事实上，在中途岛战役中，日军机组乘员的损失为121人，只有参战总人数的约五分之一，与之后1942年10月份的圣克鲁斯群岛海战（损失数145名）相比，其损失并不是最多的。另外，日军机组的损失也少于美军。

[2] 译注：日军机组人员的真实损失数字是121人

号正在破浪前行，日本联合舰队司令山本五十六就在这艘巨舰上坐镇——此时的他拒绝承认失败。6月4日晚上7点15分，山本五十六大胆地向他的部下发出信号，说敌人已经"几乎被消灭了"，并宣称："联合舰队准备追击残余敌军，并占领中途岛。"作为回应，南云忠一阴郁地警告说："敌人仍有4艘航空母舰（原话如此）……6艘巡洋舰和16艘驱逐舰。它们正在向西航行（也就是前往日本本土的方向）。而我方的所有航空母舰都已经无法行动了。"

　　日本人的苦难还没有结束。中途岛占领部队的2艘巡洋舰——"最上"号和"三隈"号从该岛附近海域撤退时，由于操作不慎发生了碰撞，两舰均遭受了不同程度的损坏，并因此失去了至关重要的航行能力，只能停在原地。第二天清晨，一架"卡塔琳娜"水上侦察机发现了这两艘日舰，并发现它们没有任何空中掩护。于是，在这架"卡塔琳娜"的引导下，6架"无畏式"和6架"复仇者"从中途岛起飞，直奔它们而去。"三隈"号的后部炮塔被一架受伤的"复仇者"击中，这架"复仇者"的海军飞行员在临死之前驾机撞向了这艘巡洋舰。第二天，也就是6月6日，"企业"号和"大黄蜂"号又对这2艘巡洋舰发动了3次空袭。"最上"号勉强幸存了下来，但遭受了重创；而"三隈"号就没这么幸运了，美军的第二轮和第三轮空袭在该舰上引发了严重的火灾，最终日本人只能将其遗弃——这也是中途岛海战中的最后一个牺牲品。美军舰载机针对这两艘日军巡洋舰所发动的进攻不但在中途岛战役中独具特色，甚至在整个太平洋战争中都是独一无二的——在行动中，由于航空母舰和目标之间的距离大大缩小（距离只有140千米左右），舰载机飞行员甚至既可以看到母舰，又可以看到敌舰。这种情况产生的一个重要原因是：自从两天前的战斗开始以来，天气一直很好。

## 对战争成本的计算

　　实际上，山本五十六庞大的进攻计划并没有完全失败。日军的北太平洋攻略部队已经成功占领了阿留申群岛的基斯卡岛和阿图岛，且自身几乎毫无损失。但是，由于这两座小岛的战略价值微乎其微——美军甚至都没有在岛上设防，因此，这场战术胜利并不能弥补日军航空母舰打击舰队所遭受的重大损失。不过，此时日本联合舰队的战列舰、大部分的重巡洋舰（正如"三隈"号的顽强抵抗所展示的那样，日本的重巡洋舰具有无比强大的战斗力），以及两艘没有划归南云忠一指挥的轻型航空母舰都还保持完好。而且，日本人还在大力建造新航空母舰——一艘刚刚服役，一艘将在 7 月份服役，还有一艘崭新的轻型航空母舰将在 11 月服役。除此之外，当时日本国内的造船厂已经铺设了 5 艘航空母舰的龙骨，它们都将于 1944 年被补充到舰队中去。

然而，日军在中途岛战役中的巨大损失给山本五十六在战前发出的，关于日本和美国的工业生产能力之间存在根本差距的警告又提供了新的论据。美国海军即将有多达 14 艘的舰队航空母舰、9 艘轻型航空母舰和不少于 66 艘的护航航空母舰同时服役。其中，护航航空母舰是一种造价低廉但用途广泛的军舰，日本根本无法生产出与之相当的军舰，因为日本既缺乏舰载机，又没有足够的资源去训练那么多合格的舰载机飞行员。到 1944 年中期，日本海军的舰载机总数都低于1000 架，而美国海军将部署多达 3000 架以上的舰载机。"这就是美国大工业的力量，"H.P. 威尔莫特分析道，"即便在偷袭珍珠港的时候，日本帝国海军能够击沉整个美国海军的所有主力舰，然后还在不损失任何战舰的情况下完成自己的建设计划，到 1944 年中期，它的规模仍然无法与当时的美军舰队相匹敌，而美国人建设这样规模的海军只需要短短的 30 个月时间。"退一步说，即便日本人在太平洋上大获全胜，他们也不可能对美国本土发动一场成功的入侵。

在被美军击沉的 4 艘日军航空母舰中，有 2 艘航空母舰的舰长坚持要"与舰同沉"，这进一步加深了中途岛战役所带来的灾难。在遭受重创的"飞龙"号上面，加来止男舰长和山口多闻司令并排站在舰桥上，当飞行甲板向水面倾斜时，一名接到"弃舰逃生"命令的军官无意中听到了他们极富诗意的对话。山口多闻说："让我们欣赏一下美丽的月亮吧！""月光是多么皎洁啊，"加来表示赞同，"这一定是到了农历二十一号了。""苍龙"号即将沉没的时候，柳本柳作舰长下令全舰弃船，而自己却坚持留在舰桥。由于柳本柳作深孚众望，大家推选海军相扑冠军阿部曹长返回航空母舰把舰长救出来。大家决定，如果舰长不肯下来，阿部就可以凭借蛮力把舰长背到安全的地方。当阿部爬上"苍龙"号的舰桥时，发现柳本柳作握着军刀，一动不动地站在那里，坚定地凝视着前方。阿部走到舰长跟前，说道："舰长，我代表您的全体舰员，到这来接您到安全的地方去。他们都在等着您，请您同我一道到驱逐舰上去吧！"对于阿部的这个请求，舰长默不作声。阿部猜到了舰长的想法，走上前去，想把舰长背到正在等待中的小船上去。但是，舰长的严峻面孔所显示的坚强意志和决心，令阿部停下了脚步。他流着眼泪转身走开了，当他离开舰桥时，听到柳本柳作唱起了日本国歌。

在中途岛战役中，大部分日本海军将士都不可避免地面临着与他们的舰长相同的命运。一位幸存的"苍龙"号舰员落入了海中，好不容易游了航空母舰的舷侧，这时，一个巨浪突然将他掀了起来，他看到"浪的'下坡处'，有几百个人的脑袋正在水面上浮动。在远处，还可以看到'苍龙'号。而更远处，'加贺'号正在熊熊燃烧"。尽管夏季太平洋的海水十分温暖，驱逐舰也在不遗余力地救援，但还是有数百名从沉船中逃出来的人在6月4日的黑夜中死去了。

在中途岛大海战中，日军的伤亡人数要大大超过美军。"约克城"号的舰员很容易就逃了出来——由于舰身倾斜，他们可以前往距离海面较近的一侧，再被等候在那里的护卫舰艇接走。只有"哈曼"（Hammann）号驱逐舰的舰员例外，在中途岛大海战中，他们是美国太平洋舰队中唯一一群因为座舰被鱼雷击沉而落难的船员——不过还好，他们当中的大多数都幸存了下来。此外，在海面迫降的美军飞行员也远远超过了预期。共有163名飞行员和机枪手因座机被击落而坠入了海中，在接下来的10天内，有27人被执行海上巡逻任务的"卡塔琳娜"水上飞机从救生筏上救了下来。此外，还有一些坠海飞行员成功地吸引了过往船只的注意，甚至直接漂流到了中途岛上。

在日军和美军的战舰上，都有一连串舰员伤亡，其中有些伤亡简直骇人听闻。航空燃料是航空母舰舰载机的命脉，它在燃烧的时候会造成严重烧伤，在双方5艘航空母舰被炸弹和鱼雷击中的时候，由航空燃料灼烧所造成的伤亡都是不可避免的。最常见的烧伤多发生在舰员的脸和手上，但全身被溅满燃油的人通常会遭受更加严重的烧伤。在上述几艘航空母舰的机舱里也发生了严重的火灾，尤其是"约克城"号和"飞龙"号，这种火灾对"煤黑子"（即司炉工）的杀伤自从蒸汽战舰时代以来就已经是海军官兵的一个挥之不去的噩梦了。

然而，就人员损失而言，中途岛大海战对于败方和胜方都堪称是一场"廉价"的战役。日军只有不到3000人阵亡，而美军的损失更是只有不到1000人——死亡总人数显著低于特拉法尔加和日德兰海战。尽管战机从空中所发动的精确打击可以像舰船的巨炮一样致命,但它也令机组人员免于直面纷飞的重磅炮弹(在双方战舰排成战列线,以侧舷对侧舷的战斗中,这种情形极为常见)所造成的可怕打击。但是,这并不意味着整个太平洋战争是一场"低伤亡"的战争。随着战斗强度的不断增大,以及日本人在绝望中对步步紧逼的美国人所发动的顽强抵抗,人员损失将以惊人的数量攀升。在损失了训练有素的航空母舰战斗群之后,日本人被迫采取了"神风特攻"的自杀性攻击战术,在这种疯狂的战术下,美军损失了几十艘雷达戒哨驱逐舰和一些更大的船只。而美军的水面舰艇、潜艇和飞机所发动的立体打击将会使日本的船只大量沉没——仅在 1944 年 10 月,日军就有 1 艘舰队航母、3 艘战列舰、6 艘重型巡洋舰、4 艘轻型巡洋舰、11 艘驱逐舰和 5 艘潜艇被美军击沉。[①] 从这个角度来看,美军在中途岛的确取得了一个"不可思议的胜利"——这是海军历史上最伟大的一次战略逆转,在此之前或之后,历史以无可辩驳的论据证明了航海先驱们将航空母舰及舰载机当做未来海上战争的决定性武器的信念是多么地正确。

---

① 译注:其中大部分都是在莱特湾海战中被击沉的;另外值得一提的是,在莱特湾海战中,日军还损失了3艘轻型航母。

第四章

★

# 大西洋海战

## 潜艇的出现

在奥维尔·莱特和威尔伯·莱特制作了世界上第一架实用飞机，并在北卡罗莱纳州的基蒂霍克（Kittyhawk）进行试飞的六年前，一位名叫约翰·菲利普·霍兰（John Philip Holland）的美国同道人士改进了另外一种机器。与飞机相同，这种机器在历史上也酝酿了很长一段时间才破茧而出，而且，它对海战的影响同样具有革命性，甚至更为直接——这种机器就是潜艇。

潜艇的概念和远洋战舰一样古老。早在 15 世纪，天才莱昂纳多·达·芬奇（Leonardo da Vinci）就曾利用设计潜艇来展现自己的思维能力。到了 16 世纪，一位伦敦人——威廉·伯恩（William Bourne）试验[①]了一艘水密船，它可以利用船桨隐藏在海面之下，并在水下航行。美国发明家戴维特·布什内尔（David Bushnell）制造了一艘划桨驱动的潜水器，以帮助美国在独立战争中与英国皇家海军作战。他的同胞罗伯特·富尔顿（Robert Fulton）于 1801 年向拿破仑提供了一艘类似的潜水器。这两艘潜水器都配备了进攻性武器，时人将其命名为"Torpedo fish（鱼雷）"（以一种鱼类——Torpedo fish，即"电鳐"来命名），这种所谓"鱼雷"的使用方式是：通过一个手动的曲柄螺钻，将一个能用定时引信引爆的炸药包，系放于敌舰底部。1776 年 9 月 6 日，布什内尔的潜水器几乎成功地用这种装置击沉了英军的"鹰"号（HMS Eagle）战舰。[②]

潜艇和鱼雷对弱国海军的强大吸引力毋庸多言。这是一种真正的秘密武器，具有潜在的致命性和物理上的隐蔽性，只要潜艇和它的鱼雷能够正常工作，就可以凭借微不足道的代价而使一支强大的水面舰队陷入瘫痪。不过，早期潜水器在以下两个方面存在严重缺陷：首先，船桨（在垂直平面上工作）虽然提供了一种令潜水器潜入水中的方法，但这种方法极不稳定。其次，以潜水器和目标舰艇互相接触来安放早期鱼雷（非常不稳定）的攻击方式是

---

① 译注：原文如此，和达·芬奇的设计一样，伯恩构想的潜艇从未制造过；另外，按照现代人的还原，这种潜艇根本不具备长途航行的能力。

② 译注：原文如此，按照流行的说法，该潜水器准备在"鹰"号的舰底钻孔，然后固定炸药包并将其引爆，但由于"鹰"号的舰底包裹了一层铜皮，这一尝试没有成功；在撤退期间，该潜水器又抛弃和引爆了炸药，以便摆脱追兵。但这一故事的真实性完全无法考证，因为皇家海军并没有相关的遇袭记录。

异常困难且危险的。尽管如此，美国人仍然坚持将潜水器当作一种杀手锏使用——在 1812 年的英美战争中，他们曾试图用潜水器来对付英国海军。在南北战争中，南军曾利用潜艇击沉了一艘敌舰——北军的"豪萨托尼克"号（USS Housatonic）蒸汽炮舰。

作为一种进攻性武器，当时的潜艇仍然缺乏某些必备的要素，直到 19 世纪 60 年代，一位名叫罗伯特·怀特黑德（Robert Whitehead）的英国人在奥地利政府的雇佣下，发明了一种机器，这种机器为未来真正的潜艇（具有可潜入水中并自主航行的特性）设计奠定了基础。这种机器被命名为"秘密"（其实即"白头"鱼雷），实际上是一种无人水下炮弹，其外形类似一条"金属鱼"，由压缩空气推动的反向旋转的螺旋桨进行驱动，还安装了一个深度保持装置和一个引信，其中，引信安装在"金属鱼"的头部，负责引爆其中的炸药。这种武器初次登场亮相令人失望透顶，1877 年 5 月，英国皇家海军在对付一艘秘鲁铁甲舰时，对其使用了"秘密"，但完全无效。直到 1878 年 1 月，在巴统（Batum）港，一艘俄罗斯军舰利用"秘密"摧毁了一艘土耳其战舰，才第一次取得了击沉目标的战绩。

然而，除非能设计出一种能复制怀特黑德设计，并规模大到足以让船员在内部操作的潜水器，否则"秘密"仍将只是一种水面作战武器。虽然一直处在极度保密的状态下，但怀特黑德设计的武器却直接导致了两种新型战舰的诞生，首先是鱼雷艇，其次是鱼雷艇的克星——鱼雷艇驱逐舰（后来被简称为"驱逐舰"），它们的出现极大地改变了 19 世纪最后 20 年内主力舰的设计和战术。为了对付鱼雷艇，主力舰在重甲巨炮的基础上，又增加了一组轻型速射炮——以求在鱼雷艇的射程（最初只有不到 2000 码）之外摧毁它们。有了速射炮还不放心，各国海军还在自己主力舰排成的战列线上增加了一些护卫——包括轻巡洋舰和鱼雷艇驱逐舰（后者在装备了鱼雷发射管后，同时扮演了防御和进攻的双重角色）——以作为远距离拦截鱼雷舰艇的一种手段。此外，悬挂在侧舷吊杆上的防雷网一度也被纳入了战列舰的防御体系。但这些设备很快就被证明是笨重且无效的，因此早在第一次世界大战爆发之前，它们就被废弃了。

不过，到了一战前夕的时候，尽管水面鱼雷舰艇的威胁依然很大，但已经被它水下的对手——"霍兰潜艇"所超越。此时，潜艇已经不仅仅是一项引人注目的新科技，而是已成为世界上每一支先进舰队的重要组成部分。到 1914 年，真正的潜艇已经能够随意控制其下潜深度，可以在水下进行远距离航行，还能发射鱼雷精准命中目标了——这些特性使潜艇成为了任何一个海军指挥官在作战中都不得不考虑的重要因素。它们不再仅仅是弱国海军对付强国海军的灵丹妙药。所有力争上游的海军部队都将它们列入了装备清单，并为它们制定相关战术，他们甚至还认为：为克制敌方潜艇，最好自己也装备潜艇。支持这种观点的证据很快就出现了：在第一次世界大战期间，潜艇发动的鱼雷攻击一共击沉了多达 8 艘主力舰[1]，被潜艇击伤的水面舰艇就更多了。1914 年 9 月，英军装甲巡洋舰"克雷西"（Cressy）号、"霍格"（Hogue）号和"阿布基尔"（Aboukir）号在北海被一艘单枪匹马的德军潜艇 U–9 号击沉。1915 年 1 月 1 日，英军战列舰"可畏"（Formidable）号在波特兰角被德军潜艇 U–24 号击沉。1915 年 5 月 25 日，在达达尼尔海峡，英军"凯旋"（Triumph）号和"威严"（Majestic）号战列舰被德国潜艇 U–21 号发射的鱼雷击沉。1915 年 4 月 27 日夜晚，法国 12500 吨的装甲巡洋舰"莱昂·甘必大"（Léon Gambetta）"号在地中海被奥匈帝国潜艇 U–5 号击沉。也是在 1915 年，德军"阿德尔贝特亲王"（Prinz Adelbert）装甲巡洋舰在波罗的海被英军潜艇击沉。

潜艇是一项非凡的技术的产物，但它最初只是一个政治狂热分子为了羞辱大英帝国而构想出来的武器。约翰·菲利普·霍兰是一位英国公民，但他是一位爱尔兰民族主义者，后来加入了美国国籍。19 世纪 70 年代，他致力于研制一种实用的潜艇，以作为爱尔兰的芬尼亚兄弟会（Fenian Brotherhood，是一个爱尔兰民族主义者团体，致力于推翻英国人对爱尔兰的统治）对英国军舰发动恐怖袭击的武器。芬尼亚兄弟会提供的资金支持了霍兰早期的实验。后来，当他的设计潜力日益凸显时，美国政府便提供资金来帮助他完成这项工程。美国

---

① 译注：原文如此，事实上，一战中被潜艇鱼雷击沉的主力舰要远多于8艘，1917年1月沉没英军战列舰"康华利"号以及同年10月沉没的英军装甲巡洋舰"德雷克"号就是其中代表。

政府对潜艇的兴趣来自这样一种认识，即：潜艇部队将提供一种廉价而有效的手段来保卫其港口，抵御外国海军的攻击——在 19 世纪 80 年代，美国人普遍怀有这种恐惧。霍兰狡猾地利用这一点，他写了一篇题为《纽约会被炮击吗？》的文章。这篇文章的出版促使美国海军部为提交一份实用的潜艇设计而向社会征集方案，并承诺为此提供资金。霍兰赢得了方案竞标，经过几次失败后，他向美国海军部交付了符合要求的"霍兰 –6"号潜艇。直到第二次世界大战结束之前的所有作战潜艇，其设计特征都在"霍兰 –6"号身上出现了。上浮到水面的时候，它由一个燃油发动机推动，同时，燃油发动机还可以给电动机的电池充电（电动机运行不需要消耗珍贵的氧气，因而很适合在水下使用），沉入水中时，潜艇就可以完全由电动机驱动了。另外，"霍兰 –6"号可以利用将"压载水舱"充满海水来潜入水中，再用压缩空气将海水排出舱外来上浮到水面。压缩空气瓶是由一台与机舱电源相连的压缩机来灌满的。下潜深度的变化是通过操作潜艇外部的"水中翼"来实现的，当潜艇在水面以下运动时，水中翼还可以充当水平舵。如若潜艇要改变行进方向，无论是在水面上还是水面下，都需要通过操纵方向舵来实现，这一点与普通船只一样。"霍兰 –6"号的武器装备主要是一具鱼雷发射管，其内部装有一枚 18 英寸鱼雷，可以利用压缩空气发射。通过一具可以伸缩的潜望镜，艇长可以确定攻击目标，当潜艇沉入水中时，艇长还可以用这个潜望镜来"控制"（指挥）潜艇。"霍兰 –6"号的水面航速为 8 节，水下航速为 5 节——这个速度虽然不足以令潜艇赶到目标前方并对其发动迎头攻击，但却可以允许它秘密接近目标，并以一定夹角发射鱼雷了。上述性能使"霍兰 –6"号具备了美国海军部的竞标条款中所要求的防御能力。"霍兰 –6"号的最大下潜深度为 30.48 米，超过这个深度，潜艇的结构将承受不住巨大的水压，但这种情况极少发生。

"霍兰潜艇"显然是一种革命性的武器，很快，每个自诩先进的海军部队就都想要一艘了。由于"霍兰潜艇"是一个私人公司的产品，在那个时代，商业自主权才是最重要的原则，于是，它被迅速投放到国际市场上。英国皇家海军在 1900 年购买了霍兰的设计，日本和瑞典海军在 1905 年购买，荷兰海军在 1906 年购买，俄罗斯海军在 1907 年购买。法国和德国海军起初固执地坚持自己的实验模型，但在后来也接受了霍兰的设计。直到 1914 年，已经有整整 16 个国家将"霍兰潜艇"投入了现役（其最终总数将达到 400 艘），当时这些潜艇均装备了性能得到大幅提高的"白头鱼雷"。

然而，实战证明，早期潜艇并不是一种有效的海战武器。尽管潜艇有很强的隐蔽性，但直到 1910 年，它们的水下航速也只有 8 节，自持力也只有 12 个小时，这些都太有限了，它们既不能陪同水面舰队一道行动，对敌人发动一次成功袭击的希望也很渺茫。英国的 E 级潜艇，以及同时期德国从编号 U-9 到 U-15 的潜艇，其排水量已经增加到 600 吨左右，安全下潜深度也已经达到 60.96 米（潜到 106.68 米的深度，才会令艇壳破裂）。凭借柴油发动机（比早期的汽油发动机安全得多），这些潜艇的水面速度可以达到 15 节，其作战半径可达 5000 英里。不过，除非占领合适的阵位，否则它们既无法在水下"捕获"敌军，也无法在水面追赶目标。

因此，早期潜艇只能在靠近海军港口的区域和少部分被海军战略家定义为"远洋"的海域作战，这些海域的特点都是地理封闭、航线密集，在这些地方，敌军舰队出现的概率可以事先预测，因而适于潜艇设伏，例如波罗的海、黑海、英吉利海峡、北海以及地中海的部分区域。所有早期潜艇大放异彩的地方都逃不出上述区域，例如 U-9 号潜艇击沉"克雷西"号、"霍格"号和"阿布基尔"号的地点就是在北海。尽管如此，潜艇仍然对各国海军舰队的部署和作战发挥了巨大影响。英国和德国海军在北海采取行动的时候都部署了潜艇，主要是让它们在"巡逻线上"（也就是敌军舰队的必经之地）来回航行。在日德兰海战中，对遭到水下攻击的恐惧成为了杰利科指挥英军舰队的一项重要影响因素。从日德兰战场返航的途中，两艘受到重创的英军战列舰——"马尔伯罗"号和"厌战"号，成为了潜艇易于对付的目标，事实上，它们的确被 U-5 和 U-63 号潜艇伏击，但幸运的是，鱼雷都没有击中。U-66 号潜艇蹲守在英国本土的罗赛斯港附近，以对贝蒂率领的战列巡洋舰分队进行拦截，这艘潜艇确实发现了从港口驶出的贝蒂舰队，但因为无法靠近而错过了攻击时机。当时，潜艇与水面舰艇之间速度的差距太大了，这直接导致舍尔"陷阱"计划的失败。

在第一次世界大战中，由于面对的都是像德国和土耳其这样被限制在狭窄水域的海军，因此英军潜艇采取了积极而正统的战术。德军 U 艇部队所面临的情况截然不同，按照正统战术，它们本应在本国港口与英国海军基地之间来回巡逻，然而，由于英国人精心布置了雷区和防御屏障，它们不得不从别处寻找目标。最后，德军 U 艇找到了自己的最佳猎物——英国商船，由于英国是一个岛国，因此其战争物资完全依赖商船提供。从 1915 年 1 月到 9 月，德军 U 艇对英伦三岛附近海域的商船发动了一场实际上"不受任何限制"的打击，以回击英国对德国海上贸易的严密封锁。然而，德军只击沉了少量英国商船，自己却损失了大量 U 艇——平均每击沉 20 艘商船就要损失 1 艘 U 艇，而且，德军的这场行动已经在国际上引发了强烈反对，当年 5 月份，载有大量美国人的"卢西塔尼亚"（Lusitania）号客轮被德军潜艇击沉，不但令国际舆论哗然，还最终迫使德国海军部暂时放弃了"无限制潜艇战"。

直到 1917 年 2 月 1 日，德国海军部才决定重开无限制潜艇战，因为当时德军在陆地上的形势已经陷入僵局，以至于德国最高统帅部认为只有在海上采取紧急措施才能扭转不利状况。在 1916 年期间，德国海军潜艇部队遵守了关于海上商业掠夺的国际法——即拦截商船前必须要提前示警，并将落难船员救到自己的潜艇上——其每个月击沉商船的吨位也高达 30 万吨。但是，这些损失并没有减少英国本土必需品的输入量，更没有令其低于支持战争所需的最低水平，同时，沉没的商船也很快就被新下水的船只所替代了。根据计算，要想通过无限制潜艇战严重削弱英法两国，U 艇部队需要每个月击沉 60 万吨的商船。此时，可供德军使用的 U 型潜艇已超过 100 艘，因此，据计算，每个月完成这个数额的击沉吨位还在德军水下舰队的能力范围之内。于是，德国人决定对国际舆论置之不理，重开无限制潜艇战，并想以此迅速击败协约国。

无限制潜艇战的效果是非常明显的。在 1915 年年初的海上战役中，德军 U 艇只击沉了 50 艘商船。1917 年 2 月，U 艇击沉了 150 艘商船，3 月 330 艘，4 月 430 艘，其中大多数战果都是在没有事先警告的情况下从水下发射鱼雷所取得的。另外，事实证明，在重开无限制潜艇战后，"交换比"在很大程度上也开始变得对德军有利了。上述三个月 U 艇的损失数量分别是 4 艘、5 艘和 3 艘，所有这些战果都是协约国护航力量偶然取得的，而不是协调一致和卓有成效的反潜行动的结果。当时的反潜舰艇只能使用原始的水下听音器，并在飞机和飞艇偶尔的帮助下进行作战，最关键的是，它们根本无法发现潜入水下的敌人。

到了 1917 年 7 月，随着击沉吨位达到预计的 60 万吨，德国海军总参谋长亨宁·冯·霍尔岑多夫（Henning von Holtzendorff）上将认为，他于 1 月份的预测即将实现。他当时写道："根据我们的计算，由于我军发动无限制潜艇战而将导致 60 万吨敌军商船沉没，再加上至少五分之二的中立国船只即将因为受到严重威胁而停止前往英国，我们估计，在五个月内，来往英国的商船数量将减少 39%。那样，英国就无法继续战争了。"然而，奇怪的是，英国似乎能挺得住。进口物资的数量仅仅减少了 8%，尽管这意味着国内要勒紧裤腰带，但英国部署在法国、中东和非洲的军队却丝毫未受影响。英国的盟友——法国、俄罗斯和意大利也没有像预想中那样被严重削弱，这些国家都间接依赖于英国的进口物资。产生这种悖论的主要原因是：在当时，中立国并没有因为德军潜艇的"恐吓"而退缩，他们照常与英国进行海上贸易，这有部分原因是出于经济上的需要，另外的原因是英国坚持不懈的外交努力，中立国在经历了早期的恐慌之后，又恢复了他们与英国的海上交通。为了加强威慑，德军潜艇被迫把大量时间花在攻击中立国船只上，这令英国商船队（当时世界上规模最大）没有像霍尔岑多夫计划的那样遭受重点打击。

拖延了很久之后，英国才对德国的"无限制潜艇战"进行了反击。从 1917 年 5 月开始，经过激烈的争论之后（当时，英国国内有很多人对护航船队的功效表示怀疑），英国才对商船护航系统进行了实战试验。其实，护航船队的历史和有组织的海战本身一样古老——罗马人曾用它来对付地中海海盗；在美洲帝国的全盛时期，它是西班牙人运送宝藏的好帮手；在拿破仑战争时期，它是英国人打破封锁的制胜法宝。1917 年，英国海军部的一些自作聪明的人认为，护航队将增大商船的目标，从而更容易被 U 艇发现并遭到攻击，因此比单独航行的商船更加危险。但是，这种观点没有认识到潜艇行动的局限性究竟在哪里。实际上，它们的主要困难并不在于找到目标后如何发动攻击，而恰恰是如何找到目标本身——一旦突破了这一瓶颈，潜艇就将占据有利地位。许多单独航行的商船在以上两个方面都做得很好，它们增加了自己生存的概率，并成功地躲过了 U 艇的攻击，但在错失目标后，U 艇也可以吸取教训，它将找到正确的伏击位置，并提高下次行动成功的概率。相比之下，护航船队旨在通过缩减单独航行船舶的数量来减少潜艇攻击的机会，在一个护航船队中，尽管船只之间的距离可能会很大，但它们实际上是一个整体。即使一艘德国潜艇发现了护航船队，但它当时没有处于正确的攻击位置，那么它就会错过这支船队中所有的船只，然后它必须再等上很长一段时间才会发现另一支船队。而且，即使 U 艇当时处于有利的位置，它也不可能在有限的时间内击沉比面对一系列单独的目标时更多的船只。这些都是简单的数字游戏。尽管有些英国海军将领反对上述结论，但统计数据将会证明他们是错误的——护航船队终将让德军 U 艇的"无限制潜艇战"走向失败。

虽然当时的护航舰只效率很低，但这种反制 U 艇的方法很快取得了效果。随着与商船为伴的军舰数量持续增加，护航队的力量自然而然地得到了加强。护航船队内的反潜舰艇通过各种方式找到德军 U 艇的概率也随之上升了。此外，护航船队还能将 U 艇吸引到护卫舰艇附近，而不是强迫后者不断进行几乎是毫无结果的海上搜索。而一旦潜艇决定攻击护航船队，那么它们必然要进入护卫舰艇的攻击范围内，一旦有潜艇冒险发射鱼雷，那么它很快就会遭到反击。潜艇发射的鱼雷很可能会击中目标，但是，通过记录被攻击船只的位置以及它在被鱼雷攻击之前的行动轨迹，就可以迅速计算出鱼雷是从哪里发射的。利用水下听音器（一种能"听到"潜艇引擎声的水下监听装置），并简单地根据经验法则，护卫舰艇就可以沿着自己估算的鱼雷航线进行反追踪——敌军鱼雷的速度和射程都不是秘密——并向潜艇可能埋伏的海域投放深水炸弹。深水炸弹发明于 1915 年，其工作原理是利用海水传导液压压力波去摧毁水下的潜艇，这些压力波是由深水炸弹内填充的炸药爆炸所产生的。如果引爆距离足够近，它们会炸裂潜艇的船体，届时，海水就会在巨大的压强下不断涌入。对潜艇中的艇员来说，遭到深水炸弹攻击可不是什么令人愉快的事情——即便炸弹没有立即破坏潜艇，成功躲过第一次深水炸弹攻击后，为避免再陷入险境，大多数艇长都会远远逃窜。因此，深水炸弹攻击往往会使 U 艇远离护航船队，从而减少商船的损失，并增加它们最终逃生的机会。

在第一次世界大战的最后几个月里，护航船队和 U 艇之间的战斗消耗了英国皇家海军和德意志帝国海军的几乎全部精力。双方打得是难解难分，没有哪一方能够一直占据上风。到了1917年底，英国进口物资减少了20%，特别令人担忧的是，石油、燃料的供应也在大幅减少。与此同时，英国人开始大量布设改良版的水雷，这些水雷有效地封闭了多佛海峡的海底通道，从此，U艇要进入大西洋寻找数量众多的猎物，就只能被迫绕过苏格兰北部，才能进入所谓"远洋"区域了。到1917年底，德军U艇部队的"交换比"已经大幅下降，平均1艘U艇只能换取16艘商船。1917年7月和12月之间，共有46艘U艇被消灭，而同时期德国只建造了42艘，这样的损耗率使德国海军总参谋部没有机会将其水下舰队扩充到足以赢得战争的规模。

在战争的最后九个月中，德军一共在海上部署了120艘U艇，平均每艘U艇每个月能击沉4艘英国商船，大多数U艇的牺牲品都是单独航行的商船。在总共1133艘被U艇击沉的英国商船当中，只有134艘是位于护航船队当中的。同一时期有61艘德军U艇被击沉，只比造船厂交付给德国海军的新潜艇少了14艘。德国海军计划在1919年将新潜艇的月产量增加到22艘，在1920年增加到每月32艘。但是，德国陆军的总参谋长鲁登道夫将军（Ludendorff，实际上兼任帝国政府首脑），已经断定霍尔岑多夫津津乐道的潜艇作战是难以帮助德国赢得最后胜利的。到1918年4月，也就是在"无限制潜艇战"达到最高潮时，鲁登道夫在陆地上对英国和法国发动了一次"终极攻势"，想要借此一举赢得战争。当时，对德国人有利的一点是：由于沙俄军队已经崩溃，有大量德军部队从俄罗斯转往了西线。然而，直到1918年7月，德军的连续5次总攻都失败了，陆上攻势实际上已经进入了强弩之末。而在当年5月，德军U艇部队的损失也已经超过了新建的数量。5月中旬，在爱尔兰外海总共有8艘U艇巡逻，有36个英国护航船队越过了它们的巡逻线，其中只有5个船队遭到拦截，只有3艘队内的商船在航行时被击沉——这标志着德军潜艇战的最终失败。

11月，两大阵营签署了停战协定，德军U艇为赢得战争而进行的残酷的商船绞杀战终于告一段落。在373艘出海作战的U艇中，有178艘沉没了，尽管防御者的应对措施很原始，但德军U艇部队的总共13000名船员中仍有

5000 人遇难。不过，德军每损失 1 艘 U 艇，就能击沉 32 艘商船——整个战争中，它们一共击沉了 5708 艘商船，占全世界商船总吨位的四分之一。其中有一半是英国商船，相当于战争刚刚爆发时英国商船总数的三分之一。然而，尽管在 U 艇的屠杀下，协约国商船大量沉没，但新建造的商船基本上弥补了损失，到了 1918 年，世界商船的总规模实际上比 1914 年要大得多。德军的潜艇战虽然最终失败了，但它也引起了不列颠民众的极度焦虑以及巨大的人员和财产损失。

与德军 U 艇所发动的大规模战役相比，其他国家的潜艇部队（其中表现最突出的是英国）的行动是一件无足轻重的事情。英国海军总共损失了 54 艘潜艇，其中大部分是由于触雷而沉没的，它们一共在北海重创了 4 艘德军主力舰和 1 艘轻巡洋舰，此外，还击沉了 1 艘轻巡洋舰和 4 艘驱逐舰。英军潜艇在波罗的海和马尔马拉海（土耳其内海）取得了更大的成功，但它们的大部分损失也发生在那里。毕竟，相比于商船，军舰是更难对付的目标。由于德军潜艇切断协约国海上运输线的努力最后以失败告终，1918 年 11 月，一些人对于潜艇这种战争武器的评价是：它的价值还有待证明。不过，与德军潜艇苦斗经年，好不容易才取得胜利的人绝不会下这样的判断。他们被"第一次大西洋战役"所震撼，为它的代价所震惊，为与之战斗所需要付出的艰苦努力而倍感压力。在他们所接触到的所有德军武器中，最令他们感到害怕的就是潜艇，这也是 1919 年强加给德国的《凡尔赛条约》的核心条款之一，即未来的德国不能再次拥有潜艇，甚至是用于水下打捞和勘探的商业潜水器都是如此。条约中同样规定了德国不能拥有军用飞机，但对民用飞机未设限制。战后，英国、美国、日本、法国和意大利都保留了相当规模的潜艇舰队。在 1921 年的华盛顿海军会议上，英国人的一项重大失败就是未能对上述国家潜艇舰队的规模和艇型做出任何限制。不过，所有参加过第一次世界大战西线战役的国家在某一点上还是达成了共识，那就是德国再也不能拥有 U 艇了。

## 邓尼茨和德军潜艇部队

针对德国建造潜艇的禁令没有维持多久。德国没有参加华盛顿海军会议，因此也不受那里颁布的关于不允许在"大规模海上破交作战"中使用潜艇的禁令的约束。20世纪20年代，德国海军在荷兰设立了一个设计室，专门对未来的潜艇制造计划进行研究，此外，德国人还分别在西班牙和芬兰独立建造了2艘试验性质的潜艇。希特勒上台后在军事方面的第一个大动作就是订购了24艘"芬兰型"潜艇和2艘"西班牙型"潜艇。1935年，在希特勒废除《凡尔赛条约》后，他与英国签署了一项海军协议，其中包括"允许德国建造最多相当于英国皇家海军潜艇部队45%吨位"的条款。该条款与1936年签署的一份《伦敦潜艇协议》互相印证，根据该协议，英德双方的潜艇必须按照国际法的规定才可以击沉商船——也就是说，如果商船在没有护航的情况下航行，潜艇就要事先发出警告才可以发动攻击。只有在商船有被军舰护送或保护的情况下，潜艇才能毫无预警地发动攻击。但是，就本质而言，一旦开战，《伦敦潜艇协议》的规定是不可能得到执行的。

1935年，希特勒任命卡尔·邓尼茨（Karl Donitz）海军上校（后于1943年晋升为元帅）为德国新潜艇部队的指挥官，他是一位参加过一战"无限制潜艇战"的老兵，现在他已经研发并测试了一种新型的潜艇战术体系，并坚信这将为德国赢得一场新的反航运战争。

在提尔皮茨的第二帝国海军中，卡尔·邓尼茨可谓是一位典型的军官。他的出身并不显赫——他的父亲是著名的蔡司光学公司（Zeiss）的工程师——他进入海军军校不是因为家庭背景（这在当时的德国军队中非常重要），而是凭借出色的个人素质和智力。他是一名成功的军校学员，毫不费力就入选了"布雷斯劳"（Breslau）号（也是邓尼茨漫长海军生涯的第一艘船）的"军官团"，并于1913年至1914年乘坐这艘巡洋舰在地中海巡航。第一次世界大战爆发时，他被调到战列巡洋舰"戈本"（Goeben）号上。不过，"戈本"号是一艘"援助舰"，它被移交给了奥斯曼土耳其海军，以说服该国站在德国一边参战。此后，邓尼茨跟随"戈本"在黑海与沙俄海军作战，1916年5月时，他被授予一级铁十字勋章，以表彰他在与沙俄无畏舰"玛丽亚皇后"（Imperatriza Maria）号战斗中的杰出表现。不久之后，邓尼茨得到命令离开了土耳其海军，并前往基尔（Kiel）去接受潜艇军官的训练。德国海军内部秘密评价报告中的邓尼茨是一个有潜力的领导者："他是一个有魅力、有冲劲、有勇气的军官，有着第一流的性格、品质和过人的天赋。"

当战争的浪潮开始对公海舰队不利的时候，他的选择是投身潜艇部队，这是自然而然的，因为德国海军总参谋部也正准备依靠潜艇部队来重新夺得海战的主动权。

完成训练后，邓尼茨的第一个岗位在 U-39 号潜艇上——这艘潜艇由沃尔特·福斯特曼（Walter Forstmann）指挥，他已经是德国海军中最著名的艇长之一了，拥有德国最高的军事勋章——"功勋勋章"。U-39 在亚得里亚海口与意大利船只对峙，还在北非海岸附近活动，在邓尼茨经历的第一次战斗巡逻中，它一共击沉了 8 艘船只。其中 1 艘是载有 1000 名意大利士兵的运兵船，所有士兵都在极度的惊恐中被活活淹死。这是福斯特曼击沉的第二艘运兵船。关于这次出击经历，邓尼茨后来这样写道："但说实话，我并不十分满意。我一次又一次地告诉自己，当那艘轮船沉没时，其搭载的 900 名士兵中只有 150 人被淹死了……在战争时期，无论对多愁善感的人来说有多么困难，战士们都必须主动把所有的同情、所有的怜悯和所有其他的感情放在一边……战争的目的，就是消灭敌人的武装力量，无论是在陆地战场上，还是在海上作战中。"

因此，从职业生涯的最开始，邓尼茨就直面了潜艇突袭行动中最残酷的一面。在福斯特曼的下一次巡航中，共有 14 艘船只被击沉，德国海军总参谋部由此认为他"位于所有艇长之冠"。当邓尼茨第三次跟随 U-39 出击时，福斯特曼艇长就没那么幸运了：U-39 先是与目标相撞并遭受了重创，接着又因为空袭而被迫下潜。然而，U-39 在第四次巡航中再次取得了成功，也正是因为这些功勋，邓尼茨取得了独立指挥一艘潜艇的权力。随后，他成为了 UC-25 号潜艇的艇长，这种潜艇既能对目标发动鱼雷攻击，也可以进行布雷。

尽管有福斯特曼的亲自指导，实战表现还是证明，邓尼茨缺乏成为一名王牌艇长的天赋。他击沉了一艘大轮船，并因此被授予骑士级霍亨索伦王室勋章，不过，紧接着，UC-25 就在西西里岛附近遭到了敌军护航舰艇的攻击，它在深水炸弹的袭击中勉强幸存了下来。逃回港口时，邓尼茨的情绪十分低落。好在他很快就得到了一艘编号为 UB-68 的新潜艇。然而，邓尼茨的下一次战斗巡航仍然很不顺利。在袭击一个护航船队的时候，UB-68 的下潜装置失灵，它只能被迫浮出水面，并遭到敌军的炮火袭击，最后，德军船员们不得不弃艇逃生。邓尼茨被敌军抓获，成为了战俘，陷入了一种沮丧的自责情绪当中。"他非常喜怒无常，有时甚至有点暴力倾向。"负责审讯邓尼茨的英国军官报告说，"甚至，他似乎对自己同胞的态度都不太友好，就像他以前说过的那样，他已经对大海和船只不感兴趣了。"

战争结束后，邓尼茨刚一回到德国，他的这种负面情绪就荡然无存了。前任指挥官向他保证，凡尔赛对德国潜艇的禁令"不会永远持续下去"，于是他决定继续履行自己的职责，为和约所允许的、硕果仅存的魏玛德国海军效力。他后来认为，自己"被 U 艇部队成员之间那种独特的战斗友谊所深深吸引"，于是准备等待机会，东山再起。

与此同时，邓尼茨获得了一个对他来说最好的职位，那就是波罗的海舰队中的一艘雷击舰的指挥官。雷击舰当然是一种水面舰艇，但既然鱼雷是它们的主要武器，那就可以利用它们来模拟潜艇的攻击战术了，当时，德国海军的有识之士已经开始认识到，潜艇利用暗夜的掩护，在水面发动鱼雷攻击，这种战术可能比缓慢且视线不良的水下鱼雷攻击更有效率。"在未来，"邓尼茨的一位同僚在 1922 年的时候写道，"大量的 U 潜艇联合行动将会对护航船队产生重大影响。"那时，邓尼茨的舰队已经开始对如下战术进行演练："潜艇在暗夜的掩护下出其不意地发射鱼雷，然后再迅速逃跑。为此，他们必须要在白天找到敌人，在视野良好的地方紧紧跟随敌人，还不能让敌人发现自己，一直保持这种追踪直到黄昏降临。这种搜寻目标、保持接触，并一直等到夜间才发动攻击的策略，也是'狼群'战术的主要特点。后来，这种战术与邓尼茨的名字深深地联系在了一起。"从 1922 年到 1926 年之间，上述战术一直是邓尼茨所在舰队的重点演练项目，即便在冬季无法出海的时候，参谋们也会对其进行纸面推演。1927 年，邓尼茨得到了提拔，半支舰队都划归他指挥。在 1929 年的秋季军事演习中，他通过夜间鱼雷攻击"摧毁"了整支敌军护航船队，从而取得了演习的胜利。

在 1930 年到 1934 年期间，邓尼茨又得到了晋升，填补了一个高级职位的空缺，之后，他受命指挥魏玛海军为数不多的几艘大型水面舰艇之一——"埃姆登"（Emden）号巡洋舰，并开启了环球航行。1935 年 7 月，在邓尼茨回国后不久，他被任命为德国海军第一支新 U 艇艇队的指挥官，得到这个任命的时候，实际上 U 艇部队还在筹建当中。前文提到过，希特勒废除了凡尔赛条约并取得了英国对于其重建潜艇部队的勉强同意，当时，英国政治家对德国的绥靖政策达到了顶峰，他们压制了海军将领们（总是谨小慎微）的不同意见。起初，邓尼茨麾下只有 3 艘近海潜艇。但是到了第二年，当他被正式提升为潜艇舰队司令时，他的手下已经有了 6 艘潜艇，并被分成了 2 支艇队，在不远的将来，他还会得到大量远洋潜艇。事实上，德国海军部的大多数前潜艇军官都提倡建造大型远程巡航潜艇，这类潜艇的设计目的是在遥远水域执行破交作战任务，但邓尼茨本人对此表示反对。根据自己的战术思想，邓尼茨主张建立一支由中型潜艇所组成的庞大舰队，这些潜艇可以成群结队地对付敌人的护航船队。这套战术正是邓尼茨在过去 10 年中作为波罗的海水面雷击舰指挥官所反复试验过的。

潜艇在水下的航速是非常低的，正是这一点令邓尼茨得出了上述结论。为了对这一重大缺陷进行补偿，邓尼茨主张"以集中对集中"，这是一种利用多艘 U 艇来支援一艘 U 艇以防止它失去目标（敌军护航船队）的方法。1939 年年初，他写道：

大西洋航道的焦点区域处部署潜艇必须遵循以下原则：

一、一个攻击小组至少由 3 艘潜艇组成。每个小组要部署在宽 50 英里、深度 100 至 200 英里的区域内；

二、根据可用作战潜艇的数量，将进一步分组，但这些潜艇都要分散在距离敌军护航船队 200 至 300 英里处；

三、上述攻击小组均由位于本土的 U 艇总司令部统一指挥；

四、如果多个攻击小组只发现 1 艘敌人商船，那么这些潜艇均可自主发动进攻，而不需要等待上级命令；

五、通过 U 艇总司令部的协调和联络，其他攻击小组也可以向目标区域靠拢。

简而言之，德军的 U 艇将在大西洋商船的主要航线上形成一个网，在发现目标后，它们将在恰当的时机发起进攻，且同时呼叫所有未参与行动的潜艇，并通过无线电向本土的 U 艇总司令部报告自己的发现。反过来，如果攻击被证明是有利可图的，最先发现目标的潜艇将通过自己的无线电将其他的"狼群"集中起来，一起对付目标。如果纳尔逊还活着，他可能会立刻理解这个战术。纳尔逊也曾主张过"以集中对集中"，但在木制战舰时代，这是非常困难的，不过，纳尔逊还是为此组建了"巡航舰信号链"。尽管无线电提供了发送远程信号和协调进攻的新手段，但是真正对盟国商船队产生重大威胁的是 U 艇强大的攻击力以及它们的冷酷无情（也许，福斯特曼艇长对意大利运兵船的无情毁灭早已在邓尼茨的心中植下了冷酷的种子），那些没有防御能力的商船和那些防御薄弱的护卫舰艇将成为 U 艇的主要猎物。

1939 年 5 月，针对"狼群"战术的实用性，德军进行了第一次演习，当时一支象征性的德国护航船队（最重要的是，队中包括一艘油轮）作为 15 艘新型的 Ⅶ 型和 Ⅸ 型 U 艇的目标，驶过比斯开湾。不久后，处在"信号链条"的一艘 U 艇发现了这支护航船队，并很快与附近的 3 艘其他 U 艇取得了联系。它们发动的联合攻击失败了，但第二天早上它们又与第二批 U 艇取得了联系。恶劣的天气挫败了它们发动下一轮攻击的企图。当天下午，第三批也是最大的一批 U 艇截住了护航船队，终于提高了攻击的成功率。演习结束时，护航船队被 13 艘 U 艇所包围，理论上已经被全部击沉。在演习结束后的考评报告中，邓尼茨写道："这个简单的原则——即利用多艘 U 艇来对付由多艘商船和护航舰艇所组成的护航船队……是正确的。在演习的条件下，U 艇取得了成功。护航船队被完全摧毁……要点是，渐渐地，会有越来越多的 U 艇出现在护航船队附近，船队的处境会变得愈加艰难，双方的距离会越贴越近，因此，船队所能得到的掩护也会变得越来越少，这样，船队就会遭受更大的损失。" 演习结束后不久，在一封写给另一位海军将领的信中，邓尼茨根据演习的结果进一步提出了以下观点："很明显，仅仅是对英国海上交通发动攻击就能在与英国的海上战争中取得决定性的胜利。"现在，不论在智力还是在情感方面，邓尼茨都完全接受了"无限制潜艇战"的战术思想。他对以下理论深深信服（并试图说服其他人），即德国海军只要拥有一支由 300 艘 U 艇所组成的舰队，就可以依靠自己的努力击败英国，甚至完全不需要德国陆军和空军的帮忙。1939 年 8 月 28 日，当这些计算结果以正式备忘录的形式提交给柏林海军部时，理论研究的时代就快要结束了。实际上，与英国皇家海军之间爆发战争还不到一周，大西洋战役就打响了。

## 大西洋战役

邓尼茨认为，只要海上交通中断，英国很快就会输掉战争，这一点用最简单的统计数据就足以证明。与另一个岛屿帝国——日本一样，英国的军事和经济实力也仰仗着定期进口大量原材料、石油和食品的能力。英国虽然在煤炭方面可以自给自足，但却不生产石油，粮食产量也只能满足需求的一半，部分低品质金属矿石和几乎所有的高品质金属矿石都依赖进口，大量金属制成品、所有的橡胶以及机床等重要工业产品也都有相当大比例依赖进口。英国每年对进口物资的总需求量为 5500 万吨，其中 42% 是以大英帝国境内的各个港口作为起点运输的——这种贸易模式赋予了英国商船队超长的运输距离。一般来说，在二战前，英国进口物资的转运距离是法国同类货物的两倍。

英国的进口贸易主要依赖其拥有的 3000 艘远洋商船，这支庞大商船队的总载重量为 1700 万吨。尽管英国商船队的规模仍然是世界上最大的，但它的船只和吨位比 20 年前的"第一次大西洋战役"时期已经缩水了大约四分之一。这些商船所使用的船员有多达 12 万人，他们是和船只本身一样宝贵和难以替代的重要资产。但不论是船只还是船员，在 U 艇的攻击下都是十分脆弱的。根据邓尼茨的预计，如果德军有 300 艘 U 艇，在巡逻线上就可以随时保持 50 艘潜艇的兵力，按每艘潜艇每月击沉 3 艘商船来计算（第一次世界大战的经验可以证实，这一指标完全可以达到），只需一年就可以击沉英国超过一半的商船，届时，英国商船沉没的速度将是新建速度的 20 倍。

不过，这都是理想中的数据，在实战中不太可能实现，因为邓尼茨既没有考虑到潜艇的损失（这是无法避免的），也没有考虑到英国商船队中还增加了不少中立国的船只，更没有考虑到恶劣天气和战争本身所造成的猎杀记录的陡然下降。

然而，事态的发展与邓尼茨的预测还是很相符的。到1941年年初，尽管邓尼茨手下只有100艘潜艇，其中只有6艘在大西洋上随时待命，然而，在过去的8个月中，它们已经击沉了400艘英国商船，这显然大大超过了其建造新商船的速度。这对英国人的战争和他们的国内经济都产生了严重影响。所有商品的年进口量从（1939年）5500万吨下降到1941年1月的3500万吨（折合成全年进口总量）。到了3月份，更是只有不到3000万吨了（折合成全年进口总量）。英国进口的食物每年最低也要达到1500万吨，只有这样，英国国内的公民才能维持每周两盎司茶和每两周一颗鸡蛋的标准。为了节省进口食品，英国国内民众只能大量屠杀牲畜，这很快就令肉类成为了稀缺品。因此，面包、土豆和蔬菜成为了每天的主食。温斯顿·丘吉尔写道："我宁愿敌人发动一场全面入侵，那样也比现在这种由图表、曲线和统计数字才能显现出来的、无形且无法估量的危险要好。"

丘吉尔在回忆录中写道："战争期间唯一真正让我感到害怕的就是德军潜艇所带来的危险。"在他于1939年9月成为英国第一海军大臣时，这种威胁就已经显现了，而且在他担任首相的整个任期内，这种威胁都一直在不断增长。一开始，德军潜艇发动的海上战役是"有限的"，因为希特勒担心在英国和法国尚未被击败的情况下，会激起中立国家，尤其是美国的敌意。第一次世界大战的经验表明，发动"无限制潜艇战"很容易引起国际公愤。另外，德国海军也担心英国皇家海军已经具备了利用远程测距和测向装置来跟踪U艇的能力，例如加拿大科学家R. W. 博伊尔于1918年为皇家海军部的反潜部门所研制的潜艇探索器（Asdic，由反潜/盟军潜艇侦测调查委员会命名），后来这种仪器被称作"声呐"。德国海军认为，即使是"有限的"作战也会迫使英国采取护航战术，并以此作为他们发动无限制潜艇战的借口。由于护航战术限制了商船航行的次数，这将降低英国的进口能力。而且，一旦采取护航战术，潜艇就可以在无预警的情况下发动进攻，因为根据德国对国际海商法的解释，护航队中的商船可以被视作合法的攻击目标。

尽管如此，一名德军潜艇艇长（U-30号的指挥官伦普）还是公然违反了国际法，战争的第一天，他在爱尔兰附近的大西洋海域击沉了"雅典娜"（Athenia）

号客轮，他声称这是一艘运兵船，但实际上这艘船载满了平民，包括 316 名美国人。在 30 艘可以执行战斗巡航任务的 U 艇当中，有一半早在战争爆发前就已经被派到了巡逻线上，但现在却被迅速撤回。为掩盖这一事件，德国海军篡改了 U–30 的航海日志，而且，此后"禁止在毫无预警的情况下击沉敌人商船"的规定也得到了大幅强化。结果，德军潜艇的破交作战在前九个月收效甚微。由 60 艘英军驱逐舰所组成的护航舰队成功击沉了 11 艘 U 艇，再加上其他损失，双方的"交换比"定格在了 1 艘德军潜艇换取 12.5 艘英国商船上。到了当年 4 月，当剩下的 15 艘 U 艇从大西洋撤回以参加挪威战役时，邓尼茨水下舰队的规模已经略有下降了。

不过，随着法国的陷落，优势的天平戏剧性地转向了德国一边。这场反希特勒联盟的大灾难把法国的大西洋港口全都交到了邓尼茨手中，他很快就在大西洋东部边缘的比斯开湾开辟了潜艇活动的新战线。这样一来，U 艇前往巡逻线的距离就缩短了一半，而且这条通道也变得更加安全了。从此，德军 U 艇不用再冒险穿过多佛海峡的雷区（德国人在此损失了整整 3 艘 U 艇，此后基本上放弃了这条通道），也不用再绕道苏格兰北方进行长途航行，德军潜艇的艇长们可以大摇大摆地从洛里昂（Lorient）出发——后来还可以从圣纳泽尔（Saint–Nazaire）、布雷斯特（Brest）、拉帕利斯（La Pallice）和拉罗谢尔（La Rochelle）出发——直接切入英国护航船队的航线。一些英国护航船队会从美国和加拿大的港口出发，路过法国比斯开湾北部向英国港口驶去。因此，U 艇从那些被德国占领的法国港口（圣纳泽尔、布雷斯特、拉帕利斯、拉罗谢尔等）出发去拦截这些船队，比从本土的基尔港和威廉港出发要近很多。其他英国护航船队，特别是那些前往印度洋、西非和地中海的船队，则不得不经过德国在比斯开湾的 U 艇基地门口，为埃及、印度和远东的部队送去补给与增援。由于英国护航舰队的驱逐舰在挪威战役和敦刻尔克大撤退中损失惨重，上述护航船队的防御力其实非常有限（无论如何，英国都极度缺乏护航舰艇），被 U 艇击沉的商船越来越多，这对英国人来说是令人担忧的，对德国人而言则是令人欣慰的。从 1940 年 6 月至 9 月，德军潜艇共击沉 274 艘商船，自己仅损失了 2 艘。与此同时，德军新 U 艇的产量是每个月 10 艘——比邓尼茨所希望的要少一些，但足以弥补损失，并可以显著增强 U 艇舰队的实力——因此，彻底摧毁英国商船队的理论目标终于要实现了。

到 1941 年 6 月，尽管只有 13 艘 U 艇部署在海上，但它们一共击沉了 30 多万吨商船。英国人预感的危机即将来临。他们只能让从北美启程的运输船队向更北的方向进发，前往冰岛（英军已经于 1940 年 10 月占领了那里），不过，在北极圈内常常会遭遇恶劣天气。随着英国海军购买了 50 艘美军在第一次世界大战结束后使用过的驱逐舰——因外形而常被称为"四根烟囱"型驱逐舰（为了购买它们，英国向美国出让了英属西印度群岛的主权）——护航舰队的规模才得以扩大。同时，英军还将相当数量的远程飞机从针对德国本土进行战略轰炸转向了海上护航任务。

这些措施取得了一些成效。3 月，共有 5 艘 U 艇在对 2 支北美护航船队发动进攻的时候被击沉，事后看来，这是由于艇长们变得过于自信了。皇家海军还设法将护航舰队的规模扩大到约 400 艘舰艇，具体方法是整合闲置的辅助船只，并设计投产新型的、更加便宜的船只，还利用了加拿大皇家海军的资源。有了这些补充力量，英军就有可能为跨大西洋航行的商船提供全程护航了，而不是像从前那样在海洋中进行交接——采取这种方式会造成护航效率的下降。

以冰岛、加拿大和英国为基地的飞机，其搜索范围也在不断扩大——飞机是一种优秀的反潜武器，它们可以迫使在白天冒险接近护航船队的 U 艇一直潜入水下，从而剥夺了它们大部分的行动自由。然而，大西洋中部仍然有几百千米宽的"空白区域"，在此区域内，U 艇可以像 20 年前邓尼茨指挥的波罗的海雷击舰那样在水面上行驶。

邓尼茨还把他的巡逻队部署在距离基地更远的地方。经验日益丰富的艇长们正在学习如何通过节约燃料来增加 U 艇的航程，并越来越多地从海上的补给船上为自己补充燃料。德军潜艇司令部定期派遣潜艇到西非海岸，甚至远至南美，拦截来自阿根廷和巴西的，满载牛肉、羊毛和矿物的商船。1941 年下半年，德国海军 U 艇部队开始介入地中海海战（意大利潜艇部队的低效率简直令德国人绝望了），导致其在大西洋上取得的战果明显减少。到了当年 12 月，邓尼茨已经拥有了 236 艘潜艇，根据相关统计，双方交换比率大约是每损失 1 艘 U 艇，就有 13 艘商船被击沉（在南大西洋的交换比更是达到了 1 ∶ 81），而且，有确凿的证据表明，德军 U 艇击沉英国商船的速度已经超过了新建速度（相比于刚开战的时候，英国商船队的总吨位已经减少了300 万吨），但邓尼茨仍然打算完成既定目标——装备 300 艘 U 艇。

此外，在 1942 年年初，一大群新的且容易对付的目标突然进入了德国人的视野。美国在"武装中立"的基础上，又开始推行所谓的"有限战争"政策，于是，自 1941 年 9 月以来，美国海军一直在为大西洋商船队护航。不久后，日本对珍珠港的偷袭，以及希特勒在 1941 年 12 月 11 日的单方面宣战，使美国海军完全投入到了大西洋战役中。到 1942 年 1 月，德军 U 艇已经能在美国海岸线外自由行动了。邓尼茨本想派遣 12 艘潜艇前往美国海岸，但由于地中海战场的拖累，最终他只派出了 5 艘潜艇。不过，这些潜艇在美国周边海域大开杀戒，在仅仅两个月内，它们击沉商船的吨位就从 20 万吨猛增到 30 多万吨，直到 1942 年 6 月，其击沉总吨位更是超过了 60 万吨。用德军潜艇艇长的话来说，这是一段"快乐时光"（对美国人而言则是一个可怕的灾难）。其实，这是由多种因素所共同导致的，尤其是美国商船的船长们在沿海水域航行时普遍不愿接受护航。而且，美国护航船队中的护航舰艇也是少之又少。美国海岸线上的璀璨灯光提供了明亮的背景照明，特别是在佛罗里达度假胜地的外海。另外，美国沿海航运遵循的是固定航线，这些都给 U 艇的猎杀行动创造了极大的方便条件。在美国外海航行的商船中有很多是油轮，它们在海湾地区装载原油再前往加拿大沿海地区，并在众多炼油厂和油库之间往来运送石油。1942 年 1 月，大约有 29 艘油轮在美国外海沉没，而击沉它们的德军 U 艇却毫发无损。当时，美军的反潜巡逻任务（如果有的话）是由兵力薄弱的美国海岸警卫队执行的，空中反潜巡逻更是从未进行过。

对此，塞缪尔·艾略特·莫里森记录道："关于这些船只沉没的一些细节，特别是关于油轮沉没的细节，令人非常遗憾：原油的浮渣被水手们发射的信号弹点燃，于是，这些被软木救生圈砸得头晕目眩的人只能硬着头皮在一层黏稠的油料中游泳，并不断躲避着扑面而来的火焰。一艘名为'O.A.努森'（O.A.Knudsen）

的油轮在巴哈马群岛豪因沃尔（Hole-in-the-Wall）灯塔附近海域航行，结果在12小时内连续遭到三次潜艇攻击。在此期间，它利用无线电发出了大量求救信号，结果却连一艘救援船只或一架飞机都没有赶过来，因此，它最后还是被两艘U艇击沉了。一艘满载的油轮'海湾贸易'号在巴尼加特（Barnegat）附近被U艇击沉，当时它距离一艘美国海岸警卫队的快艇仅有不到300码。智利货船'托尔滕'（Tolten）号在距离纽约附近的安布罗斯海峡只有30英里的地方被U艇发射的鱼雷击沉，只有一名船员幸存……'老虎'（Tiger）号油轮在亨利角附近被击沉，当时它正在等待引航员登船。第二天晚上，在查理斯角和亨罗彭角之间，无武装的运煤船'戴维·H.阿特沃特'（David H. Atwater）号在不到600码的距离上被U艇的甲板炮击沉。它的27名船员根本没有机会弃船逃生，还遭到机关炮射击，最后只有三人幸存。"

潜艇艇员对手无寸铁的商船海员所采取的这种冷酷无情的行动完全是依据邓尼茨的指令进行的。早在1939年12月，邓尼茨就发布了第154号指令，即："不要营救任何人，也不要带走任何人。不需要关心船上是否有救生艇，也不需要关心天气状况和附近是否有陆地。只需要关心自己的潜艇，并争取尽早取得下一个战果。我们必须全力赢得这场战争。敌人发动战争的目的就是为了毁灭我们，因此，除了率先摧毁敌人之外，我们别无他法。"战争结束后，只有一名德军艇长（U–852号潜艇的艾克）被盟军法庭判定为故意射杀水中的落难船员，但是，从战争伊始，邓尼茨就对他麾下艇员采取的严酷手段持鼓励态度，无疑，这直接导致了"戴维·H.阿特沃特"号的惨剧。

到了1942年6月，得益于罗斯福总统早在1941年7月就开始建立的护航体系，美国海军的护航范围终于扩大到了整个东海岸，与此同时，灯火管制措施也显著减小了夜间照明的范围，从而将自己商船隐藏了起来。7月，3艘德军U艇在上述水域被击沉，2艘遭受重创。由此，邓尼茨结束了远征美国的海上战役。此后，德军U艇部队继续将重心放在大西洋中部——现在，它们的力量已经大大增强了。邓尼茨手中有了创纪录的331艘潜艇，其中140艘已经投入了使用，50艘长期部署在巡逻线上。终于拥有了充足的兵力，邓尼茨在自己位于法国布列塔尼（Brittany）克纳瓦尔堡（Château Kernevel）的总部进行了严密的布置：首先，海军电子侦听部（B-Dienst）提供了大量关于敌人护航船队的情报。其次，造船厂建造了一批专门从事远洋补给的新型潜艇（即"奶牛潜艇"），那些执行海上巡逻任务的艇长们从此不需要赶回港口就能取得补给了。采取了这些措施后，邓尼茨有信心将 U 艇在北美—英国航线上（目前，在这条航线上行驶的都是护航船队）的击沉吨位恢复到 1941 年中期的水平。实际上，德军 U 艇部队的战果甚至超过了这个水平。一个月前，护航舰队从北大西洋水域撤离，以保护前往北非参加"火炬行动"（又被称为"北非登陆战役"）的运兵船，因此，U 艇的击沉吨位达到了惊人的 72.9 万吨（119 艘商船）。U 艇"集群"（盟军称之为"狼群"）战术体系的成功运作奠定了这一成功的基础。期间，U 艇将以视野范围的两倍为间距（这一要求出自邓尼茨 1939 年的报告书），位于克纳瓦尔堡的指挥部将负责引导它们找到目标（护航船队），与此同时，海军电子侦听部的密码专家们将对敌人护航船队的相关情报进行补充和分析。因此，德军潜艇常常能够集中大量兵力来对付一个目标，从而击溃敌人护航船队，并取得大量战果。例如，1942 年 8 月份，编号为 SC94 的护航船队遭到了 18 艘德国潜艇的围攻，队中损失了 26 艘商船[1]；11 月，SC107 护航船队损失了 15 艘商船。不过，U 艇的损失也在直线上升，因为英军护航舰艇的作战技能正在不断提高，它们还得到了更加有效的探测设备和反潜武器。然而，到了年底，平均每个月还是有 100 艘英国商船被 U 艇击沉，新建造的商船（700 万吨）并没能完全补充损失（高达 775 万吨）。而每损失 1 艘潜艇，就能击沉 10 艘商船，而且 U 艇的数量还在因为造船厂开足马力建造而不断上升，邓尼茨能够感觉到大西洋之战的关键时刻即将来临。1943 年 1 月，邓尼茨一共拥有 400 艘潜艇，其中 200 艘可以投入作战，100 艘已经被部署在了海上，这比战前邓尼茨认为的，可以给德国带来胜利的潜艇数量还多出了 100 艘。在接下来的几个月里，随着北大西洋冬季风暴的持续，天气变得越来越恶劣，德军的"狼群"无情地集中了起来，邓尼茨坚信他将赢得一场"决定性的战斗"，并为德国带来最终胜利。

---

① 译注：此处有误，SC94 船队损失的商船应为 11 艘。

　　的确，一场危机迫在眉睫。首先，双方展开了一场戏剧性的拉锯战。盟军一共拥有 500 多艘护航舰艇，现在，它们不但可以加强商船四周的安全屏障，还可以组成所谓的"支援大队"来帮助那些遭受重创的护航船队。它们的电子战手段也有了很大的改进，这使得德军潜艇针对盟军水面舰艇所发动的夜间攻击变得越来越危险了。盟军反潜侦察机的数量和侦察范围也都在扩大，大西洋中部的"空白区域"眼看就要被覆盖了。这些侦察机上安装了经过改进的无线电测向装置，护航船队可以利用它们提供的情报更改航线，绕开"狼群"出没的海域。此外，英国人还破译了德国海军的密码，从而令自己能够准确、"实时"地（甚至能和邓尼茨麾下的艇长们阅读其指示的时间同步）获得至关重要的信息——这是一项巨大的优势。为了与盟军的这些优势展开对抗，德国人同样建立了一套"实时"密码情报系统，而且，德军 U 艇艇员们的技术日益熟练，他们发动攻击的质量越来越高，另外，德国海军还开发了一种电子设备，在反潜飞机接近的时候，这种设备会发出警告，U 艇就可以赶在成为敌人盘中餐之前下潜逃跑了。

　　在 1943 年春冬两季 U 艇与护航船队的战斗中，这种技术上的对抗被展现得淋漓尽致。1943 年 1 月，护航船队 TM1 遭到了"狼群"的围攻，队中的 9 艘油轮中有 7 艘被击沉。2 月，ON16 护航船队①损失了 14 艘商船，在短短一周之内，英国就损失了 34 艘商船。4 月，ON55 护航船队②失去了 12 艘商船③，在一个月的时间里，德军总共击沉了 108 艘商船，其中有 72 艘商船是单独行动的，没有被编入护航船队。与此同时，U 艇战沉的数目也在增加，不过，到了 3 月份，U 艇和商船的交换比稳定在 1：7 左右，这完全处在邓尼茨的预计范围之内。现在，邓尼茨的 U 艇部队的状况和霍尔岑多夫在 1917 年 4 月一样好，况且，前者的损失不是由单独航行的船只，而是由护航船队所造成的。看起来，德国人就要取得大西洋战役的胜利了。

　　然而，在仅仅两个月之后，胜利的桂冠就从邓尼茨的头顶上滑落了。1943

---

　　① 译注：原文如此，该船队的编号有误，应为ON166。
　　② 译注：原文如此，该船队的编号有误，应为ONS5。虽然该船队在4月底已有船只被潜艇击沉，但大部分损失都是在5月初发生的。
　　③ 译注：此处有误，ONS5船队实际损失了13艘商船。

年5月，U艇和商船的交换比下降到1：1，尽管有118艘U艇被部署在海上，可每艘潜艇每月击沉的商船平均还不到1艘。仅5月份一个月就有41艘德军潜艇沉没，在一系列攻击护航队的战斗中，U艇部队以损失27艘的代价才击沉了目标中的26艘商船。邓尼茨正在面临一场巨大的灾难——他所面临的惨淡前景不仅是在公海上被护航船队和反潜飞机击败，还包括无法对损失的潜艇进行有效补充。面对严峻的形势，他命令艇长们暂时从大西洋撤退，并对自己的战略进行重新考量。就在两个月前，邓尼茨的U艇才刚刚在整个大西洋战役规模最大的一场战斗中取得了胜利（当年3月，在与HX229和SC122护航船队的战斗中，40艘U艇一共击沉了22艘商船，自己只损失了1艘），这与现状完全相反，那时，种种迹象都表明胜利即将来临，这令邓尼茨更加糊涂了，他不明白自己那些"决定战争的"武器为什么突然不好使了。HX229/SC122护航船队之战比其他任何一场大西洋战役中的战斗都能更好地解释U艇"狼群"和它们水面上的敌人之间斗争的本质。然而，在我们详细地研究这场战斗的发展过程之前，我们必须先停下来评估一下影响双方作战手段的各种因素。

## 水下战争

大西洋战役和之前的海上战役迥然不同，首先在于交战双方力量的范围和复杂性，其次在于他们彼此装备的武器。大西洋战役不仅仅是一场像过去的特拉法尔加和日德兰海战那样的战舰和指挥官之间的较量，也不仅仅是像中途岛那样的战舰和飞机之间的厮杀，而是一场复杂而又瞬息万变的战斗。在战斗中，双方的船舶、飞机、情报和通信系统，以及水面、水下和空中武器都要进行全面且系统的对抗，任何一个微小的疏忽都会招致严厉的惩罚。其战斗的主要组成部分包括：护航船队本身，他们的敌人——U艇，水面护航舰艇，执行监视和攻击任务的飞机，反潜武器，无线电情报和指挥系统，还有密码分析单位。让我们依次来分析一下。

## 护航船队

对护航船队，塞缪尔·艾略特·莫里森曾进行了生动的诠释："护航船队是海上的补给列车和增援纵队，通常由多艘商船或运兵船组成。这些船只在单独航行的时候极易受到敌人水面舰艇和潜艇的攻击，因此，由能够抵御 U 艇攻击的军舰对它们进行护航就成为了必要的措施……泛大西洋区域的护航船队……由 45 到 60 艘商船组成，分 9 到 12 列航行，各列之间的距离约为 1000 码，每列中各艘商船之间的距离约为 600 码。因此，护航舰队的 9 列编队，其正面宽度约为 4 英里，纵深为 1.5 海里或以上……在商船周边，驱逐舰和轻型护卫舰疾驶着，它们都配备了水声设备、深水炸弹和大炮——这些都是必不可少的反潜武器。这些军舰在商船的四周形成了一道圆形屏障，在天气晴朗的白天，它们可以前往远一些的地方巡逻；在夜间或天气恶劣的时候，它们就在原地不动，偶尔与距离最近的商船会合以确定自己在编队中的位置。每支护航船队在出发之前，其航线（以及实时位置）都是由海军部确定好的，但护航编队指挥官有权力决定整支船队是否避开某些海域，是否呈'之'字形前进，还是只需要笔直前进即可。运兵护航船队……的编队航速（12 到 15 节）总是比商船护航船队（7 到 9 节）快，并常有重兵护送。"

护航船队由一位"船队队长"指挥（通常是一名退役的海军军官），他的座舰通常是一艘速度快一些的商船。而且，随着护航系统的发展，队中至少要有一艘救援船和一艘拖船，以拖着受损的船只行动并打捞落水的船员。在出发前，船队队长要向各艘商船的船长通报情况，并通过目视观察以及发送声音信号等指挥他所负责的船只，不论如何，他的根本目的都是设法令船只保持队形并以最大的速度前进。正如莫里森所说的那样："无论是从甲板上还是从天空中看上去，护航船队都是十分壮观的。所谓护航船队就是由几列迟缓的商船所排成的纵队，纵队之间的间隔从来不是等距的，因为每一艘船都有自己的'个性'。一些船总是歪歪扭扭地行驶着，直到船队队长生气地发信号说：'某某号，你走得太偏了，保持好位置！'商船周围那道由护航舰艇所组成的屏障就像一条松散的珍珠项链，珠子朝左或右舷冲去，然后再弹回来，仿佛被一根强大的海底橡皮筋拉着。队伍中的每一艘驱逐舰都在紧张地搜寻着，其上层甲板上，所有舰员的眼睛都在寻找着敌人，下层甲板中，那些操纵水声设备的舰员们则在倾听着水下的动静，雷达天线就像猫的触须一样感应着异常情况。在伸手不见五指的暗夜，船只的轮廓只比黑暗的背景色更深一点点，因此很难辨认。每艘船都有它自己特定的上层建筑和天线、特定的锥形船首波，它们跟随海浪的起起伏伏也各有特点，不过，对于一个登上甲板值夜的人来说，如果每天都能看到同样的船只，而且每艘船都在指定的位置——那就不能不说是一个奇迹了。因为，船队中不可避免地会出现开小差的船只以及掉队的船只，有一些船只的老船长自认为'比任何该死的马口铁罐（代指护航舰艇）中的军官们都更懂航运（虽然是40年前的航运）'，他们觉得护航是一种耻辱，并因此将自己的愤怒体现在诸如转弯迟缓、拒绝回应船队队长的信号，以及对队长进行无礼诘问等事项上。如果有空中掩护，护航编队上方会有飞机往返盘旋。不过，一旦历经千辛万苦抵达了港口（这里指的是一个美国港口），一艘悠然飞行的银色软式飞艇，软式飞艇在微风中摇曳，闪烁着光芒，就像愉快地眨着眼睛来表示欢迎一样。"

从战争伊始，英国海军部就给护航船队分配了字母代号，以标识它们的性质和方向。例如，PQ 和 QP 代表 1941 年 6 月以后，由北极航线往返俄国的船队；HG 代表从直布罗陀（Gibraltar）到英国本土的船队；MG 代表从马耳他到直布罗陀的船队；在北大西洋航线上，最重要的护航船队的代号为 ON，代表从英国到加拿大新斯科舍（Nova Scotia）哈利法克斯（Halifax）的船队，还有 HX 护航船队，代表从哈利法克斯回国的船队；ONS 和 SC 船队分别与 ON 和 HX 船队的航线相同，但航速要相对慢一些。这些船队都沿着传统的海洋航线行进，但随着从法国港口出发的 U 艇行动范围的日益扩大，这些船队的航线开始逐渐向北方的冰岛（也是对大西洋中部进行空中巡逻的飞机的基地）偏移。对护航船队而言，不论是行驶在预定航线上，还是为了躲避 U 艇"狼群"而使用了新航线，都要不断接收来自英国皇家海军西部航线总部下辖的护航控制中心的信号，不久后，华盛顿的美国海军护航船队和航线部门也参与了对上述船队的指挥控制。

随着战争的进行，德军 U 艇所造成的巨大破坏迫使盟军护航船队提高了自己的行进速度，其航向位置也更加精确了。战争初期，那些较小较慢的船只承担了大部分损失。盟军随后便以更大、更快、制造更简单的船只替代了它们。到了 1943 年，相当一部分护航船队的船只都是由美国"战争紧急自由货轮"（简称"自由轮"）所组成的，这种货轮的船型是根据英国桑德兰不定期班轮的设计加以改进而成的，在凯泽造船厂，工人们以惊人的速度预制和建造"自由轮"（根据船厂公共关系部门的记录，最快 4 天即可建好一艘自由轮）。到 1942 年底，美国每个月可以交付 50 艘自由轮。它们的航速为 11 节，吨位为 4300 吨[①]，载货 6000 吨[②]。经过改进的新型号——"胜利轮"将航速提高到了 18 节[③]。自由轮中的油船相当于 T2 型油轮的级别，航速为 14 节。经过改进后的 T3 型油轮，其航速可达 18 节。不过，在 1943 年年初的时候，自由轮的优势还没有完全显现出来。当时，护航船队中的商船大小仍然处在 1000 到 9000 吨之间，船队的速度也很少超过 9 节。当德军的 IX 型潜艇以 17 节的高速在海面巡航时，商船们很容易被这些"猎手"尾追而上。

## 德军 U 艇

在整个第二次世界大战中，德国人一共生产装备了 9 种型号的 U 艇，如果再包括各种改进型，总共有 22 种。其中，在战争末期研发的最后一种 U 艇可谓十分先进，它采用了一套闭式循环的过氧化氢燃料系统，还可以通过一根"通气管（schnorkel）"进行换气[④]，从而避免了需要不时浮出水面的问题（除非是在必要的情况下，否则它可以一直潜入水下）。然而，大西洋战役最常见的两种 U 艇，即VII型和IX型，远远没有那么先进，事实上，它们与第一次世界大战时邓尼茨所搭乘的潜艇相比，几乎没有多少改进。它们的水面推进装置是柴油发动机，速度可达 17 节，在使用电动马达[⑤]以较低的平均速度行驶时，其航程可达 16000 英里[⑥]。这两种 U 艇都可以利用柴油发动机对电池进行充电，由电动机驱动，其水下航速为 7 节。但由于氧气储备有限，其水下航行时间最长大约为 12 小时。德军 U 艇的主要武器是一种电动鱼雷，它不会留下任何尾迹，从而避免了遭到反潜舰艇"顺藤摸瓜"，从而暴露位置的危险，在第一次世界大战中，

---

① 译注：原文如此，此处有误，其吨位实际是7176吨。
② 译注：原文如此，"自由轮"的载货量实际更大，可以达到8000吨甚至更多。
③ 译注：原文如此，"胜利轮"的最高航速一般为15—17节。
④ 译注：原文如此，事实上，德军的过氧化氢发动机并不成熟，只在少数潜艇上进行了试验，远没有投入实战。
⑤ 译注：原文如此，此处有误，应为"柴油发动机"。
⑥ 译注：原文如此，只有IX型潜艇的个别子型号可以达到这一航程，其他型号的潜艇航程要比16000海里短得多。

德军 U 艇经常成为鱼雷航线过于明显的牺牲品。其中，Ⅶ型潜艇可以携带 14 枚电动鱼雷，Ⅸ型可以携带 19 枚，通过船首的 4 根鱼雷发射管和船尾的 1 根鱼雷发射管（Ⅸ型有 2 根船尾鱼雷发射管）进行发射。

　　每艘德军 U 艇上大约有 50 名船员，他们的居住环境十分拥挤，只能在机械设备和鱼雷发射管之间勉强找到一点空隙睡觉。由于淡水短缺，他们共用一个厕所，通常一出海就不洗衣服、不刮胡子。不过，通过海上补给，艇员们的口粮还是可以保证的。U 艇的艇员们迅速发展出了一种强烈的"战斗情谊"，1919 年，邓尼茨曾将这段记忆作为他希望重回海军服役的理由。它部分是由于迫不得已生活在狭窄空间（通常，这种情况下人们的关系都比较亲密）所产生的，更是由于共同经历极端的危险所铸就的，这种危险，不但包括海面上的危险、海底的恐怖，甚至还包括在海面巡航过程中所面临的空中威胁。德军 U 艇上的人从出击、巡航到返回比斯开湾的港口，其每一小时都要经历这样严酷的考验。赫尔穆特·多泰（Helmut Dauter）解释道：

　　我们在大西洋上作战的潜艇人员，其生活非常艰难，因为空间有限，而且距离大海很近，即使站在潜艇指挥塔上，我们也只比水面高出 5 米而已。由于潜艇上的每个人都能看到对方，不管他们的军衔和地位如何，而且他们都面临着严峻的考验，乃至危险和牺牲，因而很快就会有一种团结一致、同甘共苦的强烈感受。即使我们不在海上，这种感受也不会消失。甚至会伴随我们一生。我们深深陷入到这种生活中（德国潜艇艇员都不是志愿兵），怀着所有的荣耀和恐惧，我们试着接受了它，无论是焦虑还是害怕，无论是喜悦还是热情。

　　1943 年年初，从布雷斯特和圣纳泽尔港出航的德国潜艇都要横穿比斯开湾。为对付这些 U 艇，英国皇家空军海岸司令部曾定期派遣飞机在它们出入海湾的必经之路上巡逻，在 1942 年 7 月至 9 月的夜间，皇家空军曾通过利用探照灯和深水炸弹的联合攻击战术取得过重大胜利，但直到这时为止，英军仍然缺少新型搜索雷达——而老式雷达发出的信号会被 U 艇的告警器探测到。结果，德军 U 艇得以在英军飞机接近时潜入水中，在离开基地（德军 U 艇基地都有防弹混凝土掩体的严密保护）两天之后安全地进入大西洋，并在五天之内抵达它们的巡逻线——未来的 40 天内它们都要停留在那里。

在海上巡航的时候，U 艇几乎所有的时间都浮在海面上，对 U 艇总部（实际上，德军 U 艇总部是不断移动的。1942 年 3 月，在英国突击队袭击圣纳泽尔之后，它从科隆搬到了巴黎，然后又搬到了柏林的斯坦因广场酒店）分派的敌军护航船队进行监视，并根据总部传达的指令行动。因此，在巡航时，U 艇需要不时浮出水面的另一个重要原因是与总部保持联络。通常，U 艇只有在比预定计划提前到达目的地时才会下潜，并在水下一直等待，直到暗夜降临，它们才再次浮出水面并发起攻击——当然，当 U 艇被护卫舰艇赶到水下时，它们的下潜深度可达 182.88 米。通常，英军的深水炸弹被设定在 167.64 米的深度爆炸，一些 U 艇艇长声称自己为躲避爆炸，下潜深度已经低于 243.84 米，但这已经超过了潜艇耐压壳体的"耐压深度"。德军 U 艇艇长们的战术很灵活，并不总是需要冒着巨大的风险硬着头皮突入防守严密的船队。通常，他们在护航屏障之外发动第一次攻击，从屏障打开缺口后，再从船队内部发动后续攻击，在那里，商船的雷达回波会和 U 艇自己的回波相混淆，从而令护卫舰艇无从探测真正目标。身处商船队内，当 U 艇最终潜入水中逃跑时，它周围的商船也可以干扰护卫舰艇的攻击路线，或是让后者无法判明水下的声呐回声。另外，从护航舰队内部发起攻击的另一个附加优势是缩短了鱼雷的射程，并提高了对目标的识别和判断能力。

## 护航舰艇

德军 U 艇的主要敌人是护航船队的那些"贴身护卫"们，直到 1941 年 9 月，这些护卫舰艇都是由英国或加拿大军舰（还有少量来自其他同盟国的军舰——挪威、比利时、波兰、自由法国）所组成的，后来美国人也加入进来。一开始，护卫舰艇通常都是一些较老的驱逐舰，它们不适合舰队作战，但能以 30 节以上的速度航行，拆除部分锅炉后，它们的速度会降低一些，但能够在不加油的情况下横渡大西洋（有些航程较短的护航舰艇需要进行海上加油。通常，一艘油船要伴随护航舰艇共同行动，这是当时护航编队的惯例）。英军使用的护航驱逐舰通常是 V 级和 W 级，1940 年 9 月，美国向英国移交了 50 艘著名"四烟囱型驱逐舰"（建造于第一次世界大战末期），这些驱逐舰在近距离支援方面表现优异，而且速度快，机动性好。然而，由于船身窄，排水量小（只有约 1000 吨），它们并不适合远洋航行。在海上，"四烟囱型驱逐舰"的甲板上总是湿漉漉的，颠簸也很剧烈。而且，它们的设计偏重于重型火炮和鱼雷武器，并没有为安装合适的反潜武器留出空间。

此外，驱逐舰造价昂贵，建造速度缓慢。因此，从一开始，海军部就通过建造更便宜、更小巧但更适合航海和在反潜方面更加专业的舰艇来充实护航编队——最初是炮舰和轻型护卫舰，它们的航速只有 16 节，但配备了大量深水炸弹发射器。不久后，一些较大的深海拖网渔船也加入了护航的行列，它们出色的海上自持能力在某种程度上弥补了航速低的缺陷。

然而，到了 1942 年，海军部已经认识到需要一种特殊型号的反潜舰艇了，其大小和速度要介于驱逐舰和轻型护卫舰之间，并要具备前者的性能和后者的武器装备。其结果就是一种真正的远洋护卫舰诞生了——它的航速能达到 20 节，不用加油就能横渡大西洋，还配备了全套反潜武器——包括深水炸弹速射发射器，还能容纳多达 100 名船员。

一支护航编队通常由 3 艘驱逐舰（其中 1 艘是指挥舰）以及 6 艘护卫舰和拖网渔船所组成。将要为 SC122 船队护航的 B5 编队，包括 2 艘驱逐舰（其中 1 艘为美军驱逐舰）、5 艘轻型护卫舰、1 艘远洋护卫舰、1 艘拖网渔船，还有 1 艘来自美国海岸警卫队的大型巡逻艇，后者是一种出色的反潜舰艇，已经在行动中证明了自己的能力，取得过不俗的战绩。到 1943 年年初，除了对商船进行贴身保护的护航编队外，海军部还成功地找到了足够多的军舰，并开始组建一批所谓的"支援大队"。它们的行动原则与德军 U 艇"狼群"大致相同，但方向相反。在独立指挥下，"支援大队"前往贸易路线上进行巡逻，并随时准备对敌人进行打击，因为有时护航船队会遭到大量 U 艇围攻，队内的护航舰艇无法单凭自己的力量击退它们。

护航舰艇的船员主要来自"在战争中临时征召"的海员，他们在战前大部分是平民，但也有从商船或游艇上获得航海经验的，来自预备役或志愿预备役的军官（来源非常复杂）。不过，对海上战争而言，大西洋护航编队中的多数预备役军官都是不折不扣的新手。根据英国战争历史学家马丁·米德尔布鲁克（Martin Middlebrook）的计算，在HX229 /SC 122护航编队的127名军官之中，只有24人是正式海军成员。其余的都是预备役军官，其中大多数人在1939年以前从未出过海。

就像德军U艇部队成员一样，护航编队的船员之间也迅速建立起了强大的忠诚纽带。诚然，他们所面临的危险以及随之而来的牺牲，并不像潜艇部队成员那样的沉重。但他们也是"小船"上的水手，生活在一个"没有隐私"的世界里，每个人都能看到对方的优点和缺点，错误是无法隐藏的，而成功则会带来普遍的成就感。"我喜欢大风，从不介意甲板上有多少浪、雨水和冰雹扑向我。"其中一位船员回忆道，"我觉得，这正是大西洋的特色，如果不是这样，我会很失望的。"护航舰艇上的生活是枯燥的，但如果成功击沉一艘德军U艇（打捞上来的残骸将会证实，它发动了一次精确的深水炸弹攻击），事情则会大有改观：全船将陷入一片喜悦当中——这是对它与一支船队一起坚守数周的所有艰辛和无聊的最好补偿。

## 反潜武器

护卫舰艇之所以能锁定德军U艇并将其成功击沉，主要依靠一种水声设备，英国皇家海军称之为"潜艇探测器"，美国人则称之为"声呐"（后来成为了标准术语）。声呐的工作原理是，利用安装在船底下的一个可伸缩的"圆顶"，向潜艇可能隐藏的位置发出一种声音脉冲。当声音脉冲击中目标时，通过麦克风可以听到回声。因此，操作人员通过计算发射脉冲和接收回声之间的时间间隔，并记录声呐相对于船自身航向的角度，就能够确定目标的方位和与己方的距离（但实际上，最初声呐的探测距离尚不足1000米）。战争爆发时，英军护卫舰艇所配备的机器就能够自动完成这些计算，并将数据显示在荧光屏上了。

声呐系统的最大不足之处是无法确定目标所在的深度。实际上，也可以按照声呐探测的原理，根据收到回声的时间来测定目标深度，但仅在声呐设备与固定目标（如海底）的角度接近垂直时才有用。不过，正是从这个早期的深度测定原理（即依靠"回声"进行测算）出发，声呐技术的先驱者们才确定了自己进一步研究的方向。声呐设备还有一个不足之处：它无法在近距离工作，而在发动深水炸弹攻击的最后阶段，敌军潜艇总是位于护卫舰艇正前方的不远处。人们普遍认为，在护卫舰艇周围近200码的范围内是一片"盲区"，这是声呐所无法探测的一个"缺口"。潜入水中的U艇艇长学会了利用这个漏洞，当护卫舰艇接近深水炸弹的释放地点时，他们会猛烈地向护卫舰艇的左舷或右舷"突破过去"。

由于早期反潜武器存在着诸多限制，声呐的这种缺陷显得更加严重了，通常，护卫舰艇会以五枚一组的方式一次性从舰尾投下多颗中等重量的深水炸弹。因此，护航舰艇必须率先抵达目标所在的大概位置，然后才能释放深水炸弹，而且，由于深水炸弹缓慢下沉的攻击模式（由预先设定的"爆炸深度"在水压作用下进行引爆），如果想要对潜艇造成破坏，必须做到准确定位和引爆。这一过程可谓十分困难，类似于飞机对陆地上的目标进行精确轰炸，实际上，在1939年至1940年间，深水炸弹的击沉和攻击比率很低。为了提高攻击效率，海军部增加了深水炸弹的重量，使它们沉得更快，并增大了装药量，以扩大杀伤面积，还将一次性齐射的深水炸弹数量提高到10枚。军方还对新型发射器进行了试验，它们可以同时把深水炸弹投射到左舷和右舷，以扩大"散布"，并增加各枚深水炸弹进入水中的时间间隔（也是为了扩大杀伤面积）。

不过，根据实战的反馈，英国人感觉到自己真正需要的是一种具备以下特性的反潜武器：它可以在护航舰艇的正前方发射深水炸弹，从而覆盖之前在船只释放炸弹的瞬间声呐所无法探测到的"盲区"，另外，这些深水炸弹将安装新型引信，这种引信能直接在潜艇附近引爆。1941年底，英军推出的所谓"刺猬"（Hedgehog）反潜迫击炮就是这样一种武器，它实际上是一种24连装的炸弹投射器，可以向声呐盲区一次性发射24枚"刺猬弹"，这些炸弹比较小（但有足够的威力击沉潜艇），采用触发引信，两枚"刺猬弹"的入水间距比潜艇宽度略小，只有在命中后才会爆炸，在理论上，其威力将足够击穿潜艇的艇壳并将其摧毁。

然而，事实证明，"刺猬弹"的缺陷几乎与老旧的自由下沉式深水炸弹一样严重。使用"刺猬弹"需要高超的技能，但很少有护航编队的成员有时间去培训和学习。另外，它们的装药量比较少，破坏力稍显不足。1944年，一种代号为"乌贼"（Squid）的较重的反潜迫击炮出现了，实战证明，它的威力要大得多。战后的分析显示，发动一次深水炸弹攻击只有6%的概率击沉敌军潜艇，刺猬弹（如果使用得当）攻击的成功率为20%，乌贼弹则达到了50%。不过，"乌贼"之所以能达到如此高的效率，还得到了一种与之同时出现的新型探测仪器的帮助——即深度测算声呐，这种声呐配有一个倾斜的声呐罩，操作人员可以将声音脉冲对准一个弧形的区域，从而直接计算出目标所在深度。不过，在1943年，上述两种新锐反潜武器还都没有列装，因此，当时护卫舰艇的舰长们仍然必须依靠自己的判断来设置深水炸弹的引爆深度，使用刺猬弹时，则需要依赖技术人员的正确操作，即使这些都没有出现纰漏，也得对准目标才行。英国人通常同时利用这两种武器发动攻击，但只有当所有的深水炸弹都被消耗殆尽之后才会使用刺猬弹。

对潜艇中的人员来说，不论是深水炸弹还是刺猬弹的攻击都十分可怕，而且往往都是致命的。即使潜艇内部的所有水密门均已关闭，炸弹也会击穿艇体。在最坏的情况下，爆炸的冲击波会将潜艇推入到足以令其耐压壳破裂的深海，最好的情况下也会令潜艇抬升至海面，从而暴露它的位置。在炸弹的攻击下，潜艇不但面临着沉入海底的危险，它的电力系统也可能发生短路，它的深度保持装置和舵机也可能遭到破坏，甚至巨大的震动还会导致鱼雷启动它们的自爆机制，从而在前后鱼雷舱内"殉爆"。如果一艘德军U艇被困在敌军深水炸弹的"陷阱"中，那它就要使出浑身解数为生存而战了。作战分析表明，在经历6次近距离炸弹攻击后，德军U艇幸存的概率就会急剧下降，这可能是因为届时U艇的艇长们已经失去了思考怎样才能逃出生天的能力。到了1943年，专业的护航编队指挥官，比如第2护航大队的F.J.沃克海军上校，发明了一种利用两艘水面舰艇来"围猎"U艇的战术，即一艘舰艇负责监听，另一艘反复投掷炸弹——这使得U艇全身而退的希望更加渺茫了，因为它们的艇长们还没有及时打破早先的思维定式。

## 飞机

对于大西洋战役中的水手们，不论是护航编队成员还是他们的对手——德军U艇艇员来说，敌军飞机所发动的空袭都非常地致命。德国人刚一占领比斯开湾，一支由30架福克·沃尔夫FW 200型远程巡逻机所组成的部队——第40轰炸机联队就进驻布列塔尼了，该大队的主要任务是侦察和打击敌人护航船队。而且，尽管这种飞机在最初的设计目的——即引导U艇寻找遥远目标上并不成功，但它们很快就对商船产生了致命的威胁。1941年年初，英国海军部为一些商船配备了弹射式"飓风"战斗机，这是一种"一次性"飞机，因为飞行员一旦发射就必须在海上迫降了，但这些"飓风"战斗机却有效地击落了FW 200，赶走了它们，或至少阻止了它们的干扰。到当年4月，军方已经决定为每个护航船队都配属一艘搭载弹射战斗机的所谓"弹射商船"（CAM）。6月，另一种权宜之计出现了："大胆"（Audacity）号——一艘经过改装，可以起降数架战斗机的商船，以这艘简陋的"航母"为基础，最终，所有反潜武器中最具威力的一种——护航航母横空出世了。

当德军U艇的行动范围超出了岸基战斗机的掩护范围时，它们就不得不鼓起勇气，独自面对敌军的飞机了。然而，直到1942年，飞机并没有对U艇产生什么直接威胁，盟军飞机普遍航程较短，也缺乏攻击潜艇的武器，它们既无法在遥远的海域找到U艇，也无法在本土附近去摧毁这些目标。英国的"桑德兰"和美国的"卡塔琳娜"水上飞机是盟军方面为数不多的远程飞机，但它们的数量很少（1942年6月，只有54架飞机可供英国海岸指挥部使用，而且，每天一次只能出动28架）。即使从盟军在北大西洋的三个主要的航空基地（北美海岸、冰岛和不列颠群岛）起飞去执行任务，上述飞机也无法覆盖大西洋中部。它们无法抵达的区域被称为"格陵兰缺口"，这为埋伏在那里的U艇提供了一片极有力的狩猎场地。直到1943年5月，可以携带大量深水炸弹的美军"解放者"四引擎超远程轰炸机被大量投入使用，这片区域才被覆盖。

然而，在1942年5月至10月之间，海岸指挥部在比斯开湾临时部署了一批搭载新式武器的飞机，暂时成功地把这里变成了德军U艇的"危险地带"。这批新式武器分别是：装填新式高爆炸药的空投深水炸弹（爆炸威力更强）、一种机载搜索雷达，还有一种强大的探照灯——利式探照灯。其具体战术是：在夜间，飞机通过机载雷达锁定目标，在发动攻击的最后时刻利用探照灯照亮浮出水面的敌军潜艇，并在潜艇试图下潜时释放深水炸弹。当年5月，有2艘德军U艇因上述战术而遭受了重创；7月，又有2艘U艇被击沉。邓尼茨被迫命令他的艇长们在从比斯开湾前往大西洋的过程中采取潜航的方式，从而推迟了它们抵达护航航线的时间，并显著缩短了它们的巡航时间。然而，到了当年10月，德军U艇开始安装一种针对机载雷达辐射的探测告警装置，此后，大西洋上的德军U艇又恢复了从海面穿越比斯开湾的习惯，只有在收到敌军飞机接近的告警时，它们才会下潜。直到1943年1月，盟军开始在反潜飞机上安装一种10厘米波长的高频雷达后，海岸指挥部才至少在一段时间内恢复了它的优势。

在比斯开湾反潜战役上的反复促使丘吉尔对德军U艇基地发动了战略轰炸。1943年1月，尽管皇家空军轰炸机指挥部不愿更改其对德国各城市的作战计划，但它还是被迫分配了一部分兵力（最终增加到总兵力的20%），以对付洛里昂、拉帕利斯、拉罗谢尔、布雷斯特和圣纳泽尔的U艇基地。事实证明，英国人的努力是无效的。出于远见卓识，希特勒已经在所有这些港口为U艇建造了坚固的防弹混凝土掩体。由于U艇基地的"屋顶"足有3.66米厚，即便被炸弹直接命中，也不会被穿透。尽管1943年1月和2月之间，英军一共投下了9000吨炸弹，对周边建筑物造成了可怕的"附带"损害，并造成数百名法国平民伤亡，但没有一艘德军U艇因此受伤。英国和美国海军部据此确信，只有在海上才能赢得大西洋战役。

## 无线电情报

然而，实际上，争夺大西洋控制权的主要斗争是在陆地上进行的。"控制某片海域"从来都不是能够轻易实现的。纳尔逊就经常抱怨"缺乏巡航舰"，这反映出每个海军将领都有一种长期的需求，那就是在海洋中发现敌人，监视他们的行动，并在自己选择的时间和地点与他们作战。但直到无线电出现之后，这种理想中的状况才得以在海战中实现。舰队指挥官一旦用无线电来操纵分散的部队，就会泄露关于自己位置、速度和行动的信息，敌方可以截获这些信息，并在岸上进行核对和分析，然后再重新传送给"狩猎部队"的指挥官。不过，这种"无线电情报"——正如我们所看到的，对日德兰海战中的英军起到了误导作用。

可以说，无线电情报是双方进行潜艇战和反潜战的核心。邓尼茨在战前发展的"狼群"战术（Rudeltaktik）是基于这样一种原则，即利用一个以海岸为基地的中央指挥部控制多艘位于海上的 U 艇去对一个护航船队发动集中攻击。根据"狼群"战术的要求，德军 U 艇总部需要利用无线电向各位艇长传递信息。与此同时，艇长们也需要对海上的情况对总部进行反馈，正是这些必要的联络讯息向敌人提供了发动"无线电战争"的原始材料。实际上，德军的"狼群战术"有两项基本原则存在着矛盾：一是保持"无线电静默"的必要性。二是战略指挥的要求压倒一切。由于战略指挥至关重要，因此必须定期且频繁的打破无线电静默。德军 U 艇发出的讯息为英国和后来的美国"听众"提供了"关于危险的警报"，这些讯息实际上确定了大西洋上危险区域的位置，盟军护航船队就可以据此绕路而行了。

为解决这一问题，德军 U 艇总部已经设法将通讯时间缩减到了最少。他们将大西洋海图划分成若干个"方格"，每个方格都用相应的代码代替，这样 U 艇的艇长们就可以利用最简短的讯息来标识他们所在的位置了。此外，德军 U 艇总部对其他类型的通讯讯息也进行了压缩处理。然而，正如专门研究德国潜艇战争的历史学家于尔根·罗韦尔（Jurgen Rowehr）所指出的那样，有六种通讯是潜艇艇长所无法避免的。包括：一、关于护航船队位置的报告；二、对敌军潜艇、雷区发出的警告；三、关于任务执行情况的报告；四、天气预报；五、关于己方潜艇位置的报告；六、对总部发来的讯息的回复。即使上述讯息的编码组都被限制在最简短的范畴之内，这种传输也为敌人的"测向"提供了材料，这样一来，不论是正在进行通讯的 U 艇，还是讯息中提到的其他 U 艇，都会陷入到危险当中。

特别是在 1942 年 1 月到 12 月之间，尽管在内部还存在着争议，但英国和美国针对 U 艇通讯所进行的无线电测向已经为反潜作战提供了最重要的依据。这些情报在任何时候都具有很高的价值。对德军 U 艇进行定位后——特别是在发现大批 U 艇的情况下，盟军的指挥中心就可以命令己方护航船队绕开那些高风险的海区了。此时，U 艇将只能在海面进行长时间的高速追击，在很多情况下，他们都无力对船队发动联合进攻。从 1942 年 7 月至 1943 年 5 月，英国无线电测向部队的指挥官霍尔（Hall）和韦恩（Winn），以及他们的美国同行诺尔斯（Knowles）海军上校，一共更改了 105 支北大西洋护航船队（总共 174 支）的航线，其中约有 60% 的船队成功地避开了德军"狼群"制造的陷阱。另外，通过对德军通信信息的部分识别，无线电测向部队还使得另外 23 支船队幸免于难，并使 30 支船队的损失保持在较低水平。只有 16 支船队遭到了大型"狼群"的围猎，并遭受了严重的损失。

至于护航船队自己，它们将无线电静默视作一条生命线，因此，几乎没有给敌人测向提供什么像样的机会。在船队中，商船与护航舰艇之间主要利用方位灯、旗语或汽笛发送信号。至于德军，虽然尽量减少了行动区域的无线电通讯，但是 U 艇和总部之间的联络还是不时被英军护航编队截获，有时，这为后者提供了主动进攻的机会。例如，1942 年 6 月，ONS102 船队的一艘护卫舰艇探测到由德军"梭子鱼"（Hecht）艇群发送给基地的讯息，结果导致 U–94 和 U–590 号潜艇被深水炸弹击沉。

## 密码战

尽管测向对英德双方都至关重要，但是，在这场无线电战争中，"最伟大的较量"却是在双方的密码破译人员之间展开的。关于"Ultra"（盟军破译德国秘密无线电通讯的机构）的故事现在已经成为了第二次世界大战民间传说的一部分。英国人在他们的波兰和法国盟友研究的基础上，奇迹般地破解了德国恩尼格玛（Enigma）密码系统的机械结构和数学运算，并最终成功实现了以"实时"的方式来读取它们——也就是说，就像德国自己的接收者那样轻松读取无线电加密讯息。

鲜为人知的是，位于布莱切利公园的英国政府代码及加密学校（Government Code and Cipher School）对破译德军密码作出了巨大的贡献。英国人之所以能取得成功，在很大程度上源于德国人自己率先打破了恩尼格玛密码机的使用规则。在德军当中，那些富有经验和训练有素的用户并不会泄露秘密——例如，德国空军总司令部使用的一套被布莱切利命名为"粉红色"（Pink）的加密系统，就很少会犯错误，英国密码分析人员基本无法截取其信息。实际上，通过电传打字机和陆上实体线路传输信息即可避免绝大部分敌方拦截，即便使用无线电通讯，但只要信号员小心谨慎地使用密钥，也很少会遭到敌人破译。盖世太保（Gestapo）的密码就从未被破译过。然而，海军加密信息必须通过无线电进行传送，通常由年轻和没有经验的操作员在极端困难的条件下工作——对于发报而言，没有比在海上巡航的潜艇上更困难的地方了——而且发报的次数更加频繁。德国海军总部已经预判到了这个问题，并采取了适当的预防措施：第一项措施，是设立一个专门的"军官密钥"，只有军官才能使用。第二项措施就是为德军潜艇部队提供恩尼格玛密码机中最先进的型号。

这两种预防措施加重了"布莱切利公园"在大西洋战役中的工作负担。其实，英国人并非在战争一开始就在密码方面占据了优势，在相当长的一段时间内，德国海军电子侦听部可以破译皇家海军的密码，但英国人却无法破译德国海军的密码。特别是 1942 年 2 月至 1943 年 5 月期间，德国海军用来控制北大西洋 U 艇的"鲨鱼"密码，直到 1942 年 12 月才被英军成功破译。继"鲨鱼"之后，德军 U 艇部队又更换了新密码，并给布莱切利出了一道大难题。最为不幸的是，从 1943 年 3 月 10 日至 19 日的九天之内，英国人破译新密码的尝试完全失败了，因此，英国海军部才会试图让 HX229 和 SC122 护航船队穿越一条异常强大的 U 艇巡逻线。

另一方面，皇家海军使用的 No.3 密码（用于控制北大西洋的护航船队，甚至还用来加密皇家海军和美国海军之间的通信信息）早在 1942 年 2 月就被德国海军电子侦听部破译了，最终，英国人费了好大劲（从大量的蛛丝马迹和难以解释的现象中，他们推断出自己的密码已经失效了）才重新编制了新的密码本。不过，尽管更新了密码，但为了使用方便，从 1942 年 12 月开始，英国人又开始使用老的 No.3 密码本了。实际上，从 1943 年 2 月到 6 月，英军护航船队主要使用的就是 No.3 密码。据英国官方情报史披露，"从 1942 年 2 月开始，德国海军电子侦听部有时会提前 10 至 20 小时获取有关护航船队行动的加密信息。从 1942 年 2 月到 1943 年 6 月 19 日，英国海军部经常利用 No.3 密码加密那些预估 U 艇部署情况的日常信息，结果这些都被德国人破译了。"根据上述两种日常情报，理论上，U 艇指挥部可以命令潜艇离开预定的设伏阵地，并在恰当的时机前往英国护航船队的新航线。不过，实际上，恶劣的天气、通讯上的困难和大量突发情况令 U 艇指挥部无法把大西洋战役仅仅当作一场无线电战争来打。此外，与英国人一样，德国人也出于谨慎的考虑，不得不放弃利用许多有价值的信息，以保护他们已经成功破译敌方密码的秘密。然而，在海战中（甚至在其他战场上），我们必须承认，在战争的长期阶段和关键时刻，德国的密码分析人员与他们的英国对手处于平等的地位，这对盟军而言"非常不利"。例如，在 U 艇与 SC122 和 HX229 护航船队之间所进行的关键战斗中，德国海军电子侦听部实际上是占据情报优势的。

## 围剿 HX229 和 SC122 护航船队

### HX229 和 SC122 护航船队

SC122 和 HX229 护航船队是大西洋战役中最大规模战斗的主角，它们分别是慢速（7 节）和快速（9 节）的护航船队，并分别于 1943 年 3 月 5 日和 8 日从纽约启程驶往英国本土。在此之前的几个星期内，两支船队的补给船只一直聚集在哈德逊河上。SC122 由 65 艘船只组成，HX229 由 40 艘船组成。其中，由于 SC122 船队最初包含了一些开往北美其他港口的船只，因此在进入大西洋时，队中的船只下降到了 50 艘。SC122 船队主要运输的是大批普通货物，队中那些又旧又慢的货船满载着钢铁、铁矿石、铝土矿、铜、糖、小麦、可可、肉类、木材，有的货船上还载有少量炸药。这些货船的来源多种多样：有些是从非洲跨越大西洋加入船队的，有些是从南美和加勒比海赶来的，但大多数货船都是在美国沿海装载的货物。HX229 护航船队内也有一些普通货船，但更多的是油轮，还有一些快速冷藏船和 5 艘自由轮。这些船只携带了大量的燃油、润滑油、航空汽油以及大量的肉类。

两支护航船队都要紧紧地沿着同一条路线前进，这条航线就位于从纽约到北爱尔兰之间的"大圆线"以北，但 SC122 船队将于 1943 年 3 月 5 日启程，比 HX229 早了三天，而且两支船队将独立航行。在旅程的第一阶段，两支船队由美国当地的护航编队负责保护。当船队行驶到加拿大新斯科舍省和纽芬兰岛附近时，远洋护航编队将赶来接替前者的任务。SC122 船队内的护航舰艇包括：来自英国皇家海军的 5 艘护卫舰，分别是"金凤花"（Buttercup）号、"高代花"（Godetia）号、"薰衣草"（Lavender）号、"高代花"（Pimpernel）号和"虎耳草"（Saxifrage）号；1 艘英国远洋护卫舰"斯韦尔河"（Swale）号；来自美国海岸警卫队的"英厄姆"（Ingham）号（后来加入），1 艘英国拖网渔船"坎波贝洛"（Campobello）号，2 艘驱逐舰，包括美国"厄普舍"（Upshur）号和英国"哈夫洛克"（Havelock）号。其中，护卫编队指挥官 R.C. 博伊尔（R. C. Boyle）中校坐镇"哈夫洛克"号。HX229 船队内的护航舰艇包括：4 艘护卫舰，分别是英国"六道木"（Abelia）号、"石莲花"（Pennywort）号、"银莲花"（Anemone）号以及皇家加拿大海军的"舍布鲁克"（Sherbrooke）号；7 艘驱逐舰，分别是英国皇家海军"志愿兵"（Volunteer）号、"贝弗利"（Beverley）号、"曼斯菲尔德"（Mansfield）号（后两艘为英军从美国购买的"四烟囱型驱逐舰"）、"威瑟灵顿"（Witherington）号、"高地人"（Highlander）号、"维米"（Vimy）号，以及来自美国海军的"巴比特"（Babbitt）号（其中一些驱逐舰是在途中加入船队的）。护卫编队指挥官 G.J. 路德（G. J. Luther）少校在"志愿兵"号上坐镇。两支船队都没有额外的"支援编队"，队中也没有可以弹射的飞机[①]。从北美海岸出发执行空中掩护任务的飞机只能覆盖 850 英里的范围，而此处距离北爱尔兰的港口还有整整 800 英里。船队抵达目的地所需的最短时间为 17 天，其中有四天是在北大西洋盟军空中力量的"空白区域"中度过的。

## 狼群

1943 年 3 月初，在与 SC122/HX229 护航船队的前一个船队 SC121 和

---

① 译注：原文如此，但事实上，SC122 船队有一艘"弹射商船"，即"帝国晨星"（Empire Morn）号，只不过该船上的战斗机主要是为抵御德军空袭准备的，在反潜战中用途不大。

HX228 进行了为期四天的战斗后，邓尼茨部署在北大西洋巡逻线上的 U 艇正在重新集结，在战斗中，德军付出了损失 1 艘 U 艇的代价，但击沉了 17 艘商船和 1 艘驱逐舰。由 14 艘 U 艇组成的一个前进编队行驶到距离纽芬兰海岸750 英里地方，该编队代号为"强盗男爵"（Raubgraf）。其他陆续抵达的潜艇，在"空白区域"内组成两道拦截线，分别代号"猎兔犬"（Dranger，由11 艘 U 艇所组成）和"突击队"（Sturmer，由 17 艘 U 艇所组成）。因此，在战斗开始时，共有 42 艘德军 U 艇被部署在两支英军船队的附近。此外，德军还派遣了 2 艘"奶牛"加油潜艇，以随时对燃料不足的 U 艇进行补充。上述 U 艇中的很多艇员缺乏在北大西洋作战的经验，或者完全就是新手。不过，有几位艇长还算是经验较为丰富的，尤其是 U-653 的格哈德·法伊勒（Gerhard Feiler），U-439 的赫尔穆特·冯·蒂佩尔斯基希（Helmut von Tippelskirch）和 U-134 的汉斯 - 甘瑟·布罗辛（Hans-Gunther Brosin），都已经成功进行过 6 次或更多的作战巡逻了。其余的艇长多数只执行过 2 到 3 次任务，有 13名艇长是首次出海作战。然而，经验和成功之间并没有必然的联系：U-373的艇长保罗 - 卡尔·勒泽（Paul-Karl Loeser）正在进行他的第 8 次战斗巡航，但在即将到来的战斗中几乎没有发挥任何作用。U-338 的曼弗雷德·金泽尔（Manfred Kinzel）是第 1 次战斗巡航，但他的潜艇击沉了 4 艘敌船，还重创了第 5 艘。

为对付 SC122 /HX229 护航船队，邓尼茨集中了一支令人生畏的水下舰队，比前者的护航力量多出了整整两倍。不过，对德国人而言，比数量优势更重要的是在行动上的"先见之明"。3 月 12 日，德国海军电子侦听部还破译了关于后续护航船队——HX229A 的加密讯息，其航线与 SC122 和 HX229 基本一致。幸运的是，德军的密码分析人员错把 HX229A 和 HX229 船队（规模比前者大得多）搞混了，通过监测护航船队行进的周期，德国人推测，无论哪支船队都要从纽约起航。随后，德军进行了进一步监听，他们对 SC122 和 HX229 在从纽约到哈利法克斯之间航行时所发出的 8 个信号进行了实时解密，从而确认了两支船队的行进速度、船只构成和航向。到了 3 月 12 日，上述情报的真实性得到了最终确认，德军 U 艇总部认为自己已经网到了一条"大鱼"，并发出了对其展开围剿的命令。当天，德军 U 艇总部的作战日记记录道："根据从海军电子侦听部收到的解密信息，敌军的 HX229 船队已经完全暴露，U 艇部队指挥层决定立即展开行动。"与此同时，SC122 护航船队正在沿着一条与 HX229 互相平行且闭合的航线航行，它也将面临同样的命运。

## 遭遇

在海上的第一个星期，尽管两支护航船队感到情况有点不对劲，但并没有遭遇危险。海上的天气异常恶劣——但这本身就是一种防御敌人攻击的好手段，也没有严重阻碍盟军远程飞机所提供的空中掩护。然而，猛烈的狂风不但令船队变得更加分散，甚至还令某些船只受损了，其中 1 艘英国拖网渔船——"坎波贝洛"号由于受损特别严重，船员们不得不弃船离去。冷藏肉类运输船——"科拉西罗"号（Coracero，隶属于 HX229 船队，排水量 7000 吨）上的一名高级船员后来回忆起当时的情形："3 月 15 日夜间，海上刮起的大风到了最凶猛的时刻……午夜刚过，我们就碰上了一座山峰般的巨浪，它从我们的右舷直冲下来，撞到了船体的中部，3 号救生艇被巨浪砸了个稀巴烂，化作了一堆木材，随后，海水把它冲得干干净净，什么都没有留下。按照惯例，我们的救生艇都挂在吊柱上，以便随时可以放下来，其位置距离海平面大约有 12 米，不过，在哪天夜里，它却被冲到了海里。现在你们能想象那晚的海浪有多么汹涌了吧？"

实际上，猛烈的狂风暂时把 HX229 船队挡在了邓尼茨的前进编队——即"强盗男爵"艇群的视线之外，而 SC122 船队（当时正在 HX229 以北 100 英里的地方），却已经清楚地暴露了自己。3 月 15 日夜间，U-91 号潜艇瞥见了 HX229 船队中的一艘护卫舰艇。但当时，恶劣的天气将船队和 U 艇分隔开，前者很快就失去了踪迹。直到 3 月 16 日清晨，U 艇才重新找到了这支船队，不久后，HX229 船队的厄运就降临了。U-653 号潜艇是北大西洋战场的一位老兵，当时它正在从第 6 次作战巡航返回的途中，因为燃料不足，它在纽芬兰以东近 1300 千米的海面上徐徐航行，以等待补给潜艇的到来，这时，一位在该艇指挥塔上观察海面情况的航海军士——海因茨·西恩（Heinz Theen）"突然看到正前方有亮光出现"："我想，可能是一位水手在轮船的甲板上点燃了一支香烟。我叫人给艇长汇报了这个情况，当艇长赶到指挥塔上时，我们已经可以清楚地看到周围的船只了，大约有 20 艘，最近的一艘船就位于我们左舷的 500 米到 926 米处。为避免敌人发现，我们紧急下潜。当护航舰艇从我们头顶飞速驶过的时候，我们能清楚地听到不同引擎的声音——快速旋转的柴油机、慢速旋转的蒸汽机，还有护航舰艇的汽轮机所发出的振鸣声。大约在两小时后，我们在船队后方浮出水面，并向总部发出了一份目击报告。然后，我们从一个隐蔽的位置继续跟踪敌军船队，从此处，我们可以看到船只的桅杆，当我们被一个大浪卷起来的时候，还可以看到它们的舰桥和烟囱。"

U–653 号潜艇只向 U 艇总部传送了简单的三个字母，但已经足以令后者锁定 HX229 船队的具体位置了——在其绘制的北大西洋海图上，该船队就位于第 14 号网格上。由于将截获的英军护航队的情报混淆在了一起，德国海军电子侦听部现在又把 SC122 和 HX229 搞混了，并自认为找到了前者。实际上，SC122 正在 HX229 以东 150 英里处，并正在向偏北的方向移动，但是，考虑到邓尼茨随后下达的命令，这种混淆所产生的负面影响并不严重。邓尼茨命令："强盗男爵"艇群的 10 艘 U 艇立即向东转弯，它们要将引擎开到最大功率并在海面上发动拦截。位于 400 英里外的大西洋中部的"突击队—猎兔犬"艇群也要派出 11 艘 U 艇向西行进，对前者进行支援。至此，两个英国护航船队——尽管邓尼茨以为自己布置的陷阱中只有一个——在 48 小时内必然会被"狼群"的两个巨颚所深深钳制。甚至连英国海军部自己也确信，这两支船队不可避免会遭到 U 艇拦截，因此他们已经放弃了"狼口夺食"的想法，而是向华盛顿的海军护航船队和航线部门发出信号，敦促其尽可能为 SC122 和 HX229 船队指引一条通往英国本土的最短路线，英国人对自己护航舰艇寄予厚望，并相信它们有能力与 U 艇战斗到最后。不过，鉴于船队接下来两天就要经过"空白区域"的中心——来自冰岛和英国本土的飞机都无法到达那里，这是一个孤注一掷的决定。

## 对 HX229 船队的大屠杀

到了这个阶段，HX229 船队的情况变得越发危急。3 月 15 日至 16 日的大风暴已经使队中的船只严重分散，直到 3 月 16 日傍晚，它们才重新收拢了队形。现在，HX229 船队正分成 11 个平行的纵队航行，队中最脆弱的船只——那些满载着石油和炸药的货轮，位于船队的中心，护航舰艇则位于船队的正前方，并分布在船队周边 4000 码（这是德军鱼雷的最大射程）的范围内。目前，队内只有 6 艘护航舰艇，包括 "曼斯菲尔德" 号、"志愿兵" 号、"威瑟灵顿"号、"银莲花" 号、"贝弗利" 号和 "石莲花" 号。军方承诺的支援舰艇，包括 "高地人" 号、"巴比特" 号、"六道木" 号、"维米" 号和 "舍布鲁克"号都还没有赶到。这时候，已经有 7 艘德军 U 艇与 HX229 船队发生了接触，它们在能见度有限的情况下紧紧咬住了船队，还有更多的 U 艇正全速赶来拦截。坏消息已经传到商船船员那里，使他们心烦意乱。"纳里瓦" 号（一艘冷藏肉类运输船，在船队内位于右数第 3 列）上面的一位一级水手 H.J. 布林克沃斯（H. J. Brinkworth）回忆道："下班后，我和一些货舱工人在甲板上喝了杯茶，这时一艘驱逐舰从附近疾驰而过，并打出了一个旗语信号，我问他们是否知道这个信号是什么意思。他们却谁都不知道，我告诉他们，根据以往的经验，这个信号的意思是敌人的潜艇就在我们附近。"货轮 "祖阿夫军团" 号上的二副 J.D. 夏普（J. D. Sharp）同样描述了因 U 艇不断迫近而产生的恐惧是如何在 SC122（此刻就位于附近）的商船之间传染的："日落时分，船队队长的座舰上升起了双旗信号，你一眼就能看出这代表在附近发现了敌方潜艇……我们立刻产生了一种可怕的恐惧感和一种特殊的紧张感，这些感受伴随着夜幕的降临而逐渐增强——明天早上，我们还会安然无恙地待在船上吗？如果我们'挺过了今晚'，那么有哪艘船没能挺过去呢？"

实际上，到第二天黎明的时候，HX229 和 SC122 船队共有 12 艘船只被击沉。其中，HX229 船队的损失最为惨重，这场灾难是于 3 月 16 日午夜前不久开始降临的。晚上 10 点钟，在汉斯－约阿希姆·贝塔斯曼（Hans-Joachim Bertelsmann）中尉的指挥下，U–603 潜艇渗透进英军护航舰艇的防线并展开了进攻。U–603 隶属于 "强盗男爵" 艇群，当时正在北大西洋执行它的第二次战斗巡逻任务。这艘潜艇在前一天下午赶上了 HX229 船队，当时天气十分晴朗，海面非常平静，能见度很高，它对这支船队的布局进行了详尽的观察，发现其有一个 9.14 千米宽的"缺口"，这个缺口的两边分别是"贝弗利"号和"石莲花"号，前者是一艘从美国购买的"四烟囱型"驱逐舰，后者是一艘英国花级护卫舰。等到晚上，U-603 从缺口溜了进去，首先对船队发射了 3枚 FAT 鱼雷，然后又发射了 1 枚 G7e 鱼雷。其中，G7e 鱼雷是一种传统的直航式鱼雷。而 FAT 鱼雷是一种新的"回旋式鱼雷"，其可以预设航线和转向时间，并从船队的航线上多次横穿而过。贝塔斯曼并不确定这些鱼雷是否能击中目标，但 10 点 05 分，潜艇监听到了剧烈的爆炸声，随后，当"贝弗利"号和"石莲花"号调转方向并展开搜索时，U-603 已经潜入了水中。

装载小麦和锰矿石的挪威货船"艾琳·K"号成为了 U-603 的受害者，鱼雷击中了它的后部货舱，并令其迅速下沉。幸运的是，这艘船上有一群经验丰富、纪律严明的船员，他们不慌不忙地把救生艇放了出去，并在风平浪静的海面上安然弃船逃生。"天色很黑，"轮机员约翰·约翰森（John Johannessen）回忆道，"但有人拿着手电筒工作，一分钟之内，所有救生艇都被放了下去……我记得在我们设法脱身之前，救生艇在船舷上磕碰了两三下。那时候，船尾甲板已经被海水淹没了。船沉得很快，直到我们找到另一只救生艇时，才听说大家全都得救了，当时我们都欢呼起来。"

"艾琳·K"号的船员们几乎立即就被"石莲花"号救起——后者的舰长回忆道，"给我印象最深的是挪威人的冷静和高效……我恐怕不能对后来的一些英国幸存者给予同样高的评价。"当然，这更有可能是因为"艾琳·K"号的幸存者们迅速得救的缘故，其他人则遭遇了漫长而痛苦的恐怖。夜间 11 点刚过，U-758 通过"石莲花"号和"贝弗利"号之间的空隙（由于这两艘护航舰赶去搜寻 U-603 号潜艇，这个缺口越来越大了）闯入了 HX229 船队，并在很短的时间内连续发射了 4 枚鱼雷。荷兰护卫舰"扎安兰"（Zaanland）号 [①] 和美国自由轮"詹姆斯·奥格尔索普"（James Oglethorpe）号都被鱼雷击中——这艘船满载着肉类、小麦、锌、钢铁、棉花和食品。"扎安兰"号立即开始

---

① 译注：原文如此，实际有误，该船实际是一艘货船，而不是文中所说的"护卫舰"。

下沉，它的船员们从救生艇上"听到了像雷声一样的隆隆声——可能是锅炉撞穿舱壁的声音——我们还看到前甲板上可能是锚链脱落所引起的火花，然后一切都结束了"。

就像"艾琳·K"号上的挪威船员一样，"扎安兰"号上的荷兰船员也堪称训练有素。"詹姆斯·奥格尔索普"号自由轮的船员则表现得参差不齐，有的人惊慌失措，有的人坚韧不拔。中雷之后，船员们开始冲向救生艇，不过，船上总共 50 艘救生艇中，有 13 艘被海水淹没，还有 1 艘倾覆。有 30 名船员和 A.W. 隆格（A. W. Long）船长聚集在一起，仍然坚持留在船上，这位船长始终相信他的船还可以挽救，毕竟它的发动机还在运转，而且货舱里的棉花膨胀起来，阻止了海水的进一步涌入。由于中雷时船舵被卡死，"詹姆斯·奥格尔索普"号一直在原地大范围转圈，逐渐脱离了原来的航线。船长召集了他最坚定的支持者，当船队将他们远远甩在后面的时候，他们开始尝试着重新控制轮船并向纽芬兰岛驶去。然而，他们并没有成功抵达目的地。在这场绝望的航行中，猛烈的风暴或未被发现的破损处最终令"詹姆斯·奥格尔索普"号沉没了，没有人再次发现它和它船员们的踪迹。

此时，HX229 护航编队指挥官路德少校麾下的舰艇们已经离开了原先的阵位，它们有的正在营救幸存者，有的则试图对 U 艇发动攻击，它们能感觉到 U 艇的大概位置，但无法精确定位。只有一艘船比较幸运——"银莲花"号护卫舰（属于英国"花"级护卫舰，当时正位于船队的左翼）上的一位瞭望员发现了 1 艘浮出海面的 U 艇（即 U-89 号，当时它正在进行第 7 次战斗巡航，可能是因为经验丰富而过于自信了），双方的距离为 3000 码。"银莲花"号以自己最大的速度冲了过去（但只有 16 节），期间，U 艇一直位于它的视野之内，显然没有意识到危险的来临。当 U-89 号急速下潜时，"银莲花"号距离它只有 300 码了，由于双方距离太近，"银莲花"号的船长 P.G.A. 金不敢把全部深水炸弹的爆炸深度全部设定为最浅——但现在这种状况唯有如此才能炸得中德军 U 艇。他担心这会令自己的护卫舰严重受损。因此，他只投下了 5 颗爆炸深度设为最浅的深水炸弹（本来一次能投 10 颗），但剧烈的爆炸还是扰乱了"银莲花"号的雷达和无线电设备。16 分钟后，U-89 浮出水面，试图逃跑——它的水面航速与"银莲花"号相差无几，但很快它就再次被迫下潜并遭到第2轮深水炸弹攻击，这轮攻击使得"银莲花"号的声呐暂时失灵。当声呐恢复之后，金船长对U-89进行了连续追踪，并在声呐信号最强的时候连续发动了5轮深水炸弹攻击，直到根据声呐显示，他似乎已经击中了这艘潜艇的要害，再加上接到上级紧急命令之后，金船长才率领"银莲花"号返回了它在船队的阵位。实际上，U-89只是受了轻伤而已，但它已经缺乏燃料，发动机也出现了故障，因此只能从HX229船队附近撤离，并踏上回家的旅程。

"银莲花"号急匆匆归队还有一个重要原因——队中又有1艘轮船沉没了。午夜12点半，1艘满载着糖的自由轮——"威廉·尤斯蒂斯"（William Eustis）号（根据船员们的估算，这艘船上搭载的糖足够全体英国人吃整整三周），被U-435号发射的鱼雷击中，随后，船员们立即从该船逃离（"志愿兵"号的舰长认为他们逃得有点太早了，当时这艘自由轮还远没到不可挽救的地步），尽管"威廉·尤斯蒂斯"号的船长及全体船员很快就被救了上来，但他们在匆忙之中误把至关重要的密码本落在了船上，为了避免密码本被德军U艇俘获，"志愿兵"号只能将这艘轮船击沉。

凌晨2点半刚过，由"强盗男爵"艇群的U-435和U-91展开了新一轮的攻击。它们一共发射了8枚鱼雷，有回旋式的，也有直航式的，其中1枚击中了美国货船"哈里·勒肯巴赫"（Harry Luckenbach）号，它很快就沉入了海底。船员们利用3艘救生艇逃生，然而，由于"哈里·勒肯巴赫"号本来就位于一列纵队的队尾，所以这些幸存者们很快就离船队越来越远了。在随后的航行中，至少有4艘护航舰艇遇到了他们，但是在这些舰艇中，要么像"石莲花"一样，已经严重超载，要么就像"志愿兵"一样，正在执行近距离护航任务，没有一艘船能够停下来去营救他们。"哈里·勒肯巴赫"号的幸存者们逐渐漂流到了船迹罕至的大西洋深处，没人再见过他们。

在凌晨2点半到5点钟之间，德军U艇没有发动攻击。这有部分原因是护航舰艇们纷纷向船队的外围冲过去，使一些U艇无法靠近。还有部分原因是一些U艇正在重新装填鱼雷并寻找一个有利的攻击位置。快到5点钟的时候，U-600号潜艇才打破了海上的平静，之前，它一直在躲避英军护航舰艇的搜索，并努力将船队拉入自己的射程之内，整整折腾了四个小时之久。它一共向船队发射了 5 枚鱼雷，其中有 4 枚是回旋鱼雷，紧接着便听到了 5 声爆炸的巨响。U–600 后来声称自己击中了 5 艘敌舰。事实上，虽然它声称的战果有所夸大，但对英国人来说也够糟糕的了。护航船队中最有价值的 3 艘船只——装载普通货物和肉类的"勒内·杜邦"（Irénée du Pont）号和"纳里瓦"（Nariva）号货船，以及排水量达 12000 吨的"南方公主"（Southern Princess）号油轮——被鱼雷击中，其中，"勒内·杜邦"号被击中了两次，它很快就开始下沉，船员们惊慌失措，12 人在距离救生艇很近的地方溺亡，因为救生艇被过早地抛下去了，漂流的距离太远。"纳里瓦"号尽管翘了起来，但在海面上漂浮了很久，它的舷侧有一道巨大的"伤口"，救生艇上的幸存者们看到另一艘救生艇被吸到了这个裂口里面，随即消失无踪。"我能听到被困到船体里面的人的尖叫声，"二副 G.D. 威廉姆斯（G. D. Williams）写道，"但是，感谢上帝，虽然一股急流把他们拉进了船身的裂缝，但下一波巨浪又把他们给冲了出来，这时我们和他们之间的距离已经很近了，我们利用救生索把他们拖到了安全的地方，其中一位幸存者是我们亲爱的老轮机长，就好像是为了感谢我们搭救似的，他突然剧烈地呕吐起来，喷了我一身。"

为了保证其安全，"南方公主"号一直位于船队的中心位置，在中雷后，这艘油轮发生了剧烈的爆炸，并燃起了熊熊烈火。"我们呆若木鸡，惊恐万分，简直不敢相信这是真的，"一位旁观者写道，他与船队中的其他人，尤其是与那些距离"南方公主"号足够近，甚至能够听到船员尖叫声的人一样，认为这艘油轮上肯定没人能幸存了。不过，幸运的是，大火主要在船尾蔓延，远离了船员集中的区域，船上的 100 名船员中有 96 人成功弃船逃生。他们很快被排在队末的"提哥亚"号救起，作为船队内的救援船，它勇敢地停了下来，并以极大的勇气在油轮燃起的烈火中履行了自己的职责。路德少校后来在他的报告中写道："当时的态势并不乐观，敌军潜艇可能会发动更多次攻击，而我方的护航力量严重不足。我命令护航舰艇主动出击，更多地采取在防御圈外高速突击的方式，偶尔投下一颗深水炸弹，希望能吓跑潜在的攻击者。"早上 6 点半的时候，驱逐舰"贝弗利"号发现了一艘浮出水面的 U 艇，它一直用雷达保持追踪，直到双方相距 1200 码的时候，潜艇才遁入水中，随后，"贝弗利"号改为用声呐继续追踪目标，并展开了深水炸弹攻击。为躲避"贝弗利"号的攻击，这艘 U 艇采取了在驱逐舰的攻击半径内急转弯的方式，但前者投下的 7 颗深水炸弹中还是有不止一颗在 U 艇附近爆炸——这艘 U 艇就是 U-228 号，这是它的第一次战斗巡航，由于粗心大意，它遭到了"贝弗利"号的追击，只能退出战斗并撤离战场。

　　天光开始放亮了，海面上的视野达到了最佳状态，这给船队和护航编队带来了喘息和休整的机会。还得再过一天，船队才能迎来空中力量的保护，不过，军方指派了 5 艘舰艇赶来增援，这样就能有效地应对德军 U 艇在白天从水面发动的近距离攻击了。潜入水下的 U 艇，除非正好位于船队的正前方，否则是追不上船队的。然而，"狼群"已经造成了令人痛心的损失。本来要横渡北大西洋的 37 艘商船（有 3 艘目的地是加拿大）中已经有 8 艘被鱼雷击中，尽管有 447 名船员很快获救，但仍有 143 人被当场淹死或仍然漂流在海上——他们很快就会被大海吞没。相比之下，没有任何一艘德军 U 艇遭受严重损坏，而且它们只用了 28 枚鱼雷就创造了上述战果。事实上，决定 U 艇"狼群"持续作战能力的正是它们携带鱼雷的多寡而非燃料的存量，因此，"鱼雷消耗量很少"这一点对"强盗男爵"、"突击队"和"猎兔犬"三个艇群来说是十分有利的条件，一旦夜幕再次降临，它们就可以继续发动进攻。

　　与此同时，U-91 号潜艇通过"补枪"彻底完成了昨晚的作战任务。直到天亮以后，"勒内·杜邦"号和"纳里瓦"号货船的残骸仍然漂浮在海面上，大火依然没有熄灭的"南方公主"号也位于两艘货船的附近。这艘油轮已经倾覆了，大部分沉入了水下。但前两艘货轮虽然也大量进水，但看起来似乎还可以挽救。护卫舰"银莲花"号曾经救走了"纳里瓦"号的船员，天一亮，它就把这艘货轮的船长、二副和副轮机长又送回了船上，看看能不能把船开走。"'纳里瓦'号看上去有点可怜，"副轮机长 H. W. 布罗菲（H. W. Brophy）回忆道，"它的船头深深插在水里，前甲板被汹涌的巨浪所淹没。我注意到由电池供电的红色遇险信号灯仍在亮着，烟囱里也有一缕缕蒸汽和烟雾飘出来。船周围的海面上乱糟糟的，到处都漂着羊的尸体和大块的羊肉——仍然处于冷冻状态。船舱底部有一个被鱼雷炸开的大窟窿，它们显然是被海浪从那里给冲出来的。"正当三人检查机舱并确定在锅炉中制造足够的蒸汽需要多久的时候，"银莲花"号突然开走了，这一下子就令他们陷入了困境。这是一个令人不安的时刻。然而，事情很快就清楚了，原来，"银莲花"号是为了躲避鱼雷而突然离开的，随后，它对试图攻击自己的 U 艇展开了反击。不过，在"银莲花"号失去了 U 艇的踪迹后，就重新回到了"纳里瓦"号身边，并带走了先前登船的三位海员。"银莲花"号试图击沉仍然漂浮在海面上的两艘货船（此时，"南方公主"号油轮终于完全沉入了海中）——因为被废弃的船只会对航线上的其他商船构成威胁，但由于上级催促，它还没来得及完成这项任务，就快马加鞭赶回了船队。"银莲花"号刚一消失在海平线上，U–616 号——那艘试图偷袭它的潜艇，就对两艘货轮的残骸展开了攻击，但它也失败了。下午早些时候，这项任务落在了 U–91 身上，U–91 一直在远处跟踪船队，它最终将两艘货轮都送进了海底。

3 月 17 日下午 1 点，U–384 和 U–361 两艘潜艇占领了位于 HX229 船队右侧的攻击阵位，此时，共有 10 艘 U 艇在附近虎视眈眈。HX229 船队已经被重新排成 9 列纵队，以弥补沉没的船只所留下的缺口。此时，在护航舰艇当中，只有 2 艘负责对船队的近距离保护。其他 3 艘仍然在执行搜救落难船员的任务。在这种情况下，U–384 和 U–361 轻松地抵达了水下的攻击阵位，它们不慌不忙地找到了最容易得手的目标。荷兰货轮"特尔科勒"（Terkoelei）号和英国货轮"胸甲骑兵"（Coracero）号成为了新的受害者。"胸甲骑兵"号的船员当中，除了有 5 人在机舱内被鱼雷当场炸死之外，其他人都逃了出来。"特尔科勒"号的船员当中有很多亚洲人，他们被突如其来的灾难吓得不敢动弹了。还有两艘救生艇没能划走，结果当"特尔科勒"号沉没时，它们也被倾覆的船体压沉了。

承担近距离护卫任务的"曼斯菲尔德"号和"志愿兵"号只对德军 U 艇进行了象征性的还击，很快就赶回来去营救那些落入水中的船员了。机舱技工 G. T. 史密斯（G. T. Smith）写道："一些幸存者很倒霉，他们乘坐的救生艇倾覆了，但除了一个在水里紧紧抓住救生艇艇底扶手的人之外，其他所有的人都设法通过爬绳网逃到了前来营救的军舰上。那个人没有力气把自己从水里拉出来，他眼睛一眨不眨地盯着上面已经逃脱了危险的人。我们的一位司炉长爬下了绳网，赶去营救那个人，希尔（Hill）少校也焦急地爬了下去，两人将幸存者拖到了安全的地方，但他在获救后不到五分钟就死了。"死去的人是一位来自英国皇家炮兵团海上部队（Maritime Regiment Royal Artillery）的年轻士兵，该部队主要为护航船队的商船提供炮手。

现在，载满了落难船员的"曼斯菲尔德"号和"志愿兵"号离开了沉船海域，重新加入了船队。与它们共同执行任务的护航舰"贝弗利"号是一艘从美国购买的"四烟囱型驱逐舰"，与其他船只相比，它的速度可谓是快得惊人了。不久后，它就取得了英国人在这场战斗中为数不多的几场胜利之一。在船队的正前方，"贝弗利"号发现了第一艘 U 艇，不久后，它又发现了另外一艘埋伏的 U 艇，"贝弗利"号以 25 节的高速向两艘 U 艇直冲过去，迫使它们下潜，并很快就利用声呐追踪到其中一艘 U 艇。"贝弗利"号的船员很有经验。他们在一个月前击沉了一艘德军 U 艇，3 月 17 日上午又重创了另外一艘。现在，"贝弗利"号又成为了 U–530 号潜艇的梦魇：它不但用声呐长时间追踪这艘潜艇，还用深水炸弹对其发动了精准的攻击。在长达两个半小时的时间内，"贝弗利"号一直在追击 U–530 号潜艇，并对着它一颗接一颗地投下深水炸弹（实际上，最多一次可以投下 6 颗），即使下潜到了 182.88 米深的地方，U–530 号潜艇仍遭受了严重的破坏，它所有的灯光都熄灭了，海水开始从鱼雷发射管涌入艇内。一位艇员回忆道："年轻的艇员都表现得很淡定，但已婚的艇员看起来却很害怕。"另外一位艇员的回忆似乎更有说服力，他说："我们都非常害怕。"在最后一次进攻中，"贝弗利"号试图投下一颗一吨重的深水炸弹，如果不是发射装置突然失灵了，它肯定会击沉 U–530 的。随后，"贝弗利"号被迫赶回了船队，以对商船队进行贴身保护，U–530 则趁机挣扎着离开，它的耐压艇壳在巨大的水压下吱吱作响，艇员们惊恐万状，海水在他们的脚面上晃动。U–530 几乎失去了所有的浮力，它的水泵损坏严重，无法将海水排出艇外，最后，U–530 的艇长库尔特·兰格（Kurt Lange）只能通过最大限度地使用电动机才迫使它重新浮出了水面。兰格并不是邓尼茨麾下最有进取心的 U 艇指挥官之一，事实上，他是当时整个水下舰队中第二年长的，因此，他立即率领 U–530 掉头回家了。

在追击过程中，尽管 U-530 不断改变自己的下潜深度，但"贝弗利"号始终紧紧咬住它——这艘驱逐舰一共投下了 27 颗深水炸弹，还进行了两次刺猬弹齐射——间接地把其他几艘尾随的德军 U 艇也给吓跑了。结果，HX229 度过了一个平静的夜晚。队中商船和护航舰艇的船员们在黑暗中度过了几个小时，他们神经紧绷，随时准备应对 U 艇发动的攻击。但敌人已经暂时远离了船队。此时，由于英国人执行彻底的无线电静默，德国海军电子侦听部也束手无策。另外，德军 U 艇没有装备雷达，在天气恶劣、风暴频仍、能见度不良的情况下难以发现目标，当护航船队缓慢向东穿过其所在海域时，它们甚至都没有发现。虽然，对 HX229 的船员们来说，自己一定是万众瞩目的焦点，但对大西洋上的"荒海猎人"来说，这支护航队只不过一个难以捉摸的小点而已。

直到第二天，也就是 3 月 18 日上午，HX229 一直处于"隐身状态"，这也是它为期九天的总旅程的倒数第二天。在这九天内，"布莱切利公园"一直无法破解 U 艇指挥部与艇长之间使用的恩尼格玛"鲨鱼"密码。下午 1 点刚过，一艘来自"猎兔犬"艇群的潜艇——U-221 号在自东向西行驶的过程中发现自己正处于一支船队的正前方。U-221 从水下接近船队，艇长很快就在英国人的防线上发现了一个缺口，它慢慢渗透进去，发射了 5 枚鱼雷（其中有 2 枚为回旋鱼雷），并听到了 3 次爆炸声。事实上，它一共击中了 2 艘商船。其中之一是"沃尔特·Q. 格雷沙姆"（Walter Q. Gresham）号，一艘满载奶粉的美国自由轮——奶粉是英国儿童战时配给的主食之一，当这艘货轮下沉时，上涌的海水将奶粉搅拌成了厚厚的白色泡沫，铺满了海面。另一艘是"加拿大之星"（Canadian Star）号冷藏船，船上搭载着 24 名乘客，包括一些早先从日本人占领的新加坡逃出来的英国家庭。"格雷沙姆"号的 69 名船员中有 27 人遇难，其中一些人是炮手，他们在船只下沉的时候仍然勇敢地操纵着大炮。"加拿大之星"号的 87 名船员中有 30 人遇难，其中包括 7 名乘客。在遇难的乘客当中，有 4 人来自同一个家庭。还有一位父亲眼睁睁地看着自己的妻子和儿子被一艘倾覆的救生艇卷走，之后，他在等待搭救的过程中也死在了海里。两艘商船的幸存者们都是由"银莲花"号打捞上来的。这艘护卫舰上的一位军官——D.C. 克里斯托夫森（D.C.Christopherson）中尉回忆说：

"一位英国皇家空军军官把一个小男孩像橄榄球一样扔到甲板上，我们的一个司炉工在半空中接住了他。这个小男孩还有呼吸，但身体已经完全麻木了。小男孩的母亲安然无恙，但空军军官的妻子却被困在了救生艇和护卫舰之间，并被严重夹伤（后来，她死在了"银莲花"号上面）……还有一个长头发的漂亮姑娘，她抓住了救援绳网，但又滑了回去。这时，一个水手以迅雷不及掩耳之势俯身抓住了她的头发，并把她甩到了'银莲花'号的甲板上。""加拿大之星"号的船长急于确认船上的所有船员和乘客都已经离开，因此错过了救生艇和木筏。最后，他与自己的船一起沉入了海底。

## SC 122 护航船队的苦难

当 HX229 护航船队（被德军 U 艇总部误认为是 SC122 船队）遭到大规模攻击时，真正的 SC122 护航船队也遭受了袭击，虽然只有 1 艘 U 艇——即由曼弗雷德·金泽尔（Manfred Kinzel）指挥 U–338 号埋伏在这个船队的航线上，但是同样造成了巨大的损失。U–338 隶属于"突击队"艇群，3 月 15 日，该艇接到了从大西洋中部巡逻线向西移动的命令。3 月 17 日凌晨 2 点左右，金泽尔的瞭望哨报告说，在正前方不到一英里的范围内发现大量船只。尽管根据情报，U–338 现在所处的地点是错误的——船员眼中的所谓"SC122 护航船队（其实是 HX229 船队）"正位于西南方向 120 英里以外，但金泽尔还是果断地下达了攻击命令。

赫伯特·蔡斯勒（Herbert Zeissler）上尉记录道："我们只能看到排成 4 列纵队行进的船只。"其实，SC122 护航船队由 11 列共 50 艘船只所组成，其中有 6 艘护航舰艇在船队的前方和侧翼负责贴身保护，第 7 艘护航舰艇——"斯韦尔河"号快速远洋护卫舰则在稍远一些的地方保驾护航。赫伯特·蔡斯勒上尉继续写道："首先，我们对视野内最右侧的那艘轮船发射了两枚鱼雷。然后我们又被迫转向左侧，将另外两枚鱼雷对准了在 2 号纵队领头的船只。那时我们距离另一艘船已经非常近了，大约只有 150 米——我能看见一个人拿着手电筒在甲板上走来走去。我们听到了两声鱼雷爆炸声，我们的航海军士特莱弗里奇（Trefflich），一个热情的萨克森人，拥抱了我。此时，一些商船开始用机关枪向我们开火，但它们的火力明显不足。因此，我们猛然转向右舷，用艇尾发射管向敌人纵队领头的那艘船发射了两枚鱼雷，但我们并未听到它们是否命中了目标。我们潜入水中，护航舰艇就从我们的头顶上冲了过去。"

实际上，U–338 利用艇尾发射管发射的那两枚鱼雷确实命中了目标，其中一枚穿越了船队的好几个纵队，然后击中了"雪松湖堡"（Fort Cedar Lake）号，这是一艘全新的 7000 吨级的杂货运输船。U–338 总共发射了 4 枚鱼雷，其他 3 枚也同样击中了目标，首先是"天钩五"（Alderamin）号，一艘装载石油和种子的荷兰货船。其次是英国货轮"金斯伯里"（Kingsbury）号，装载大豆、铝土矿和木材。还有"格鲁菲兹国王"（King Gruffyd）号，也是英国货轮，装载钢铁、烟草和炸药。"天钩五"号立即沉入了海中，这令它的许多船员陷入了困境。放入水中的救生艇只有一艘，而且丢下了许多幸存者，其负责人后来因为玩忽职守被传讯。相比之下，"天钩五"号的船长 C. L. 范·奥斯（C. L. van Os）花了很多时间在海水里游泳，亲眼看着自己的所有船员登上前来救援的"虎耳草"号护卫舰。在被救起之前，他坚持绕着护卫舰游了一圈，以确保没有人被落下，鉴于 3 月份的海水十分冰冷，这是一种极端负责任的表现。异常巧合的是，1943 年，当范·奥斯船长的下一艘船在地中海沉没时，还是"虎耳草"号护卫舰赶去营救了他和他的船员。

尽管范·奥斯很勇敢，但他手下还是有 18 人死于溺水或寒冷。相比之下，"格鲁菲兹国王"号有多达一半船员遇难，"金斯伯里"号也有 2 名船员死亡。"雪松堡湖"号的全体船员都被队内的救援船"扎米力克"号救起。"扎米力克"号可谓是北大西洋的"英雄舰"之一了，它曾与 64 支船队一起航行，并成功营救了 611 名幸存者。它的吨位很小——只有 1567 吨——或许让德军 U 艇感觉到不值得为它浪费一枚鱼雷。

由于对敌人造成了重大破坏，U–338 的艇员们吃了一顿丰盛的早餐来庆祝，有香肠、草莓和乳酪，这艘潜艇所取得的成功在位于柏林斯坦因广场酒店的 U 艇总部里激起了强烈的反响。当时邓尼茨正在去意大利视察途中，于是总部有人以他的名义向 U–338 传送了一条信息："好极了。坚持下去，再接再厉。"U 艇总部的工作人员一开始担心 U–338 可能会弄错了位置，但后来他们排除了这种可能性，他们命令"突击队"艇群的 6 艘潜艇立即赶往 U-338 所在的位置，以对其进行支援，力求扩大战果。德国海军电子侦听部的领导人海因茨·伯纳茨（Heinz Bonatz，他的儿子就正在一艘隶属于"猎兔犬"艇群的潜艇上服役）从被鱼雷击中的商船所发出的遇难信号中识别出几艘船只的具体名称，从而使 U 艇总部最终相信了"真正"SC122 船队的存在，以及 U-338 报告的正确性。

3 月 17 日上午，SC122 船队由 44 艘商船和 6 艘护航舰艇所组成。不过，执行护航任务的两艘护卫舰"虎耳草"号和"高代花"号仍然在搜寻遇难船员，尤其是"虎耳草"号一直在和勇敢的小"扎米力克"号一起工作。拖网渔船"坎波贝洛"号出现了船体大规模漏水的状况，它的船员们被迫弃船并逃到海上，后来均被"高代花"号救起。一艘增援舰艇——美国海岸警卫队的"英厄姆"号巡逻舰，正在从冰岛赶往船队的途中，但还没有赶到。此时，已经有两艘 U 艇与 SC122 船队发生了接触，分别是 U-338 号和 U-666 号，另一艘潜艇——U-439 号也即将拍马赶到（虽然它是偶然发现船队的），第 4 艘潜艇——U-355 号隶属于"突击队"艇群，它在接到命令后，才从早先的巡逻线赶往 SC122 船队所在的位置。

SC122 护卫编队的指挥官是 R.C. 博伊尔（他的妻子是伦敦海军作战情报中心的工作人员），他实际上比 HX229 的护卫指挥官路德更有优势，因为相比之下，他麾下的护航舰艇更多，而要对付的 U 艇更少。

然而，博伊尔所要面对的 U 艇之一是极具侵略性的 U-338，尽管这是它的第一次战斗巡逻，但它死死咬住了 SC122 的侧翼，并贯彻了攻击到底的作战原则。3 月 17 日下午 2 点左右，在两支英国护航船队共同看到的第一架己方巡逻飞机到达并离开后（之后会出现更多），金泽尔艇长抢在护航队前面抵达了攻击阵位，并向船队左翼发射了 4 枚鱼雷——前两枚鱼雷偏离目标太远，第三枚鱼雷被船队发现并避开了，第四枚鱼雷先是错过了一艘轮船（这艘轮船上搭载了 10 名来自美国红十字会的女乘客），然后击中了一艘巴拿马货轮"格兰维尔"（Granville）号。这艘货轮上满载着运往冰岛的军用物资，它伤得很重，很快就断成了两截。在弃船逃生的过程中，共有 12 名船员丧生。

护卫舰艇中唯一的一艘美国军舰"厄普舍"号立即发动了反击。"我清楚地记得，在大白天，'格兰维尔'号的中部升起了巨大的尘埃云，而不是烟雾。""厄普舍"号上的一位军官约翰·怀特（John White）上尉记录道，"这时，正在吃午饭的舰长冲上了舰桥，他有些恼怒地问道：'约翰尼，现在出了什么事？'我想回答'这不是我的错。都怨那些该死的德国人'。但我只是指了指半英里外的那艘商船。"

"厄普舍"号和"高代花"号（由比利时船员驾驶）一起对 U-338 展开了围攻，它们利用声呐追踪潜入水中的 U-338，并连续发动了三次攻击，这期间，它们一共投下了 27 颗深水炸弹。它们的攻击迫使 U-338 "持续下潜"到了 182.88 米以下，这已经低于英军深水炸弹的最低爆炸深度了。在"厄普舍"号重新加入护航队后，由"高代花"号继续追击 U-338，这艘护卫舰甚至有了个意外收获——赶跑了 U-666 号潜艇，因为这艘潜艇偶然闯入到它的声呐搜索区域，还听到深水炸弹在自己的附近爆炸。不过，大约在下午 3 点钟的时候，由于没有观察到自己的攻击有任何效果，"高代花"号停止了搜索并重新归入了船队。

其实，"厄普舍"号和"高代花"号并没有击沉 U-338 号，SC122 的损失也远未结束。3 月 17 日晚上 10 点刚过，"高代花"号搜索到一艘 U 艇的雷达回波，该潜艇在护卫舰右舷 6000 码处浮出了水面，"高代花"号随即对其展开了进攻，然而，这艘潜艇——U-305 号已经朝船队发射了 4 枚鱼雷。海军军官候补生沃尔夫冈·雅各布森（Wolfgang Jacobsen）回忆道："我们以 16 节的速度全速前进，以绕到船队的前面，然后我们在距离船队正前方大约 11 千米的地方停了下来，等待目标靠近。在明亮的月光下，我们可以清楚地看到船队朝我们冲过来，我们仔细地观察着，想找出最容易得手的目标。当潜望镜上的准星与我们选定的 4 艘敌舰重合的时候，艇首的鱼雷发射管开火了……我们赶忙潜入水中，从船队底下穿了过去。一艘被我们的鱼雷击中的商船几乎立刻就沉了下去，我们在水下能听到它锅炉炸开的声音。我们有一种感觉，这艘船已经裂为了碎片，正从我们的四周掉落下来。"U-305 发射的 4 枚鱼雷分别击中了大型冷藏船"奥克兰港"（Port Auckland）号和小型货轮"祖阿夫军团"号。船员库克·S. 班达（Cook S. Banda）回忆道："'祖阿夫军团'号在几分钟内就沉了下去，这不仅是因为我们装载了超重的铁屑，更因为它本身就一个破烂不堪的'旧浴缸'，直到今天，当我回忆起它被击沉的经过时，还能长长地舒了一口气。它真的裂成了碎片——铆钉像机关枪子弹一样飞来飞去。说实话，我对它的沉没并不感到遗憾，因为经过这次旅程之后，我们再也不想在这样的船上工作了。"

"奥克兰港"号的残骸在海面上漂流的时间要更长一些，正当"高代花"号对这艘冷藏船的幸存者（他们中的一些人被困在机舱里有一段时间了，而且湍急的水流已经在机舱内形成了可怕的漩涡）展开营救时，U-305又对"奥克兰港"号发射了一枚鱼雷，大大加快了其下沉的速度。让我们把目光转回"高代花"号，它对浮出海面的U-305号进行了猛烈的进攻，但是它的最高速度还比敌人要慢一点，而且在U-305下潜之前没能抵达攻击位置。攻击无果后，"高代花"号返回船队并开始执行营救落难船员的任务。金泽尔对这一切并不知情，他正率领U-338埋伏在船队的正前方。当天午夜时分，金泽尔准备重新发动进攻，但被"哈夫洛克"号赶入了水中，它不得不一直待在水下，直到船队从身边经过。不久后，它又浮出水面，并于凌晨2点钟时发射了一枚鱼雷，把"奥克兰港"号彻底送入了海底。8名已经被淹死在机舱内的船员跟"奥克兰港"号一起沉没了，"祖阿夫军团"号也有13名船员丧生。

## 飞机的到来

3月18日晚上7点半左右，"银莲花"和它的姐妹舰"石莲花"重新归入了HX229护航船队。它们载满了从最近和更早的沉船事件中幸存下来的人，但没能对击沉它们所看管船只的德军U艇发起成功的反击。不过，使路德少校感到欣慰的是，现在，对HX229进行保护的并不只有水面舰艇了。36小时前，德军U-439号潜艇的艇长赫尔穆特·冯·蒂佩尔斯基希发现头顶上来了一架飞机，他惊慌失措，急忙潜入水中躲避，并在随后的一整天都潜在水中。这架飞机是一架"解放者"轰炸机，飞到这里，它的续航力已接近极限了，不得不在半天之后就返回自己位于北爱尔兰的基地。但在撤离之前，它成功地将另一艘U艇——金泽尔的U-338也赶入了水中，而且它的出现本身就是一个警告：在船队四周的海面上，"狼群"们随心所欲的美好时光已经结束了。

　　吓跑了 U–439 的"解放者"已经飞到了它航程的极限——即距离基地将近 1000 英里远的地方，任务完毕后，其澳大利亚飞行员又在空中飞行了整整 18 个小时，才将机组人员带回位于贝尔法斯特附近的阿尔德格罗夫（Aldergrove）的基地。

　　然而，第二天，也就是 3 月 18 日，SC122 和 HX229 行驶到了比较靠东的地方，来自阿尔德格罗夫和冰岛的"解放者"轰炸机终于可以对它们进行长时间保护了。此外，赶来保护船队的还有来自赫布里底群岛（Hebrides）的"空中堡垒"轰炸机，以及从伦敦德里郡起飞的桑德兰水上飞机。它们对护航船队与 U 艇之间的战斗进行了干预，并产生了戏剧性的效果。

　　阿尔德格罗夫"解放者"的出现让"突击队"和"猎兔犬"的 U 艇大吃一惊，它们都没想到飞机会在距离水面这么高的地方发现自己，结果是，不但有 3 艘 U 艇被发现，还有 2 艘遭到了攻击。美国护航舰"厄普舍"号上的一名军官回忆道："当我们第一次看到一架飞机和自己并肩作战时，我们都很高兴。大约在它们飞临上空进行掩护的时候，我们就断定这支支援航舰队将永远存在下去，而大西洋的彼岸也瞬间变得'近在咫尺'了。当发现第一架飞机时，我们都大声欢呼起来。"

　　就在这架来自阿尔德格罗夫的"解放者"（隶属于第 86 中队）被迫离开船队后不久，另一架来自冰岛的"解放者"（隶属于第 120 中队）又出现在船队的头顶上。这些冰岛"解放者"的领航员是飞行军士 T.J. 肯普顿（T.J. Kempton），他说服其他飞行员无视标准的搜索程序，直接飞往 HX229 的预计位置，"我们这样做了，并于 20 分钟后在雷达上发现了船队……此时距离基地约 1000 英里。"由于节省了大量飞行时间，"解放者"们终于可以对敌军 U 艇发动空袭了，在接下来的一小时内，它们对不少于 6 艘 U 艇发动了攻击（或迫使其下潜到水中），其中几艘 U 艇被它们的深水炸弹或机关枪击中。

　　第二天，也就是 3 月 18 日上午，2 架"解放者"轰炸机飞到了 SC122 船队上空，并对船队四周的 U 艇进行了拦截。下午，它们又被另外 3 架"解放者"替换，其中 1 架轰炸机与 U–642 玩起了"猫捉老鼠"的游戏，两度迫使它潜入水中。整整 5 架前来寻找 HX229 船队的"解放者"轰炸机都铩羽而归，正是在这种缺乏直接空中掩护的情况下，该船队的"加拿大之星"号和"格雷沙姆"号才被 U–221 所击沉。不过，还是有 2 架"解放者"攻击了埋伏在 HX229 船队附近的 U 艇，其中一艘 U 艇被轰炸机投下的深水炸弹炸伤，暂时撤离了战场。

在船队上方来来回回的"解放者"轰炸机令德军 U 艇无法再度集中。因此，在空中掩护到来之后，SC122 船队中只有一艘商船"卡拉斯"（Carras）号被 U 艇偷袭得手，3 月 19 日，船队中出现了最后一个牺牲品——"马修·勒肯巴赫"（Matthew Luckenbach）号，原因是它不服从命令，以 15 节的航速逃往臆想的安全区域。飞机的出现对增强护航编队的防御能力也产生了额外的积极影响。由于飞机迫使 U 艇纷纷潜入了海中，这些护航舰艇从此不必再前往距离船队很远的地方进行巡逻了，此外，SC122 船队还得到了一艘驱逐舰和一艘海岸警卫队巡逻舰的增援（另外 2 艘驱逐舰和 2 艘护卫舰也正在赶来增援的途中），现在，护卫编队终于可以展开一定程度的反击了。3 月 18 日午夜，"操劳过度"的"银莲花"号发现 U–615 试图从 HX229 船队的后方发动偷袭。该艇的冯·伊根 – 尼格尔（von Egan Knieger）上尉报告说："当我们最终进入攻击阵位时，一艘护卫舰艇突然迅速向我们逼近。我们唯一能得救的地方就是在'最底下'（意指最大下潜深度）。"在 90 分钟内，"银莲花"号和"志愿兵"号总共进行了 7 次深水炸弹攻击，它们的目标可能还包括 U–134 和 U–440，"石莲花"号也单独采取了行动，"高地人"号也是如此，一艘 U 艇因未能探测到它的接近而差点被击沉。"当时，我们之间离得非常近，""高地人"号的军官 D. G. M. 加德纳（D. G. M. Gardner）上尉回忆说，"从我们的舰桥上，可以看到敌军潜艇的艇长站在指挥塔上，用双筒望远镜监视着我方船队。他们艇尾的瞭望哨一定是睡着了。"到晚上战斗结束时，HX229 船队中共有 4 艘护航舰艇参与了行动，有 3 艘德军 U 艇被它们投下的刺猬弹和深水炸弹击伤，4 舰共计投下了 71 颗深水炸弹。战斗在黎明时结束，"银莲花"号的船员们一定有理由认为只有自己在孤军奋战，该舰在 HX229 船队的后方发现 2 艘浮出水面的 U 艇，在炮火的威胁下，这 2 艘 U 艇都被迫下潜到了水中。

到了 3 月 19 日早晨，SC122 和 HX229 船队的船只数量已经比四天前减少了 22 艘，现在它们已经行驶到了在大西洋战役中相对安全的海上通道。此时，两支护航编队的舰艇数量已增加到了 19 艘，还有 2 艘即将加入。来自 7 个中队的"解放者"、"空中堡垒"轰炸机和"桑德兰"水上飞机在船队上空轮番巡逻，与追踪船队的 U 艇保持一定距离，并在它们浮出水面时将其驱赶至水下。3 月 18 日至 19 日夜间，还有 24 艘德军 U 艇在船队附近互相联络。到了 3 月 19 日晚上，就只剩下 15 艘 U 艇还在继续战斗了，其中 2 艘 U 艇已经严重受损，包括鲁莽的艇长——金泽尔所指挥的 U–338，还有一艘 U 艇已经沉没。据一架在 HX229 船队后方巡逻的"空中堡垒"轰炸机猜测——该机来自赫布里底群岛的本贝丘拉岛（Benbecula）——海上突然刮起的暴风可能掩盖了一艘浮出水面的德军 U 艇。于是它飞进了暴风雨中，并找到了一个目标，投下 4 颗深水炸弹后，德军潜艇消失的地方出现了大面积的油污。实际上，这架"空中堡垒"轰炸机击沉了 U–384 号潜艇，正是这艘潜艇在两天前用鱼雷击沉了英国货轮"胸甲骑兵"号。盟军关于击沉 U–384 号潜艇的报告被德国海军电子侦听部截获，因此，直到此时，越来越多的证据已经表明，德军 U 艇相对 HX229/SC122 护航船队的优势已经被逆转了。

德军 U 艇总部对这次行动是否应该继续下去得出了自己的结论。在盟军增援部队和飞机已经投入战斗的情况下，如果德军 U 艇继续行动的话，其遭受的损失可能会上升到与取得的战果相平衡的地步，于是，总部于 3 月 19 日晚上作出决定，德军 U 艇将在 3 月 20 日天一亮时与船队脱离接触，然后返回预定巡逻线，或者，如果补给被消耗得差不多了，就直接返回基地。撤退途中，除非发现大好机会，或者掉队的商船和商船的残骸，这些 U 艇都将保持隐蔽，不会再主动发起攻击。

对于 HX229 和 SC122 船队幸存下来的船员们来说，现在终于有了可靠的"保镖"——头顶上来来回回的飞机令紧张的局势大为缓和，他们的恐惧也转化为一种喜悦感，这也是劫后余生的人们的普遍情绪。一位老兵回忆道："小伙子们会给他们的朋友们理发，吹口哨，开开玩笑，展望未来，而不会去回想已经过去的几个星期。整艘船都充满了无忧无虑的气息。"在旅途中，共有 22 艘商船被击沉，各艘护航舰艇一共营救了 1100 名落难船员，专业救援船"扎米力克"号以及新西兰冷藏船"提哥亚"（Tekoa）号（隶属于 HX229 船队）也从燃烧的油轮"南方公主"号、货轮"纳里瓦"号和"勒内·杜邦"号中救出了 146 人。大多数幸存者——不管他们是经历了沉船的危险，还是仅仅在过去的五天一直生活在恐惧中，都已经逃过了鱼雷爆炸和冰冷大海的威胁，他们已经蓄势待发，准备再次起航了，有许多人将在一个月内再次踏上旅程。

## 战斗的得失

HX229/SC122 护航船队之战是整个大西洋战役中规模最大、持续时间最长的一场战斗。至少有 40 艘德军 U 艇参战——这是它们有史以来最大的一次集结，与之相对的是多达 90 艘盟军商船和其他船只，由 20 艘驱逐舰、远洋护卫舰、护卫舰和海岸警卫队巡逻舰（以及 1 艘后来在恶劣天气中沉没的武装拖网渔船）护航。战斗中，德军 U 艇共发射了 90 枚鱼雷，击沉了 22 艘商船，导致 372 名船员和乘客丧生，大多数人都是被淹死或被三月份大西洋的寒冷海水冻死的。其中，只有一名海军士兵牺牲——一位水手从"曼斯菲尔德"号的甲板上落水身亡。

大约有 161000 吨的货物随中雷的船只一起沉没了。如前文所述，这些货物包括小麦、钢铁、烟草、橡胶、木材、铝土矿、肉类、铁矿石、黄油、奶酪、锰、燃料油、糖和奶粉。满载着上述货物沉入大海的船只中，有 3 艘是自由轮，而两支船队一共也只有 6 艘自由轮而已，这一击沉速度甚至比自由轮下水的速度还要快，令人十分不安。3 月中旬的大西洋战役，在不到一周的时间里，盟军就损失了 146000 吨的商船，几乎超过了正在不断增强的英国和美国的造船能力，比如美国，他们将每年制造 750 万吨的船舶来补充损失。

然而，如果把 HX229/SC122 之战的所有要素都纳入某个方程式，并对其进行综合分析的话，那么所得出的结论绝不是有利于 U 艇一方的。借用专家的话说，U 艇们在"空白区域"里"横冲直撞"了两天，所取得的战果有下沉的商船、拥挤的救生艇，还有因获救太晚或根本没有获救而死去的海员和平民的尸体。但是 U 艇连一艘护航舰艇都没有击沉，甚至都没有对其发动过攻击，尽管这些小船都已经忙得喘不过来气，而且完全暴露在它们的瞄准镜下了。U 艇部队自身也遭受了重大损失。尽管由于深水炸弹攻击没有取得明显成效，盟军护航舰艇的指挥官们都感到很沮丧，但事实上他们赶走了 3 艘 U 艇并导致 8 艘

U艇受损，受损U艇和致其受损的护航舰艇分别是：U-134（"银莲花"号和"志愿兵"号）、U-190（"巴比特"号）、U-338（"薰衣草"号和"厄普舍"号）、U-439（"高地人"号）、U-530（"贝弗利"号）、U-440（"银莲花"号）、U-86（"曼斯菲尔德"号）和U-228（"贝弗利"号）。盟军飞机的表现更好，它们赶跑了2艘U艇，并击伤了U-305、U-338（由勇敢的金泽尔艇长指挥）、U-527、U-598、U-631、U-666和U-441。还击沉了2艘U艇：意图偷袭船队的U-384，以及U-665——在回家的途中，U-665被一架"惠灵顿"轰炸机给盯上了，当时这架"惠灵顿"正横穿比斯开湾，它对这艘潜艇投下了深水炸弹并将其击沉。两艘沉没的U艇都没有幸存者。

德军U艇部队即将面临更加糟糕的状况。纳粹德国国家广播电台将针对HX229/SC122的围剿称为"有史以来最伟大的海上破交战"，而邓尼茨总部的战争日记对此记录道："迄今为止针对敌军护航船队所取得的最大成功。"然而，他的对手、担任英国西部海区总司令的海军上将马克斯·霍顿爵士（Sir Max Kennedy Horton）却从另一个角度审视了这一结果。"真正的麻烦，"同一天，他在写给一位朋友的信中谈道，"也是最基本的问题——我们的兵力（护航舰艇）太少了，所有人都太辛苦了，没有时间训练……当然，空中力量已经成为了一个决定性的因素——不过，只是在最近，在经历了长达三年半的战争之后，陆基飞机才在反潜作战中真正展现了它们的威力……所有这些事情现在都到了紧要关头，虽然上个星期是最黑暗的一周，但就护航这项工作而言，我还是充满希望的。"

他的乐观情绪主要基于盟军在以下五个方面所取得的重大进展：第一，经过不懈的努力，英国人终于破译了"鲨鱼"密码，从3月19日到6月30日的103天中，有整整90天，英国人都可以实时阅读德军的加密信息，尽管德国人随后对密码机进行了改进，但此后英军一直保持了这样高的破译效率。第二，英国人开始在船只和飞机上安装10厘米波段的高频雷达，而德国人直到8月才研制出针对这种雷达的告警器。第三，盟军加强了远程飞行中队的力量，此举消除了格陵兰岛附近的"空白区域"，从此，盟军在所有德军U艇活动的主要区域都有了行动自由，可谓"进可攻退可守"。第四，盟军加快了建造新护航舰艇的步伐，借此成立了所谓"支援大队"，以向陷入困境的护航船队提供援助——直到当年 5 月份共组建 4 个支援大队。第五，英军装配了护航航空母舰，船队从此有了自己的"浮动机场"，肆无忌惮地从海面发动进攻的德军 U 艇从此有了"终极克星"。

接下来，重走自西向东海上航线的船队的经历证实了霍顿爵士的乐观是有理由的。SC122/HX229 的后继者——SC123/HX230 船队，在美国护航航母"鲍格"（Bogue）号的护送下航行。邓尼茨集结了两个新的艇群——"海狼"（Seawolf）和"海魔"（Seadevil），分别拥有 17 艘和 15 艘 U 艇，来堵截这两支船队，不过，尽管"鲍格"号只搭载了 20 架"复仇者"鱼雷轰炸机和"野猫"战斗机，但已经足以牵制住这些 U 艇了，最终，两支船队只损失了 1 艘商船。不过，此后的 HX231 船队遭受了更严重的打击，还有 ONS 176——一支向西行驶的船队，不但失去了曾与 HX229 船队并肩作战的老兵"贝弗利"号驱逐舰，还失去了队内的 4 艘商船。在 4 月，盟军护航船队与德军 U 艇之间的战斗可谓是非常激烈的，盟军损失了 313000 吨的商船，但这个数字只有 3 月份的一半，而且它们还击沉了 14 艘 U 艇。

大西洋战役的下一次高潮出现在当年 5 月份，当时德军的 3 个艇群"啄木鸟"（Woodpecker）、"画眉"（Blackbird）和"公羊"（Ram），共 60 艘 U 艇对盟军向西航行的 ONS5 护航船队展开了进攻，在该船队于中大西洋总共 16 天的航程中，有整整 10 天都与德军 U 艇发生了接触。5 月 5 日，U 艇一共击沉了 6 艘商船。5 月 6 日晚，邓尼茨对 3 个艇群进行了督促："夜幕降临后，必须立即展开进攻。动作要快一些，因为你们有多达 40 艘潜艇，足以将敌人的整支船队杀得片甲不留了。"就在"狼群"不断逼近船队的时候，一支支援编队突然拍马赶到，大大增强了护航编队的力量，另外，海上突然降下了浓雾，这令护航舰艇雷达的优势更加突出，U 艇们很快就发现战况发生了逆转。有 2 艘 U 艇共同围绕着船队的侧翼航行，由于能见度过低，它们撞在一起，双双沉没。此外，还有另外 5 艘 U 艇被盟军护航舰艇摧毁，其中 2 艘被护航舰撞毁，1 艘被刺猬弹炸毁，2 艘被深水炸弹击毁。第二天，德军 U 艇总部取消了这次行动。虽然它们击沉了 12 艘商船，但仅在一夜的交战中就损失了 7 艘 U 艇，损失之大已经令德国人无法承受了。

　　"无法忍受"是邓尼茨在回顾这个月时所使用的一个词："损失，即使是严重的损失，也必须由相应的战果来弥补。5 月，在大西洋上，我们每击沉 10000吨敌人的商船就要付出 1 艘潜艇的代价，而就在不久前，我们每击沉 10 万吨敌人的商船才损失 1 艘潜艇。因此，5 月份的损失已达到了令人无法忍受的程度。"当时，他以为在 5 月份德军一共损失了 31 艘 U 艇。但事实上，等到那些因为被飞机摧毁而未能回到比斯开湾的 U 艇数量被统计出来后，再加在一起，德军 U艇最终的月损失数达到了 34 艘。因此，邓尼茨下令"暂时转移到没有受到敌机威胁的海域"，他意识到自己不能再让"狼群"去与敌人的护航舰艇、护航航母和远程战机硬碰硬了。实际上，他已经接受了失败的现实。

　　然而，这并非是盟军船队所见到的最后一批 U 艇。邓尼茨将采取两种方式去解决他面临的问题，其中既有权宜之计也有激进的手段。所谓"权宜之计"主要是为 U 艇加装防空火炮，让它们与敌军飞机在海上"决一雌雄"，并让这些 U 艇集中行动以抵御空袭。这两种手段在应对不够谨慎的盟军飞行员时取得了暂时的成功。然而，U 艇在对抗敌军飞机空袭时处于"天生的劣势"，HX229船队的杀手——金泽尔艇长就是最早让德国人认清了这一残酷现实的人。从第一次战斗巡航胜利归来的途中，他率领潜艇击落了一架"哈利法克斯"轰炸机。第三次战斗巡航中，金泽尔的 U 艇被一架"解放者"跟踪，他向德军 U 艇总部发出信号，决定"保持现状，准备与敌机决战"。但最终还是在长时间的对抗中感到力有不逮，金泽尔指挥潜艇潜入了水中，但"解放者"投下了一颗音响自导鱼雷，击毁了金泽尔的潜艇，艇上无一生还。

　　音响自导鱼雷是一种新型武器，德国人在不久后就掌握了这种武器的秘密——它们可以根据船只螺旋桨的声音追踪目标，从而提高了攻击的准确率，对护航舰艇来说尤为致命，不过，最终安装在船只尾部的拖曳式噪音制造设备降低了这种新型武器的威胁。相比之下，"潜艇通气管"是一种更加难以对付的装备，其实际上就是一种管道，当潜艇沉入水中时，可以将空气吸入潜艇，这样潜艇在充电时就不必完全浮出水面了，从而减少了被发现的概率。1944 年春，德军 U 艇开始全面装备通气管。虽然使用通气管的时候，U 艇的水下航速最高只有 5 节，对大西洋的作战行动而言过于缓慢，但它可以令 U 艇基本不被敌人发现，因此，德军水下舰队在沿海水域的击沉速率又开始上升，这令盟军感到十分不安——连反潜飞机也对使用通气管的 U 艇无计可施，到了 1945 年，甚至连盟军部署在大西洋海域的 400 多艘护航舰艇都成为了 U 艇的目标，而且遭受了严重的损失。

邓尼茨最终的努力是通过一种全新的技术来重新武装他的水下舰队。对 1943 年 5 月以后的大西洋战役进行详细研究后，邓尼茨发现，潜艇是能够击败与飞机协同作战的护航舰艇的，但前提是它们必须能在水下作战以躲避飞机。如果潜艇在水下的速度比在水面快，并超过护航舰艇的话，那就更好了。XXI 和 XXIII 型潜艇虽然是应急产品，但可以说是初步具备了这些特性，它们的排水量很大①，艇身呈流线型并具有强大的电池续航能力。不过，真正具备未来特征的潜艇还是以其发明者命名的所谓"瓦尔特"（Walther）潜艇，这种潜艇采用了一种新型燃料——过氧化氢，它提供的动力足以使潜艇的水下航速达到 25 节，而且根本不需要上浮到海面补充空气。

从 1943 年 5 月到 1945 年 5 月的两年之中，邓尼茨的水下舰队只击沉了 337 艘商船，而自己损失了 534 艘 U 艇——交换比为 1.5：1。但此时，已经有 4 艘"瓦尔特"潜艇正在试航，还有一款"续航力可达全球的新型潜艇"正在金属模型的基础上进行研发，有望成为真正的"决定性"武器。然而，没等这些新型武器大展身手，战争就已经结束了，在希特勒的政治遗嘱中，邓尼茨被任命为第三帝国的第二任国家首脑，他随后就躲进了米尔维克海军学院中，静候盟军的逮捕，35 年前，他就是在这里开始了自己的帝国军校学员生涯。

邓尼茨留下了一笔"可怕"的遗产。他曾是提尔皮茨海军中的一员——这支海军在一场赤裸裸的、自私自利的大国对抗中诞生，最后在失败的痛苦中消逝。后来，邓尼茨成为了希特勒海军的总设计师，他放弃了一切关于海上互助的古老原则——例如海员要在恶劣的大自然面前互相帮助，要对失事船只进行及时的救

---

① 译注：原文如此，此处有误，XXIII型潜艇实际是一种近海潜艇，水下排水量只有258吨。

援，在取得胜利的时候要宽宏大量，以及在任何时候都要公平战斗——在他的眼中，为了国家的生存，使用任何"强硬"的手段都是合理的。在邓尼茨发动的残酷战争中，海员们纷纷陷入了恐怖的旋涡。整个大西洋战役，共有 2603 艘商船沉没，有超过 3 万名英国、美国和其他盟国的商船船员丧生。然而，相比之下，德军 U 艇部队自己的战损比率甚至要更加惨重。从战争开始到战争结束，德军 U 艇艇员的总数不超过 40900 人，但其中却有多达 28000 人随他们的潜艇一起沉没了，阵亡率为 70%——其他任何国家的任何部队都无法与之相比。

我们对那些参与 HX229/SC122 船队之战的 U 艇的各项数据做出了统计，这或许能集中体现大西洋战役的残酷性：共有 45 艘 U 艇参与了针对两支护航船队的攻击行动，而在战争结束的时候，它们当中只有 2 艘幸存下来，1945 年 5 月，其中 1 艘在南大西洋进行战斗巡航时开往阿根廷，另 1 艘在同一天向加拿大投降。有 2 艘在港口被敌人炸毁，没有被再次修复。有 1 艘在战斗中严重受损，勉强逃回基地后被直接报废处理。有 1 艘自沉。其余 39 艘均在海中沉没，绝大部分无人生还。在海中沉没的 U 艇当中，有 1 艘是因为与其他潜艇相撞而沉没的，有 1 艘触了水雷，有 11 艘被敌军护航舰艇击沉，有 22 艘被敌机击沉。还有 4 艘 U 艇是在敌人船只和飞机的协同攻击中沉没的，包括 U–616 号——1944 年 5 月 17 日，美国海军舰艇和英国皇家空军第 38 中队的飞机经过为期三天的追击才摧毁了它，这也是德国潜艇遭遇的最长的一次"围猎"。德军 U 艇总部进行的相关统计通常都是极为残酷的，诸如："敌人撞击！""敌人深水炸弹攻击！""13 名幸存者。""9 名幸存者。""2 名幸存者。""37 名幸存者。""无幸存者。""无幸存者。""无幸存者。""无幸存者。"甚至连邓尼茨的两个儿子也死在了潜艇战中——彼得·邓尼茨（Peter Donitz）和克劳斯·邓尼茨（Klaus Donitz）都没有参与围剿 HX229/SC122 船队的战斗，1943 年 5 月 19 日，彼得所在的 U–954 号潜艇在北大西洋巡航时被一架"解放者"轰炸机击沉。此后，邓尼茨利用特权将克劳斯调离了北大西洋战场，但 1944 年 5 月 14 日，在英吉利海峡一艘巡逻艇上服役的克劳斯也不幸阵亡。两个儿子的死亡都没有令邓尼茨的日常生活受到丝毫干扰。他经常向部下们强调的那种冷酷无情已经铭刻在了他自己的心灵深处。

结语

---★---

# 空荡荡的海洋

直到第二次世界大战结束——甚至在二战结束之前很久，潜艇和航空母舰就已经无可争议地确立了自己海上霸主的地位。在这两种武器中，航空母舰的崛起更为引人注目。

我们可以对参战各国海军的航母进行一下对比：苏联没有建造任何航母；德国和法国分别下水了1艘航母——"齐柏林伯爵"（Graf Zeppelin）号和"贝亚恩"（Bearn）号，但这两艘航母都没有真正完成[①]；英国拥有7艘舰队航母，5艘轻型航母和38艘护航航母，还有20艘舰队航母或轻型航母正在建造中；日本原来拥有13艘舰队航母和8艘轻型航母，但战争结束时分别只剩下2艘还漂浮在海面上，其余全部沉没[②]；美国在战争开始时拥有7艘航母，在1945年8月共装备了20艘舰队航母，8艘轻型舰队航母，71艘护航航母，它们的甲板总共可以为将近4000架不同类型的舰载飞机提供起降空间，包括战斗机、鱼雷机、轰炸机、反潜机和侦察机等。

由于英国航母的预计作战区域都是一些封闭海域，受敌人陆基轰炸/攻击机的威胁较大，因此多采用装甲飞行甲板的设计，它们在太平洋战争的最后阶段为盟军提供了强大的海空力量。不过，归根结底还是由美国海军航母特混舰队（即大量驱逐舰和巡洋舰围绕着1艘、2艘或3艘航母集结所形成的编队）彻底击败的日本海军。在1944年的菲律宾海和莱特湾战役中，日本海军的攻击部队已经被彻底摧毁。此后，在1945年，为了抵御美军航母特混舰队对硫磺岛和冲绳岛的进攻，日本人采取了孤注一掷的残酷战术，他们集结了一波又一波由敢死队员驾驶的自杀式飞机——实际上就是有人驾驶的飞行炸弹。在冲绳战役中，共有1900架神风特攻飞机飞向目标，其中约有250架突破了防空屏障，美军有25艘舰船被击沉，150艘船只受损——包括4艘航空母舰和2艘战列舰。尽管如此，自杀式攻击并不能阻止美军航母战斗群的犀利进攻，强大的海上力量不仅确保美军攻克了任何一座日军据守的岛屿要塞，甚至还允许

---

① 译注：原文如此，实际有误。"贝亚恩"号早在1927年便已服役，但由于航速太低，适用性不佳，该舰几乎没有参加过任何重大作战行动。

② 译注：这里显然没有将日本陆军建造的航空母舰计算在内。

他们使用舰载机直接攻击日本本土——为摧毁日本神风特攻飞机的基地，美国海军对日本本土的海军设施进行一系列迅猛打击。

美国航母战斗群在海上的威风甚至盖过了战列舰部队。这些巨大的"浮动机场"在广阔的太平洋逆风航行，时速高达 25 节，一次可以起降 100 架飞机，它们被巡洋舰、驱逐舰和防空屏障上的雷达哨舰所包围，姿态优雅并充满力量，给所有亲眼看见它们的人都留下了不可磨灭的深刻印象。毫无疑问，航空母舰是争夺制海权最有力的工具，所有其他水面舰艇都无法望其项背，它们不但具有很强的防御力，还可以随时对数百千米以外的目标发动攻击。

然而，日本的失败并不能完全归咎于航空母舰。在日本战争领导人东条英机看来，潜艇同样在美国取得胜利的过程中发挥了重要的作用。统计数字证实了他的分析。美军潜艇不仅摧毁了三分之一的日军舰队——包括其最后 2 艘航空母舰，还摧毁了日本三分之一的商船队。战争初期，日本拥有的商船的总吨位为 600 万吨，到 1944 年底，尽管他们缴获了 80 万吨，并新建了 330 万吨，但商船的总吨位还是已经降至 250 万吨了。八个月后，这一数字更是降低到了 180 万吨，而且都是一些内海船队的小船。这种迟来的破坏主要是由美国潜艇造成的，到 1945 年中期，美军潜艇已经在日本海肆无忌惮地活动了，令日本列岛之间的大部分海上交通中断。自二战开始以来，日本有 2000 多艘商船被击沉，其中有 60% 是被美军潜艇发射的鱼雷所击沉的。

简而言之，邓尼茨在大西洋所做的努力是失败的，但美军潜艇在太平洋上却取得了成功。他们的潜艇严重损害了敌人的经济，并使其陷入了瘫痪。日本是一个极度依赖海运进口工业原材料和生活资料的国家，甚至比英国更甚。它的人口比英国多，但它的农产品比英国少，国内燃料和基本矿物产品也比英国少。1941 年，日本以美国威胁其石油和金属进口作为了发动战争的理由，到了 1945 年，美国真的已经封锁了这些必需品的供应，这就确保了：即使日本人不接受战败的现实（和原子弹带来的毁灭），那么用不了多久，他们也将放弃继续战争的打算。

摧毁日本海上交通的美军潜艇在性能上比邓尼茨在大西洋战役中使用的潜艇要好，它们在水面上的速度更快，而且体积更大，搭载鱼雷的数量更多并具有更远的巡航距离。此外，美国人并不寻求通过陆地上的无线电指令来指挥海上潜艇的行动，从而使敌人没有机会通过拦截加密讯息来锁定和攻击它们，但这些优势并不具有决定性，实际上，1945 年的美国潜艇与 1941 年时差别不大。潜艇在本质上仍然是一种"能潜水的船"，可以在需要的时候潜入水中，但是，作为一种以鱼雷为主要武器的舰艇，它在水面上才能发挥最大威力，当潜艇在深海中"隐身"的时候，它也失去了绝大部分的速度和耐力。

1945 年，如果找一位专家来进行预测的话，他很可能会认为潜艇的发展潜力要远远小于航空母舰。诚然，德国研制出了"瓦尔特"潜艇，由于它装有封闭式的过氧化氢燃料系统，有希望在水下长时间巡航，并能在短时间内保持较高的水下速度。但直到二战结束，也没有一艘瓦尔特潜艇进入实战状态，现有实验模型的尺寸也都很小。使用通气管的潜艇也能在水下以比电动机更快的速度行驶。但是，通气管也会造成艇内压力的骤然变化，会令艇员们感到很不舒服，这极大地限制了潜艇的水下续航能力，而即便使用通气管，潜艇的巡航距离仍然由燃油容量所决定。此外，潜艇的攻击力仍然取决于它们所用的鱼雷，而当时最好的鱼雷，例如威力强、速度快的日本"长矛"鱼雷，也存在着射程相对有限、精度差的问题。

相比之下，在短时间内，航空母舰就经历了脱胎换骨的变化。第一艘"超级航母""福雷斯特尔"（Forrestal）号于 1954 年下水时，是当时世界上最大的军舰，排水量达 86000 吨，远远超过了 1942 年的"中途岛"级（排水量 55000 吨，已经是公认的"庞然大物"了），而就在 20 多年前的 1931 年，美国建造的第一艘专用航空母舰——"突击者"（Ranger）号的排水量才只有 14500 吨。"福雷斯特尔"级航母所搭载飞机的数量比"中途岛"级要少，但它可以搭载喷气式战机，其性能几乎与陆基飞机不相伯仲，而且能投送核武器。事实上，美国海军航空母舰于 1951 年装备了第一架可以携带核弹头的飞机。随着超级航母的下水，美国海军终于将自己置于国家战略体系的最前沿。超级航母（被部署在地中海和西太平洋地区）装备的"野人"（Savage）、"空中战士"（Skywarrior）和"民兵团员"（Vigilante）系列高空轰炸机，与战略空军司令部相辅相成，令苏联陷入到随时遭受核打击的危险当中。1958 年，随着第一艘核动力航母——新"企业"（Enterprise）号的下水，苏联遭受核打击的风险被骤然放到了最大。"企业"号如果在航行途中补充了物资和航空燃料，理论上就可以无限期地在海上航行，它可以利用自己的机动性来躲避敌人的空中打击，并由护航编队来击败任何偶然遭遇的敌人。

在"企业"号航母铺设龙骨的四年之前，"鹦鹉螺"（Nautilus）号的下水标志着潜艇也迈入了现代化舰艇的行列，这一具有革命性意义的事件预示着航空母舰可能不会一直扮演它之前被赋予的角色——即"二十世纪的海洋霸主"了。"鹦鹉螺"号潜艇也是核动力的，它完全摆脱了在水下和水面巡航时所使用的两套又陈旧又笨重的发动机，而且不论在水面还是水下，它都可以以较高的速度（超过 20 节）航行。"鹦鹉螺"号的体积相当大，排水量超过 3000 吨，先进的空气净化系统使它一次能在水下停留好几天。

总之，"鹦鹉螺"号实现了先驱者们的梦想，成为了一艘真正的"潜水艇"，而不仅仅是一艘会潜水的水面舰艇。即便如此，它也还没有成为最重要的战争武器。"鹦鹉螺"号的武器仍然是常规鱼雷（尽管依照当时的技术水平，类似大西洋战役中的护航舰艇肯定是对它无可奈何的，它可以肆意屠杀前者所保护的商船），但这并不代表它已经成为了邓尼茨当年曾寄予巨大希望的"杀手锏"武器。一旦遇到高速航母战斗群及其搭载的强大反潜飞机，"鹦鹉螺"号就不一定能给敌人造成严重损失了，甚至自己还会面临相当大的生存风险。

然而，在接下来的十年里，"鹦鹉螺"号的继承者们在尺寸、动力和战斗力上都有了显著的增强。1960 年，实验性质的"特里同"（Triton）号核潜艇（排水量 5500 吨）成为了第一条完成水下环球航行的潜艇。还有美国的第一代攻击核潜艇——"鲣鱼"（Skipjack）级，它们可以达到 30 节的水下航速，还可以经常下潜到 305 米以下的深海。虽然，在"大比目鱼"（Halibut）号核潜艇上安装"天狮星"（Regulus）导弹的测试验证了核潜艇具备发射可携带核弹头的导弹的能力，但"天狮星"是一种相对原始的亚音速巡航导弹，而且潜艇必须浮出水面才能发射它们。

1959 年，也就是超级核动力航母"企业"号下水的一年之后，美国的第一代弹道导弹核潜艇"乔治·华盛顿"（George Washington）级也纷纷建成服役了。

潜艇发展过程中产生的那些不伦不类的折中和妥协方案一时间全都烟消云散了，弹道导弹核潜艇一步就跃居到了海军力量的首要位置。毫无疑问，"乔治·华盛顿"级弹道导弹核潜艇是一种"主力舰"——如果这个名词还没有过时的话。事实上，它们已经超越了以往主力舰的地位，而成为了一种国家战略工具，由国家元首直接指挥和支配。因为"乔治·华盛顿"级代表着两种新锐技术的结合："真正的"潜艇技术以及远程弹道核导弹技术。这些潜艇没有部署任何特别的对海武器，也没有装备任何大炮和鱼雷[①]。它们的武器是 16 枚"北极星"潜射弹道导弹，并借此成为了美国核威慑体系中的一个新组成成分——海基核力量。值得一提的是，艇长是无权下令发射这些导弹的，只能遵照美国总统之命行事。

　　"乔治·华盛顿"号是美国的第一艘弹道导弹核潜艇，后来，这一数目发展到了 41 艘，这一数字最终在 1972 年美苏签订的协议中固定了下来。与此同时，美国还生产了大量"鹦鹉螺"号的"直系后代"，即所谓的"攻击核潜艇"。到 1980 年，它们的数量已经接近 100 艘，其中最先进的型号达到了 30 节的水下航速（堪与当时最快的护航舰艇相比），还可以潜入 300 米的水下。在这样的深度下，常规的反潜武器即便使用火箭助推以增加其下沉速度，也难以收到良好的效果。攻击核潜艇主要装备各种反舰武器——特别是线导鱼雷，对付敌人水面舰艇十分有效。此外，如果护航舰艇使用主动声呐定位水下目标，就会暴露在核潜艇的反向探测之下，而核潜艇使用的被动声呐只是简单地监测水面船只运动的噪音，并不会暴露自己的位置。

　　当然，水面舰艇也可以利用被动声呐来探测水下的潜艇。但核潜艇在深海中可以凭借高航速进行大范围机动，因此，无论是使用火箭助推深水炸弹还是用鱼雷，要想击中一艘不断机动的潜艇，都是十分困难的。反潜人员认为只有两种武器对他们的对手最有效：第一种是核鱼雷，美国称之为"萨布罗克"（Subroc），实际上是一种火箭推进的潜射导弹，可以通过在广阔的海域制造巨大的冲击波来摧毁敌方潜艇；另一种是线导鱼雷——舰艇利用一根可以不断

---

①　译注：原文如此，此处有误，"乔治·华盛顿"级潜艇实际配备了6具533毫米鱼雷发射管。

延伸的细电缆与鱼雷相连，从而传送信号控制鱼雷的动向，这些线导鱼雷通常是从飞机、沉底水雷或其他潜水艇发射的。

在这三种反潜武器平台中，似乎只有敌方的潜艇才是最致命的。曾几何时，潜艇的艇长们最害怕敌人的飞机，因为他们根本没有办法主动还击，而且往往在雷达发出警报的时候才能意识到敌机的来袭（飞机上的被动声呐根本不会暴露自己）。但飞机是相对薄弱的反潜武器平台，它们必须通过间接的方式追踪猎物。一般来说，飞机通过投放声呐浮标的方式来获取目标，这些浮标会将回声重新发送给母机，也可以采用拖带磁性探测仪的方式。相比之下，一艘攻击潜艇可以在海洋深处追逐它的猎物，它可以一直隐藏在由目标的螺旋桨尾流所形成的"静锥区"内，直到抵达可以发射自导鱼雷的最佳攻击位置。这种鱼雷的原理是：由潜艇内部的计算机对获取的水声数据进行分析，并将处理后的数据信号通过线控系统重新传输给鱼雷并进行引导。因此，这种自动寻的武器对未能躲避追击者的潜艇是致命的。

潜艇和反潜之间是一个不断发展的"辩证关系"，这种情况与 19 世纪鱼雷舰艇和（鱼雷艇）驱逐舰在水面展开的较量大致相同，没有什么比潜艇种类的日益多样化更能证明这一点了。40 年前，在第二次世界大战之后不久，所有的潜艇都是"攻击"型的，专门用来对付敌人的水面舰艇。

到了 1960 年，潜艇已经被划分为三种类型：第一种，战略核潜艇（弹道导弹核潜艇），属于核大国"核心战略体系"的重要一环；第二种，旨在于战争爆发时赢得"第三次大西洋战役"的攻击型核潜艇；第三种就是在封闭水域作战的常规潜艇。其中，在今天，第三种，也就是常规潜艇几乎已经从先进国家海军的战斗序列中消失了。攻击核潜艇则继续稳步提高它的水下速度、安全潜水深度和进攻能力。后来美国的"洛杉矶"（Los Angeles）攻击核潜艇，巡航速度为 35 节，下潜深度接近 457.2 米，装备潜射巡航导弹以及鱼雷，同时具备战略和战术打击能力。甚至连海基核打击平台——弹道导弹核潜艇也已经开始以一种非常显著的方式进行多样化发展了。美国的"俄亥俄"（Ohio）级战略核潜艇排水量达到 19000 吨，装备 24 枚洲际弹道导弹，相比之下，早先的"拉斐特"（Lafayette）级战略核潜艇排水量只有 8000 吨，只装备了 16

枚短程弹道导弹；苏联的"台风"（Typhoon）级战略核潜艇，可以装载20枚洲际弹道导弹，排水量达到了空前的25000吨，相当于日德兰海战中吨位最大的无畏舰。

几乎不需要什么先见之明，我们就能预见到潜艇的类型将继续多样化，就像上个世纪（19世纪）的铁甲舰所发生的情况一样。这种多样化曾是舰船设计采用蒸汽和钢铁以来最引人注目的发展之一。在木制船只时代，人们只知道一种类型的战舰，仅仅根据大小来区分。尽管存在大小差异，但较大的战舰却并不会对较小的战舰构成压倒性优势，反之亦然，因为重型战舰速度低、机动性差，这决定了它们无法把轻型战舰留在战场上，但轻型战舰也不敢利用其优越的机动性能去挑战重量级的对手。简而言之，在那时，巡航舰往往只与巡航舰作战，战列舰一般只与战列舰交锋。不过，后来铁甲舰的登场，以及那些与铁甲舰同时出现的武器，尤其是鱼雷，改变了这种简单的分类。鱼雷快艇是专门设计用来挑战敌人舰队中最大的战舰的。它的出现引发了"鱼雷艇驱逐舰"的诞生，这反过来又需要增加一个新舰种——轻巡洋舰，然后是重巡洋舰，最终，由英国人发明了战列巡洋舰。结果，在舰队行动中，海军将领们又多了一项令人眼花缭乱的责任，那就是精心安排好各种类型的船只，正如日德兰海战所证明的那样，即使是最聪明、最敬业的人也不一定总能把这件事情做好。后来，潜艇和航空母舰又被加入了这个复杂的"方程式"中，海军将领们要依靠自己的头脑解决不同战舰的搭配问题，在时间紧迫和空间多变的情况下，海上战斗的复杂性进一步提高了。

更令海军将领们挠头的是，现在水下舰队也面临着同样的搭配困难问题，随着舰队的组成日趋复杂，潜艇的类型也越来越多样化：大的和小的弹道导弹型、巡航导弹型、巡航导弹/攻击混合型，还有单纯的攻击型，所有这些潜艇都是核动力的。丁尼生所描绘的"降自万国耀武扬威的海军，正在九霄争夺"的画面，可能会被类似于"水下日德兰海战"的景象所取代。那时的水下舰队很可能会像杰利科和舍尔曾经指挥的水面舰队那样庞大和复杂，水下舰队的将领们将被指挥和控制上的问题所困扰，就像上面这两位海军上将所遭受的折磨一样严重。因为这仍然是现代潜艇作战中的一个未解决的弱点——即水面舰艇和水下潜艇之间的通信，以及水下潜艇和水下潜艇之间的通信，它们还都是科学家正在努力解决的难题。当潜艇装备足够大的拖曳天线时，是可以实现与水面舰艇之间的通信的，但这会限制潜艇的机动性，以及它的下潜深度；由于海水的传导性，海底通信在本质上是无方向性且很不安全的。其结果是，尽管潜艇舰队无疑是海军有史以来最强大的作战力量，但却很难对它们施行战术或者战略上的控制。让我们翻阅一下海战的历史，在过去的 500 年中，海战都是在海面上进行的，从本质上讲，这就是一个海军将领们不断试图对舰队实施有效控制（先战术后战略）的过程，然而，很明显，水下舰队的将领们要想恢复他们的控制权（在某种程度上与那些指挥铁甲舰和木制战舰的前辈们一样），还有很长的路要走。

毫无疑问的是，未来能够控制海洋的力量注定是在海平面以下，而不是在海面。如果有人对此表示怀疑，那么请看看自 1945 年以来的唯一一次海上战役——1982 年福克兰群岛战役的记录吧！这场战役为我们展现了两个突出的事实：首先，水面舰艇几乎不能防御高性能喷气式战机的突袭；其次，水面舰艇根本无法抵御核潜艇的攻击。保守主义者们无疑会援引一些"特殊情况"来对上述观点进行反驳。他们会争辩说，英军的 27 艘水面战舰中有 11 艘是在特殊情况下被阿根廷飞机投下的炸弹或发射的导弹所击沉或击伤的，这些"特殊情况"包括：福克兰海峡十分狭窄，护航舰艇必须掩护特遣部队登陆，以及出于政治方面的考虑而对海军舰艇活动设置的"禁区"。不可否认的是，英军舰队的行动自由确实受到了登陆部队（以及那些对已登陆部队进行支援的单位）的限制。不过，在解释特遣部队损失的争论中，保守主义者们忽略了重要的一点，那就是纵观海上战争的历史，几乎所有的海战都是在陆地附近进行的。例如，太平洋战争中就很少有在海洋深处爆发的海战，可以说，只有中途岛战役和菲律宾海战役的战场是远离大片陆地的。

事实上，第二次世界大战中，即便在浩瀚的太平洋上，舰队之间、舰队与海上飞机之间的遭遇战也大多发生在靠近大陆、靠近大型岛屿或群岛的地方。这个规律适用于珍珠港、爪哇和珊瑚海、萨沃岛、东所罗门群岛、圣克鲁斯群岛、瓜达尔卡纳尔、俾斯麦海、莱特湾、硫磺岛和冲绳岛战役。

　　第一次世界大战中的几乎所有海战也都符合这一规律，甚至连感觉上很遥远的福克兰群岛与科罗内尔战役也是如此。19世纪的绝大部分海战——纳瓦里诺（Navarino）、锡诺普（Sinope）、利萨（Lissa）、马尼拉湾（Manila Bay）、对马岛（Tsushima）战役——也都是在封闭海域进行的。在"古典"海军时代，英国、荷兰、法国和西班牙木制战舰之间的作战记录也揭示了同样的模式。只有豪海军上将指挥的"光荣的六月一日"海战才称得上是在远海的战斗。其他所有"决定性"的海战，包括无敌舰队之战、特塞尔（Texel）海战、比奇角（Beachy Head）之战、巴夫勒尔（Barfleur）之战、圣徒岛之战、坎珀当（Camperdown）之战、圣文森特角之战、尼罗河之战、哥本哈根之战，甚至特拉法尔加之战，都是在距海岸很近的地方进行的，或者实际上就是在陆地旁的近海进行的。

　　事实上，直到潜艇和航空母舰出现之后，远海作战才有了战略意义。在那之前，一支舰队要想确定敌军目标的位置，或者在浩瀚的大洋上找到商船较为集中的区域，并占据有利攻击阵位，都是十分困难的，这就要求舰队尽可能在靠近本土或海外主要基地的地方进行战斗，以下事实使上述逻辑得到了进一步强化：之前，大多数海军行动都是陆战的"附属品"而已，因此，舰队往往会受到两栖作战的约束，它们必须紧紧围绕自己所支持的陆军作战区域行动，不能偏离太远。但航空母舰和远程潜艇改变了支撑上述论点的条件。首先，航母通过将飞机（本质上是一种陆地作战的工具）带到了海上，从而开辟了一种在更广阔的空间（比以往任何一位海军将领想要控制的范围都更广）进行打击可能性。其次，潜艇凭借自己在海洋深处建立起的、跨越多条航线的监控网络，将水面舰艇驱赶到距离陆地更远（比它们之前曾冒险尝试的最远距离还要远）的地方作战。

　　在航空母舰和潜水艇的"上下夹击"之下，传统的水面舰艇，无论大小——战列舰、巡洋舰、护卫舰，其地位都不可避免地会发生下降。没有舰载机的保护，水面舰艇无法在激烈的战斗中生存；同样，除非有飞机在附近，否则水面舰艇也无法安全地与敌人潜艇交战——飞机对水面舰艇的作用一开始只是为了把敌方潜艇赶入水下，后来则是为了扩大和加强自己探测和攻击潜入深海的潜艇的能力。对水面舰艇进行"上下夹击"的最终后果是，航母和潜艇成了战争的两个支点。传统的水面舰艇现在已经被边缘化了，为了争夺海上控制权，潜艇和航空母舰开始了直接对话。

那么，两者最终谁会取得胜利呢？潜艇和航空母舰的支持者们都深信自己最喜欢的武器系统将会掌控未来。热衷于海军航空兵的人会强调反潜飞机对潜艇的威胁程度以及航母战斗群通过深化护航屏障来保护自己，抵御敌方鱼雷和导弹攻击的强大能力。相比之下，潜艇的拥趸则认为航母的护航屏障并没有这么强大，因为它们本身就是水面舰艇（虽然其中也有一些是攻击型核潜艇），只要核潜艇从水下持续不断地发动攻击，那么它们就会不可避免地遭到失败。他们认为，航母战斗群的心脏，也就是航母本身，会经历一个不断衰落的过程，而且这种过程是不可阻挡的，这样，水面主力舰对海洋的长期统治就会结束。

尽管"预测"是所有战略分析手段中风险最大的一种，但我必须指出，就本质而言，潜艇拥趸的预测要更有说服力一些。只有潜艇才能在海上占有完全的主动权和充分的行动自由。航空母舰，不论其行动方案是什么——在远海水域作战或是在近岸进行两栖作战，都将面临着比潜艇更大的威胁。尤其是，如果航母在海岸附近作战，那它就不仅面临着敌方舰载机的威胁，陆基飞机、陆基导弹和潜艇本身都可以成为它的劲敌。在福克兰群岛战役中，只有两个因素对英军航母构成了最大威胁——分别是阿根廷的陆基飞机和陆基导弹。两者所造成的损失，已经严重削弱了英军航母战斗群的护航屏障；如果阿根廷人能够部署航空母舰或潜艇（或者兼而有之）对特遣部队展开有效的进攻的话，那么英军就一定会被迫撤退。

相比之下，英军的攻击型核潜艇只是自行其是，就击沉了阿根廷海军吨位最大的传统水面舰艇，并将其航空母舰和整个护航舰队耻辱地赶回了港口，在这个过程中，英军核潜艇几乎没有遭到任何有效的反击。阿根廷海军的反潜能力很弱，但这并不意味着从这次战斗中得出的结论是无效的。如果两支舰队的舰种相同，数量相等，那么英国皇家海军无疑将处于不利地位，它们在南大西洋的冒险行动也将不可避免地成为一场灾难。届时，英国皇家海军除了遭受在福克兰战役中真实发生的损失之外，还要再加上敌人核潜艇所造成的损失，而这是很难避免的。

　　因此，我们必须承认，潜艇作为海上最强大武器的时代已经来临。它们已经是超级大国之间进行终极核威慑的工具了，当它们从海底无情地环绕着敌人的海岸线行进时，敌人的城市、工业和人口统统都会陷入极度的危险之中。此外，它们现在还是终极主力舰，可以摧毁任何进入自己攻击半径的水面舰队。500 年前，在驾驶帆船的先驱们冒险进入大海之前，海洋是一片空荡荡的地方，是世界上唯一一块人类没有向彼此部署军事力量的地方。在未来的战争中，海洋很可能会再次出现空荡荡的景象，所有的商船和海军舰艇（它们一直在努力保护前者免受敌人的伤害）都会消失无踪。然而，海面上的这种空虚的景象并不真实，在海洋深处，由大大小小的潜艇所组成的新的水下舰队，将延续前辈的步伐，继续争夺海上霸权。

# 术语解释

**"全重型火炮"战舰**：装备同等口径重型火炮的战列舰或战列巡洋舰，1906 年下水的"无畏"号是世界上第一艘采用"全重型火炮"设计的战列舰。

**飞机着陆制动索**：横跨航母甲板的多根绷得很紧的钢索，其设计目的是用来钩住着陆的舰载机并使它停下来。

**声呐**：该术语来自 1917 年、盟军潜艇侦测调查委员会的命名，是一种由反潜舰艇携带在船底的声音发射装置，也能接收到声音撞击潜艇后所产生的回声。可以根据发射 / 回声的时间间隔估算出潜艇与反舰舰艇之间的距离和潜艇的大概方位。1944 年之后，还可以估算出潜艇所在的深度。

**战列巡洋舰**：一种与战列舰的大小和武器装备基本相同的舰种，但牺牲了装甲防护来换取超高航速。

**战列舰**：舰队中最大的战舰，装备着最大口径的火炮和最厚重的装甲。在木制战舰时代，战列舰排成一行或排成一列进行战斗。通常，战列舰会被划分成若干个"等级"（详见"一等战列舰"词条）。

**船首斜桅**：帆船船头的一根突出的桅杆，用来支起前顶桅，上面挂着一面三角帆。

**突破防线**：强行突破敌军舰队排出的战列线的行动，目的是破坏其凝聚力。

**系缆柱**：一根巨大的垂直木材，嵌在龙骨里，锚和系泊缆系在其上。

**主力舰**：于 1909 年首次出现的一个术语，指舰队中最大的战舰——战列舰和战列巡洋舰。现在已经过时了。

**近距离臼炮**：一种缩短了炮管的船用加农炮，由卡龙公司于 1790 年左右研发，因其易于近距离操作的特点而受到了英国皇家海军的青睐。

**船底铜皮**：1761 年，英国皇家海军开始采用在木制战舰的船底外部包裹一层铜皮的方法，目的是防止船蛆的侵蚀，但包裹了船底铜皮的战舰仍然需要定期清除藤壶和水草，因为这些赘生物可以令战舰的航速大幅下降。

**制海权**：该词是由美国海军理论家 A.T. 马汉于 1890 年创造的，含义是随心所欲掌控某处海域以及对敌人海上力量的彻底排斥，马汉将其定义为"海军战略的恰当目标"。

**舱梯**：甲板之间的梯子。

**轻型巡航舰 / 轻型护卫舰**：一种只有一层火炮甲板的木制战舰，比巡航舰的尺寸还要小一些；在第二次世界大战中，轻型护卫舰通常从事反潜工作，同样比护卫舰还要小。

**船的桅顶横桁**：位于风帆战舰上桅顶部的较短的横向桅杆，上桅被固定在其上。

**巡洋舰**：一种大小仅次于战列舰或战列巡洋舰的战舰，用于在远海进行巡航，侦察和保护己方战斗舰队中的轻型舰艇。

**快艇式帆船 / 独桅纵帆船 / 巡逻舰**：一种由风帆战舰携带的大型敞篷划艇；一种装备 6 至 10 门轻型火炮的单桅帆船；美国海岸警卫队装备的一种巡逻舰艇。

**桅顶倾斜角**：一艘船的甲板和另一艘船的主桅顶部之间的夹角。

**驱逐舰**：最初被称为"鱼雷艇驱逐舰"，是一种比巡洋舰还小的快速战舰，大约于 1886 年出现，用来保护战斗舰队免受敌人鱼雷快艇的攻击。后来它自己也成为了一种鱼雷舰艇，主要从事护航和各种杂务，以高速著称。

**包夹战术**：通过从前方 / 后方迂回的方式，让敌军舰船队列处于左右夹击的状态。

**上风处**：距离风的源头相对较远的区域，其反义词是下风处。

**无畏舰**：一种采用"全重型火炮"设计的战列舰，如果对这个概念再宽泛一点理解的话，还包括战列巡洋舰。第一艘"无畏舰"是英国皇家海军装备的"无畏"号战列舰，自 1918 年之后这个名词逐渐过时。

**恩尼格玛密码机**：从 1939 年至 1945 年，德国武装部队用来加密和破译无线电和电传机密信息的机器。宽泛而言，其也指机密信息本身。

**护航航空母舰**：最小级别的航空母舰，可搭载 20 至 35 架飞机，通常由商船改装而成，专门用于护送护航船队。

**一等战列舰**：根据 18 世纪 50 年代制定的分类系统，一等战列舰是英国风帆海军最大型的战列舰。当时，一等战列舰装备 100 门或更多的火炮，二等战列舰装备 84 至 98 门火炮，三等战列舰装备 70 至 80 门火炮（通常，只有这些战列舰才能被部署在战列线上），四等战列舰（通常装备 64 门火炮）非常罕见，第五和第六等战列舰就是所谓的巡航舰了。

**水上飞机**：一种为了能在水中起降而用浮筒代替轮子的飞机，但一些飞行艇和水上飞机也有轮子，是一种"水陆两栖飞机"。

**飞行艇**：一种机身为船壳形状的飞机，可以拖着它在水上降落和起飞。

**纵帆**：一张沿帆船的首尾轴线升起的风帆，与横帆相对。纵帆船的索具也采用同样的布置方式。

　　**前桅**：最靠近船头的桅杆。

　　**前帆**：前桅上最大和最低的帆。

　　**前桅楼**：前桅上的平台，前桅嵌入其中，有时亦是作战平台。

　　**前桅的中段**：从前桅向上延伸的单独的桅杆，前桅上的前桅帆就是从这里升起的。

　　**前桅最下部的帆桁**：固定前桅帆的横梁。

　　**巡航舰**：见词条"一等战列舰"，在风帆时代指五等和六等战列舰，分别装备 36 至 50 门以及 28 至 32 门火炮，通常只有一层火炮甲板。风帆护卫舰都是快船，实际上是扮演后来侦察舰和巡洋舰的角色。

　　**斜桁**：纵帆顶部的一根横梁，通常位于一艘横帆船的后桅上。

　　**接舷战**：将己方战舰停靠在敌舰旁边进行作战的方式。

　　**硬面包**：船上的面包，为长久保存而烤成类似硬饼干的样子。

　　**刺猬弹**：在反潜舰艇的前部所安装的一种装有触发式引信的迫击炮弹。

　　**霍兰潜艇**：历史上第一种实用的潜水艇，以它的发明者 J.P. 霍兰命名。

　　**铁甲舰**：不严格地说，这是用铁或铁包裹的木头建造的战舰。更确切地说，这是由钢铁制成的装甲作为防护手段的战舰。世界上第一批铁甲舰出现在 1853 年，但随着无畏舰的出现，这一术语已经不再使用了。

　　**斜桅**：船首斜桅的继续延伸。

　　**应急桅杆**：在桅杆被暴风雨或战斗破坏后所使用的临时桅杆。

　　**神风特攻飞机**：一种装满炸药的自杀式飞机，作为有人驾驶的"导弹"对敌军舰艇发动攻击。日语中的"神风"，源自"神圣之风"一词。日军在 1944—1945 年开始缺乏训练有素的飞行员和高性能战机之后，开始启用神风特攻队。

　　**下风处（背风处）**：当两艘帆船平行航行时，距离风源最远的地方就是"下风处"。

　　**轻型航空母舰**：一种中型航空母舰，尺寸介于护航航母和舰队航母之间，可以搭载 40 至 50 架飞机。

　　**横队**：一种船只并排航行而不是首尾相接的队形。

　　**纵队**：一种船只首尾相接的队形。在海战中，采用纵队队形作战的舰队通常按惯例分为前队、中队和后队。

**降低航速**：通过操纵风帆或使用发动机降低船只在水中的速度，当风势减弱、风向或潮汐变化时，帆船也会不由自主地降低航速。

**（战斗中）抢占上风位**：指的是操纵船只（或者船帆），将船首转向迎风行驶的战术；也是降低航速的一种方法。

**主桅**：船上最高的桅杆，位于前桅之后。

**主帆**：主桅上最大和最低的帆。

**主桅楼**：详见词条"前桅楼"。

**主桅的中段**：详见词条"前桅的中段"。

**主帆桁**：详见词条"前桅最下部的帆桁"。

**集结战术**：在早期的帆船战争中，一个舰队将数量较多的船只集中起来对抗数量较少敌人的一种战术。

**后桅**：船上的最后一根桅杆（从船头算起）。

**后桅楼**：详见词条"前桅楼"。

**后桅的中段**：详见词条"前桅的中段"。

**海军至上主义**：一种战略理论，源自美国海军上将阿尔弗雷德·塞耶·马汉（1840—1914）的著作。该理论认为拥有一支远洋海军是一个大国的基本特征。

**下层甲板**：一艘帆船上最低的甲板，位于水线以下，因此不可能是火炮甲板。

**船尾楼**：靠近船尾的一个短甲板，比后甲板略高。

**弹药搬运工（药猴儿）**：一些年轻的水手，他们主要负责把炮弹和火药从船底的弹药库运送到大炮旁边。

**押解船员**：战时在海上押送捕获的敌军船只的船员，通常将船驶回己方港口。

**后甲板**：一艘帆船的后甲板通常高于主甲板，并向船尾倾斜。在海上航行和战斗的时候，除非另有规定，否则后甲板都是船长和军官的专属区域。因此，不严格地说，后甲板也被叫作"军官甲板"。

**后甲板栏杆**：后甲板四周的栏杆。

**用槽口嵌接**：一种将一根木料以一定角度固定在另一根木料上的方法。

**实时**：一个情报界术语："实时"接收到敌方信息就意味着要么与目标接收方同时收到信息，要么在目标接收方收到信息后不久，拦截方就能有效地读取信息。英国情报系统的优越性在于它能够"实时"解密德国的恩尼格玛密码。

**顺风航行**：即迎风航行（风与船成直角），相反的状况为"逆风航行"。

**船材**：在被用钉子固定之前，散落在外的、构成船身的木料(除了龙骨之外)被统称为"船材"。

**斜接**：一种利用斜接头将两根木料首尾相连的方法。

**潜艇通气管**：一根从水下的潜艇伸出水面的管子，它可以使潜艇的柴油发动机持续工作而不消耗艇员的空气供应。这最初是一个荷兰人提出的构想，但在第二次世界大战中由德国海军发展完善并投入实战。

**（船只的）适航性**：船只一直在海上驻留并保持安全的能力。

**海上飞机**：详见词条"水上飞机"。

**海上活动区域**：远海与陆地之间的安全区域。

**射击填料**：在射击前，将纸团或其他纤维塞进炮口中以固定球形炮弹。

**护卫炮艇**：一种比护卫舰和轻型护卫舰更小的军舰，通常有 2 至 3 根桅杆和少量火炮，后来也代指小型护航炮艇。

**缓燃引信**：一根用化学药品浸渍过的绳索，一直在保持燃烧，用来引燃大炮的发射药或激发早期火枪。

**声呐**：美国人对于"潜艇探索器"的术语称呼，目前已经完全将之取代了。

**斜杠帆**：指一张挂在斜杆上的纵帆。在风帆战舰上，通常是一张方形风帆悬挂在船首斜桅下方的一根横梁上。

**分队**：由多艘战舰组成的一个战术单位，比舰队的规模要小。分队通常是最小的单位，内含 4 艘、6 艘或 8 艘战舰，均为同一舰种——军舰越大，数量越少。

**横帆船**：挂有横帆的帆船。

**固定索具**：固定绳索，用来支撑船的主桅、船首斜桅、三角帆。固定索具最重要的组成部分是侧支索和拉索。

**（在战斗中）降旗**：降下舰艇悬挂的国旗或者军旗，在战场上表示投降。

**入舱**：把设备，尤其是飞机，送到甲板下舱室的过程。在航母上，飞机"入舱"通常靠的是机械升降机。

**纵桁**：沿船体框架水平排列的木料（横木），以增加结构强度。

**支柱**：帆船固定索具的一部分。

**辅助帆（翼帆）**：辅助帆通常呈方形，在晴朗的天气里，风帆战舰将其置于普通的横帆外，以获得更快的速度。

**抢风航行**：一艘风帆战舰原地转向，使它的船头先朝向风刮来的方向，然后再绕过风源的操作。如果是横帆船，在转弯的那一刻，为避免风吹在船首，致使"（船）向后转"——即所谓的"横帆船被突来逆风压船后退"现象，这种现象会造成停船，故水手们需要改变风帆的角度。

**上桅**：高于中桅的那根桅杆，上帆桁和上风帆就挂在上面。

**桅上设备**：一般来说，指的是船的桅杆、帆桁、风帆和索具。不严格地说，是代指一艘风帆战舰的上层甲板之上一切脆弱易损的设备。

**雷击舰艇/鱼雷艇**：一种装有鱼雷的小型快速蒸汽战舰，用于攻击敌人的大型船只；在德国海军中，驱逐舰也被称为"雷击舰"，实际上就是一种大型鱼雷艇。

**炮耳轴**：炮管上的小突起，与炮管相连，位于炮身平衡点上稍向前一点的位置，通过这个平衡点，炮身被悬挂在炮架上。

**炮塔编号（A、B 等）**：从舰首到舰尾的所有主炮炮塔都有自己的字母编号；例如，四炮塔战舰的炮塔编号分别为 A、B、X、Y，五炮塔战舰中部的炮塔编号为 Q。

**Ultra 组织**：第二次世界大战期间，由英国布莱切利密码学校组建的专门拦截德国恩尼格玛密码通讯并进行解密的组织。详见词条"实时"。

**逆风航行**：详见词条"顺风航行"。

**中部甲板水手**：在帆船中部的上层甲板工作的人，他们通常不在桅杆上工作。

**（木船的）舷板（腰外板）**：在船舷外水平放置的宽木板，用于增强船体强度和保护船上的设备——比如船舷上缘。

**（使）船头转向（下风）**：帆船原地转向，使船头偏离风的方向。它需要绕行四分之三的圆周，因此比转向慢，但更安全，因为它避免了暂时停船的危险。然而，除非在恶劣的天气中，否则根据传统，（使）船头转向（下风）是很不体面的操作。

**气压表**：详见词条"顺风航行"。一艘帆船或一支风帆舰队是通过气压表来判断自己是顺风还是逆风的。

**迎风**：详见词条"逆风航行"。

**横桁**：指横帆船桅杆上的横向木梁，横帆就悬挂在上面。

**横桅**：横桁的末端。

# 书中插图的来源

我还要感谢以下为本书提供插图的机构：国家海事博物馆、罗伯特·亨特图片库、E.T. 档案馆、军事档案和研究服务机构、吉斯通收藏、乌尔斯坦图片库和曼塞尔收藏。

特拉法尔加在地图上的位置

纽芬兰

北美洲

新英格兰

北大西洋

查尔斯顿　　　百慕大群岛

巴哈马群岛

古巴

牙买加　　伊斯帕尼奥拉岛　　西印度群岛

加勒比海

加拉加斯

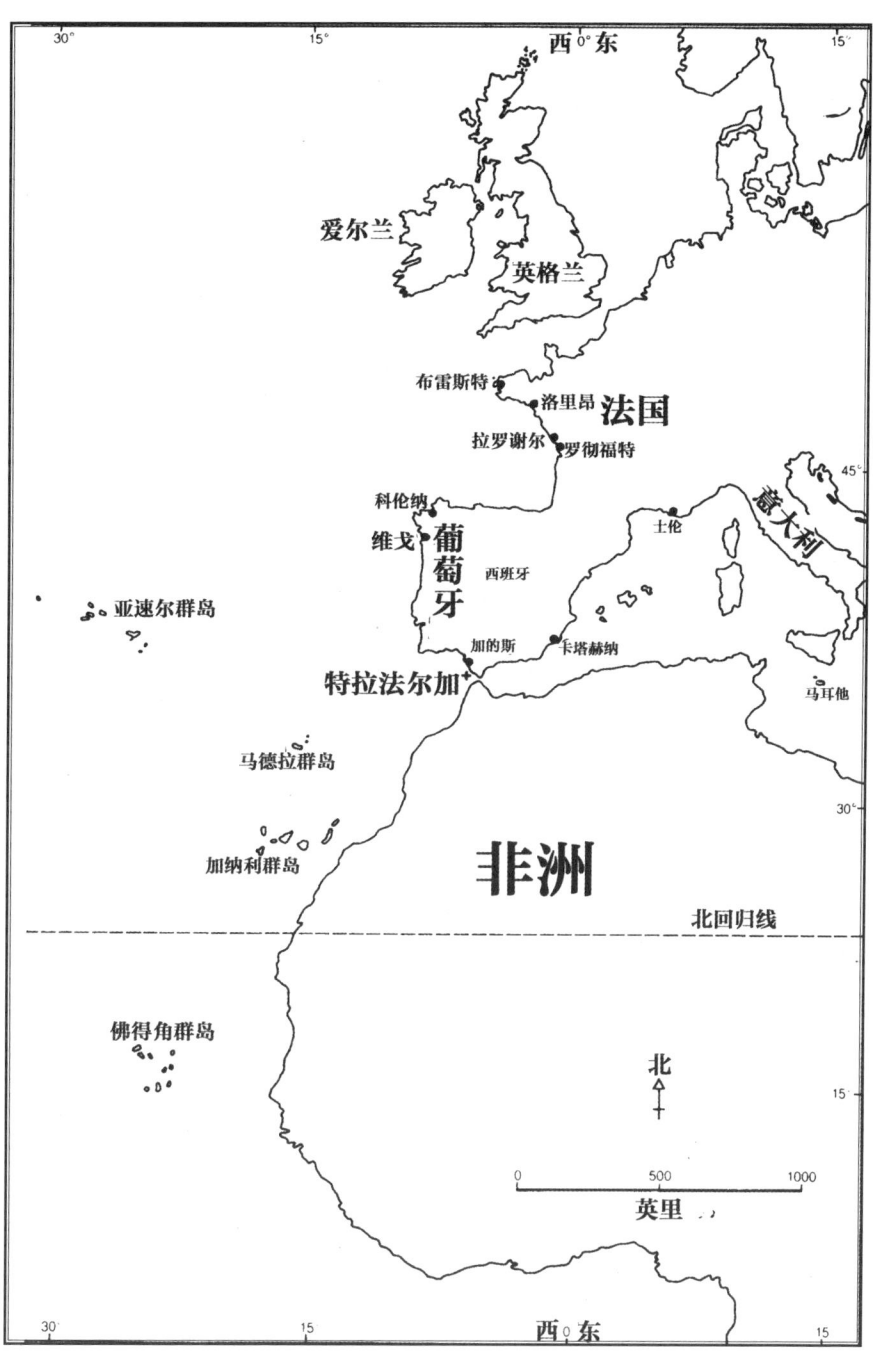

## 1805年10月21日清晨的特拉法尔加战场

西班牙

直布罗陀海峡

特拉法尔加角

加的斯

非洲

法国和西班牙舰队

英国舰队

北

北大西洋

0    10    20
英里

（战舰大小没有按比例绘制）

## 纳尔逊和科林伍德"突入联军战线"

"圣三一"号

"胜利"号（纳尔逊旗舰）

"可畏"号

"王权"号（科林伍德旗舰）

"布森陶尔"号
（维尔纳夫旗舰）

"无畏"号

"阿尔赫西拉斯"号

"圣安娜"号

"阿斯图里亚斯王子"号

"复仇"号

北

英国战舰
法国战舰
西班牙战舰

北大西洋

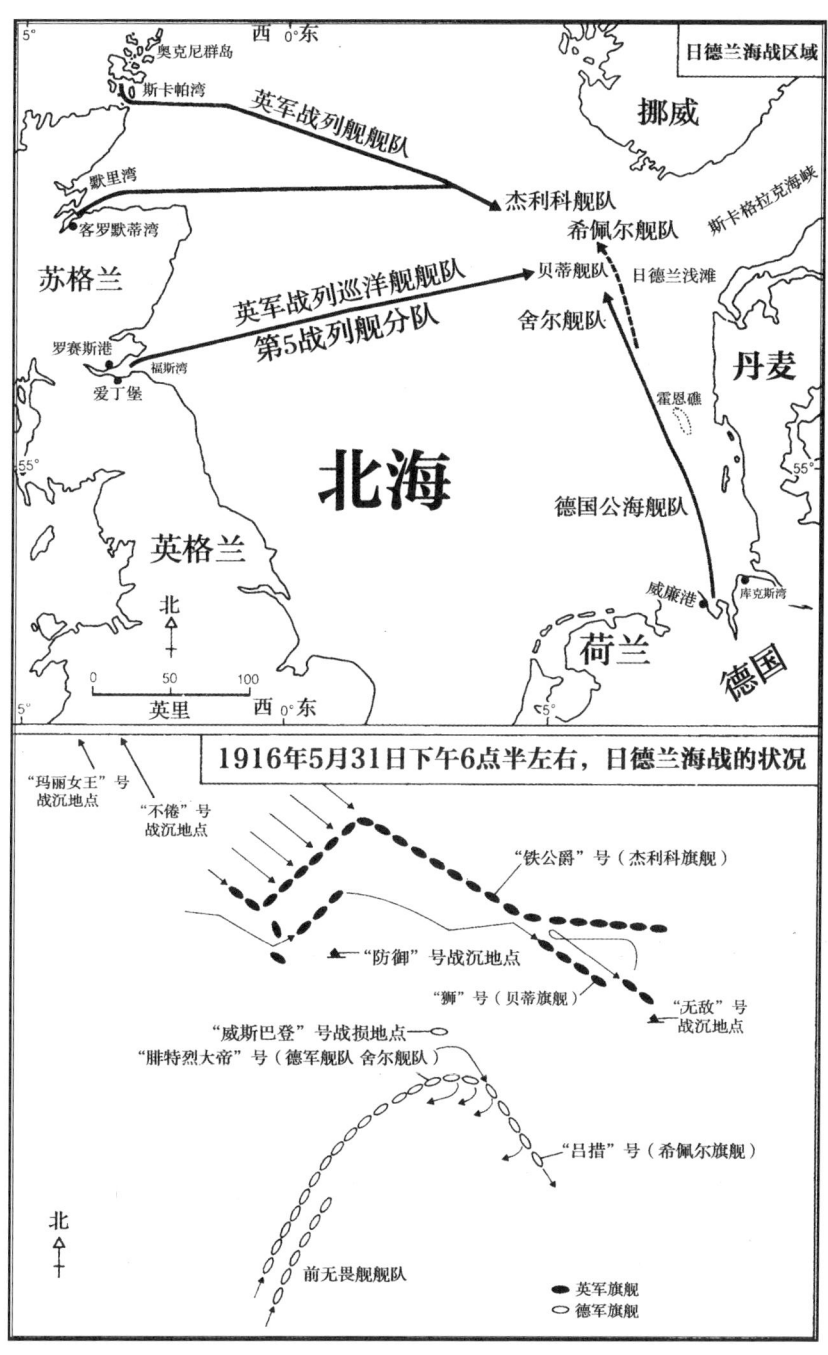

日德兰海战区域

西 0° 东

奥克尼群岛

斯卡帕湾

挪威

英军战列舰舰队

杰利科舰队

希佩尔舰队

斯卡格拉克海峡

默里湾

贝蒂舰队

日德兰浅滩

客罗默蒂湾

苏格兰

英军战列巡洋舰舰队
第5战列舰分队

舍尔舰队

丹麦

罗赛斯港

福斯湾

爱丁堡

霍恩礁

北海

德国公海舰队

威廉港

库克斯湾

英格兰

北

荷兰

0    50    100

英里    西 0° 东

德国

1916年5月31日下午6点半左右，日德兰海战的状况

"玛丽女王"号
战沉地点

"不倦"号
战沉地点

"铁公爵"号（杰利科旗舰）

"防御"号战沉地点

"狮"号（贝蒂旗舰）

"无敌"号
战沉地点

"威斯巴登"号战损地点

"腓特烈大帝"号（德军舰队 舍尔舰队）

"吕措"号（希佩尔旗舰）

北

前无畏舰舰队

● 英军旗舰
○ 德军旗舰

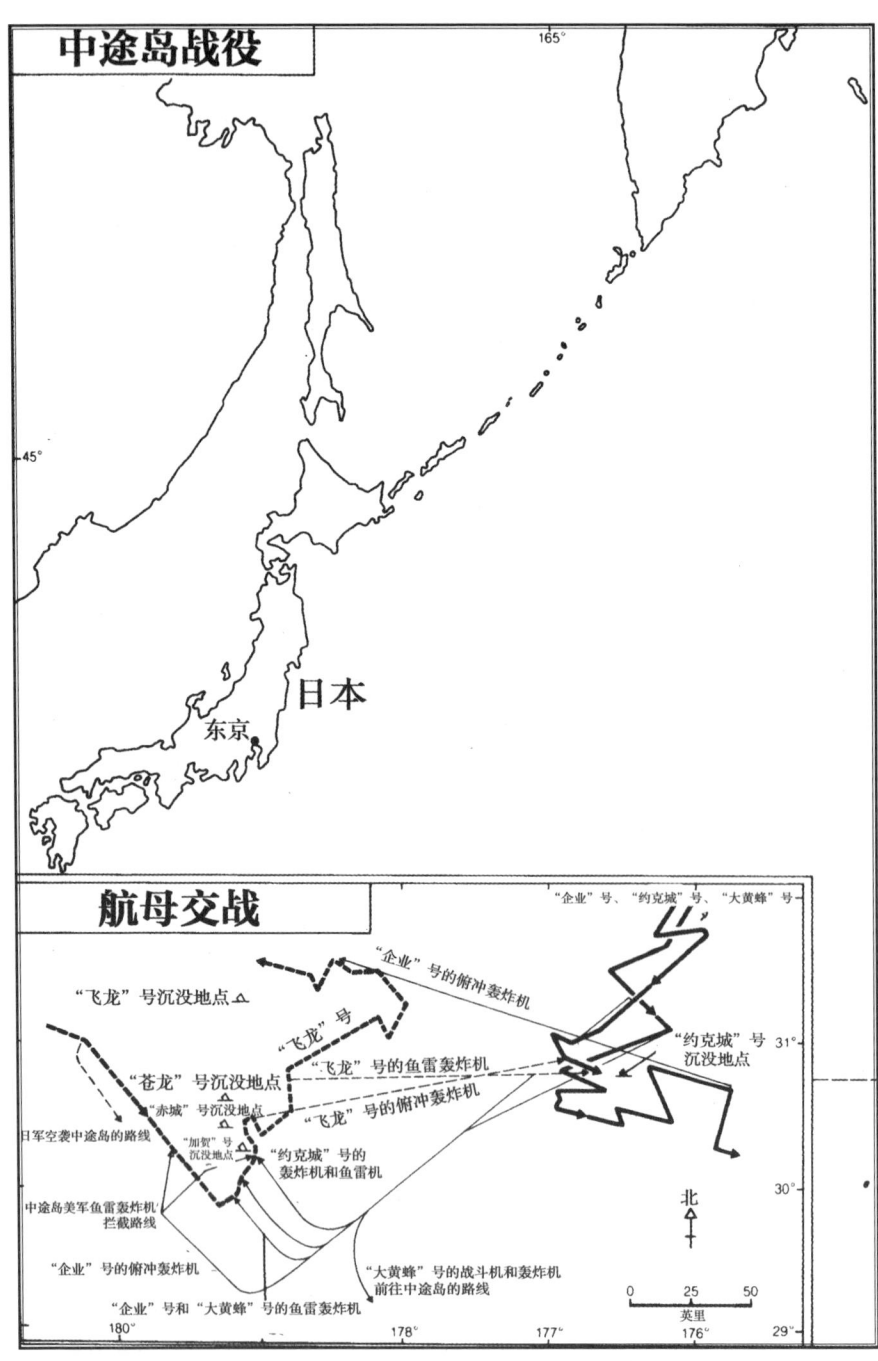

# 中途岛战役

165°

45°

日本

东京

# 航母交战

"企业"号、"约克城"号、"大黄蜂"号

"飞龙"号沉没地点 △

"企业"号的俯冲轰炸机

"飞龙"号

"飞龙"号的鱼雷轰炸机

"约克城"号
沉没地点

"苍龙"号沉没地点

"赤城"号沉没地点

"飞龙"号的俯冲轰炸机

31°

"加贺"号
沉没地点

"约克城"号的
轰炸机和鱼雷机

日军空袭中途岛的路线

中途岛美军鱼雷轰炸机
拦截路线

"企业"号的俯冲轰炸机

"大黄蜂"号的战斗机和轰炸机
前往中途岛的路线

北

30°

"企业"号和"大黄蜂"号的鱼雷轰炸机

0   25   50
英里

180°          178°          177°          176°          29°

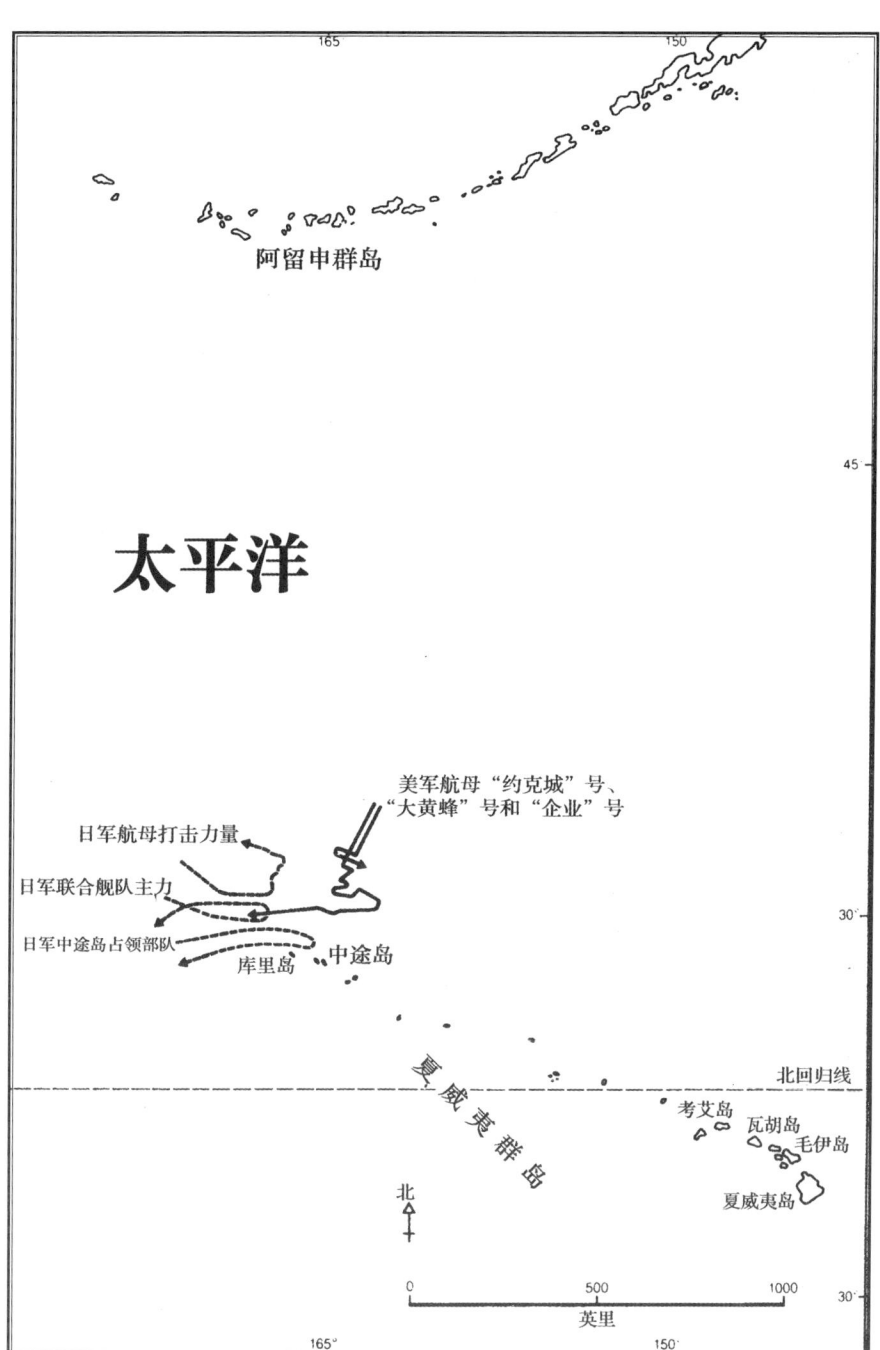

太平洋

阿留申群岛

美军航母"约克城"号、
"大黄蜂"号和"企业"号

日军航母打击力量

日军联合舰队主力

日军中途岛占领部队

库里岛    中途岛

夏威夷群岛

北回归线

考艾岛
瓦胡岛
毛伊岛

夏威夷岛

北

0        500        1000
英里

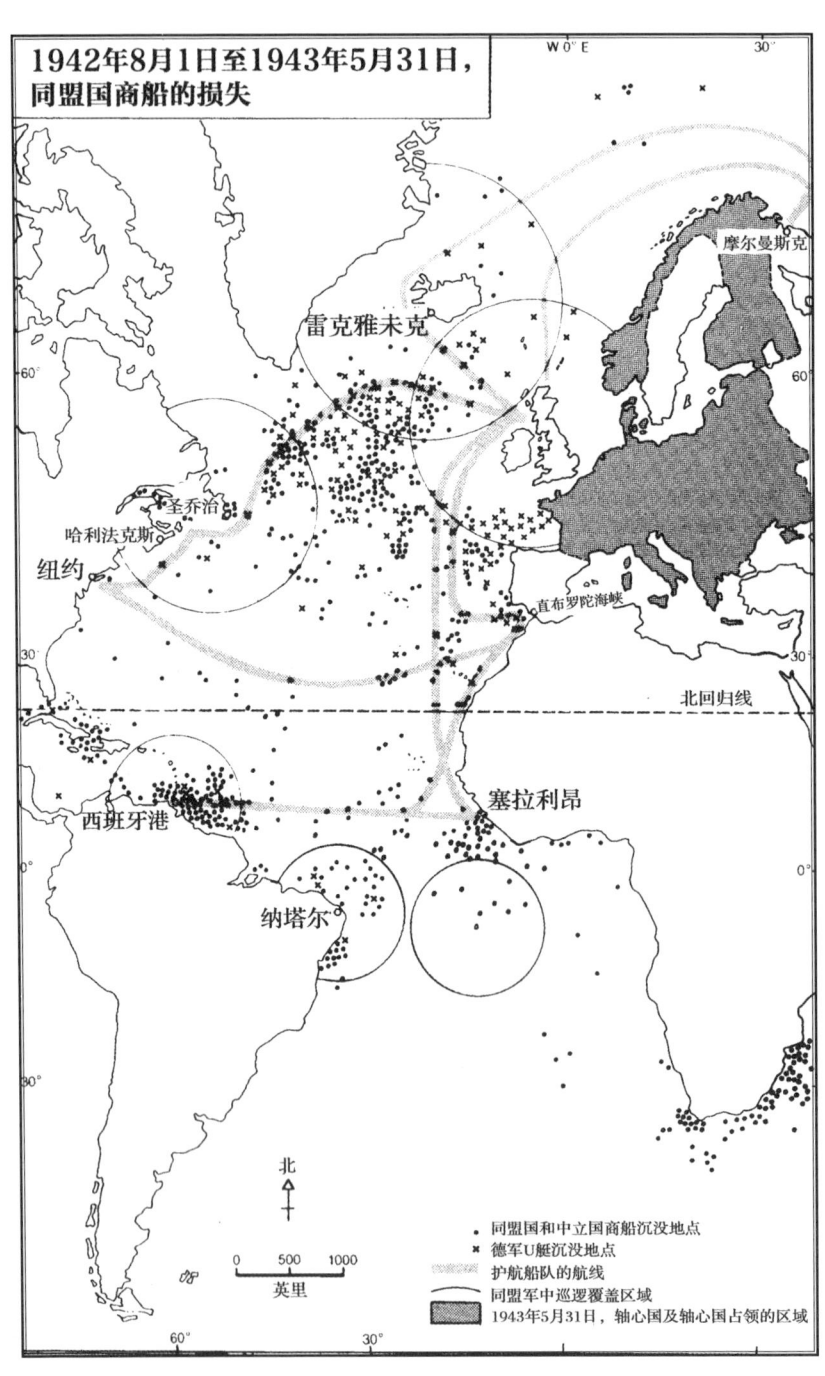

1942年8月1日至1943年5月31日，同盟国商船的损失

摩尔曼斯克

雷克雅未克

圣乔治

哈利法克斯

纽约

直布罗陀海峡

北回归线

塞拉利昂

西班牙港

纳塔尔

北

0    500    1000
英里

. 同盟国和中立国商船沉没地点
× 德军U艇沉没地点
护航船队的航线
同盟军中巡逻覆盖区域
1943年5月31日，轴心国及轴心国占领的区域

1943年3月17日至20日，
SC112、HX229及其他北大西洋护航船队的位置

格陵兰岛

加拿大

魁北克

哈利法克斯

纽约

美国

大西洋

北回归线

古巴

委内瑞拉

盟军护航船队
德军U艇
盟军空中巡逻覆盖区域

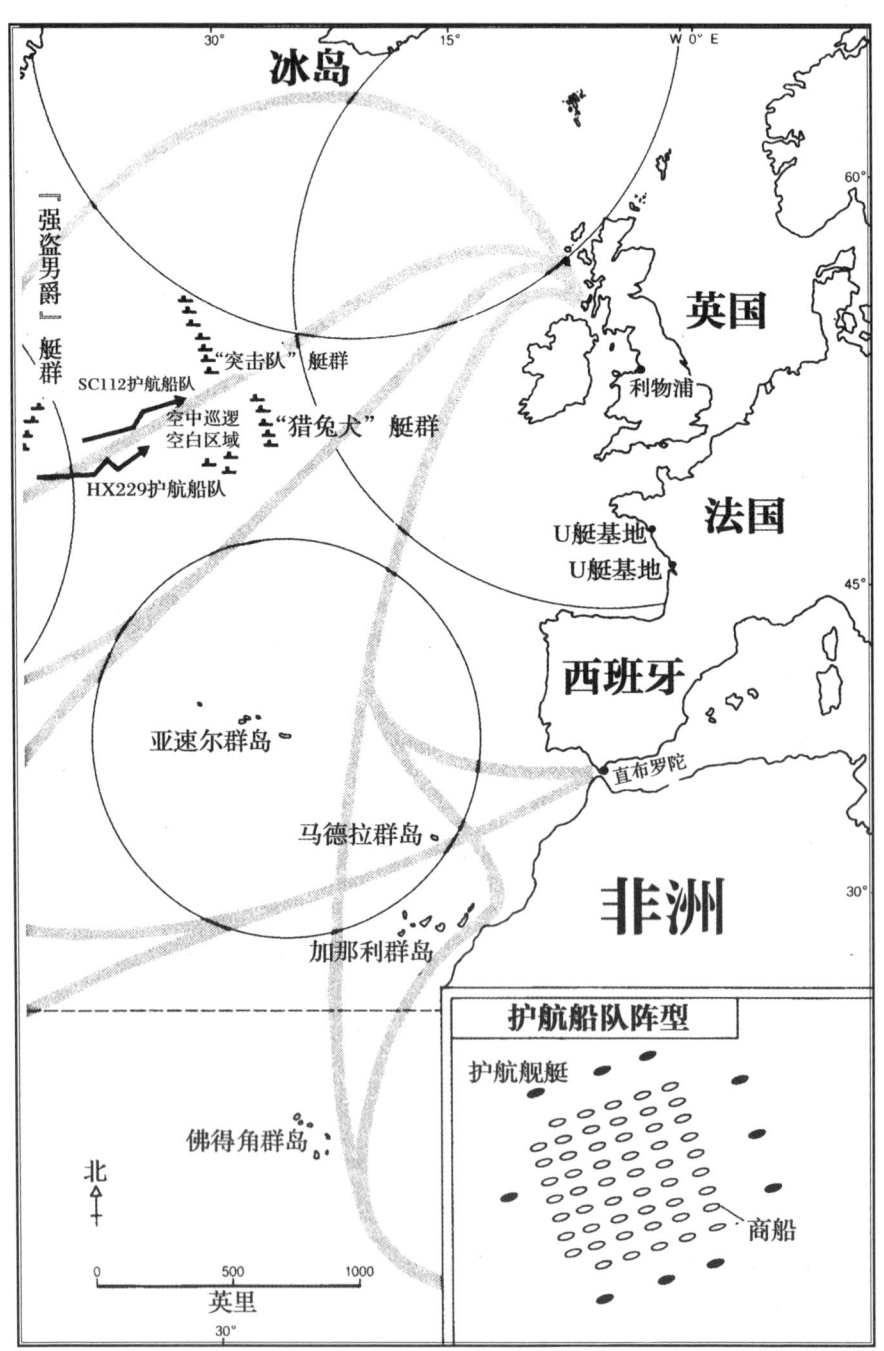

冰岛

英国

利物浦

法国

U艇基地
U艇基地

西班牙

直布罗陀

非洲

"强盗男爵"艇群

"突击队"艇群

SC112护航船队

空中巡逻
空白区域

"猎兔犬"艇群

HX229护航船队

亚速尔群岛

马德拉群岛

加那利群岛

佛得角群岛

北

0    500    1000

英里

护航船队阵型

护航舰艇

商船

① 搭载 126 门火炮的风帆战列舰"圣三一"号，是西班牙海军在特拉法尔加战役中的旗舰，由海军上将西内罗指挥。它被认为是当时世界上最大，也是最优美的战列舰。在战斗中，它的桅杆折断，后来在风暴中沉没。

② "胜利"号风帆战列舰。

③ 特拉法尔加战役中，刚到下午，"敏捷"号（法国）、"巴哈马"号（西班牙）、"巨人"号（英国）和"阿耳戈英雄"号（法国）正在进行近距离战斗。

① 由威廉·特纳描绘的特拉法尔加战役中"胜利"号右舷后桅支索旁的场景。这场战役激发了同时代英国画家的许多想象。

② 纳尔逊在"胜利"号后甲板被法军火枪手击中时的场景，来自一幅由丹尼斯·迪顿创作的现代绘画。此外，他还依据真实历史创作了关于滑铁卢战役的全景绘画。

③ 在经历激烈的战斗和狂暴的飓风之后，"胜利"号驶入直布罗陀港时的情景，由克拉克森·斯坦菲尔德绘制，他以当时首屈一指的海洋艺术家的声誉保证了这幅画的准确性。

④ 皇家海军中将卡斯伯特·科林伍德爵士（1750—1810 年，后来成为男爵）在特拉法尔加海战中负责指挥位于背风一侧的战舰纵队。

① 海军中将皮埃尔·查尔斯·让·巴蒂斯特·西尔维斯特·维尔纳夫伯爵（1763—1806年），法国—西班牙联合舰队司令。

② 托马斯·马斯特曼·哈迪舰长（1769—1839年），担任"胜利"号的舰长。在纳尔逊将军受致命伤时，哈迪就陪在他的身边。

③ 霍雷肖·纳尔逊（1758—1805年），第一代纳尔逊子爵。

① 英军战列舰"铁公爵"号,是日德兰
海战中杰利科舰队的旗舰。"铁公爵"
号战列舰建于 1912 年,装备了 10 门
13.5 英寸口径的大炮,是战前最强大的
无畏舰之一。

① 英军战列舰"厌战"号。隶属于第5战列舰分队，在日德兰海战中曾与贝蒂指挥的战列巡洋舰分队并肩战斗；"厌战"号属于"伊丽莎白女王"级战列舰，这些"超无畏舰"拥有战列巡洋舰般的速度和强大的武器装备（15英寸口径的大炮），是当时最现代化的战列舰。

② 即将前往日德兰半岛附近海域的英军大舰队，它们即将在那里与德军公海舰队相遇。

① 英军"狮"号战列巡洋舰（照片左侧）于下午 4 点在 16500 码的距离上被德军"吕措"号战列巡洋舰发射的炮弹击中了Q炮塔。但最终，向弹药库注水的紧急命令挽救了这艘战舰。

② 1916 年 5 月 31 日，英军"无敌"号战列巡洋舰在剧烈的爆炸中断成了两截，随后沉入了北海的浅海床上。照片为"无敌"号的船头和船尾。此时，英军驱逐舰"獾"号正在接近该舰残骸并搜寻幸存者。

③ 1916 年 5 月 31 日，英军的两艘战列巡洋舰"不挠"号和"不屈"正向德军战线进发。这两艘"无敌"级战列巡洋舰都在日德兰海战中幸存了下来。

① 日德兰海战后，逃回威廉港的德军战列巡洋舰"塞德利茨"号。

② 日德兰海战中，英军大舰队的指挥官约翰·杰利科爵士(1859—1935年，后来成为伯爵)。

① 皇家海军中将戴维·贝蒂爵士（1871—1936年，后来成为伯爵），在日德兰海战中担任英军战列巡洋舰分队的指挥官。遗憾的是，贝蒂的浮夸和暴躁明显超过了他的实际工作能力。

② 弗朗茨·希佩尔海军上将（1863—1932年，后来获得骑士头衔），德军战列巡洋舰部队——第1侦查分舰队的指挥官。

③ 莱因哈特·舍尔海军上将（1863—1928年），在日德兰海战中担任德国公海舰队指挥官。照片中他的右侧分别站着海因里希亲王和德国皇太子。

① 1940 年大西洋战役开始时，英国商船正在皇家海军的护航下前进。

② 在大西洋战役中，一支护航舰队正在指挥官的命令下改变航线并驶近英国本土海域。

③ 1942 年初，美国海军的一艘反潜舰艇正在佛罗里达海岸对一艘德军 U 艇发动深水炸弹攻击。

① 战前，正在波罗的海进行演习的德军 U-39 号潜艇。1939 年，在攻击英军"皇家方舟"号航空母舰失败后，这艘 U 艇被护航的英军驱逐舰击沉。

② 大西洋战役中，一艘正在下沉的 U 艇上的艇员们在奋力游泳逃生。

③ 英国西部海区总司令、海军上将马克斯·肯尼迪·霍顿爵士，他原本是一位潜艇军官，后于 1942—1945 年担任大西洋战役中的英方指挥官。

① 照片中央是德军潜艇舰队司令、海军少将卡尔·邓尼茨（1891—1981年）。1943年1月，邓尼茨开始担任德国海军总司令。

② 1941年夏天，大西洋上的英国商船船长，他们正在前往北美的途中。

③ 第17特遣舰队的指挥官弗莱彻将军的旗舰——"约克城"号航空母舰，1942年6月4日爆发的中途岛战役中，它成为美军唯一一艘战沉的航空母舰。

① 6月4日12点10分左右，"约克城"号遭到来自日本航空母舰"飞龙"号舰载轰炸机的攻击。

② 美军损管小组正在"约克城"号的飞行甲板上忙碌着，那里已经被三枚敌军炸弹穿透。

③ 遍体鳞伤的日军巡洋舰"三隈"号勉强从中途岛战役中逃脱，它的 X 炮塔被一架受伤的"复仇者"鱼雷轰炸机击中，这架"复仇者"的海军飞行员在临死之前驾机撞向了这艘巡洋舰。

④ 日军航母"赤城"号的飞行甲板上，正在准备起飞的零式战斗机。

⑤ 1942 年 6 月 4 日下午 5 点左右，"飞龙"号航母为躲避来自美军"企业"号航母的俯冲轰炸机的袭击，进行了高速机动。图为从 3650 多米的高空拍摄的照片。

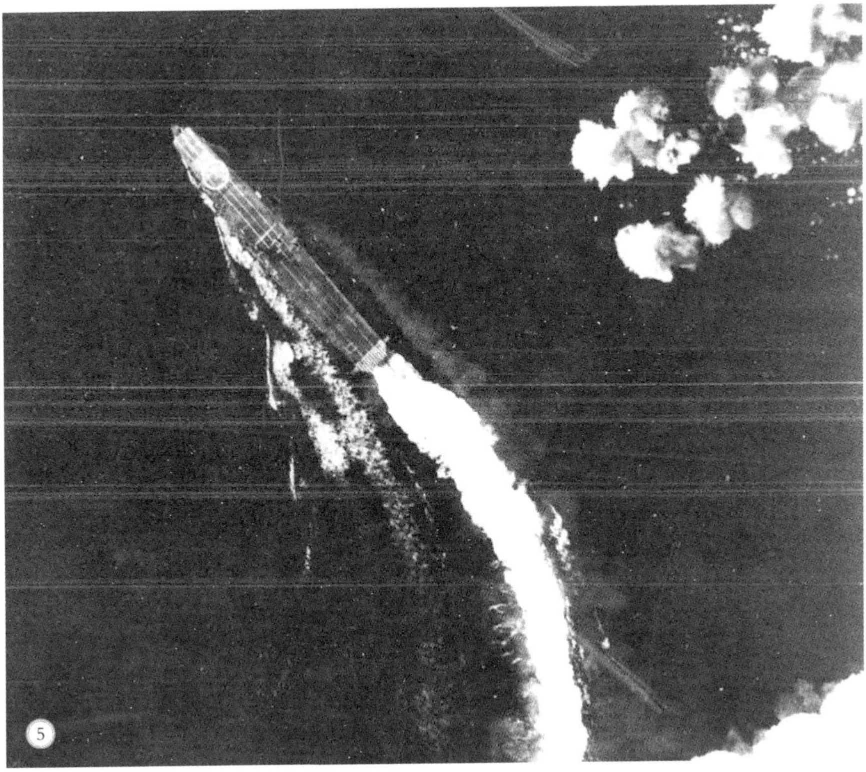

① 美军太平洋舰队总司令切斯特·尼米兹海军上将
（1885—1966 年）。

② 左边是尼米兹海军上将、中间是欧内斯特·约
瑟夫·金海军上将、右边是雷蒙德·斯普鲁恩斯海
军中将（1886—1969 年）。

②

① 弗兰克·杰克·弗莱彻海军中将曾担任过美军航母部队和第17特遣舰队的指挥官。

② 日军航母编队指挥官南云忠一（1887—1944 年）。

① 曾于 1939—1943 年担任日本
联合舰队司令的山本五十六
（1884—1943 年）。